영아발달

머리말

인간은 각기 다양한 모습으로 살아가며 전 생애에 걸쳐 발생하는 발달적 변화는 수태의 순간부터 죽음에 이르기까지 지속적으로 일어난다. 인간발달은 개인의 발달적 역사로 이해할 수 있으며, 그 개인의 행동이나 발달을 이해할 수 있는 중요한 원천이다. 이러한 인간발달은 사회의 변화와 밀접한 관련이 있는데, 특히 현대 사회는 빠른 속도로 변화를 요구하며 이는 인간발달 전반에 직간접적으로 영향을 미치고 있다. 최근에 끊임없이 화두가 되고 있는 자녀 수의 감소, 맞벌이 부부의 증가, 보육 문제 등은 영아발달과 직접적으로 연관이 있는 물리적 환경으로, 이러한 환경적 변화 속에서 어떻게 하면 영아의 적응적 발달을 이룰 수 있을지 고민할 시점에 이르렀다.

영아발달을 집필하게 된 것은 이 같은 시대적 상황에 따른 결과였다. 보육교사를 양성하기 위한 교과과정의 변화로 인해 그동안 아동발달이라는 과목으로 태내기부터 청소년기의 발달까지 포괄적으로 다루었던 내용을 영아기와 유아기로 세분하여 좀 더 과학적이고 체계적인 아동발달에 대한 지식의 이해를 도모하는 교과과정이 생기면서 본 교과에 대한 필요성이 대두되었기 때문이다. 관련 교재의 대다수는 인간발달, 영유아발달, 아동발달 등의 내용이어서 영아발달만을 다룬 한 학기 분량의 교재가 필요하다는 저자들의 뜻을 모아 책의 구성체계를 의논한 후 집필을 시작한 것이다.

이 책은 전체 12장으로 구성되어 있으며, 아동학 전공자인 저자들이 각자의 전공과 관심영역에 따라 각 장을 맡았다. 1장은 발달의 개념(박선영), 2장은 발달이론(이사라), 3장은 영아발달 연구방법(이사라), 4장은 생의 시작과 태내기 발달(박선영), 5장은 출산 및 신생아 발달(이주연), 6장은 영아기 발달(이주연), 7장은 걸음마기 발달(이사라), 8장은 발달이상(박민선), 9장은 발달측정 및 평가(박민선), 10장은 보육현장에서의 영아발달(송승민), 11장은 영아발달 전문가로서의 보육교사(송승민), 12장은 영아보육과 부모 및 지역사회와의 협력(송승민)을 다루고 있다.

이 책은 아동학 전공 서적으로서 영아발달에 관한 연구자, 보육교사, 아동상담사, 아동복지사, 그리고 실제로 영유아를 기르고 있는 부모들이 보다 전문적인 지식을 습득하고자 할 때 유용하게 활용할 수 있는 내용으로 구성되었다. 대학의 전공 및 교양과목 교재로서 인간발달에 대한 체계적인 지식이 필요한 학생들에게도 많은 도움이 될 것으로 기대된다.

본 교재가 출간될 수 있도록 도와주신 김재원 실장님을 비롯하여 파워북 출판사에 감사드리며, 앞으로 아동학 전문 분야에서 활동할 모든 관계자가 이 책을 통해 실제적이고 전문적인 지식과 정보를 얻을 수 있기를 바란다.

저자 일동

차 례

Chapter 1 발달의 개념

1. 발달의 기본 사항 | 11
   1) 발달의 개념 | 11
   2) 발달의 영역 | 12
   3) 발달의 원리 | 13
   4) 발달의 단계 | 20

2. 발달의 쟁점 | 22
   1) 발달은 유전인가, 환경인가? | 23
   2) 유전과 환경은 발달에 어떻게 작용하는가? | 25
   3) 발달은 연속적인가, 비연속적인가? | 32
   4) 발달에는 결정적 시기가 있는가? | 33
   5) 초기 경험과 후기 경험 중 어느 것이 더 발달에 중요한가? | 36

Chapter 2 발달이론

1. 정신분석 이론 | 41
   1) 심리성적 이론 | 41
   2) 심리사회적 이론 | 45
   3) 정신분석 이론의 평가 | 47

2. 인지발달 이론 | 49
   1) Piaget의 인지발달 이론 | 49
   2) Piaget 이론의 평가 | 52

3. 행동주의 이론 및 사회학습 이론 | 52
   1) 행동주의 이론 | 52
   2) 사회학습 이론 | 54
   3) 행동주의 이론 및 사회학습 이론의 평가 | 55

4. 동물행동학적 이론 | 55
   1) Lorenz의 각인 이론 | 56
   2) Bowlby의 애착 이론 | 56
   3) 동물행동학적 이론의 평가 | 57

5. 생태학적 체계 이론 | 57
   1) 생태학적 체계 이론 | 57
   2) 생태학적 체계 이론의 평가 | 59

6. 사회문화적 이론 | 60
   1) 발달의 개념 | 60
   2) 주요 개념 | 60

Chapter 3 영아발달 연구방법

1. 영아 연구방법 | 65
   1) 관찰법 | 65
   2) 자기보고식 방법 | 66
   3) 생리적 심리측정법 | 67
   4) 습관화–탈습관화 | 68
   5) 얼굴표정 분석법 | 68
   6) 빨기반사를 이용한 방법 | 68

2. 연구설계 | 69
   1) 상관연구설계 | 69
   2) 실험연구설계 | 70

3. 영아발달 연구설계 | 71
   1) 종단적 연구설계 | 71

2) 횡단적 연구설계 | 72
3) 단기종단적 연구설계 | 72

4. 영아발달 연구의 윤리적 문제 | 73

Chapter 4 | 생의 시작과 태내기 발달

1. 생의 시작 | 77
1) 수정 | 77
2) 유전적 기초 | 79
3) 유전인자와 염색체 이상 | 82

2. 태내기 발달 | 84
1) 태내기 발달단계 | 85
2) 두뇌 및 신경계의 발달 | 93
3) 태내환경과 관련된 변인들 | 102
4) 태내발달의 민감기 및 태내환경의 중요성 | 114
5) 태내 진단검사 | 116

Chapter 5 | 출산 및 신생아 발달

1. 출산 | 123
1) 출산의 개념 | 123
2) 출산의 과정 | 123
3) 출산의 유형 | 125
4) 출산 시의 문제 | 129

2. 신생아 발달 | 130
1) 신생아의 크기와 외모 | 131
2) 신체체계 | 132
3) 초기 반사행동 | 133
4) 초기 감각능력 | 136
5) 신생아의 이해적 행동 측정 | 137
6) 신생아의 생활패턴 | 139

Chapter 6 | 영아기 발달

1. 신체운동 발달 | 145
1) 신체 크기 및 비율의 변화 | 145
2) 골격의 발달 | 146
3) 뇌와 신경조직의 발달 | 147
4) 운동기술의 발달 | 148

2. 인지언어 발달 | 153
1) 인지발달 | 153
2) 언어발달 | 160

3. 사회정서 발달 | 164
1) 정서 | 165
2) 기질 | 167
3) 애착 | 169

Chapter 7 | 걸음마기 발달

1. 발달적 특성 | 177
1) 신체발달 | 178
2) 인지발달 | 179
3) 사회정서발달 | 180

2. 걸음마기 유아에 대한 부모의 영향 | 182
1) 양육의 유형 | 183
2) 아버지의 양육 참여 | 185
3) 아동의 자율성에 대한 대처 | 186
4) 학습 경험의 제공 | 186

3. 걸음마기 발달에 영향을 미치는 외부 환경요인 | 188
1) 형제자매관계 | 188
2) 보육 | 189
3) 빈곤 | 190

Chapter 8 | 발달이상

1. 발달이상의 기준 | 195

2. 영아기의 발달이상 | 202
   1) 지적장애 | 202
   2) 자폐성 장애 | 208
   3) 반응성 애착장애 | 213
   4) 주의력결핍 과잉행동장애 | 216

Chapter 9 | 발달측정 및 평가

1. 발달평가를 위한 자료수집방법 | 227
   1) 관찰 | 227
   2) 면담 | 228
   3) 발달검사 | 229

2. 발달검사의 종류 | 233
   1) 게젤 발달검사 | 233
   2) 덴버 발달선별검사 | 234
   3) K-ASQ | 237
   4) 베일리 영유아 발달검사 | 238
   5) 사회성숙도 검사 | 241

Chapter 10 | 보육현장에서의 영아발달

1. 영아의 하루 일과 | 247
   1) 영아의 하루 일과 구성 | 247
   2) 영아반 하루 일과의 예 | 251

2. 영아의 건강관리 | 252
   1) 영아기 건강관리의 중요성 | 252
   2) 건강관리 계획 | 252
   3) 질병관리 | 254

3. 영아의 안전관리 | 257
   1) 보육실 안전관리 | 257
   2) 안전교육 | 258

4. 영아의 청결관리 | 261

5. 영아의 영양관리 | 263
   1) 영아기의 식사 및 영양 | 263
   2) 영아기의 영양 문제 | 266

Chapter 11 | 영아발달 전문가로서의 보육교사

1. 보육교사의 역할 | 269
   1) 양육 대행자 | 269
   2) 교수자 | 269
   3) 부모 및 지역사회와의 교류자 | 270

2. 영아교사의 역할과 영아와의 상호작용 | 271
   1) 영아교사의 역할 | 271
   2) 영아와 교사의 상호작용 원리 | 272
   3) 표준보육과정의 상호작용 지침 | 275

3. 영아발달 전문가로서의 정체성 | 276
   1) 영아발달 전문가의 개념 | 276
   2) 영어발달 전문가의 수행 기준 | 277
   3) 교사의 전문성 발달 | 278

4. 전문성 증진을 위한 방법 | 278
   1) 장학 | 280
   2) 멘토링 | 282

Chapter 12 | 영아보육과 부모 및 지역사회와의 협력

1. 영아보육과 부모 | 285
   1) 영아기 부모의 역할특성 | 285

2) 영아기 부모교육의 필요성 | 286

2. 영아보육과 부모의 협력 프로그램 | 289

1) 자원봉사 | 289

2) 수업참관 | 289

3) 참여수업 | 290

4) 운영참여 | 290

5) 면담 | 290

6) 부모 오리엔테이션 | 291

7) 강연회 | 292

8) 가정통신문 | 292

9) 워크숍 | 294

3. 영아보육과 지역사회의 협력 | 295

1) 지역사회의 정의 | 295

2) 지역사회 자원의 종류 | 296

■ 참고문헌 | 299

■ 찾아보기 | 314

Chapter 1

발달의 개념

1. 발달의 기본 사항
2. 발달의 쟁점

1

발달은 태내기부터 죽음에 이르는 오랜 시간에 걸친 변화의 과정을 의미한다. 인간을 이해하는 것은 무엇보다 발달에 대한 깊은 이해를 필요로 한다. 본 장에서는 발달의 기본 개념과 영역, 발달의 단계와 원리, 그리고 발달에 대한 논쟁적 이슈 등에 대해 살펴보고자 한다.

1. 발달의 기본 사항

1) 발달의 개념

발달development은 임신부터 사망에 이르기까지 생애 주기 전반에 걸쳐 시간의 경과에 따라 지속되는 양적 · 질적 변화를 의미한다. 전 생애적 관점life span view에서 보면 발달은 임신부터 청소년기까지의 전진적 변화(양적 증가, 기능상의 효율성 증가)뿐 아니라 청년기 이후 성인기를 거쳐 노년기에 이르는 쇠퇴적 변화(양적 감소, 기능상의 쇠퇴)도 포함한다. 그런데 노년기에도 인지적 측면에서 나타나는 분석과 통합, 추론과 문제해결 능력 등 여러 영역에서 질적 발달이 이루어지는 만큼, 생의 청소년기까지는 정적 발달이, 그 이후는 부적 발달이 진행된다는 단순한 이분법적 접근을 취해서는 안 된다. 발달은 일생 동안 시간의 흐름에 따라 유기체 안에서 나타나는 안정성과 변화 모두를 의미한다.

좁은 의미의 발달은 노화와 죽음 같은 쇠퇴적 · 하강적 측면보다는 성장과 진보의 전진적 · 상승적 측면을 주로 의미한다. 또한 발달은 유전적 요인과 환경적 요인에 따른 변화를 모두 의미하고, 변화의 양상도 신체적 측면의 크기와 힘의 증대 등 양적 발달과, 정신작용에서의 변화, 조직 및 구조상의 변화 등 질적 발달 모두를 포함한다. 요약하면 발달은 전 생애에 걸쳐 신체뿐만 아니라 심리적 · 사회적 측면에서 나타나는 양적 변화와 질적 변화 모두를 포함하며, 유전적 기제와 환경의 영향을 받으면서 이루어진다. 인간의 발달은 다양한 영역에서 성장과 성숙, 학습이 서로 긴밀하게 작용하면서 이루어지는 역동적인 변화과정이다.

2) 발달의 영역

인간의 발달은 다음의 세 가지 영역에서 이루어진다.

(1) 신체운동 발달

생물학적 발달과 관련된 것으로 신체발달과 신체를 움직이고 사용하는 운동능력에서의 발달을 의미한다. 신체적 변화와 성장, 신장과 체중 증가, 운동기능의 발달, 호르몬 변화, 뇌와 감각기관의 발달 등으로 이루어진다.

(2) 사회정서적 발달

정서적 변화, 기질, 애착, 자아개념 및 자기이해, 대인관계 및 대인기술, 부모자녀관계, 가족관계, 정서의 분화, 우정, 자아존중감, 사회성, 친밀성, 수줍음, 도덕성, 성격의 안정성과 변화 등의 개념적 변인들로 구성된다.

(3) 인지발달

언어를 포함해 지능, 기억, 지각, 학습, 사고, 지식, 추론, 문제해결, 창의성 등에서의 변화와 발달로 구성된다.

이상의 세 가지 발달범주는 독립적으로 작용하기보다는 서로 긴밀한 상호작용 속에서 서로의 발달을 자극하거나 정체시킬 수도 있다. 예컨대 영아의 신체 및 운동능력의 발달은 활동범주와 탐색활동을 확장시키면서 인지발달을 촉진한다. 이는 동시에 부모를 포함한 주변 사람들의 관심과 상호작용을 이끌어내면서 사회정서적 발달을 자극한다. 또 인지의 발달은 타인의 정서에 대한 추론과 민감한 이해를 촉진한다. 따라서 대인 간 깊은 교감과 상호작용을 가능하게 하고 결과적으로 대인관계를 포함

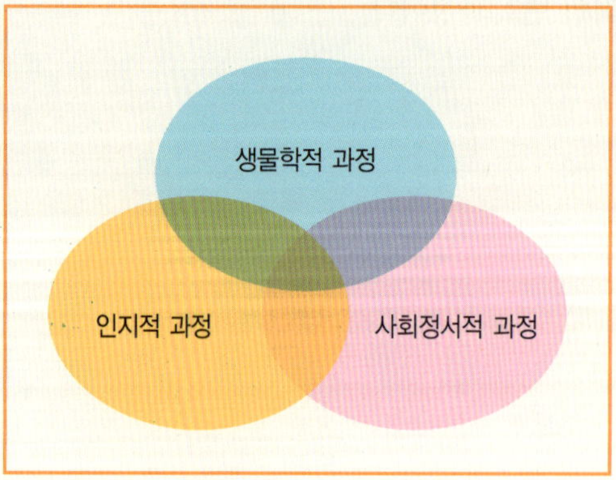

그림 1-1 | 발달범주

한 사회성 발달에 영향을 미친다. 이처럼 생물학적 과정, 인지적 과정, 사회정서적 과정은 각자의 영역 안에서 고차원적으로 발달하는 동시에, 다른 범주들 간에 영향을 주고받으면서 서로의 발달을 촉진할 수 있다.

발달과 유사한 개념들

발달과 관련된 유사 개념으로는 성장growth과 성숙maturation, 학습learning이 있다(박성연, 2006 참조).

- 성장 : 시간과 연령의 변화에 따라 신체의 크기나 능력이 양적으로 증가하는 변화를 의미한다. 주로 신장, 체중, 골격 등의 외적 증가에서 찾아볼 수 있다.
- 성숙 : 일정한 유전적 계획과 발달시간표에 따라 체계적이고 규칙적으로 진행되는 생물학적 변화를 강조한다. 주로 신체운동영역에서 나타나는 영아의 기기와 걷기, 십대의 2차 성징, 중년기 이후 폐경 현상 등은 학습이나 경험, 기타 환경적 영향을 받기보다는 유전적 청사진에 따라 나타난다.
- 학습 : 성숙과는 반대로 후천적 경험이나 교육, 연습과 훈련 등을 통해 생겨나는 변화나 새로운 능력의 습득을 말한다. 다양한 환경의 영향 속에서 획득되는 경험과 의식적 노력으로 인해 유기체의 행동과 사고, 정서, 행동 등에서 나타나는 조직적 · 구조적 변화를 포함한다.

3) 발달의 원리

- 발달은 일정한 순서와 방향으로 이루어진다.
- 발달은 연속적이지만 속도는 일정하지 않다.
- 발달에는 개인차가 있다.
- 발달의 각 영역들은 상호 밀접하다.
- 유기체는 발달에서 능동적이다.
- 발달은 탄력적이다.
- 발달은 미시환경뿐 아니라 거시환경의 영향을 받는다.
- 발달은 생물학적 요인과 사회문화적 요인의 상호작용 속에서 이루어진다.
- 발달은 전 생애 동안 일어난다.

(1) 발달은 일정한 순서와 방향으로 이루어진다.

발달은 종 특유의 체계와 유전적 청사진 안에서 대체로 일정한 단계를 거친다. 발달이 고정된 순서와 방향성을 갖는다는 것은, 이전 단계에 기반하여 다음 단계가 진행되고 목적지향적 과정 속에서 이루어진다는 의미이다. 이전 단계에서 다음 단계로 진행된다는 것은 발달이 더 높은 차원과 수준으로의 상승적 · 전진적 변화를 지향함을 나타낸다. 특히 신체 및 운동영역에서 찾아볼 수 있는 발달원리는 다음과 같다.

① 두미발달cephalocaudal development

신체발달은 머리에서 아래로 진행된다. 머리를 들 수 있게 된 후에 가슴을 들고 팔 근육을 이용해 뒤집기가 가능해진다. 그다음 하체가 발달하면서 앉을 수 있고 다리 근육이 발달하면서 기어 다닌다. 이후 완전히 혼자 서고 걸을 수 있게 된다.

② 근원발달proximodistal development

중심부에서 말초 방향으로 발달이 이루어진다. 심장, 위, 폐 등의 내부 기관이 발달하고, 팔과 다리, 그다음 손목과 발목, 다음에는 손가락과 발가락이 발달한다.

③ 세분화의 발달general to specific development

전체적인 활동에서 세분화된 활동으로, 단순한 것에서 복잡한 것으로 분화한다. 대근육이 소근육보다 먼저 발달하므로 물건을 잡으려고 팔을 뻗을 수는 있지만 엄지와 집게손가락으로 작은 물건을 잡는 것은 더 나중에 가능하다. 또 옹알이를 하다가 한 단어로 이루어진 일어문이 나오고, 그다음 두 단어로 이루어진 문장이 나오다가 점차 정교한 문장을 사용하게 된다.

(2) 발달은 연속적이지만 속도는 일정하지 않다.

발달은 수정의 순간부터 죽는 순간까지 전 생애에 걸쳐 지속적으로 진행되지만, 그 속도는 발달시기와 발달영역에 따라 차이가 난다. 가령 영아기는 신체발달의 급등기로 신장과 체중이 급속도로 발달하며 유아기에는 어휘력이 상당히 풍부해진다. 두뇌발달은 태내기와 출생 후 첫 2년 동안에 가장 급속한 성장을 이루고, 언어발달은 신체의 이동능력locomotion이 획득된 후에 더욱 가속화된다(박성연, 2006). 청소년기에는 2차 성징의 발달을 포함해 신체성장과 변화가 매우 빨라진다.

(3) 발달에는 개인차가 있다.

발달은 보편적인 순서와 방향이 있지만 발달속도와 발달결과는 인종, 연령, 성별, 양육환경, 유전인자 등에 따라 상당한 개인차를 나타낸다. 흔히 아프리카계 미국인 아동들은 유럽의 아동보다 신체발달이 더 빠른 편이다. 언어발달은 여아가 남아보다 평균적으로 빠르고 신체발달은 남아가 여아보다 더 빠른 경향을 보인다. 같은 연령이라도 아동 간에 신장과 체중의 차이가 크며, 생후 10개월 전후로 첫 단어를 말하는 아기가 있는가 하면 20개월이 되어서도 한두 단어를 말하지 못하는 아기도 있다. 이처럼 개인차는 타고난 유전적 요인과 환경적 요인의 상호작용에 기인하며, 이러한 복잡한 역동 속에서 성취되는 개인의 발달적 결과도 달라진다.

(4) 발달의 각 영역들은 상호 밀접하다.

발달의 여러 영역들은 독자적으로 존재하는가 아니면 상호 연관성을 갖는가? 인지, 언어, 신체, 운동기능, 사회정서발달 등의 영역은 상호 밀접한 연관이 있어서 서로의 발달을 유기적으로 촉진하기도 하고 지연시키기도 한다. 가령 신체 및 운동기능의 발달이 빠른 아이는 주변 인물의 관심과 반응을 더 많이 자극하면서 언어를 포함한 인지발달과 사회성 발달이 촉진되며, 이에 긍정적인 자아개념을 형성하기도 한다.

까다로운 기질의 유아는 양육자의 부정적 정서반응을 야기할 수 있고, 이 과정에서 유아의 정서적 까다로움이 강화되기 쉽다. 언어와 인지발달이 늦은 유아는 양육자와 주변 인물의 상호작용을 덜 이끌어내게 되면서 자칫 인지발달뿐 아니라 정서발달도 부정적 영향을 받을 수 있다. 또 주 양육자로부터 세심한 보살핌과 신체적 접촉을 받지 못한 영아들은 신체적 성장장애와 정서적 결핍이 나타날 수 있다. 가령 신체쇠약과 위축, 무감각 등의 증상을 보이는 비기질적 성장장애nonorganic failure to thrive는 부모의 사랑과 애정 부족으로 나타난 발달장애로, 보통 생후 18개월까지 나타난다(Berk, 2006 참조).

(5) 유기체는 발달에서 능동적이다.

어린아이는 주 양육자의 양육행동과 환경의 작용 속에서 어떻게 존재하는가? 인간은 자신의 발달을 어느 정도 주도할 수 있는가? 아동은 단순히 환경의 영향 속에서 수동적으로 존재하는 것이 아니라, 주변의 환경과 사람들에게 자극을 주고 영향을 미침으로써 자신에게 되돌아올 환경의 영향을 달리 만든다. 아이가 가지고 있는 성격과 신체발달 특성, 기질적 요인, 유전적 변인 등은 궁극적으로 자신이 처하게 되는 환경맥락에서의 효과를 통제한다. 예컨대 안정애착아이면서 사교성 있는 유아는 양육자와 주변 사람들의 긍정적 관심과 온화한 훈육을 이끌어내며, 유아도 그러한 환경적 자극에 긍정적으로 반응하고 결과적으로 긍정적 사회정서발달을 나타내기 쉽다. 반면 까다로운 기질의 유아는 양육자의 부정적 정서와 반응을 유발하며, 이러한 부정적 양육태도는 유아의 까다로움을 더욱 강화할 수 있다. 또 아기의 옹알이는 어머니의 적극적인 언어적 반응을 유도하고, 이에 고무되어 옹알이가 더욱 강화되고 확장될 수 있다.

(6) 발달은 탄력적이다.

어린 시절 수줍음과 행동억제를 보였던 유아는 커서도 위축되고 행동억제를 보이는가? 까다로운 기질의 유아는 이후에도 지속적으로 까다로운 성격의 소유자가 되는가? 영아기에 불안정애착을 보였던 아이는 이후 아동기와 청소년기를 거치면서 일관적으로 정서적 불안정을 나타내는가? 발달의 가소성plasticity 혹은 유연성은 전 생애에서 어느 시기에 가장 두드러지는가? 인간발달에서 탄력성(회복력 resilience)은 최근 들어 다양한 분야의 많은 연구들을 통해 중요성이 부각되고 있다. 탄력성은 역경을 겪으면서 이전의 발달적 성취와 기능이 잠시 정체되었으나 이후 다시 예전의 적응 수준을 회복하고 어려움을 극복할 수 있는 유기체의 능력 혹은 특성을 의미한다.

전 생애적 발달에서 탄력성과 가소성은 발달의 여러 측면에서 확인된다. 특히 복지적 관점에서 발달적으로 매우 열악하고 취약한 환경에도 불구하고 환경의 제약을 넘어서 긍정적 발달을 성취하는 아동들이 있다. 생애 초기의 발달 경험은 이후 발달의 초석이 되나, 이후의 바람직한 환경과 적절한 자극 등을 통해 초기의 발달적 결핍이 상쇄될 수도 있다. 특히 신체적 · 인지적 발달과 달리 심리정서적 발달은 탄력성이 더욱 커서 외적 자극과 환경적 영향에 민감하게 반응한다. 예컨대 초기의 불안정애착으로 인한 부정적 효과는 이후 바람직한 중재환경의 경험을 통해 상당 부분 완화되고 극복되는 것으로 많은 연구들에서 보고되고 있다. 발달을 좌우하는 요인이 무엇이든 결국 인간은 자신의 발달에 능동적이고 적극적으로 관여하는 존재라는 것이 현재의 중론이다.

(7) 발달은 미시환경뿐 아니라 거시환경의 영향을 받는다.

발달은 일차적 · 직접적 환경으로서 부모와 가족뿐 아니라 아동과 가족이 거주하고 소속되는 사회, 정치체계, 문화 등의 영향을 받는다. 한 사회와 시대의 보편적 가치관과 관습, 문화 등은 사회 구성원들에게 표준적인 발달모델을 제시하고, 이는 양육자가 아동을 키우는 양육방식에 직간접적으로 영향을 미친다. 즉 아이의 발달은 부모의 양육행동과 가족이라는 미시환경에 따라 다르며, 문화, 경제, 정치, 역사 등에 따른 어떤 거시환경에 노출되느냐에 따라서도 상이하다. 낙후된 아프리카 지역의 아이와 부유한 서유럽 출신 아이의 발달내용과 그 결과는 다르다. 오랜 경제적 불황과 전쟁, 정치적 격변기의 사회상은 아동발달에 직간접적으로 효과를 발휘할 수 있다. 또 어린 시절 활자화된 책을 통해 글을 배우고 독서를 하고 사고를 신장시키는 아이와, 디지털 시대의 전자기기에 익숙한 아이의 사고 형태는 다를 것이다.

(8) 발달은 생물학적 요인과 사회문화적 요인의 상호작용 속에서 이루어진다.

발달은 수정에서 죽음까지 지속적으로 진행되는 과정으로 생물학적 · 심리적 · 사회적 영향이 복합적으로 작용해서 진행된다(Lerner et al., 2005; Berk, 2007에서 재인용). 인간이 선천적으로 가지고 태어난 유전적 · 생물학적 요소는 이후 경험하는 사회문화적 환경 및 체계와 서로 역동적으로 영향을 주고받는다. 개인의 생물학적 특성은 발달의 최적화를 위한 사회문화적 환경을 선택하고 조형하며, 이러한 환경은 생물학적 특성의 발현과 강도에 영향을 미친다. 이를테면 내향적이고 수줍음이 많은 아이는 많은 사람들과 친교를 맺기보다는 소수의 사람들과 관계 맺는 것을 더 선호하고, 이러한 한정된 사회적 참여는 다시 아이의 내향적 성향을 강화할 수 있다.

(9) 발달은 전 생애 동안 일어난다.

발달에 관해 지금까지 기술한 여러 원리와 전제들은 전 생애적 관점에서 다시 한 번 체계화될 수 있다. Elder의 생애 이론의 도입과 함께 연령과 관련된 변화(가령 노화)를 탐색하는 과정에서, 발달은 전 생애과정과 역사적 시간의 추이 속에서 양적 · 질적으로 이루어진다는 사실이 밝혀졌다. 이러한 전 생애적 관점의 대표적 학자인 Baltes는 발달에서 몇 가지 기본 전제들을 가정한다.

첫째, 전 생애에 걸쳐 신체적 영역, 인지적 영역, 사회정서적 영역에서 변화가 일어난다.

둘째, 발달은 심리적 · 생물학적 · 사회적 힘이 복합적으로 작용하는 다차원성 multi-dimension을 지닌다. 이러한 각 측면의 발달과정은 서로 영향을 주고받아서 가령 신체 및 운동발달은 정서 및 사회성 발달과 인지발달에도 큰 영향을 미친다. 또 발달은 두 가지 측면에서 다방향성multi-direction을 갖는데, 먼저 각 발달시기마다 성숙과 쇠퇴가 같이 나타난다(Santrock, 2008 참조). 가령 한 가지 재능과 역량에 집중했을 때 다른 능력의 발달은 쇠퇴할 수 있다. 각 발달영역 안에서도 다방향성이 나타나 기억능력이 양적으로 증가하여도 질적 기능과 사고능력은 저하될 수 있다.

셋째, 발달은 유연성과 가소성이 존재하며, 다방향적인 변화 가능성을 가지고 있다. 즉 걸음마기 때의 불안정애착아가 아동기에서 일관적으로 불안정애착아로 자라는 것은 아니다.[1)]

넷째, 발달은 생물학적 · 문화적 · 역사적 · 사회적 영향 등 여러 근원들로부터 영향을 받기에 발달적 변화의 경로와 모습들은 매우 다양하다. 여기에는 연령에 따른 규범적 변화와 영향(규범적-연령적 영향normative age-graded influence), 특정 시대의 경험과 역사에 따른 규범적 영향(규범적-역사적 영향normative history graded-influence), 그리고 각 개인의 고유한 발달사에 따른 비규범적 영향nonnormative influence 등이 있다(Berk, 2007). 규범적-연령적 영향은 모든 인간이 특정 연령대에서 비슷하게 경험하는 생활사건life event에 따른 영향이다. 가령 만 3세에 유치원을 입학하고 만 6세에 초등학교를 들어가며 20대에 대학생이 되는 식의 일련의 유사한 생활사건들을 겪으면서 보편적으로 경험하는 영향들을 의미한다. 규범적-역

1) 그러나 성인기로 접어들고 노화가 진행될수록 발달의 탄력성과 가소성은 줄어들고 발달의 고착화가 나타나기 쉽다.

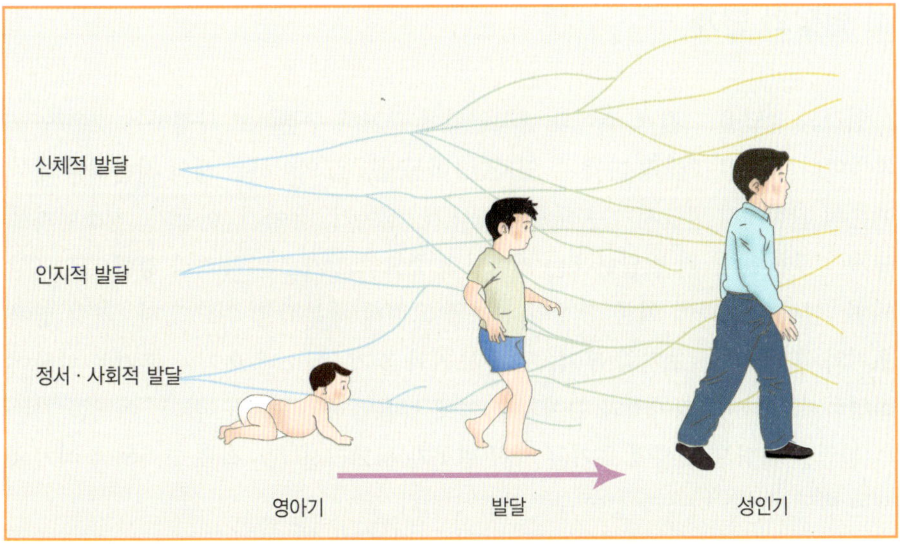

그림 1-2 | 전 생애에 걸친 다양한 발달경로 : 발달의 역동적 체계 관점

최근에는 발달의 개인차와 역동성, 보편성을 설명하는 데 전 생애적 관점과 함께 역동적 체계 관점 dynamic systems perspective이 유용한 것으로 받아들여지고 있다. 이에 따르면 아이의 사고, 신체, 물리적 · 사회적 세계는 서로 유기적인 통합된 체계를 형성하고 있으며, 이 체계들의 역동적 상호작용으로부터 새로운 기술의 습득이 원활하게 이루어진다(Fischer & Bidell, 1998). 예컨대 어느 한 부분에서 성장이든 발달적 결핍이든 변화가 이루어지면 이런 변화에 맞추어 다른 체계와 관계에서도 상응하는 변화가 나타난다. 신체적 변화, 뇌의 성장, 인지적 성숙 등은 서로 유기적으로 상호작용하여 한 개체의 발달을 조형한다. 가령 신체적 성숙은 새로운 기술의 습득을 가능하게 하고, 이는 물리적 탐색을 포함한 환경과의 관계에서 기존의 관계양식이 아닌 새로운 관계양식을 구조화하도록 촉진한다. 한 체계에서의 변화는 다른 체계에서의 유기적 변화를 자극하고 유기체는 자신의 발달과 행동을 재조직한다. 또한 보편적이고 유전적인 기질과 기본적인 발달의 규칙성이 존재하기는 하지만 그 안에서 유기체가 보여주는 발달적 편차와 개인차는 수없이 다양하다. 결과적으로 이는 발달의 역동성을 보여준다.
출처 : 박성연(2006)

사적 영향은 특정 시대에 살면서 그 시기의 독특한 사회문화적 사건의 영향을 받는 것을 말한다. 가령 전쟁 경험 세대와 전쟁을 경험하지 못한 세대, 베이비붐 세대와 그 이후의 세대, IMF의 직접적 영향을 받은 세대와 그렇지 못한 세대, 디지털 정보화를 경험하며 자란 세대와 그렇지 못한 세대 간에는 사고와 가치, 행동에서의 발달적 차이가 있을 수 있다. 비규범적 영향은 개인이 경험하는 특별한 개인적 사건의 영향을 의미한다. 가령 사고나 질병의 발생, 가족의 해체 등은 다른 사람들과 공유하지 않는 개인 고유의 경험으로서, 이로 인해 발달과정과 발달결과가 달라질 수 있다. 개개인의 발달에서는 특히 비규범적 사건의 경험이 더 큰 영향을 미치며, 이것은 개인 간 발달차를 만들어내는 중요한 환경변인이다.

4) 발달의 단계

인간의 발달을 시간적 추이와 변화양상에 근거해 구분하고 규정하는 것은 연구자들마다 접근이 조금씩 다를 수 있지만, 아동발달을 의미하는 생의 전반기에 대한 기존의 관점에서 발달시기는 대체로 태내기, 영아기, 유아기, 아동기, 청소년기로 크게 범주화된다. 각 발달단계는 저마다의 중요하고 새로운 능력과 경험으로 구성되며, 섬세한 변화에 따른 단계의 편차를 고려해 세분화할 수도 있다. 가령 영아 초기와 후기, 유아 초기와 후기, 아동 초기와 후기, 청소년 초기와 후기로 나누어 설명하기도 하며, 영아기와 유아기 사이에 걸음마기를 넣기도 한다. 이러한 기존의 관점을 바탕으로 생애 초기는 극적 변화가 두드러진다는 점을 고려하여 여기에서는 발달시기를 다음과 같이 구분하고자 한다.

> 태내기 → 신생아기 → 영아기 → 걸음마기 → 유아기 → 아동기 → 청소년기

(1) 태내기prenatal period(임신~출생)

임신부터 출산까지의 기간으로 태아가 모체의 배 속에 있는 약 9개월간의 기간에 해당된다. 난자와 정자가 결합해 만들어진 세포가 자궁 내에서 하나의 생명체로 빠르게 성장하면서 태아의 신체조직이 구성되고 만들어진다. 신체의 성장이 일생 중 가장 빠르게 이루어지며 태내환경의 영향을 많이 받는다.

(2) 신생아기newborn baby(출생~1개월)

세계보건기구WHO에서는 출생 후 약 4주간을 신생아기로 규정하고 있다. 모체에서 빠져나와 하나의 독립된 생명체로 삶을 시작하고, 모체 밖의 새로운 환경에 적응해야 하는 단계이다. 외부에 의존적이기는 하지만 나름대로 생존에 필요한 능력을 가지고 있다. 신생아는 출생 시 모든 감각기관이 작동하며 첫 호흡과 동시에 체온조절, 배설작용, 영양섭취 등 신진대사 활동이 시작된다. 배꼽이 완전히 아물고 간기능이 성숙해지며 황달 현상이 사라진다.

(3) 영아기infancy(1개월~1년 반)

태내기 이후 인간발달에서 신체적 급등이 일어나는 첫 번째 시기이다. 양육자와의 긴밀한 유대 속에서 신체운동과정뿐 아니라 인지발달과 정서발달에서도 최초의 극적인 변화들이 나타난다. 첫돌 무렵에 부모에 대한 애착이 형성된다. 걸음마를 시작하고 초보적인 언어를 사용하며, 2차 정서가 나타나는 등 정서적 분화가 조금씩 세분화된다.

(4) 걸음마기toddlerhood(18~36개월)

최근에는 영아기를 좀 더 세분하여 영아기와 유아기 사이에 걸음마기라는 독특한 시기가 있음을 전제한다. 개인차가 있지만 이 시기에는 대부분 월등한 신체운동능력의 변화를 경험하고 이로 인한 급격한 사회정서적 변화가 시작된다. 특히 신체의 자율성으로 인해 영아기보다 더 큰 독립성과 자기주장성이 나타나기 시작한다. 자아인식이 본격적으로 시작되고 자신에 대한 관심과 함께 다른 아동에 대한 관심이 표현된다.

(5) 유아기early childhood(3~6세)

초등학교 입학 이전의 시기로 모든 발달범주에서 성숙과 변화의 모습을 보여주고 본격적인 사회화가 시작된다. 자유로운 신체운동발달로 인해 자기통제와 자조능력이 눈에 띄게 향상되며, 주변 환경에 대한 독자적이고 적극적인 탐색과 대인간 상호작용이 활발해진다. 또래관계를 포함한 대인관계의 확장이 이루어지면서 사회정서적 발달이 더욱 섬세해진다. 이전 단계에 비해 인지능력이 발달하고 언어가 유창해지며 창의력과 상상력 등이 풍부해진다.

(6) 아동기middle childhood(학령기, 6~11세)

좁은 의미의 아동기로 학령기에 해당되며 모든 발달이 완만한 속도로 이루어진다. 유아기의 자기중심성이 사라지고 자신뿐 아니라 타인과 세상에 대한 이해와 조망능력이 증진된다. 본격적인 교육환경과 사회체제 속으로 들어가는 시기로, 이전 시기의 발달양상들이 더욱 고차원적으로 세련되고 향상된다.

(7) 청소년기adolescence(11~20세)

2차 성징이 나타나는 시기로서 신체운동발달과 변화가 최고조에 이른다. 이에 부응해 심리적 · 정서적 변화가 극적으로 나타나 때로 심리적 갈등과 어려움이 표면화된다. 아동기와 성인기 사이에서 모호하고 양가적인 태도를 취하며, 부모를 포함한 사회에 대해 저항적 사고와 행동양식을 고수하기도 한다. 특히 또래관계가 심리적 · 사회적 적응에 큰 영향을 미친다. 추상적 · 형식적 사고가 심화되고 독립적인 주체로서의 정체감 형성과 학습영역의 문제가 중요하게 부각된다.

2. 발달의 쟁점

최근까지 발달에 대한 다양한 접근의 연구들이 이루어져왔고 그 성과들에 비추어 아동발달에 대한 지식과 인식의 폭을 넓힐 수 있었다. 그러나 인간이라는 특별한 종種을 연구하는 이상 여기에는 하나의 궁극적 정답은 없으며, 인간발달을 하나의 이론으로 설명하거나 체계화할 수는 없는 것이 사실이다. 인간발달을 설명하는 여러 관점의 이론들이 지식체계를 구성하는 한편, 그 이론들 간에는 각자의 입장을 주장하면서 논쟁을 태동시키는 몇 가지 쟁점들이 있다. 연구자들의 다양한 입장은 대개 발달의 보편성과 개별성에 대한 논쟁으로 귀착되며, 이를 해명하는 과정에서 몇 가지 쟁점들로 정리될 수 있다.

- 발달은 유전인가, 환경인가?
- 유전과 환경은 발달에 어떻게 작용하는가?
- 발달은 연속적인가, 비연속적인가?
- 발달에는 결정적 시기가 있는가?
- 초기 경험과 후기 경험 중 어느 것이 더 발달에 중요한가?

1) 발달은 유전인가, 환경인가? : 본성과 양육

영국의 경험주의 철학자인 Locke(1632~1704)가 인간의 마음을 빈 석판blank slate[2]에 비유하면서 양육으로 대표되는 환경을 옹호하고, 프랑스의 사상가 Rousseau(1712~1778)가 선천적 본성을 강조한 이래, 유전과 환경에 대한 해명은 인간 이해의 출발점이 되었다. Galton(1822~1911)이 처음으로 1874년 '본성과 양육nature vs. nurture'이라는 용어를 사용한 이래로, 이는 지금까지도 많은 사상가와 연구자들의 논쟁의 중심에 존재한다.[3] 즉 오랫동안 학계에서 논쟁을 불러일으킨 주요한 쟁점 중 하나는 인간발달에서 유전적 요소와 환경적 요소 중 어느 것이 더 중요하고 설득력이 있는가에 관한 논의이다. 이는 아동발달에서 아이의 본성과 양육 중 어느 것이 더 큰 영향력을 행사하는가에 대한 물음으로 이어지며, 같은 맥락에서 성숙이 중요한가 학습이 중요한가의 질문으로 제기된다.

Lorenz(1903~1989)처럼 발달의 유전적 효과를 강조하는 성숙론자maturationist나 유전론자nativist들은 타고난 유전적 시간표에 따라 발달이 이루어지며, 생래적인 요인이 발달을 주도한다고 본다. 환경이 발달을 촉진하거나 저해할 수는 있지만 기본적으로 발달은 타고난 본성이나 성숙요인에 따라 이루어진다. 가령 신체운동발달은 양육환경이나 개인에 크게 상관없이 일정한 순서와 방향에 따라 이루어져, 기는 행동이 나타난 후에 걷기가 가능해진다. 언어 · 인지발달에서도 한 단어로 이루어진 일어문을 말한 다음 두 단어 문장을 말할 수 있다. 영아가 기어 다니고 걸음마를 하며, 옹알이를 하고 한 단어를 말하는 것은 학습에 의한 산물이 아니라 인간 종의 성숙에 따른 변화의 모습이다.

누구나 일정한 시기에 보편적인 2차 성징의 출현을 경험한다는 점도 이러한 유전론의 입장을 대변한다. 성숙론적 발달을 주장한 Hall(1844~1924)과 함께, 쌍생아를 대상으로 계단 오르내리기 훈련효과를 연구한 Gesell(1880~1961)은 고전적인 실험에서 훈련으로 인한 학습효과는 성숙요인에 의해 제약을 받는다고 주장하면서 발달의 일관적인 순서를 강조하였다. 특히 유전의 주 효과가 존재하는 발달 측면으로는 신체와 지능발달을 들 수 있다. 가령 지능의 분명한 예측변인으로 신체적 특징 중 뇌의 용량(크기)을 들 수 있는데, 뇌의 구성요소인 백색질white matter과

2) 라틴어인 tabula rasa에서 유래한다.
3) 본성은 생물학적으로 타고나는 것으로 부모로부터 받은 유전적 정보를 말한다. 양육은 출생 전후의 심리적 · 신체적 발달에 영향을 주는 가족적 · 물리적 · 환경적 · 사회적 체계의 영향을 의미한다.

회색질gray matter은 유전인자의 지배를 크게 받는다고 한다. 최근까지도 활발하게 연구활동을 하는 대표적인 행동유전학자 Plomin은 쌍생아들을 대상으로 한 많은 대규모 종단연구들을 통해 유전의 우월성을 역설하였다.

환경론자들은 생물학적 요소보다는 아이가 경험하는 환경적 요소가 발달을 주도한다고 본다. Skinner(1904~1991)와 Watson(1878~1958) 등 대표적인 행동주의의 고전 대가들은 환경과 경험의 중요성을 강조하였다. 환경에는 개인의 신체적 · 심리적 환경과 사회문화적 · 물리적 환경 등 다양한 변인들이 존재한다. 모든 유기체에 존재하는 종 특유의 발달성향이나 개인차를 만들어내는 독특한 유전적 성향도 환경적 효과로 인해 발현 정도가 달라지고 개인적 편차를 나타낸다는 것이 환경론자들의 견해이다. 환경론자들은 아동발달에 영향을 미치는 대표적인 미시환경 변인으로 부모의 양육행동을 꼽는다. 부모의 양육행동은 자긍심, 성취동기, 도덕적 추론, 친사회적 행동 등 사회정서성 발달을 포함하여 아이의 다양한 발달모습에 직간접적으로 큰 영향을 주는 것으로 많은 연구들에서 확인되었다. 또한 가족 내 형제들의 상이한 발달을 초래하는 원인을 규명하는 과정에서 비공유환경nonshared environment에 대한 관심이 대두되었다. 공유환경shared environment은 부모의 성격 특성, 가족의 사회경제적 지위, 지역사회 등 가족 내 형제가 똑같이 공유하는 환경적 변인들을 말하고, 비공유환경은 형제를 다르게 만드는 환경적 영향으로 정의된다(Plomin, 1989). 형제마다 경험하는 생활사건, 또래관계, 질병의 경험 등이 다르며, 같은 부모라도 자녀들의 기질, 성별, 출생순위 등에 따라 양육행동과 태도가 달라진다. 환경론자의 입장에서 보면 같은 부모와 동일한 가정환경에서 자란 형제라고 할지라도 제각기 다른 특성을 갖는 것은 그들이 경험하는 비공유환경과 변인에 기인하는 것이다(박성연, 2006 참조).[4]

Francis Galton

Arnold Gesell

최근에는 본성과 양육의 논쟁에서 그동안 소홀히 다루어졌던 태내기에 대한 인식이 더욱 부각되고 있다. 본성을 중시하는 입장은 유전자의 결정을 강조하고 반대로 양육을 강조하는 입장은 출생 이후 환경의 영향에 무게를 두지만, 이 둘 모두 자궁 속 환경에서 유전

4) 이때 환경론자의 입장에서 발달의 차이를 만들어내는 것은 비공유환경이다. 그러나 유전의 영향을 같이 놓고 생각한다면 발달의 차이는 비공유환경뿐 아니라 유전자의 영향에서도 비롯된다. 통계학적으로 만일 양육환경이 동일하다면 발달적 · 행동적 차이 중 50%는 유전자의 영향으로도 고려될 수 있다.

자 발현이 어떻게 이루어지는가에 대해서는 큰 관심을 두지 않았다. 그러나 근래에는 태내기 경험이 출생 후 발달에 중요한 효과를 발휘하는 것으로 연구들에서 보고되고 있다.

성정체성 발달에 대한 본성론

John Money

1967년 캐나다에서 일란성 쌍둥이 중 한 아이가 생후 8개월 때 포경수술 중에 의료사고로 페니스를 잃는다. 아이의 부모는 당시 뉴질랜드 출신으로 성심리의 중립성을 주장해 명성을 얻고 있던 John Money 박사의 권유로 아이를 성전환 수술을 시켜 여자로 키운다. 수술은 철저히 비밀에 부쳐졌고 그날부터 아기는 여자의 성으로 살아가게 된다. 이 사례는 일란성 남자 쌍둥이 중 한 명은 계속 남자로, 다른 한 명은 환경과 교육을 통해 여자로 성장하게 되었다는 점에서 당시에 큰 주목을 받았다. 많은 사람들의 이목을 집중시켰던 이 사례를 가지고 John Money를 포함해 여권 운동가들은 본성과 양육 간의 첨예한 논쟁에서 양육의 승리를 외쳤다. 즉 성은 타고나는 것이 아니라 만들어진다는 것이다. 외국뿐 아니라 국내에서도 여권 운동가들 사이에서 이 사례는 성정체성의 문제를 이야기할 때 최근까지도 자신들의 주장을 입증하는 사례로 거론되었다.

그러나 시간이 지나 성정체성의 혼란으로 괴로워하던 아이는 열네 살 되던 해에 자신이 남자로 태어났다는 사실과 의료사고로 페니스를 잃고 여자로 성전환 수술을 받게 되었다는 사실을 부모로부터 듣고, 바로 남자로 되돌아가기를 결심한다. 남성으로서의 삶을 다시 시작한 소년은 2000년에 가명으로 자신의 삶을 책으로 출간했고, 이후 2004년 안타깝게도 자살로 비극적 생을 마쳤다. 이 사례는 성정체성은 인위적인 환경으로 바꾸는 것이 어렵다는 사실을 역설적으로 보여주었다. 발달의 어떤 측면을 가지고 어떤 맥락에서 논하느냐에 따라 늘 논쟁은 존재하지만, 적어도 이 사례에서는 본성이 양육보다 훨씬 더 강력했음은 부인할 수 없는 사실이다.

2) 유전과 환경은 발달에 어떻게 작용하는가?

시대적 분위기에 따라 발달에서 유전과 환경 중 어느 하나를 더 강조하는 입장이 있지만, 1990년대 이후에는 인간발달에 대한 유전과 환경의 상대적 중요성을 인식하고 둘 간의 상호작용의 효과를 보다 강조하는 추세이다(Reiss, 2003; Rutter, 2002). 인간발달에는 유전과 환경이 배타적으로 작용하는 것이 아니라 두 요소가 서로 상호작용하면서 영향을 미친다. 예컨대 개개인의 유전인자는 그들이 처하는 환경을 구성하는 데 영향을 미치고, 환경은 개인의 유전자의 발현 정도를 좌우한다. 각 발달영역과 발달시기마다 유전이 우세할 수도 있고 환경이 우세할 수도 있지만, 대체로 발달에는 유전과 환경이라는 두 대립적인 요소가 서로 상호작용하여 영향을 미친다는 것이 지배적인 의견이다. 이를테면 인지발달의 경우 발달에 필요한 심리적 · 인지적 구조는 선천적으로 결정되지만, 이후 두뇌발달과 인지적 성숙에서는 유기체의 학습 경험과 사회적 상호작용에서 되돌려 받는 환경적 피드백이 필요하다.[5)]

또한 유전과 환경의 상호작용 과정에서 두 변인을 정확히 원인과 결과의 이분법적 구도로 나누는 것은 쉽지 않아서, 유전과 환경 중 무엇이 더 먼저인가를 정확히 판단하기는 힘들다. 이를테면 부모가 일란성 쌍둥이를 다르게 대하고 이 둘이 다르게 행동한다면, 여기에서 부모의 차별적 양육행동이 아이들의 행동 차이의 원인이 되는지, 아니면 결과가 되는지 명확한 판단은 할 수 없다. 즉 부모가 아이를 대하는 방식은 아이의 기질과 행동에 대한 결과반응일 수도 있고 반대로 기질과 행동 차이의 원인일 수도 있다. 이런 맥락에서 유전과 환경의 상호 간 양상은 순환적인 모습을 보여준다.

유전과 환경의 두 요소가 어떻게 상호작용하는가에 대한 입장은 학자들마다 다를 수 있지만, 대개 유전은 환경의 작동범위를 정해주고 환경은 유전이 설정해준 그 한계범위 내에서 발달을 촉진하거나 억제할 수 있다. 특히 신체발달이나 인지발달은 부모에게서 받은 유전인자로부터 발달의 한계가 어느 정도 정해지고, 그 범위 안에서 아이가 경험하는 다양한 환경적 자극(가정환경과 학습 경험 등)에 따라서 타고난 유전적 소질이 발현된다. 즉 아이는 자신의 유전적 특성과 관련된 환경을 물려받는다(Plomin & DeFries, 1998). 이는 유전과 환경의 상호작용을 강조하면서도 유전이 발달의 기본 토대를 준비해주는 것으로 볼 수 있다(Harris, 1998; Rowe, 1994 참조). 요약하면 발달을 결정하는 프로그램이 이미 유전인자에 들어 있고 이 유전인자는 발달의 표현형과 발달의 한계, 그리고 발달성향을 좌우하고 조절할 수 있다. 그러므로 개인의 선천적 특성과 유전적 잠재력이 최대한 발휘될 수 있도록 최적의 환경을 조성할 필요가 있다.[6)]

---

5) 이를테면 Piaget의 이론에서 인지발달은 성숙과 학습의 상호작용으로 이루어지는 조합이다. 유기체는 인지발달의 토대를 이루는 인지도식schema을 선천적으로 지니고 있으며, 이를 바탕으로 환경과의 작용 속에서 학습이 이루어진다. 유기체가 환경으로부터 받는 피드백은 '동화assimilation'와 '조정accommodation'이라는 두 메커니즘을 통해 학습으로 남는다.

6) 발달의 편차를 만들어내는 것이 환경인 경우도 많지만, 환경의 영향은 대개 비선형적이다. 이를테면 극도의 결핍된 환경에서는 환경의 영향이 크지만 보통의 중간 정도에서 환경의 효과는 미약하다.

유전적 성향이나 본성은 자신에게 부합하는 환경을 추구하고 양육으로 대표되는 환경적 경험을 통해 더 강화되거나 약화될 수 있다. 유전은 환경을 통해 효과를 발휘하고 환경은 유전을 경유하여 발달에 영향을 미친다. 인간발달의 어떤 범주도 어느 한쪽이 일방적으로 좌우하는 것은 없다. 유전과 환경의 작용이 발달에 미치는 영향을 설명하는 몇몇 이론적 모델들을 살펴보기로 한다.

(1) 수로화 모델

수로화canalization는 영국의 발생학자 Waddington(1966)이 제안한 개념으로, 유전과 환경 중 유전의 영향력이 더 우세해서 어떤 발달은 환경의 다양성에도 불구하고 오직 한두 개의 발달적 결과만을 가져올 수 있다는 것이다. 타고난 유전적 성향에 의해 결정되는 발달은 수로화 경향이 강해서 강력한 환경적 영향하에서만 일부 변화가 가능하다. 가령 아기의 신체발달은 상대적으로 수로화 경향이 강한 반면 사회정서성 발달은 수로화 경향이 약해서 환경에 따라 민감하게 변화할 수 있다. 타고난 유전적이고 보편적인 발달궤도가 발달에 대해 갖는 중요성은 경우에 따라 극한 환경 속에서도 인간의 발달을 보호할 수 있는 기능을 설명한다. 예를 들어 Kagan(1984)의 연구에 따르면 영아기에 극심한 영양실조를 겪은 아이들도 아동기에 인지적 · 사회적 발달의 장애가 거의 없었는데, 이는 몇몇 발달이 환경의 영향을 크게 받지 않고 타고난 유전적 궤도를 따라간다는 사실을 보여준다.

Conrad Waddington

더 나아가 이러한 입장은 환경의 상대적 중요성을 강조하는 측면에서도 그대로 적용될 수 있다. 어떤 발달은 강력한 환경적 자극과 경험을 통해 본래 기대되었던 발달과는 다른 수로화 양상을 보일 수도 있다. 예컨대 언어발달의 결정적 시기에 경험하는 심각한 환경적 결핍은 언어습득을 불가능하게 만들 수도 있다.

(2) 반응범위 모델

반응범위range of reaction는 Gottesman(1974)이 제안한 개념으로, 유전이 발달의 반응범위의 좁고 넓음을 결정한다는 것이다. 각 개인은 고유한 유전적 특징으로 인해 환경 변화에 다르게 반응한다. 가령 자극이 부족한 열악한 환경이 촉진적인 환경으로 바뀔 때, 어떤 아이의 인지적 성취는 급격히 증가하는 반면 어떤 아이는 점진적으로 증가한다. 이는 동일한 환경이라도 유전적 성향에 따라 나타나는 반응

Irving Gottesman

과 발달적 표현이 달라질 수 있음을 의미한다.

또한 선천적으로 발달이 가능한 범위가 정해져 있고, 그 안에서 환경의 풍요도와 결핍 정도에 따라 발달의 수준이 달라진다는 의미도 있다. 즉 유전은 특정한 행동과 발달을 좌우할 수도 있지만, 환경변인을 같이 고려할 때 개인이 발달시킬 수 있는 가능성 혹은 반응의 범위를 결정하는 데 중요한 역할을 한다. Scarr(1984)의 설명을 들어보면, 가령 중간 정도 키의 유전자를 가진 아이가 결핍된 환경에서 자랄 경우 평균보다도 작은 키로 성장할 수 있으나, 반면 좋은 환경에서 자란다면 평균보다 큰 키로 자랄 수 있다. 그러나 작은 키 유전자를 가진 사람이 아무리 영양이 풍족한 환경에서 자라도 평균을 크게 능가하는 큰 키로 자라기는 어렵다는 것이 지배적인 의견이다.

(3) Horowitz의 모델

아동이 타고난 특성과 환경은 대체로 발달에 각각 선형적인 주 효과를 만들어낸다. 선천적 특성이 우수하거나 좋은 환경인 경우에 발달은 긍정적일 수 있으며, 반면 타고난 특성이 취약하거나 결핍된 환경일 경우 발달은 양호하지 못할 것이다. 그러나 유전과 환경의 두 요인이 상호작용할 경우 발달적 효과가 반드시 선형적으로만 나타나는 것은 아니다. Horowitz(1987)에 따르면 탄력성이 큰 아동은 열악한 환경에서도 잘 발달하고, 취약성을 타고난 아동도 양호한 환경에서는 적응적인 발

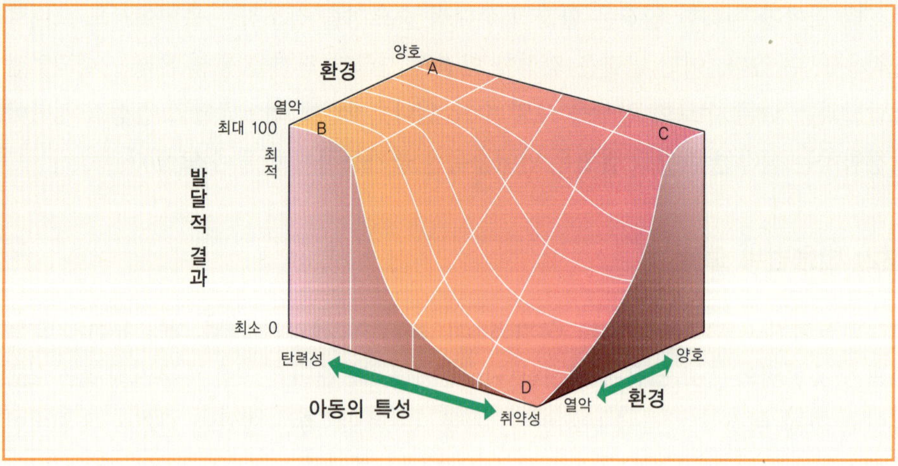

그림 1-3 | Horowitz의 모델 : 유전과 환경의 상호작용

출처 : Bee, 1997

달수준을 보일 수 있다. 타고난 특성이 취약하고 환경도 열악할 경우에 발달이 가장 뒤떨어진다.

(4) Scarr와 McCartney의 모델 : 교류적 관점

유전과 환경은 다양한 경로를 통해 상호작용하기 때문에 이 둘의 효과를 명확히 분리하는 것은 사실상 어렵다. 1980년대에 전 생애적 발달이 주목받기 시작하면서 유전과 환경이 발달에 미치는 영향은 유전 혹은 환경의 직접적인 주 효과main effect나 상호작용효과interaction effect 대신, 교류효과의 관점transactional effect에서 봐야 한다는 견해들이 우세하였다(박성연, 2006). 교류적 관점은 유전과 환경이 2차원적으로 상호작용하기보다는, 아동의 특성이 환경에 영향을 미쳐 변화를 가져오고 다시 이 환경적 변화가 아동의 행동과 특성에 영향을 미쳐 변화를 초래한다는 입장을 고수한다. 따라서 이전의 상호작용모델에서 나타난 발달의 효과가 다소 일시적이고 평면적이라면, 교류모델에서는 생애과정 동안 아동의 특성과 환경이 시간적 추이를 거치면서 서로 영향을 미쳐 변화를 만들어내는 역동성이 나타난다.

이런 관점을 반영해서 Scarr(1993)는 유전과 환경의 상관관계 양상이 세 가지로 구조화될 수 있음을 피력했다. Scarr가 주장한 유전-환경 상관관계gene-environment correlation의 개념에 따르면, 인간발달에서 타고난 유전자는 우리가 만나는 환경에 영향을 미치고 그 방식은 시간적 추이, 즉 연령에 따라 달라질 수 있다. 또 개인이 처하게 되는 환경은 개인의 유전자를 반영하며, 유전자에 의해 영향을 받을 때 환경적 효과가 발생한다. 이 모델에 따르면 개인이 처하게 되는 환경은 개인의 유전자형에 근거하여 어느 정도는 예측이 가능하다. 결국 유전자형이 다른 아이들은 각각 다른 환경 속에서 성장하게 된다는 전제를 추론할 수 있다. Scarr와 McCartney(1983)가 제시한 모델을 살펴보면 다음과 같다.

① 수동적 유전-환경 상관관계Passive genotype-environment correlation

생물학적 부모는 자녀에게 자신의 유전형과 함께 이에 맞는 환경을 제공하고, 자녀는 부모의 유전자와 환경적 성향을 물려받는다. 예컨대 운동을 좋아하는 외향적인 부모는 이러한 환경을 아이에게 제공하고, 부모의 그런 유전적 성향을 받은 아이는 자연스럽게 운동과 외향적인 활동을 좋아하게 된다. 특히 어린아이의 경우 자신의 환경을 통제할 수 없으므로 부모로부터 일방향적인 유전-환경적 영향을 받게 되는 수동적 위치에 놓인다.

② 촉발적 유전–환경 상관관계Evocative genotype-environment correlation

특정 유전자를 가진 사람은 그에 맞는 특정 환경을 창출하고 경험하기가 더 쉽다. 아이의 독특한 유전형질이 특정 유형의 물리적 · 사회적 환경을 유발한다. 가령 적극적이고 활발한 아이들은 그렇지 않은 아이들보다 주변의 자극과 관심을 더 많이 이끌어낼 수 있다. 또 형제간 다른 기질은 부모의 상이한 양육방식을 유발한다. 어린아이들은 자신의 유전적 특성에 따라 환경적 반응을 유도하고 이 환경은 역으로 아이의 원래 특성을 강화할 수 있다. 가령 기질적으로 까다로운 아이일수록 조용한 아이보다 엄하고 통제적인 양육환경을 경험하기 쉬우며, 이는 다시 아이의 까다로운 기질적 특성을 강화할 수 있다. 말하자면 유전적 성향이 아이의 행동에 영향을 미치고 이는 아이를 대하는 부모의 태도와 행동에 영향을 미친다. 따라서 부모는 자녀의 유전적 차이에 반응하는react 것이며, 이는 '자녀에게서 부모로 이어지는 영향child-to-parent effects'(Harris, 1998)인 것이다.

③ 능동적 유전–환경 상관관계Active genotype-environment correlation

인간은 자신의 성향에 맞는 적절한 환경을 스스로 모색하고 만들어나가는데 Scarr는 이를 적소선택niche-picking이라 한다. 나이가 들고 선택과 통제의 폭이 넓어지면서 아동은 자신의 본성에 부합하는 환경을 더 적극적으로 추구하고 개척한다. 외향적인 아이는 또래들과의 사교행위와 집단활동을 더 선호하고 그러한 환경을 추구하지만, 내향적인 아이는 혼자서 하는 활동을 더 좋아하고 친구들과의 어울림에 소극적으로 참여하기 쉽다. 적소선택은 가령 일란성 쌍생아가 이란성 쌍생아나 다른 사람들과 비교해 성격이나 배우자 및 친구 선택, 정치사회적 태도 등에서 왜 보다 더 일치하는가를 설명해줄 수 있는 유용한 개념이다(Rushton & Bons, 2005).

인간의 발달과정에서 세 가지의 유전–환경 상관관계의 상대적 중요성은 연령에 따라 달라질 수 있다. 어린 시절에는 성인이 제공하는 환경의 영향이 크므로 수동적 유전–환경 상관관계가 보편적이지만, 후기 아동기나 청소년기에는 아이들 스스로 자신의 환경을 선택하고 조형할 수 있으므로 촉발적 유전–환경 상관관계와 능동적 유전–환경 상관관계가 상대적으로 더 비중이 커진다(Santrock, 2009). 또 지능지수의 경우 연령이 증가할수록 유전자의 영향이 높고 환경의 영향은 낮다고 한다. 유전자가 지능지수 차이에 미치는 영향은 유아기에 20%, 유년기에는 40%,

성인기에는 60%, 중년기 이후에는 80%로 높아진다(McGue et al., 1993). 이처럼 지능의 유전 가능성이 연령에 따라 증가하는 이유는 개인이 환경과의 상호작용에서 성인이 될수록 환경의 영향을 일방적으로 받기보다는 자신의 유전적 성향에 따라 환경을 선택하기 때문인 것으로 해석된다(Neisser et al., 1996).

• 주 효과 모델

유전 \ 환경	좋음	나쁨
좋음	좋음	좋음
나쁨	나쁨	나쁨

유전론적 견해

유전 \ 환경	좋음	나쁨
좋음	좋음	나쁨
나쁨	좋음	나쁨

환경론적 견해

• 상호작용효과 모델

유전 \ 환경	좋음	나쁨
좋음	좋음	보통
나쁨	보통	나쁨

• 교류효과 모델

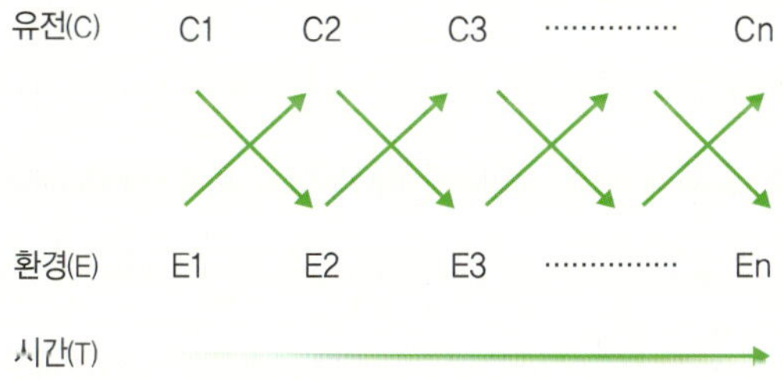

그림 1-4 | 주 효과 모델, 상호작용효과 모델, 교류효과(교류적 관점) 모델

출처 : 박성연(2006)

3) 발달은 연속적인가, 비연속적인가?

인간의 발달은 일생 동안 점진적으로 이루어지는지, 아니면 특정한 발달이 나타나는 단계가 있어 이전과는 다른 새로운 발달이 나타나는지에 따라, 연속성 continuity과 비연속성discontinuity으로 범주화할 수 있다.

(1) 발달은 점진적이고 연속적이다.

행동주의 등 단계stage를 나누지 않는 이론들이 주장하는 입장으로, 인간발달에서 발달시기별로 나타나는 변화들은 사실 계속적인 변화와 학습의 결과로서 앞의 발달과 이후의 발달이 질적으로 다르지 않다는 것이다. 발달적 변화는 누적적으로 나타나며 처음의 발달 모습이 양적으로 증가하거나 확장된다. 가령 연령이 증가하면서 아기는 한두 단어를 이야기하다 문장을 사용하며, 신장과 체중은 점차적으로 증가한다. 수정부터 죽음까지 인간의 발달은 특정 단계에서 나타나는 발달의 성취가 갑작스러운 변화로 보이기도 하지만, 연속적 발달의 관점에서 바라보면 시간에 걸쳐 진행된 연속적인 변화일 뿐이다.

(2) 발달은 비연속적이고 단계적이다.

발달의 질적 특성을 강조하는 입장으로 발달은 서로 독립적이고 질적으로 상이한 여러 단계들로 이루어지며, 각 단계에서는 다른 단계들과는 질적으로 구분되는 독특한 특성과 변화가 나온다는 것이다. 이러한 단계 이론에서 발달은 단계가 있는 층계를 오르는 듯한 방식으로 이루어지는데, 아동이 다음 단계로 올라갈 때는 빠른 변화 기간이 되고 한 단계 내에서는 변화하지 않는 안정기가 뒤따른다고 가정한다. 따라서 비연속적 발달 입장에서 보는 발달의 변화는 점진적이기보다는 급격한 모습을 보인다(Berk, 2006). 가령 아이는 세상과 사물에 대해 각 발달단계마다 질적으로 다른 방식으로 해석하고 이에 반응한다. 예컨대 감각운동기와 전조작기의 영아는 다른 관점으로 세상을 추론한다.

그러나 발달을 이렇게 연속성과 비연속성으로 구분하는 것은 다소 모호할 수 있는데, 사실상 발달에는 두 가지 관점이 모두 작용하기 때문이다. 추상적이고 고차원적인 사고가 발달의 어느 단계에서 나타났을 때 이전과는 다른 비연속적 발달 모습이라고 생각할 수 있지만, 반대로 이를 연속적 관점에서 본다면 오랜 시간에 걸쳐 축적된 변화의 산물인 것이다. 또한 연속적인 발달이 이루어지는 과정에서도 질적으로 다른 변화가 진행될 수 있다.

그림 1-5 | 발달의 연속성과 비연속성

4) 발달에는 결정적 시기가 있는가?

결정적 시기critical period는 유기체를 둘러싼 내적·외적 사건들이 발달에 극도로 큰 영향을 미치는 짧은 기간을 가리키는 것으로, 유기체의 발달에서 어떤 특정한 발달이 이루어지는 특별한 시기가 있다고 전제한다. 발달시기와 발달영역을 고려했을 때 태내기 발달을 포함해 인지 및 신체발달은 사회정서적 발달과 비교해서 결정적 시기의 개념이 보다 더 강하게 적용될 수 있다. 생물학적으로 타고난 발달 시간표의 지배를 많이 받는 발달일수록 결정적 시기는 더욱 유효하다. 선천적 효과가 비교적 강한 인지 및 신체발달은 특정 과업이 이루어져야 하는 특정 시기가 있다. 예컨대 생후 초기 몇 년에 걸쳐 적절한 언어적 자극을 받지 못하고 방임된 경우, 이른바 언어습득의 결정적 시기가 지난 이후에 초기의 언어적 결핍을 회복하고 정상적 범주의 발달을 성취하는 것은 어려운 것으로 나타난다.

Lorenz의 각인imprinting 이론에 영향을 받은 초기 애착이론가들은 결정적 시기 이후에는 애착 형성이 어려운 것으로 생각했다. 그러나 언어, 신체운동 등 특정한 몇몇 발달을 제외하고는 발달의 탄력성과 가소성, 그리고 유기체의 변화 가능성을 고려할 때 결정적 시기가 꼭 절대적인 것만은 아니다. 어린 시절의 발달의 결핍은 이후 지지적인 환경 속에서 충분히 회복될 수 있다는 것이 많은 연구들에서 입증되었다. 이런 맥락에서 심리정서발달에서는 결정적 시기보다는 조금 더 완화된 표현으로 민감기sensitive period라는 개념이 더 타당해 보인다. 민감기는 특정한 능력이 발달하는 데 최적의 민감한 시기가 있으며, 이 시기를 지날 경우 그 능력 발달에 다소 장애가 있을 수 있다는 의미이다.

언어발달의 결정적 시기

Noam Chomsky는 일종의 보편적 문법인 언어습득장치Language Acquiring Device, LAD를 이야기하면서 천성적인 언어습득능력을 주장하였다. 이에 대해 하버드대학교의 심리학자 Eric Lenneberg는 그러한 선천적인 언어습득론에 동의하면서 1967년 『언어의 생물학적 기초』라는 책을 통해 뇌나 발성기관의 특징 때문에 언어학습능력의 결정적 시기가 어린 시절에 존재하며 그 이후에는 언어습득이 불가능하다고 피력하였다. 언어는 취학 전에 성숙의 과정을 거치면서 빠르게 획득된다. 뇌 손상을 입을 경우 결정적 시기를 지나 뇌기능의 탄력성과 가소성이 떨어졌기 때문에 언어습득이 힘들다는 것이다. 다소 극단적인 견해로도 보이지만 이를 뒷받침하는 사례가 적지 않다. 이에 비추어 보건대, 언어습득은 대체로 유전적으로 계획된 발달시간표에 따라 이루어지며 결정적 시기가 존재하는 것으로 보인다. 그러나 동시에 환경적 자극도 매우 중요하다. 언어습득의 유전자가 존재하고(가령 LAD), 이 유전자가 적절한 시기에 자극을 받아 활동할 때 언어가 습득되는 것이다. 언어발달은 선천성을 지니는 동시에 적절한 환경을 필요로 하며, 본성과 양육의 두 측면을 모두 고려해야 한다.

사례 1 1800년 프랑스의 시골 마을에서 약 11~12세 정도의 남자아이가 발견되었다. 빅터라는 이름의 이 아이는 인간보다는 동물에 가까운 행동을 보였으며, 훈련과 교육을 통해 몇 가지 단어는 배웠지만 언어와 사고능력에서 그 이상은 불가능했고 제대로 습득할 수 없었다. 화장실 사용과 옷 입기는 조금 익숙해졌지만 그 외 다른 인간적 활동에는 관심이 없었고 교육도 불가능했다. 또 1828년 뉘른베르크에서 발견된 카스파라는 아이는 16년 동안 인간과의 접촉이 없이 방에 갇혀 지냈다고 한다. 발견된 이후 세심한 교육과 지도가 있었지만 이 아이도 결국 언어를 습득하지 못했다.

사례 2 인도에서는 1920년에 약 8세와 1세 반 정도 된 두 여자아이가 늑대 굴에서 발견되었다. 이들은 발견 당시 두 손과 두 발, 즉 네 발로 기어 다니고 걷고 뛰었다. 음식을 혀로 핥아 먹고 우유와 고기만을 먹었다. 의사소통은 불가능했고 특히 감각기관이 발달되어 냄새를 잘 맡았다. 한동안 늑대처럼 하룻밤에 세 번씩 시간을 정해두고 짖었다. 더 어린 여아는 인간 세계에서 1년 정도 있다 곧 죽었고 다른 아이는 약 9년을 더 살았다. 그동안 훈련과 교육을 통해 약 30여 개의 단어를 습득했고 미숙하지만 인간 생활에 조금씩 적응하는 모습을 보였지만, 그 이상의 인간적인 삶과 문화의 습득은 불가능했다.

사례 3 미국에서는 1970년에 지니라는 13세 소녀가 독방에 감금되어 시각장애 어머니와 정신병적 아버지 밑에서 제대로 된 보살핌을 받지 못한 채 자라다가 발견되었다. 아이는 대소변을 가리지 못했고 기형적인 걸음걸이에 말을 하지 못했다. 이후 많은 사람들의 노력 속에서 어느 정도 적응능력이 생겼으나, 끝내 언어는 학습하지 못했다. 비언어적 의사소통이나 공간지능은 우수했으나 기본 문법이나 말하는 법은 터득하지 못했다.

Montessori의 민감기 이론

Montessori(1870~1952)의 민감기 이론에 따르면 아동발달에는 언어를 획득하고 손을 사용하고 걷기를 습득하는 민감기가 존재한다. 아이의 정서와 신체발달은 서서히 완성되기보다는 어느 일정한 시기에 급진적이고 폭발적으로 완성된다. 즉 아이의 능력이 향상되는 일정한 시기가 있어서 그 시기에 적절한 환경이 갖추어지면 아이의 자발적인 요구에 힘입어 큰 성장을 기대할 수 있는데, 이 시기가 바로 민감기이다.

Maria Montessori

질서에 대한 민감기 The sensitive period for order	6개월~만 3세 아이는 질서에 강하게 집착해서 같은 순서, 같은 장소, 같은 방법을 유지하려 한다. 질서는 하나의 약속으로 아이의 정서를 안정시키는 데 도움을 준다. 정해진 순서로 몸을 씻는다거나 엄마의 컵 옆에 항상 자기 컵을 두는 등의 행동을 예로 들 수 있다. 어른이 보기에는 대수롭지 않은 것들을 아이들은 그냥 지나칠 수 없는 중요한 일로 여기며, 자신이 정한 질서대로 흘러가야 안심한다. 질서에 집착하는 현상은 지능이 발달하고 추상적 사고가 가능해지면 사라진다. 따라서 아이가 일정한 질서에 집착한다고 걱정하기보다는 규칙적인 생활을 할 수 있도록 생활환경과 습관을 바로잡아주고, 아이가 안심하고 자신의 질서 속에서 생활하며 안정감을 느낄 수 있도록 배려하는 것이 좋다

작은 것에 대한 민감기 The sensitive period for details	1~2세 아이들은 작은 사물이나 세세한 부분에 주의를 기울인다. 어른들은 미처 감지하지 못하는 땅 위를 기어가는 작은 개미나 새싹을 유심히 보거나, 자신의 옷에 있는 작은 얼룩이나 흠집도 찾아낸다. 그림책을 볼 때도 중심이 되는 이야기보다 배경에 있는 작은 그림에 더 관심을 보이기도 한다. 즉 '작은 것에 대한 민감기'는 주변 사물과 환경을 이해하기 시작하는 매우 중요한 시기이다. 따라서 아이가 자연의 신비를 감상하고 탐험할 기회를 많이 갖는 것이 중요하다.
손사용에 대한 민감기 The sensitive period for the use of hands	18개월~만 3세 아이는 손을 사용해 물건을 꺼내고 넣고 붙이고 접는 것을 매우 즐긴다. 아이가 손을 사용해 물건을 조작하는 활동은 몬테소리 교육 중에서도 핵심에 속한다. 아이는 끊임없이 물건을 움켜쥐려고 하며 사물의 움직임과 촉감을 느끼게 된다.
걷기에 대한 민감기 The sensitive period for walking	걸음마를 막 시작한 약 1~2세의 유아는 목적 없이 그저 걷기 위해 걷는다. 사람의 신체기관 중 가장 큰 근육은 허벅지의 대퇴근으로, 이 대퇴근은 신경을 통해 뇌관과 연결되어 있어 걸을수록 대뇌의 움직임이 활성화된다. 따라서 이 시기에는 아이가 안전하게 움직일 수 있는 여건을 만들어 주고, 적어도 하루 1회 이상 마음껏 산책할 수 있도록 한다.
언어에 대한 민감기 The sensitive period for language	엄마의 배 속에서부터 소리를 들을 수 있었던 아기는 생후 3~4개월부터 어른의 입 모양을 관찰하며 언어에 대한 감각을 키운다. 생후 6개월부터는 모국어와 외국어를 구분하기도 한다. 이 시기를 시작으로 아이는 만 3세까지 폭발적으로 언어를 배운다. 따라서 유아에게 정확하고 바른 언어를 천천히 반복적으로 들려주는 것이 바람직하다.

5) 초기 경험과 후기 경험 중 어느 것이 더 발달에 중요한가?

발달에서 초기 경험과 후기 경험이 갖는 중요성은 여전히 논쟁을 촉발하는 민감한 사항들 중 하나이다. 발달영역에 따라, 초기와 후기의 시기 구분을 어떻게 규정하는가에 따라, 그리고 발달의 어느 시점에서 환경적 경험의 효과를 논하는가에 따라 초기 경험과 후기 경험의 중요성이 각각 달라질 수 있다.

초기 경험을 강조하는 학자들은 초기 발달이 이후의 발달을 조형한다고 생각한다. 가령 초기 몇 년간의 부정적 경험은 이후 긍정적 경험으로도 완전히 그 효과가 상쇄될 수 없다고 보는 견해들이 있다(Bowlby, 1989; Johnson, 2000). 이들에 따르면 초기에 적절하고 민감한 양육이 결핍될 경우 이후 발달은 부정적 경로를 따르기 쉽다.

반면 어떤 학자들은 초기 경험의 절대적 안정성을 부정하면서 이후의 경험이 초기 경험의 효과를 상쇄하거나 보완할 수 있다고 본다(Baltes, 2000; Greenspan & Shanker, 2004). 이들에게 발달은 역동적인 변화과정으로서 아동은 발달과정에서 노출되는 환경적 자극에 탄력적으로 반응한다. 초기의 발달적 결핍은 이후 바람직한 양육행동과 환경을 통해 완화되고 극복된다. 따라서 후기의 민감한 양육과 환경적 자극은 발달 초기만큼이나 중요하며 전 생애적 발달을 거쳐 새로운 발달을 조형할 수 있다. 한 연구에 따르면 비교적 유전적 특성이 강한 위축되고 억제된 아이들도 시간이 지나면서 이후에는 그런 모습을 많이 보이지 않은 것으로 나타났다 (Kagan & Snidman, 1991). 요약하면 전 생애적 관점과 인간발달의 가소성 및 탄력성을 생각할 때 초기 경험의 절대적 영향력은 예전만큼 지지를 받지 못한다고 볼 수 있다. 초기 경험이 발달의 초석을 마련해줄지라도 이후 경험하는 환경은 초기 경험만큼이나 중요한 인자인 것이다. 후기 경험의 중요성은 발달에서 연속성만큼이나 비연속성도 크게 작용한다는 사실을 보여준다.

Chapter 2

발달이론

1. 정신분석 이론
2. 인지발달 이론
3. 행동주의 이론 및 사회학습 이론
4. 동물행동학적 이론
5. 생태학적 체계 이론
6. 사회문화적 이론

2

발달이론들은 연구 또는 관찰을 통해 영아의 발달내용을 기술하고 발달적 과정 및 원리를 밝혀 발달적인 변화가 어떻게 일어나는지를 설명하고 있다. 각 이론들은 발달적 메커니즘과 그 관심내용에 대해 각기 다른 입장을 취하고 있다. 발달을 어떻게 설명하는가는 각 이론가마다 인간의 근본적 본질을 어떻게 바라보느냐에 따라 달라진다. 본 장에서는 대표적인 발달이론가들이 설명하는 관점을 살펴보고 그에 따른 발달에 대한 이해를 도모하고자 한다.

1. 정신분석 이론

1) 심리성적 이론

이성과의 만남에서 관계를 지속하는 데 어려움을 겪고 있는 한 20대 여성의 경우, 유치원에 다닐 때 성적 학대를 경험한 적이 있었으나 그녀 자신은 그 경험을 의식적으로 기억하지 못했다. 심리성적 이론에서는 이 여성의 경우 성적 학대 경험을 자기방어기제인 억압을 사용하여 의식으로부터 밀어내서 전의식이나 무의식으로 감추었기 때문에 기억할 수는 없으나 그 문제가 사라진 것이 아니라 계속해서 현재의 행동에 영향을 주고 있음을 주장한다. 심리성적 이론에서는 현재의 행동과 과거의 경험 간의 관련성을 중요시한다. 심리성적 이론을 주장하는 학자들은 개인의 행동이 자신의 의식이나 통제를 넘어선 내적 힘, 기억 , 갈등에 의해 동기화된다고 여긴다. 이러한 내적 힘은 아동기로부터 이어지는 것으로 전 생애를 걸쳐 행동에 지속적으로 영향을 미친다.

(1) Freud의 정신분석 이론

Sigmund Freud

정신분석이론의 대표적 학자인 Freud(1856~1939)는 인간행동의 기본적인 동기를 성적 에너지로 보았다. Freud의 심리성적 이론psychosexual theory에 따르면, 에너지의 원천 또는 내적 동기의 힘인 성 에너지, 즉 리비도libido는 성적인 쾌락을 추구하며, 이러한 욕구가 사회적인 체제와 갈등을 일으키면 불안해진다고 설명한다. 따라서 부모가 생후 초기 몇 년 동안 아동의 성적 에너지인 리비도를 어떻게 해소시켜 주었는지가 아동의 건강한 인성발달을 결정짓는 중요한 요인이라고 주장한다. Freud는 정서적 문제의 원인과 관련하여 영아기부터 성인기에 이르는 심리적 발달이론을 개발하였다. 다음은 Freud 이론의 기본 개념에 대한 설명이다.

(2) 인성의 세 가지 구성요소

Freud는 개인의 인성은 본능id, 자아ego, 초자아superego의 세 가지 측면으로 구성되어 있다고 개념화하였다. 이들 각 체계는 자체적으로 기능을 가지고 있으면서 체계 간의 상호작용에 의해 개인의 행동을 통제한다고 보았다.

처음에 인간의 마음은 단지 원시적 충동과 본능으로만 이루어져 있다. 본능은 출생 시에 갖고 태어나는 가장 원초적인 부분으로 비이성적이고 무의식적인 본능이다. 본능은 기본적인 생물학적 충동, 즉 배고픔, 성, 공격성, 비합리적 충동과 관련된 원시적 욕구이다. 또한 본능은 쾌락 원칙에 의해 작용하기 때문에 항상 즉각적인 만족을 통해 긴장을 해소하려고 한다. 그러나 성장하면서 본능으로부터 자아와 초자아가 분화하여 발달하게 된다. 예를 들어 배고픔을 충족시키고자 하는 본능이 있을 때 어머니가 옆에 있으면 충족이 가능하지만 없을 경우에는 즉각적으로 만족될 수 없다는 것을 경험한다. 이러한 경험을 통해 자아가 발달한다.

자아는 어린아이가 현실의 요구를 고려하는 것을 배움에 따라 발달하는 부분이다. 즉 현실적으로 가능한 것과 가능하지 않은 것을 깨닫게 되면서 자아가 발달하는 것이다. 자아는 인성의 합리적이고 이성적인 측면이며, 본능의 욕구에 대해 현실성을 제공함으로써 외부 세계와 원시적 본능 사이의 완충제 역할을 한다. 즉 자아의 주요 역할은 본능적 욕구가 표현되기에 안전하고 적절한 방법을 찾는 것으로서 아동은 외부적 요구, 특히 부모의 요구에 반응하기 위해 만족감이나 욕구를 지연시킬 수 있는 능력을 발달시킨다. 자아는 현실 원리reality principle에 의해 작용하며, 이때 본능적 에너지는 개인의 안전을 유지하고 개인이 사회에 통합될 수 있도록 억제된다. 예를 들어 성적 충동이 생겼을 때 자아는 현실세계를 고려하면서 조건이 적합할 때까지 성적 충동의 만족을 지연시킨다.

한편 초자아는 양심을 설명하는 Freud의 용어로, 5~6세경 동성 부모에 대한 동일시를 통해 사회적으로 용납되는 규준과 가치관을 내면화하는 성격의 한 부분으로, 본능이나 자아와 맞서서 행동이나 생각에 보상을 주거나 벌을 주며 요구하는 등 인성의 통제적인 측면, 또는 도덕적인 측면이다. 초자아는 부모를 비롯한 주변 사람들이 주는 보상과 처벌을 통해 발달한다. 유아가 경험하는 보상체계와 가치체계를 자신의 것으로 받아들여 내면화하고 이 규준에 따라 자신의 행동을 규제하는 기제가 곧 초자아이다. 초자아는 양심과 이상적인 자아로 이루어져 있으며, 아동은 초자아를 통해 사회적으로 용납되는 일, 즉 '해서는 안 되는 것'과 '해야 하는 것'에 대한 가치체계를 내면화한다. 4~5세 아동이 자신의 충동을 조절할 수 있는 이유는 자아의 성숙과 더불어 동일시를 통해 부모의 가치가 내면화됨으로써 초자아가 발달했기 때문이라고 할 수 있다. Freud에 의하면, 본능, 자아, 초자아의 세 가지 인성요소들 간의 상대적인 균형 상태는 대개 청년기 말에 완성되어 개인에 따라 갈등이나 좌절에 대한 독특한 반응양식이 나타난다고 설명한다.

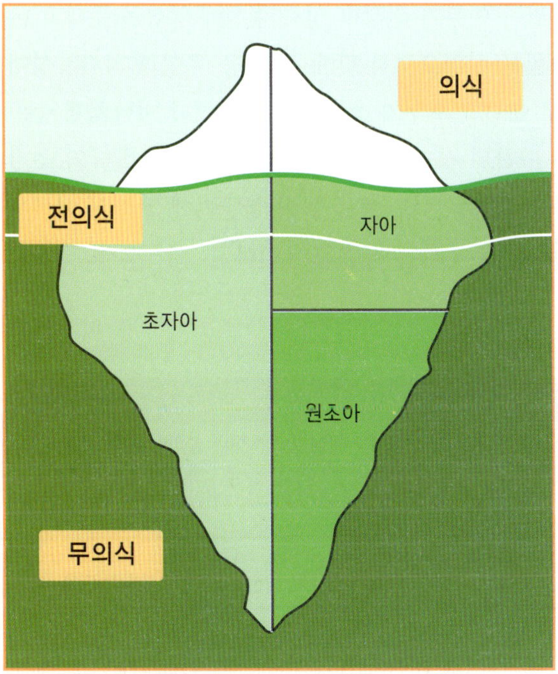

그림 2-1 | 인간의 의식 수준

(3) 성격의 발달단계

성격은 본능, 자아, 초자아의 세 가지 요소에 의해 결정된다. 이들 세 가지 요소가 심리성적 발달단계를 통과하면서 성격이 형성되는데, 특히 생후 5년 동안이 개인의 성격 형성에 가장 중요한 기간이다. 정신분석 이론에 의하면 아동은 다섯 개의 심리성적 단계를 거치면서 생물학적인 욕구와 사회적인 기대 간에 갈등을 겪게 된다. 이러한 갈등이 해결되는 방식에 따라 학습능력, 다른 사람과 함께 어울리는 능력, 불안에 대처하는 능력이 달라진다. 그러므로 잘못된 인성발달은 아동기로부터 청년기에 이르는 각 심리성적 발달단계에서 생물학적 욕구가 제대로 충족되지 않을 경우 야기된다.

심리성적 발달단계는 성 본능 에너지인 리비도libido가 여러 신체부위로 옮겨 다니는 단계에 따라 나뉜다. 각 단계에서 본능이 추구하고자 하는 쾌락과 충동은 리비도가 집중되는 특정 신체부위와 그 부위에 연관된 활동과 관련된다. 그러나 이러한 생물학적 욕구는 사회적인 기대와 갈등을 빚게 되는데, Freud는 각 단계에서 나타나는 성충동에 대한 적절한 만족 여부가 건강한 성격 형성에 영향을 준다고 본다. 또한 각 발달단계 동안의 경험은 성인으로서 갖게 될 적응 유형과 성격특성에 영향을 준다. 특정한 한 단계에서 개인의 욕구가 충족되지 못하거나 지나치게 충족된다면 그 단계에 머물러버리는 고착된 성격이 될 수도 있다. 고착은 발달의 초기 단계에서 미해결된 갈등을 반영하는 행동으로, 예를 들어 항문기에 고착된 어른은 보통 주변이 지저분하고 정리정돈을 잘 못하는 경향을 보인다.

표 2-1 프로이드의 심리성적 단계

구강기	항문기	남근기	잠복기	성기기
영아의 쾌락은 입에 집중된다.	영아의 쾌락은 항문에 집중된다.	아동의 쾌락은 성기에 집중된다.	성적인 관심을 억제하고 사회적 지적기술을 발달시킨다.	성적인 관심이 다시 나타난다. 성적 쾌락의 대상은 가족 이외의 사람이다.
출생~1세 반	1세 반~3세	3~6세	6세~사춘기 이전	사춘기 이후

(4) 방어기제

자아는 끊임없는 요구를 하는 본능과 외부 세계로부터의 요구나 위협인 초자아 사이를 중재하는 가운데 불안을 경험한다. 이때 자아는 문제해결기술을 활용하여 현실적인 방법으로 본능과 외부 세계 사이의 문제나 이로 인한 불안을 해결하려고 하나, 불안이 너무 강해서 자아가 위협을 받을 때는 여러 가지 방어기제를 사용하게 된다.

표 2-2 Freud가 제시한 대표적인 방어기제

억압 repression	불안한 생각과 경험을 의식으로부터 밀어내서 전의식이나 무의식으로 감추는 상태를 뜻한다.
퇴행 regression	불안하거나 괴로울 때 거의 어떠한 제재도 받지 않았던 어렸을 적의 행동을 함으로써 안정을 찾으려 한다. 동생이 생긴 어린아이가 손가락을 빨거나 이불에 오줌을 싸는 것 등은 퇴행의 좋은 예이다.
투사 projection	불안을 일으키는 생각이나 상황을 다른 사물이나 다른 사람의 탓으로 돌림으로써 불안에서 벗어나려 한다. 시험 성적이 나쁜 학생이 자기가 공부를 충분히 하지 않았음에도 그 탓을 시험 문제의 출제방식이 잘못되었다고 탓하는 경우가 이에 속한다.

승화 sublimation	부적절한 성性적, 공격적 충동을 공부, 일, 운동 등 사회적으로 용납되는 행동으로 분출함으로 써 불안을 해소한다.
반작용 형성 reaction formation	근심스러운 감정 대신 그와 정반대되는 행동으로 대치하는 경우를 말한다. 자기가 싫어하는 사람에게 오히려 친절하게 대한다든지, 무척 하고 싶은 일에 대해 전혀 흥미가 없다는 식으로 행동하여 자신의 느낌과 다른 행동을 한다.
합리화 rationalization	하고 싶은 일이나 해야 할 일을 못했을 때 또는 정당하지 않은 행동에 대해 사실과 다른 이유를 들어 불안을 해소하고 편안해지려 하는 행동이다. 이솝우화에 나오듯이 먹고 싶은 포도를 보고도 먹을 수 없는 경우, 저 포도는 아직 덜 익어 시고 맛이 없을 거라며 자기를 위로한다고 해서 '신 포도의 기제' 라고도 한다.

출처 : 박성연(2006)

2) 심리사회적 이론

(1) Erikson의 심리사회적 이론

Erik Erikson

심리사회적 발달이론의 대표적 학자인 Erik Erikson(1902~1994)의 이론에 따르면 자아는 사회적·문화적으로 영향을 받아 발달하는데, 일생 동안 개인은 긍정적인 특성과 부정적인 특성 간의 건전한 균형을 성취하는 8단계를 거쳐 발달한다고 보았다. Freud나 Erikson 두 사람 모두 유아기와 아동기의 인성발달을 중요시하지만, Freud가 무의식적 욕구나 본능적이고 충동적인 측면을 강조한 반면 Erikson은 인간의 자아성장을 강조한다.

Erikson의 이론에 의하면, 인간발달의 각 단계는 해결해야 할 발달과제가 있으며 이러한 과제를 해결하면서 발달적인 위기를 경험한다. 각 발달적 위기는 잠재적 가능성을 강화하는 일종의 전환점으로 위기를 잘 극복한 사람은 보다 건강한 발달을 이룬다.

(2) 심리사회적 발달과정

Erikson은 인간의 발달을 8단계로 나누어 설명하고 있다 표 2-3 .

1단계인 기본적 신뢰감 대 불신감trust vs mistrust은 생후 1년 동안 경험한다. 신생아들은 양육자, 특히 어머니의 양육태도가 얼마나 일관되고 애정적이며 반응적인가에 따라 신체적으로 편안함을 느끼고 미래에 대한 신뢰감이 형성된다. 이와 반

표 2-3 Erikson의 인간발달의 8단계

기본적 신뢰감 대 불신감	영아기(생후 1년)
자율성 대 수치심 및 의심	걸음마기(1~3세)
주도성 대 죄책감	유아기(3~6세)
근면성 대 열등감	아동기(6~11세)
정체감 대 정체감 혼미	청소년기(11~20세)
친밀감 대 고립감	성인 초기(20~40세)
생산성 대 침체감	성인 중기(40~60세)
자아통합 대 절망감	노년기(60세 이후)

대로 아기에게 비일관적이고 무반응적이며 온정적이지 못한 양육태도를 보인다면 불신감이 형성될 수 있다.

두 번째 단계인 자율성 대 수치심 및 의심autonomy vs shame & doubt은 1~3세 사이에 경험한다. 이 시기는 운동능력이 발달하여 주변을 탐색하기 시작하고 이동이 가능하며 언어를 사용하여 자기주장을 많이 하는 시기이다. 1단계에서 신뢰감을 형성한 영아는 자기 의지대로 행동하기 시작하면서 자율적, 주장적이 되어간다. 그러나 제한을 많이 하고 처벌을 심하게 하면 의심이나 수치심을 갖게 된다.

주도성 대 죄책감initiative vs guilt은 3~6세 유아기에 나타난다. 자율적이고, 솔선수범하여 새로운 것을 추구하며, 목표를 정하고 목표수행을 위한 행동을 계획하여 스스로 추진하면서 성공하려고 노력한다. 사회적 활동범위가 넓어지면서 능동적이고 목적지향적인 행동 및 책임지는 행동이 요구된다. 책임감이 발달하면 주도성이 증가하지만 책임감이 없고 불안을 느끼면 죄책감을 갖게 된다.

근면성 대 열등감industry vs inferiority은 초등학교 시기에 경험한다. 기초적인 인지적 기능과 사회적 기능, 그리고 신체기능을 습득하면서 다양한 능력을 향상시키는 과정을 통해 근면성이 발달된다. 그러나 이 시기에 각종 능력을 습득하지 못하여 학습에 실패하거나 놀이에서 실수를 하면 열등감을 갖게 된다.

정체감 대 정체감 혼미identity vs identity confusion는 다섯 번째 단계로 청소년기에 경험하는 시기이다. 자신의 존재, 역할, 책임, 능력 등 내적 갈등에 초점을 두고 자아정체감을 찾고자 하는 노력을 통해 다양한 자기 이미지를 개인적 정체감, 즉 자신의 가치관에 통합시킨다. 부모는 청소년 자녀로 하여금 여러 가지 역할이나 활동을 탐색할 수 있는 기회를 제공함으로써 긍정적인 정체감 형성을 도와줄 수 있다.

친밀감 대 고립감intimacy vs isolation은 성인 초기의 시기에 경험하는 단계로 다른 사람과 친밀한 관계를 형성해야 하는 과제에 직면하게 된다. 그러나 앞 단계에서 자아정체감이 확립되지 못한 사람은 나인들과 원만한 관계를 맺지 못하고 자신에게만 몰두하여 고립감을 느끼게 된다.

생산성 대 침체감generativity vs stagnation은 7단계로 성인 중기에 경험하는 과제이다. 가정적으로는 자녀 양육과 교육에 전념하고 다음 세대를 위해 잘 이끌어 주는 일이 주된 관심사이다. 직장이나 가정에서 성공적인 삶을 이끌어간다면 생산성이 발달되지만 그렇지 못한 경우 침체감을 경험한다.

자아통합 대 절망감integrity vs despair은 노년기에 경험하는 발달과업으로, 지금까지의 발달과정을 최종적으로 통합하며 인생의 가치를 평가하게 된다. 죽음을 바라보며 그동안의 삶을 되돌아볼 때 만족스럽고 의미 있는 삶으로 받아들이면 자아통합을 이루는 반면, 신체적 · 심리적으로 무력감과 후회를 느끼게 되면 더 이상 어쩔 수 없다는 생각으로 절망감을 경험한다.

3) 정신분석 이론의 평가

Freud는 무의식적인 마음의 본질, 아동 초기 및 부모자녀관계의 중요성, 인성구조, 방어기제 등 인간의 정신세계와 행동을 설명하기 위한 이론으로 널리 받아들여지고 있다. 그러나 Freud의 이론은 성적인 욕구를 너무 강조하고 남근선망 등 남성우월적인 개념을 사용한다는 점에서 비판을 받고 있다. Erikson 이론은 Freud의 이론을 확장하여 사회문화적인 영향을 강조하고 있으며, 아동기부터 노년기까지의 전 생애에 걸친 자아발달과정을 나누었다는 점에서 상당한 공헌을 하였다. 두 학자의 단계별 비교는 표 2-4 와 같다.

표 2-4 Freud의 심리성적 단계와 Erikson의 심리사회적 단계

연령	Freud의 심리성적 단계	Erikson의 심리사회적 단계
생후 1년	**구순기** 아기는 무엇인가를 빨고 물면서 입을 통해 쾌락적 감각을 경험한다.	**신뢰감 대 불신감** 아기는 자신의 기본적 욕구를 충족시켜주는 사람에 대한 신뢰감이나 불신감을 학습한다.
생후 2년	**항문기** 아기는 배설의 통제를 학습하면서 항문을 통해 쾌락적 감각을 경험한다.	**자율성 대 수치심 및 의심** 아동은 자신의 의지를 발휘하고 스스로 통제하는 것을 배우거나 혹은 어떤 일을 스스로 할 수 있을지에 대해 불확실해 하거나 의심을 한다.
생후 3~6년	**남근기** 아동은 성적 호기심을 발달시키고 성기를 만지면서 만족감을 느낀다. 아동은 이성 부모에 대해 성적 환상을 가지며 그러한 환상에 대해 죄책감을 느낀다.	**주도성 대 죄책감** 아동은 주도적으로 활동하는 것을 학습하고 성취감을 즐기며 목적을 갖게 된다. 아동이 자신의 주도성을 따르지 못할 경우, 자신이 독립적이 되고자 시도하는 것에 대해 죄책감을 느낀다.
생후 7년~사춘기	**잠복기** 성적 움직임이 가라앉고, 성인이 가치 있게 여기는 기술들을 습득하는 데 초점을 둔다.	**근면성 대 열등감** 아동은 성인이나 또래가 가치 있게 여기는 활동들을 유능하고 효율적으로 수행하는 것을 학습하며, 그렇지 못하면 열등감을 느낀다.
청소년기	**생식기** 청소년은 성인과 같은 성적 욕구를 가지며, 이러한 욕구를 만족시키고자 한다.	**정체감 대 정체감 혼미** 청소년은 자신이 속한 사회의 일원으로서 자신의 정체감을 확립하게 되며, 그렇지 못하면 자신이 누구이며 어떠한 삶을 영위하고자 하는지에 대해 혼란을 겪는다.
성인초기		**친밀감 대 고립감** 젊은이는 친밀한 동반자를 발견하게 되며, 그렇지 못하면 외로움과 고립감을 경험한다.
중년기		**생산성 대 침체감** 성인은 자신의 업무에서 생산적인 일을 하고 다음 세대를 기르고자 노력하며, 그렇지 못하면 침체감을 느낀다.
노년기		**자아통합 대 절망감** 자신의 지난 경험을 이해하고 자신의 삶이 의미 있었다는 것을 확신하고자 하며, 그렇지 못하면 자신이 못 다한 목표와 낭비된 삶에 대해 절망감을 느낀다.

출처 : 도현심 외(2005)

2. 인지발달 이론

1) Piaget의 인지발달 이론

Jean Piaget

스위스의 생물학자였던 Jean Piaget(1896~1980)의 인지발달 이론은 인간을 능동적인 유기체, 즉 자신의 행동을 스스로 이끌어가는 적극적인 존재로 보며, 유기체의 변화는 외적인 것이 아니라 내적인 변화라고 보는 유기체적 관점organic perspective을 취한다.

Piaget는 생물학적인 관점에서 인간을 비롯한 모든 유기체는 환경의 요구에 적응하려는 보편적 성향을 타고난다고 보았다. 또한 한 생명체의 생성 및 발달과정처럼 인지적 발달과정은 구조를 형성하고 점점 더 분화되어 가는 과정으로 보았다. 따라서 유기체의 가장 기본적인 기능은 조직organization과 적응adaptation이며, 이것이 곧 인지가 발달하는 원리라고 주장한다.

Piaget 이론은 구성주의적 관점에서 각 부분이 어떻게 전체적인 것으로 발달하는지, 초기의 발달이 이후의 발달과 어떤 관련이 있는지 등에 관심을 둔다. Piaget 이론의 중요한 개념은 인지구조의 기본 단위인 도식schema · scheme, 인지발달의 원리인 동화assimilation와 조정accommodation 및 평형equilibration이다. Piaget 이론의 기본 개념은 다음과 같다.

(1) 인지구조

인간의 인지는 신체와 마찬가지로 어떤 구조를 가지고 있으며, 이 구조를 통해 외부 세계를 이해하게 된다. 이러한 이해 틀을 Piaget는 도식이라 명명하였다. 도식scheme은 영아가 가지고 있는 인지 틀, 즉 감각운동적 차원의 행동구조에서 출발한다. 예를 들어 보기, 쥐기, 빨기 등의 행동패턴이 도식이다. 도식은 여러 가지 경험을 통해 점점 분화되기 때문에, 아동이 성장함에 따라 환경과 상호작용 시 수많은 도식들이 이용된다.

(2) 인지발달의 원리 및 기제 : 조직 · 적응 · 평형

우리가 환경에 적응하고자 신체구조를 바꾸는 것과 마찬가지로, 인지능력의 발달에서도 이러한 적응과정을 통한 구조적 변화가 일어나는데, Piaget는 적응을 위한 활동과 관련된 세 가지 원리, 즉 조직, 적응, 평형을 제시하였다.

① 조직

인간이 환경에 대한 모든 지식을 종합하여 체계화하려는 성향을 의미한다. 예를 들어 영아가 자신이 보고 있는 물체를 잡으려고 하는 행동은 보는 행동과 잡는 행동을 결합하려는 일종의 조직행동이다. 발달은 새로운 정보와 경험을 통해 단순한 조직구조에서 복잡한 조직구조로 통합시켜가는 과정으로 설명된다.

② 적응

각 개인의 인지구조는 새로 들어온 정보나 대상을 자신의 인지구조에 동화assimilation시키고 조절accommodation하려는 과정을 통해 발달한다. 동화란 현존하는 인지구조에 새로운 정보를 맞추려는 것이며 이러한 동화과정 후에는 인지구조나 도식의 양적인 발달이 있다. 그러나 자신의 현재 구조에 맞지 않는 대상이 있을 때는 인지구조를 변화하여 적응하려고 하는데 이를 조절이라고 한다. 조절과정 후에는 도식이나 구조가 질적으로 발달하게 된다. 이러한 동화와 조절의 과정은 평형의 원리에 의해 유도된다고 볼 수 있으며 이러한 과정을 통해 아동은 인지적인 발달이 일어난다.

③ 평형

인지적 발달은 계속되는 동화와 조절에 의해 이루어지는데, 이 과정에서 유기체와 외부 환경 간, 또는 유기체 내에서 경험하는 인지적인 요소들 간에 균형 상태를 애써 유지하려는 성향을 평형이라고 한다. Piaget는 인지구조가 항상 평형을 이루고자 하며, 이러한 힘에 의해 동화와 조절이 끊임없이 일어나게 된다고 보았다. 예를 들어 다리가 네 개인 동물은 모두 강아지라고 알고 있던 유아가 유치원에 가서 다리가 네 개인 호랑이 사진을 보고 강아지라고 말했으나(동화), 교사가 그것을 호랑이라고 말하는 것을 들었을 때 유아는 인지적인 불균형을 경험하며, 기존의 생각을 바꾸어 다리가 네 개인 동물로는 강아지 이외에도 호랑이라는 동물이 있다는 인지구조를 형성한다(조정).

(3) 인지발달의 단계

Piaget는 인지구조가 질적으로 변하는 과정에 따라 인지발달단계를 제시하였다. 그에 의하면 인지발달은 크게 4단계, 즉 감각운동기, 전조작기, 구체적 조작기, 형식적 조작기로 나뉘며 각각의 단계는 질적으로 다른 특성을 보인다 표 2-5.

첫 단계인 감각운동기는 생후 2년 동안의 시기로 영아는 반사적인 행동으로 시작하여 여러 가지 감각적 · 운동적 경험을 통해 사물이나 환경을 이해하게 된다. 감각운동기 동안 영아는 다음 단계의 인지발달에 필요한 공간, 시간, 인과성 개념 등에 대한 감각적 정보와 초보적인 동작 수준의 정보를 획득한다. 이러한 동작들은 도식과 도식 간의 협응 속에서 일어나는 과정으로 감각운동적 지능이 되며, 이것이 후의 인지구조의 기초를 이루고 개념적인 지능이 된다.

두 번째 단계인 전조작기는 2세에서 7세까지의 시기이다. 전조작기는 조작적 사고발달로 가기 위한 과도기로 정신적 표상에 의한 사고가 가능한 시기이다. 그러나 아직까지 개념적 조작능력은 충분히 발달되지 않아 논리적 사고는 불가능한 시기이다. 전조작기 사고의 특징은 상징활동이 증가하고, 중심화 현상이 나타나며, 물활론적 사고를 한다는 것이다.

세 번째 단계는 구체적 조작기로 7세부터 11세경까지의 시기이다. 체계적인 논리적 사고가 발달하기 시작하고 가역성, 분류화, 서열화, 보존개념 등이 가능해진다. 그러나 구체적 사물과 관계에 대해서만 이러한 논리적 사고가 가능하다.

네 번째 단계인 형식적 조작기는 청소년기 이후에 나타난다. 이 시기는 추상적이고 가설적 사고가 가능하며, 현재뿐만 아니라 미래의 상황에 대한 논리적 사고도 가능해진다.

표 2-5 Piaget의 인지발달 4단계

단계	특성
감각운동기(출생~2세)	• 영아는 신체활동으로 감각적인 경험을 조합함으로써 사고를 구조화한다. • 출생 시 반사적 행동에서 시작하여 상징적 사고가 나타나는 때까지이다
전조작기(2~7세)	• 아동은 언어와 심상으로 세상을 표현하기 시작한다. • 감각정보와 신체 움직임 간의 연결이 아니라 상징적 사고가 발달하고 있음을 의미한다.
구체적 조작기(7~11세)	• 아동은 구체적 사건에 대해 논리적으로 생각하고 사물을 범주로 구분하기 시작한다.
형식적 조작기(11세 이후)	• 보다 추상적, 이상적, 논리적으로 생각하게 된다.

2) Piaget 이론의 평가

Piaget 이론은 1960년대와 70년대에 걸쳐 발달심리학 분야에 상당한 영향을 미쳤다. 그의 이론으로 인해 학자들은 아동발달에서 인지적 측면의 중요성을 인식하고 내적인 인지과정을 통해 발달을 이끌어간다는 아동의 능동적인 측면에 관심을 갖게 되었다. 또한 Piaget 이론은 아동의 인지구조가 성인의 그것과는 다른 고유한 특성을 가지고 있다는 것을 발견했다는 데 큰 의미가 있다.

그러나 Piaget 이론은 교육이나 문화 등 환경적인 변인들이 실제적인 아동의 수행능력에 미칠 수 있는 영향이나 개인차에 대해서는 언급하지 않고 있다는 점에서 비판을 받고 있다. 또한 과학적이고 표준화된 실험방법이 아니라 관찰법과 그가 고안한 면접방법을 사용했다는 점, 아동의 연령에 비해 문제가 너무 어려웠다는 점, 어린 아동의 언어적 능력 부족으로 인해 실제 능력을 제대로 측정하지 못한다는 점 등의 한계가 있다.

3. 행동주의 이론 및 사회학습 이론

1) 행동주의 이론

행동분석behavior analysis이라고 불리기도 했던 초기 행동주의는 조건형성의 학습원리에 기초하여 행동의 발달적 변화를 설명하고자 했다. 조건형성 혹은 조건화란 특정 자극에 특정 반응이 결합되는 것을 말하며, 학습이론자들은 이러한 조건형성이 인간행동을 결정하는 기본 기제라고 본다. 행동주의 이론에 의하면, 학습은 고전적 또는 조작적 조건화에 의해 일어나며 조건화된 반응의 총합이 곧 발달이다.

(1) 고전적 조건화

20세기 초 조건 형성의 원리를 처음 발견한 사람은 러시아의 생리학자인 Ivan Pavlov(1849~1936)로, 그는 어떤 행동을 변화시키는 과정으로 고전적 조건화

classical conditioning를 소개하였다. Pavlov가 발견한 조건화 실험은 개에 관한 것으로 개는 음식(무조건자극)이 혀에 닿으면 자동적으로 침을 분비하는(무조건반응) 반사행동이 있는데, 음식을 주지 않았음에도 침을 분비하는 반응이 나타남을 발견했다. 이를 설명하기 위해 개에게 종소리(중성자극)를 들려주고 음식을 주는 과정을 여러 번 반복했더니 종소리(조건자극)만 듣고도 침을 분비하는 것(조건반응)을 발견했다. 즉, 종소리라는 자극과 침 흘리는 반응 사이에 새로운 조건이 형성된 것이다.

Ivan Pavlov

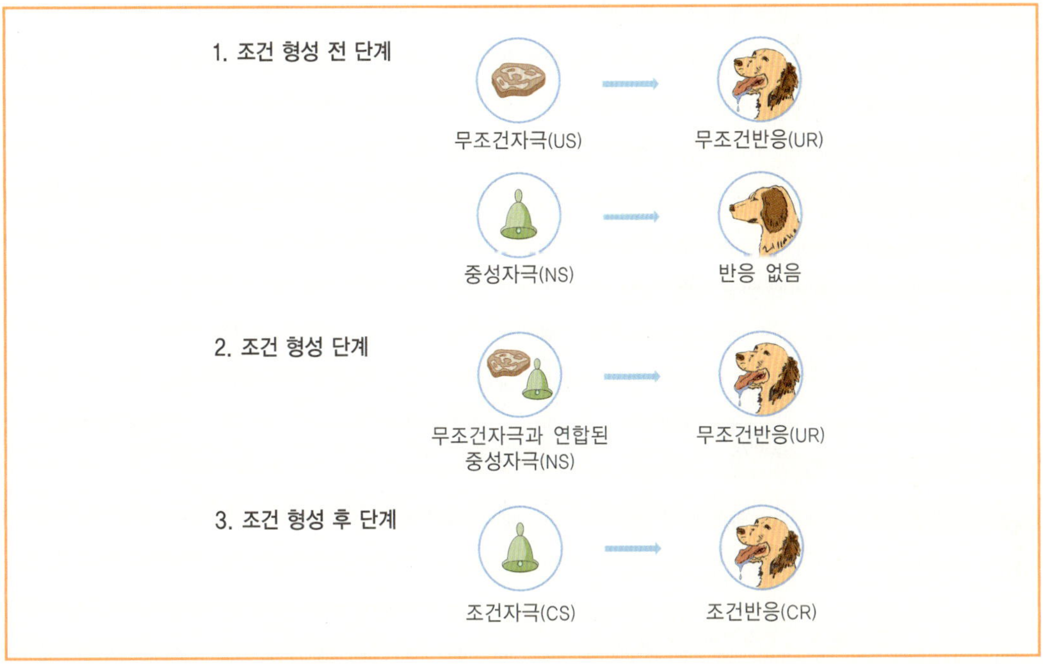

그림 2-2 | 고전적 조건화 과정의 3단계

(2) 조작적 조건화

미국에서 행동주의 학자들을 이끌어가며 조작적 조건화operant conditioning의 원리를 소개한 장본인은 Skinner(1904~1990)이다. 고전적 조건 형성은 반사행동의 학습을 설명하는 데 반해, 조작적 조건 형성은 사람이나 동물이 스스로 조작하는 행동의 학습과정을 설명하는 이론이다.

Burrhus F. Skinner

Skinner는 상자를 만들어 동물에게 자발적으로 조건화된 반응을 일으키는 실험을 하였다. 상자의 한쪽 벽에는 지렛대가 장치되어 있고, 이 지렛대를 누를 경우 먹이와 물이 나오도록 고안되었다. 실험 상자 속의 비둘기가 우연히 지렛대를 눌렀을 때 그 대가로 먹을 것이 나와 먹게 되는 과정을 통해 강화를 받게 되는데, 이러한 과정을 반복적으로 경험한 비둘기는 먹이가 나오는 막대를 의도적으로 누르는 행동을 하게 된다. 여기에서 우연적인 반응 뒤에 따르는 강화는 의도적인 반응을 일으키는 자극요인으로 작용한다. 유기체는 만족스러운 결과가 따르는 행동은 반복하고, 만족스럽지 못한 결과가 따르는 행동은 하지 않으려는 경향이 있기 때문에 강화나 벌로서 바람직한 행동을 만들어갈 수 있다. 예를 들어 영아가 우연히 미소 지을 때 아빠가 반갑게 안아주면 이 영아는 의도적으로 미소 짓게 된다.

조작적 조건형성 이론에 의하면 인간의 발달은 강화의 역사이다. 인간의 발달은 자신을 둘러싼 주변 사람들에 의해 어떻게 강화를 받느냐에 따라 여러 방향으로 달라진다. 즉, 이 이론에 의하면 인간의 행동이나 성격은 환경에 의해 결정된다.

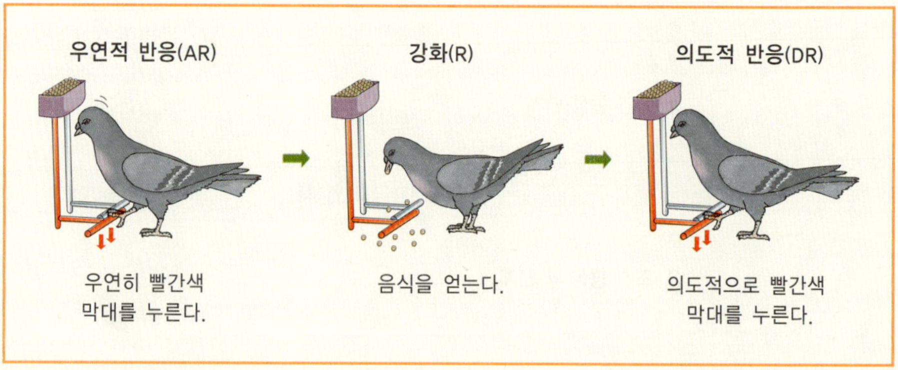

그림 2-3 | 조작적 조건화 과정

2) 사회학습 이론

사회학습 이론의 대표적인 학자는 Albert Bandura이다. 사회학습 이론은 직접적인 보상이나 벌을 받지 않고도 관찰을 통해 학습이 일어난다는 것을 강조하는 점에서 행동주의 이론과 다르다. Bandura는 아동은 타인의 행동을 관찰함으로써 학습된다고 보고, 모델링의 대상이 되는 행동을 보고 듣는 관찰을 통해 모방함으로써 그 행동을 학습한다는 점에서 아동이 자신의 발달에 능동적인 역할을 한다고 강조한다.

Albert Bandura

사회학습 이론에 따르면 아동은 일상생활에서 많은 행동을 학습한다. 아동은 자신의 개인적인 선호도와 판단에 따라 특정 모델의 행동을 더 많이 모방한다. 아동들은 특히 부모나 양육자 또는 친구들과의 상호작용을 통해 행동발달을 조형해간다. 이러한 모델의 행동을 모방했을 때 긍정적인 강화를 받는 경우 그 행동을 더 잘 모방하게 된다. Bandura의 이론을 사회학습 이론이라고 하는 이유도 이와 같은 사회적인 생활 속에서의 학습을 강조하기 때문이다.

Bandura의 이론은 전통적인 학습이론과 달리 인지적 요소가 강조되기 때문에 사회인지 이론이라고도 한다. 사회인지 이론가들에 의하면 아동은 다른 사람의 행동을 관찰하면서 그 사람의 생각, 감정 등을 배우게 되고, 이것은 아동발달의 중요한 부분이 된다.

3) 행동주의 이론 및 사회학습 이론의 평가

행동주의 이론은 관찰할 수 있는 행동의 발달을 객관적으로 정의함으로써 아동발달 연구에 많은 공헌을 하였다. 그러나 모든 행동의 발달을 기본적인 단위나 요소로 나누어 이해하려 하기 때문에 발달의 전반적인 측면을 총체적으로 고려하는 데는 한계가 있다. 특히 환경의 영향을 지나치게 강조하기 때문에 인간의 내적 동기나 인지적인 측면을 소홀히 다루었다는 지적을 받고 있다. 한편, 사회학습 이론은 행동주의의 이러한 제한점을 극복하여 학습이 일어나는 사회적인 환경을 강조하고 특히 아동의 능동적인 인지적 과정을 강조함으로써 아동 스스로가 발달에 능동적인 영향을 미친다는 것을 인정하였다.

4. 동물행동학적 이론

동물행동학ethology은 Darwin의 진화론에 근거를 두고 있으며, 모든 종의 개체발달은 그 종의 진화과정을 통해 가지고 있는 생물학적 역사와 조건의 영향을 받는다고 본다. 1930년대에 이러한 입장에서 동물의 행동을 연구한 대표적인 학자는 Konrad Lorenz와 Nico Timbergen이며, 1950년대 들어 동물행동학적 입장에서 인간의 행동을 연구한 대표적인 학자는 John Bowlby이다.

1) Lorenz의 각인 이론

Konrad Lorenz

동물행동을 연구하여 체계적으로 이론화한 Konrad Lorenz(1903~1989)는 각 종種이 가지고 있는 특정 행동을 연구하였다. 그는 어린 새끼들이 처음 접하게 된 대상인 어미에게 각인imprinting되어 가까이 있으려 하는 행동을 보인다는 것을 발견하였다. 이러한 각인은 출생 후 일정기간 내에만 형성되며 나머지 생애 동안 지속되는 것으로 본다. 후에 인간발달에 동물행동학 이론을 적용한 학자들은 이를 발전시켜 모든 행동에는 결정적 시기critical period가 있다고 주장한다.

2) Bowlby의 애착 이론

John Bowlby

Bowlby는 신생아의 애착발달에 관심을 갖고 신생아가 자신을 돌봐주는 어머니에게 애착을 형성해가는 과정을 밝혔다. 이러한 성향은 진화역사의 산물로서 아기의 생존을 위해 필수적이고 적응적인 의미를 지닌다. 동물의 종 특유의 행동이 외부 자극에 의해 유발되는 것처럼 신생아는 선천적으로 애착욕구를 가지고 태어나기 때문에 다른 사람에게 접근하고자 하며, 이러한 애착행동이 양육자의 모성행동을 유발한다고 본다. Bowlby는 아기와 어머니 간의 애착관계는 아기가 경험하는 양육의 질에 따라 다르게 형성된다고 주장한다. 민감하게 아기의 요구에 반응하고 온정적이며 일관된 양육을 경험한 유아는 자신의 능력에 믿음과 자신감을 얻게 되고 세상이 믿을 만하다는 신념을 형성하는 반면, 비일관적이고 무반응적이며 온정적이지 못한 양육을 경험한 유아는 자신의 능력에 대한 믿음이 없고 사회적인 관계에서 어려움을 겪게 된다. 즉, 부모-자녀 간 관계의 질적인 경험의 차이는 아동에게 사회적인 관계를 형성할 때 필요하면 언제든지 상대방으로부터 자신이 원하는 반응을 이끌어낼 수 있고 또한 자신이 그러한 반응을 이끌어내는 데 어떠한 역할을 할 수 있다는 일반적인 기대감을 형성하는 데 작용한다. 이와 같은 구조를 내적 작업모형internal working model이라고 하며 이러한 내적 작업모형의 구조는 아동의 발달과정 동안 지속적인 영향을 미친다.

3) 동물행동학적 이론의 평가

Bowlby의 애착 이론은 20세기 후반부터 사회 · 정서적 행동연구에 지대한 영향을 미치고 있다. 또한 인간발달을 이해하기 위한 기초로 인간의 적응적 행동, 발달에 민감한 시기에 대한 관심을 증가시켰다. 그러나 애착 이론에 대한 제한점으로 생물학적 기초 및 민감한 시기에 대해 지나치게 강조했다는 것, 어렸을 적의 경험이 애착에 결정적인 영향을 미치며 이것이 최종적인 발달을 결정한다고 강조한 점 등을 들 수 있다. 후에 Bowlby 자신도 환경에 의한 변화 가능성에 대해 시사하였다.

5. 생태학적 체계 이론

1) 생태학적 체계 이론

발달에 대한 생태학적 접근이란 가족, 지역사회, 문화 등 인간이 생활하고 있는 생태환경이 발달과 밀접한 관련이 있다고 보고 이러한 관련성을 보다 체계화하고자 하는 접근이다. 생태학적 체계 이론ecological systems theory에서의 발달이란 아동의 직접적인 주변뿐만 아니라 보다 폭넓은 사회적 · 문화적 체계로부터 일어나는 경험의 영향을 받는다는 이론이다.

생태학적 체계 이론을 주장한 Bronfenbrenner는 환경을 미시체계microsystem, 중간체계mesosystem, 외체계exosystem, 거시체계macrosystem 등 네 가지의 서로 다른 수준으로 구분하고, 개인의 발달을 이해하기 위해서는 다양한 환경의 맥락 속에서 개인을 이해해야 한다고 강조하였다 그림 2-4 . 아동과 가장 가까운 미시체계는 가정이나 학교, 직장 등과 같이 일상생활에서 아동이 직접적으로 접하는 환경으로 부모, 형제자매, 보육자, 또래, 교사 등과의 관계를 포함한다. 이러한 관계는 양방향적인 것으로서 서로 영향을 미친다. 즉 아동은 미시체계에 있는 사람들에 의해 영향을 받을 뿐만 아니라 기질, 신체적 특성, 능력 등과 같이 생물학적으로, 또 사회적으로 영향 받은 특성들 역시 상대방의 행동에 영향을 미친다. 또한 미시체계 내의 어떤 두 명의 개인 간 상호작용은 제삼자에 의해 영향을 받기도 한다. 예를 들면 아버지의 양육 참여는 어머니-영아 간 상호작용에 분명히 영향을 미친다. 이는 곧 개인과의 직접적인 상호작용만이 아니라 체계 내의 요인들 간 상호작용도 유아의 발달에 영향을 주게 됨을 의미한다.

중간체계는 미시체계들 간의 연결 혹은 상호관계를 의미하며, 개인이 적극적으로 참여하는 둘 이상의 환경들 간의 상호관계로 이루어진다. 즉 중간체계는 미시체계들로 구성된 하나의 체계이다. 중간체계의 예로는 가정과 학교 간, 가정과 직장 간, 직장과 지역사회 간 연결을 들 수 있다. 서로 연결된 사슬과 마찬가지로, 중간체계는 아동을 부모에게, 학생을 교사에게, 고용인을 고용주에게, 친구들을 친구들에게 연결시킨다. 중간체계는 서로를 연결시키는 직접적, 간접적 영향들을 통해 이해할 수 있다. 구체적으로 예를 들면 유아교육기관에서 교육적 효과를 증진시키고

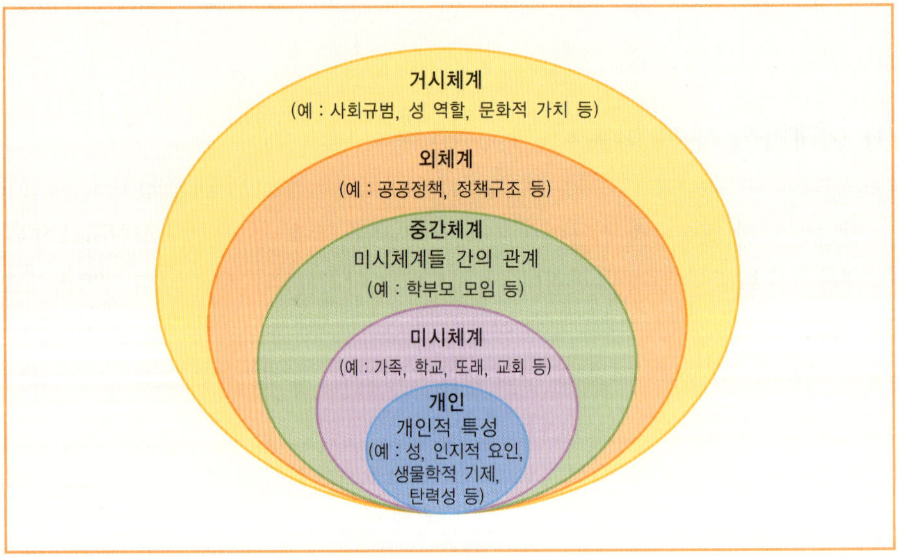

그림 2-4 | Bronfenbrenner의 생태학적 모델

자 부모교육을 실시하는 것은 바로 유아의 중간체계 내에서의 발달을 지원하기 위한 것이다. 부모가 유아교육기관에 참여하는 것이나 유아교육기관에서의 학습을 가정에서 병행하도록 하는 것은 모두 유아의 학습에 영향을 주기 때문이다.

외체계는 발달하는 개체가 적극적인 참여자로 개입하지는 않지만 유아가 소속된 환경에서 일어나는 경험이나 사건과 영향을 주고받는 사회적 환경이다. 예를 들면 부모의 직장, 대중매체, 정부기관, 지역사회 건강 서비스 등의 조직이나 기관과 같이 아동이 그 일부분에 속하지는 않아도 아동의 발달에 영향을 미치는 상황들로 구성되는, 보다 커다란 환경이다. 대중매체, 특히 TV나 인터넷 등도 주요 외체계에 속한다. 이처럼 커다란 환경은 개인의 발달에 직접적이고 주요한 영향을 미치며, 미시체계와 중간체계의 작용에도 영향을 미친다. 예를 들면 어머니의 직장으로 인해 유아의 일상생활이 달라질 수 있고, 지역사회의 놀이터나 문화시설 등이 유아의 경험에 영향을 줄 수 있다.

가장 넓은 환경인 거시체계는 중간체계와 외체계를 포함하는 체계로, 각 문화의 가치관, 신념, 관습, 이데올로기, 법, 정부, 종교, 교육, 경제 등과 같이 포괄적인 문화 형태이다. 이들 사회문화적 배경에 따라 부모의 양육태도가 영향을 받고 결국 유아에게 영향을 주게 된다. 거시체계는 아동을 어떻게 양육하며, 어떻게 교육하고, 아동이 달성해야 할 목표는 무엇인지를 지시하는 광범위한 이념이다. 이러한 가치는 문화마다 다르며 아동이 가정, 이웃, 학교, 그리고 아동에게 영향을 미치는 기타 모든 환경에서 겪는 다양한 경험에 큰 영향을 미친다.

2) 생태학적 체계 이론의 평가

생태학적 체계 이론은 다양한 환경의 영향력 및 환경 간의 관계가 발달에 미치는 영향, 그리고 사회역사적 환경의 영향을 강조한 점에서 아동발달을 이해하는 데 기여하였다. 그러나 발달의 연속성이나 비연속성에 대해서는 특별한 언급이 없으며 발달에 영향을 미치는 인지적 요소나 생물학적 요소에 대한 언급이 없다는 한계가 있다.

6. 사회문화적 이론

발달에 대한 사회문화적 이론이란 특정 사회나 문화에 소속된 개인들의 발달적 공통점이나 사회문화 간 차이를 밝히고자 하는 이론이다. 최근 각 문화 고유의 양육방식이나 이에 따른 아동의 발달적 차이에 대한 관심이 높아지면서 Vygotsky의 사회문화적 이론이 주목 받고 있다.

1) 발달의 개념

Lev S. Vygotsky

러시아 학자인 Vygotsky(1896~1934)는 아동이 능동적으로 지적인 능력을 구축해 간다고 보았으나 Piaget와 다른 점은 사회적인 상호작용이나 아동을 둘러싼 문화가 인지발달에 미치는 영향에 대해 강조했다는 점이다.

사회문화적 이론가들은 한 문화의 가치, 신념, 관습 등의 문화가 어떻게 여러 세대를 거쳐 전달되는지에 주요 관심이 있으며, 인간만이 가지고 있는 이러한 고등 정신기능의 발달은 사회문화적 요인에 의해 결정된다고 본다.

Vygotsky에 의하면 한 사회의 특성인 사회문화적 가치, 관습, 이데올로기, 고차적 정신기능 등은 사회적 상호작용을 통해서 전수된다. 사회적 상호작용을 통해 사회적 또는 개인 간 수준에서 먼저 일어난 인지발달은 그 후에 개인적 · 심리적 수준에서 일어나는 과정으로 이어진다. 또한 사회적 경험을 심리적으로 표현하는 주요 방법은 언어이므로, Vygotsky 이론에 있어 언어는 유아의 인지발달에 중요한 역할을 하는 것으로 본다.

2) 주요 개념

(1) 근접발달영역 Zone of Proximal Development, ZPD

Vygotsky가 말하는 근접발달영역이란 아동이 스스로 도달할 수 있는 실제적인 발달수준과 성인이나 또래의 도움을 받아 도달할 수 있는 잠재적 발달수준 간의 차이 부분을 말한다. 다시 말하면 아동이 혼자서 수행하는 능력보다 다른 사람의 도움을 받으면서 수행할 수 있는 능력이 곧 그 개인의 지적 발달수준을 나타내는 것을 의미한다는 것이다. 따라서 근접발달지대란 아동이 혼자 수행하는 능력과 다른 사람의 도움을 받으면서 수행할 수 있는 능력 간의 격차라고 할 수 있으며, 아동은 이미 성취한 발달수준과 도움을 받는 상호작용에 의해 새로이 나타나는 능력 간의 간격을 의미한다. 이 관점에서 보면 교육이란 아동이 독립적으로 문제를 해결할 수 없는 경우 안내받을 수 있는 영역인 근접발달지대 내에서 문제를 해결하도록 도와주는 작용이어야 한다.

(2) 발판화 개념 Scaffolding

발판화(또는 비계)란 아동보다 유능한 수준의 교사나 부모 또는 또래의 안내 및 도움이 아동의 학습을 도와주어 인지적 향상을 가능하게 해주는 발판 역할을 하는 것을 말한다. 발판화는 근접발달영역과 밀접한 관련이 있는 개념으로 아동이 최적의 발달수준에 이를 때까지 임시적으로 성인이나 또래가 지원을 하는 것을 의미한다. Vygotsky는 Piaget와는 달리, 아동이 새로운 것을 시도할 때 성인이나 유능한 또래가 도움을 주는 사회적 상호작용, 또는 사회적 의사소통을 통해 인지발달이 이루어짐을 강조하였다.

한편, 개인은 사회적 경험을 통해 자신이 접하고 있는 세계에 대해 사고하고 해석하는 방식들을 구성하게 되는데, 이때 사회적 경험을 심리적으로 표현하는 주요 방법은 언어이다. Vygotsky는 언어는 아동의 인지발달에 매우 중요한 역할을 하는데, 언어를 통해 자신의 생각과 행동을 능동적으로 조절하게 되고 아동이 하는 혼잣말은 인지발달에 매우 중요한 역할을 하는 것으로 보고 있다.

표 2-6 발달적 쟁점에 관한 주요 발달이론의 비교

이론	연속성 대 비연속성	유전 대 환경
정신분석 이론	• 비연속성 • 심리성적, 심리사회적 발달단계들이 강조된다.	• 상호작용 • 타고난 욕구가 양육 경험을 통해 조정된다.
행동주의 및 사회학습이론	• 연속성 • 학습된 행동들은 연령에 따라 양적으로 증가한다.	• 환경을 강조 • 조건화 원리와 모델링을 통한 학습이 발달을 가져온다.
Piaget의 인지발달 이론	• 비연속성 • 인지발달의 단계들이 강조된다.	• 상호작용 • 두뇌 성숙, 타고난 지적 탐구활동을 강조한다. • 그러나 풍부하고 자극적인 환경에 의해 지지되어야 한다.
동물행동학적 이론	• 연속성과 비연속성 모두 인정 • 적응 행동방식은 점차 양적으로 증가한다. 또한 질적으로 독특한 행동이 나타나는 결정적 시기의 개념 역시 강조된다.	• 상호작용 • 타고난 행동방식과 함께 환경적 경험의 역할도 강조한다.
생태학적 체계 이론	특별한 언급이 없다.	• 상호작용을 강조하나 환경을 더욱 강조한다. • 아동의 특성과 환경 간의 관계 및 여러 수준의 환경이 역동적으로 아동의 발달에 영향을 미친다.
Vygotsky의 사회문화적 이론	• 연속성 • 아동과 사회 구성원들 간의 상호작용은 사고와 행동에 점진적인 변화를 가져온다.	• 상호작용 • 두뇌의 성숙과 더불어 사회 구성원들과의 상호작용 기회가 발달에 영향을 미친다.

출처 : 박성연(2006)

Chapter 3

영아발달 연구방법

1. 영아 연구방법
2. 연구설계
3. 영아발달 연구설계
4. 영아발달 연구의 윤리적 문제

3

영아발달을 연구하는 목표는 영아의 발달적 변화를 기술description하고 변화의 이유나 원인을 설명explanation하며, 이러한 과정을 통해 영아의 행동을 예측prediction하고 환경적인 통제control를 통해 실제 상황에서 영아발달을 최적화하는 데 있다.

영아를 대상으로 하는 연구는 좀 더 큰 아동을 대상으로 하는 연구와는 방법적인 측면에서 다를 수밖에 없다. 영아발달 연구는 18세기 최초의 육아일기로 볼 수 있는 Tiedermann(1789)의 자연적인 관찰의 형태부터 시작되었다. 19세기 Darwin의 유아전기baby biography(1877)는 영아의 매일매일 변화하는 행동에 대한 관찰을 통해 기록하는 관찰연구의 대표작으로 볼 수 있다.

20세기에 이르러 Piaget(1951)는 자신의 세 아이를 관찰한 기록으로 인지발달 이론을 정립했으며, 그 후 많은 연구자들에 의해 영아발달 이론이 발전되었다. 특히 근래에 다양한 영아 연구법이 제시됨에 따라 자연스러운 환경에서 행동을 관찰한 기술적인 연구와 더불어 실험적인 방법으로 관찰된 영아의 행동들을 통해 영아발달의 새로운 국면을 맞게 되었다.

1. 영아 연구방법

연구의 목표가 수립되면 연구자들은 자신의 관심 사항을 규명하기 위해 자료를 수집한다. 영아발달 분야에서 자료를 수집하기 위해 주로 사용되는 연구방법으로는 관찰법, 질문지법과 면접법을 사용한 자기보고식 방법, 검사와 면접 등을 통한 임상법 등이 있으며, 특히 영아를 대상으로 한 연구방법으로는 영아의 심장박동이나 호흡, 눈동자의 움직임, 또는 반사적 행동의 변화로 새로운 것에 대한 반응을 측정하는 습관화-탈습관화, 눈동자의 움직임으로 지각능력을 측정하는 시각적인 선호도 측정방법, 생리적 심리측정법, 얼굴표정 연구법, 빨기반사를 이용한 방법 등이 사용되고 있다.

1) 관찰법

관찰법observation은 어떤 행동이 일어날 때마다 그것을 관찰하고 기록하여 자료를 수집하는 방법으로, 영아의 행동을 연구하는 가장 적절하고 신뢰할 수 있는 연구방법이다. 영아는 언어발달이 미숙하여 자신의 생각이나 감정을 언어로 표현하기 어렵고 검사 상황 자체가 영아에게 스트레스가 될 수 있기 때문에 검사 결과의 정확성에 대한 신뢰성을 얻기 힘들다. 연구 대상자의 행동을 자연스러운 상황에서 관찰하는 자연관찰법natural observation과 실험실 상황에서 관찰하는 구조화된 관찰법structured observation 같은 관찰법이 영아 대상의 연구에서는 가장 타당한 연구방법이라 할 수 있다. 자연관찰법은 있는 그대로의 상황에서 행동을 관찰하는 것으로 연구자가 관심 있어 하는 일상적인 행동들을 직접 관찰할 수 있다는 장점이 있다. 구조화된 관찰은 연구목적에 따라 관찰하려는 상황을 구조화하여 영아의 행동을 관찰하는 것으로 환경에 기인하지 않는 행동에서의 개인차가 명확히 드러나는 장점이 있다.

관찰법은 영아를 대상으로 하는 유용한 연구방법이지만 제한점도 있다. 자연관찰법은 연구자에게 자연스러운 상황에서 일어나는 실제적인 행동에 대한 풍부한 정보를 제공하지만, 때로는 연구자가 관심을 두고 있는 특정 행동이 나타나지 않을 수도 있다는 단점이 있다. 관찰자가 현장에 있기 때문에 연구 대상의 행동에서 위장이나 변화가 있을 수 있고 관찰자의 편견이 개입될 수도 있다.

관찰법의 절차는 연구자의 의도에 따라 여러 가지 형태로 이루어지는데, 어떤 경우에는 관찰되는 모든 행동을 서술식으로 상세히 기록하기도 하고, 어떤 경우에는 미리 정한 관찰 항목을 적은 기록지를 미련해놓고 행동을 관찰하면서 연구자가 관찰하고자 하는 행동이 나타날 때마다 기록지에 행동 유무나 빈도 또는 행동의 강도나 시간적 길이 등을 표시할 수도 있다.

2) 자기보고식 방법

자기보고식 방법은 연구 대상자가 자신의 능력이나 태도, 생각, 과거의 경험을 묻는 질문에 응답하는 것으로 반구조적인 임상면접법에서부터 구조적 면접법, 질문지법, 검사법에 이르기까지 다양하다. 이러한 자기보고식 방법은 문장이나 언어 능력이 미숙한 영아들에게는 사용할 수 없다는 단점이 있다. 그러나 이들을 돌보는 보육교사나 부모를 대상으로 질문지를 실시하여 정보를 얻을 수는 있다. 질문지를 통해 얻을 수 있는 정보로는 영아의 연령, 형제관계, 부모의 사회인구학적 특성, 영아의 기질, 행동특성, 건강상태, 부모의 양육행동, 양육신념, 양육효능감 등과 같은 환경적 요인들이 있다.

반구조적인 임상면접법은 Piaget가 사용한 방법으로, 아동의 응답에 따라 융통성 있게 질문의 내용을 바꾸기도 하고 대화식으로 하여 아동의 생각을 확장시키기도 한다. 그러나 이러한 방법은 연구자의 면접능력에 따라 서로 다른 자료를 얻을 수 있다는 문제점이 있다. 반면, 정해진 질문에 따라 면접하는 구조적 면접은 이러한 문제점을 해결하고 보다 효율적으로 자료를 얻을 수 있다는 이점이 있다. 질문지법이나 면접법 등 자기보고식 방법은 깊이 있는 정보를 얻지 못한다는 제한점이 있고, 특히 영아에게는 적절하게 사용할 수 있는 연구방법이 되지 못한다는 단점이 있다.

3) 생리적 심리측정법

연구자들은 지각능력이나, 인지, 정서적 반응의 기초가 되는 생물적인 특성을 밝히기 위해 생리적 반응과정과 행동 간의 관계를 측정하는 생리적 심리측정법 psychophysiological method을 사용한다. 심장박동률, 혈압, 맥박, 호흡 등 자율신경계의 활동은 심리적 상태에 매우 민감하다. 이러한 방법은 언어발달이 충분하게 이루어지지 않은 영아발달을 연구하는 데 도움이 된다.

이외에도 뇌파기록법EEG이나 두뇌의 활동에 따른 두뇌혈류의 변화를 컴퓨터로 영상화하는 기능적 자기공명 영상법MRI도 사용된다. 그러나 생리적 심리측정법은 실제 활용 시 전문적인 기술과 훈련이 필요하며 해석의 어려움도 크다. 또한 영아의 피로나 정서적 측면의 영향을 받기 때문에 생리적 심리측정법과 더불어 여러 검사와 다양한 방법을 통한 자료수집 결과로 영아발달을 해석하는 것이 바람직하다. 한편, 심박수 측정법은 심전도 측정EKG을 통해서 또는 미주신경에 의해 조절되는 심박률 변화(또는 리듬)를 연구함으로써 영아가 어떤 자극에 관심을 가지고 있는지 아닌지 그 여부를 알 수 있다. 즉 관심이나 집중을 요하는 경우에는 심장박동이 느려지며, 흥분되거나 두려울 경우에는 심박수가 빨라진다. 특히 미주신경의 긴장 vagal tone 정도는 신경계 기능의 효율성을 나타내는 지표로서 영아가 경험하는 스트레스 정도를 파악할 수 있다.

타액성분 분석법은 타액에서 측정될 수 있는 코르티솔 호르몬 수준이 스트레스 수준이나 정서적 상태에 따라 달라진다. 타액은 영아에게서도 쉽게 채취할 수 있으므로 영아의 스트레스 수준을 측정하는 방법으로 자주 쓰이고 있다. 예를 들어 스트레스를 경험하는 경우 영아의 코르티솔 수준은 높아지며, 긴장이 줄어들면 코르티솔 수준도 낮아진다.

얼굴피부 표면온도 측정법은 적외선 센서가 있는 카메라와 컴퓨터를 통해 얼굴 표면의 체온을 측정하여 스트레스 정도를 파악한다. 예를 들어 아기가 어머니와 떨어져 낯선 이와 있을 경우 스트레스를 받아 얼굴표면의 체온이 낮아지는 것을 알 수 있다(박성연, 2006).

4) 습관화-탈습관화

영아의 학습능력을 파악하기 위해 널리 쓰이는 방법으로, 영아의 심장박동수나 호흡수, 시각적 움직임 등을 측정하여 새로운 것에 대한 영아의 반응 여부를 알게 되고 이를 통해 영아의 오감각에 대한 구별능력을 파악할 수 있다. 습관화란 반복되는 자극에 대해 영아의 반응이 점진적으로 감소되는 것으로 알 수 있고, 탈습관화는 새로운 자극이 제시되었을 때 반응이 증가하는 것으로 알 수 있다. 예를 들어 새로운 소리를 들은 아기가 처음에는 빠른 심장박동수를 나타내다가 그 소리에 익숙해지면 심박수가 점차 느려져 정상으로 돌아오는데 이를 통해 연구자들은 영아가 들은 소리를 기억하고 새로운 소리를 구별할 수 있다는 것을 규명하였다.

5) 얼굴표정 분석법

인간은 정서 상태에 따라 특정한 얼굴표정이 나타나기 때문에 이러한 얼굴표정의 세부적인 부분을 부호화하고 분석하는 방법인 MAXMaximally Discriminated Facial Movement Code 점수체계는 영아의 정서 상태를 측정하는 방법으로 널리 쓰인다. 예를 들어 눈썹이 올라갔는지, 입을 삐죽이는지, 눈을 치켜뜨는지 등 표정의 빈도와 시간으로 고통스러움의 정도를 점수화할 수 있다.

6) 빨기반사를 이용한 방법

고무젖꼭지에 압력계량기를 달아 영아의 입에 물린 후 영아가 젖꼭지를 빠는 강도의 변화나 빠는 시간을 측정함으로써 어떤 자극에 대한 영아의 선호도 또는 아기의 지각능력에 대한 정보를 알 수 있다. 예를 들어 영아가 엄마의 다정한 목소리를 들었을 때 더 강하고 세게 젖꼭지를 빠는 것은 엄마의 목소리를 구별할 줄 아는 지각능력이 있다는 것으로 해석할 수 있다.

2. 연구설계

연구설계는 연구자가 연구문제나 가설을 검증하기 위해 미리 계획하는 것으로, 일반적인 연구설계로는 상관연구설계와 실험연구설계가 있다.

1) 상관연구설계

상관연구설계는 연구 대상자에게 어떠한 처치도 가하지 않은 있는 그대로의 상태에서 자료를 수집하며, 연구자의 관심이 되고 있는 변인들 간의 관계만을 살펴보기 때문에 인과관계를 파악할 수는 없다.

예를 들어 어머니의 양육행동과 아동의 학교적응 간의 관계를 상관연구로 계획하여 분석한 결과 어머니의 양육행동과 학교적응 간에 정적인 상관관계가 나타났다면 이 경우 어머니의 양육행동 때문에 아동이 학교적응을 잘한다고 해석할 수 없다. 왜냐하면 아동의 학교적응이 어머니의 양육행동에 영향을 주었을 수도 있기 때문이다. 또한 제3의 변인인 아동의 자아개념이나 성격특성이 어머니의 양육행동이나 아동의 학교적응에 영향을 주었을 수도 있다. 따라서 두 변인 간에 관계가 있다는 것은 알 수 있으나 변인 간 인과관계는 알 수가 없다.

상관연구는 변인 간의 통계적 관련성을 분석하는 통계방법인 상관관계분석

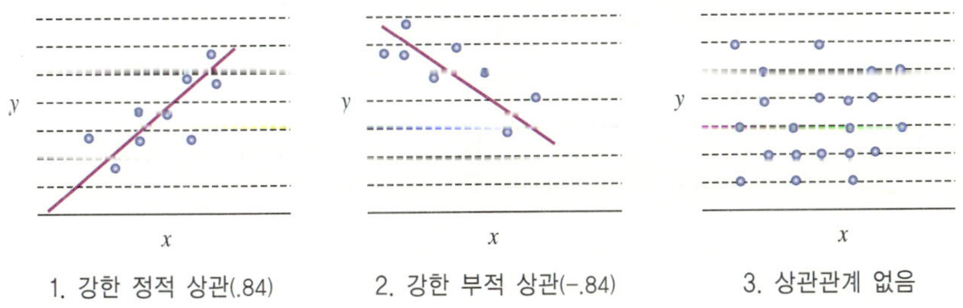

그림 3-1 | 상관관계 유형

출처 : Papalia, D. E., Olds, S. W., & Feldman, R. D.(1999). A Child's World: Infancy through adolescence, p.40

correlation을 통해 산출된 상관계수를 사용한다. 상관연구에서 변인들 간 상관의 정도는 +1.00~-1.00의 범위를 가진 상관계수로 나타내며 숫자의 크기와 부호에 근거해 상관의 정도나 방향을 알 수 있다. 부호에 관계없이 상관계수가 높을수록 두 변인 간의 관계가 강한 것을 의미하며, 상관계수 0은 변인들 간에 아무런 관계가 없다는 것을 의미한다.

2) 실험연구설계

실험연구설계는 인과관계를 알 수 있는데, 연구자가 독립변인을 의도적으로 조작하고 그 영향을 관찰하는 연구이다. 실험연구설계에서는 다른 변인에 영향을 주는 것으로 기대되는 독립변인과 독립변인에 의해 영향을 받는 것으로 예상되는 종속변인으로 나뉜다.

연구자는 독립변인의 조작과 통제를 위해 연구 대상자를 두 가지 이상의 처치조건에 놓이게 한 후 그러한 처치조건에 의해 나타나는 종속변인에서의 변화로 독립변인과 종속변인 간의 인과관계를 추정한다. 따라서 실험연구설계의 경우 연구자가 관심을 가지고 있는 변인 이외에 종속변인에 미칠 수 있는 다른 변인들의 영향은 통제하게 된다. 왜냐하면 종속변인에서 나타난 변화가 독립변인 또는 처치변인 때문에 나타난 결과라는 확신을 가지고 결론을 내리기 위해서는 처치변인 이외의 다른 변인들은 종속변인에 영향을 미치지 않아야 하기 때문이다.

통제방법으로 대개 연구 대상자를 실험조건과 통제조건에 무작위random assignment로 배정하는 방법, 또는 처치조건 이외의 다른 특성들은 같게 조합하여 배정하는 방법을 사용한다. 예를 들어 부모교육이 초등학교 저학년 어머니의 양육행동에 미치는 영향을 규명하기 위한 연구(이사라 · 박지숙, 2010)에서, 어머니들의 사회인구학적 변인과 동일지역 초등학교를 조합하여 실험집단과 통제집단으로 배정한 후 실험집단을 대상으로 매주 1회 2시간씩 10회에 걸쳐 부모교육을 실시하였다. 그 후 부모교육을 받은 어머니 집단과 받지 않은 어머니 집단 간에 양육행동에 어떠한 차이가 있는가를 규명하게 된다. 이 경우 부모교육을 받았다는 것 이외의 다른 모든 조건은 동일해야만 두 집단 간의 양육행동의 차이가 있을 때 그 차이가 부모교육의 효과에 의한 것이라고 단정적으로 말할 수 있다.

표 3-1 실험연구설계의 예

집단	N	독립변인	종속변인	검증
		부모교육	합리적 양육행동	
실험처치집단	15	유	점수	점수 차이
통제집단	15	무	점수	

3. 영아발달 연구설계

발달적 연구방법에는 종단적 연구설계longitudinal design, 횡단적 연구설계cross-sectional design, 단기종단적 연구설계short-term longitudinal design가 있다.

1) 종단적 연구설계

종단적 연구설계는 일정 집단의 아동을 대상으로 오랜 시간 동안 반복적으로 측정하여 자료를 수집함으로써 연령이 증가함에 따라 발달과정의 변화를 보고자 하는 연구설계이다. 예를 들어 1990년 3월에 출생한 영아 300명을 무선표집하여 이들이 20세가 되는 2009년까지 계속 추적하여 20년 동안 연구하는 방법이다.

종단적 연구설계는 연구자가 연령에 따른 일반적인 발달양상 외에도 발달의 개인차를 알 수 있으며 초기에 일어난 사건과 후기에 나타난 행동 간의 관계를 파악할 수 있다. 그러나 이 연구설계방법은 시간과 비용이 많이 들고 중간에 탈락하는 연구 대상자가 많아 연구 대상을 지속적으로 유지하기 어렵다는 단점이 있다. 또한 종단적 연구설계에서 동시집단효과cohort effect나 측정시기의 문제로 인해 연구 결과를 일반화하기 어렵다는 제한점이 있다. 동시집단효과란 특히 광범위한 연령층의 아동을 대상으로 할 경우, 태어난 시기 및 이와 관련된 경험이 다르다는 것으로, 이로 인해 횡단적 연구설계에서 나타난 결과를 순수하게 연령에 의한 차이라고 단정짓기 어렵다. 따라서 연령에 따른 차이를 다른 시기에 그대로 일반화하는 데는 한계가 있다.

종단적 연구설계는 아동의 발달과정 중 발달에 영향을 미치는 관련 변인들을 밝힐 수 있다는 점에서 외국의 경우에는 대규모 종단연구가 많이 수행되고 있는데, 대표적인 종단연구로는 미국 NICHD의 Early Child Care 종단연구와 Berkeley Growth Study(36년) 등이 있으며 한국행동과학연구소의 종단연구가 있다.

2) 횡단적 연구설계

횡단적 연구설계는 한 시점에서 여러 연령집단을 동시에 표집하여 자료를 수집함으로써 연령집단 간의 차이를 비교하여 연령 간의 발달적 특징을 살펴보고자 하는 연구설계이다. 예를 들어 연구자는 2010년에 각각 4세, 6세, 8세 집단을 대상으로 친사회적 행동에 대한 자료를 수집하고 결과분석을 통해 연령에 따라 친사회적 행동의 표현에서 어떠한 차이가 있는지를 규명하게 된다.

횡단적 연구설계는 단시간 내에 여러 연령층의 연구 참여자를 표집하기 때문에 시간과 비용이 적게 들고 연구 결과 또한 빠른 시간 내에 도출할 수 있다. 그러나 이 방법은 동시집단효과 및 측정시기로 인한 문제를 지니는 한편, 아동의 개인차나 발달적인 변화에 대한 정보는 제공하지 못하는 제한점이 있다. 또한 다양한 지역과 여러 특성을 지닌 연구 대상자인 경우 외부적인 변인들을 통제하기가 거의 불가능하며 연령집단별 비교에도 어려움이 많다. 이러한 단점에도 불구하고 횡단적 연구설계는 방법이 경제적이고 효율성이 높아 연구자들이 많이 활용하는 방법이다.

3) 단기종단적 연구설계

횡단적 연구설계와 종단적 연구설계의 단점을 보완하기 위해 연구자들은 두 가지 방법을 혼합한 단기종단적 연구설계를 계획할 수 있다. 이 방법에서는 다른 시기에 태어난 같은 연령의 아동집단을 둘 이상 선정하여 수년 동안 종단적으로 연구한다. 이 경우 연구자는 다른 시기에 태어난 같은 연령 아동을 비교함으로써 동시집단의 효과가 있는지 파악할 수 있고, 종단적 · 횡단적 비교가 가능해서 연구 결과에 대한 확신을 가질 수 있다. 이 방법은 종단적 연구설계에 비해 시간과 노력, 비용이 적게 들고 연구 대상의 탈락률도 낮으며 다양한 연령층에 대한 발달적 특성과 변화양상 및 집단 간 차이를 비교할 수 있다.

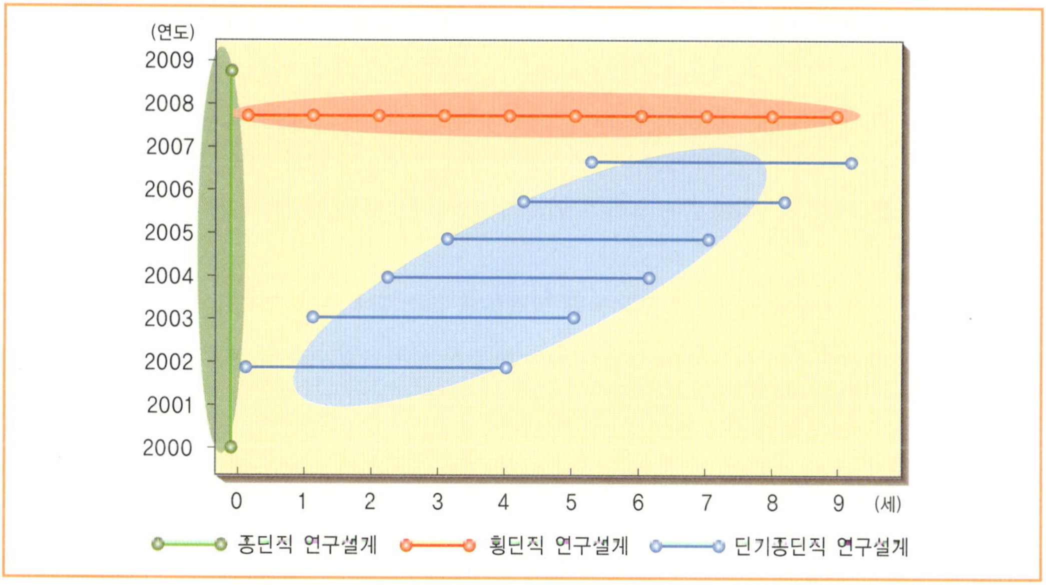

그림 3-2 | 종단적 연구설계, 횡단적 연구설계, 단기종단적 연구설계

4. 영아발달 연구의 윤리적 문제

어린 영유아를 대상으로 연구할 경우 그들의 특성 때문에 생기는 실제적인 문제와 한 인격체로서 고려해야 할 윤리적인 문제에 직면하기도 한다.

연구 대상자인 어린 연령의 아동을 찾기가 쉽지 않을 때 어린이집이나 유치원을 통해 또는 아는 사람들을 통해 연구 대상 아동을 구하는 경우가 많기 때문에 무작위 표집이 되기 어렵다. 또한 영아와 같이 어린 연구 대상은 언어로 자신의 의사표현을 하기 어렵고 주의집중시간이 짧기 때문에 연구 수행에 어려움이 많으며 연구자의 전문적이고 잘 훈련된 기술이 필요하다. 영유아들은 자신의 의지와 상관없이 연구에 참여하게 되는 경우가 대부분이어서 연구에 참여하고 있다는 사실조차 인지하기 어렵고 참여하는 연구의 종류에 따라 심리적인 스트레스 상황을 경험하게 되기도 한다.

연구자는 어린 영유아도 한 인격체로서 존중되어야 함을 숙지하고 연구 수행 시 아동에게 신체적 또는 심리적으로 해로운 영향을 끼칠 수 있는 가능성을 염두에 두고 사려깊게 연구과정을 진행해야 한다. 또한 영유아나 가족의 개인적인 자료나 비밀을 철저하게 보장하고 부모나 아동이 연구에 참여할 것을 결정할 때 그들의 의사를 절대적으로 존중해야 한다. 따라서 부모에게 자세한 연구내용을 반드시 설명해야 하며 모든 연구자료는 비밀을 보장하고 익명으로 관리되어야 한다. 부모의 동의를 구했다 하더라도 영유아가 원하지 않는 반응을 보일 때는 강제로 참여시키면 안 된다.

연구자는 스스로 연구윤리를 엄격하게 준수해야 하며 윤리적인 딜레마가 발생하면 다른 연구자나 전문가와 상의하여 먼저 윤리적인 문제를 해결한 후 연구를 수행하는 것이 영유아발달을 연구하는 연구자의 자세일 것이다.

Chapter 4

생의 시작과 태내기 발달

1. 생의 시작
2. 태내기 발달

4

인간의 생명은 정자와 난자가 만나 결합하는 수정의 순간부터 시작되어 자궁 속에서 온전한 생명체로의 출발을 준비한다. 태내기 발달은 이후 발달에 갖는 영향력을 생각할 때, 발달의 청사진을 준비하는 중요한 시기이다. 본 장에서는 생의 첫출발의 모습과 태내기 발달의 다양한 모습들을 살펴보고자 한다.

1. 생의 시작

1) 수정 : 임신의 과정

남성의 정자sperm와 여성의 난자ovum가 만나 수정fertilization을 하면서 생명체가 출발한다. 난자는 인체 내에서 가장 큰 세포로 약 0.12ml의 타원형이다. 여자는 출생 전부터 이미 500만 개의 미성숙한 난자를 가지고 있는데, 성장하면서 점차 그 수가 감소하고 2차 성징 무렵에는 약 3만 개 정도가 남는다. 월경menstruation이 시작되면서 양쪽 난소에서 한 달에 한 개씩 번갈아 난자가 배출된다. 난소에서 배출된 난자는 나팔관으로 들어오고 이때 나팔관을 통해 들어온 정자를 만나 수정이 이루어진다.

난자는 스스로 움직일 수 없어 난관 속의 융모의 수축운동으로 자궁까지 이동하고, 하루 동안 생존하는 과정에서 체내에 들어온 정자를 만나 결합하여 수정이 시작된다. 수정은 월경 시작 14일경부터 가능하며, 이 기간 내에 수정이 되지 않으면 정자와 난자는 수정능력을 상실하며 2주 후에는 다시 월경을 시작한다. 월경이 시작된 날부터 약 14일 후에 일어나는 배란ovulation은 평생 동안 약 400회 이루어진다.

긴 꼬리를 가진 올챙이 모양의 정자는 난자 크기의 약 40분의 1 정도로 작다. 정자는 사정 시 한 번에 약 3~4억 개가 나오며, 난자와 달리 편모가 있어 꼬리운동과 근육의 수축 등으로 난관까지 헤엄쳐 간다. 1분에 0.5cm 정도 헤엄쳐 간 많은 정자들 중 300~500개 정도가 난자에 이르게 되고, 그중 한 개의 정자만이 난자와 만난다. 정자 한 개가 난자의 세포막을 뚫고 들어가면 정자의 꼬리는 떨어져 없어진다(Owens, 1993). 이렇게 정자의 핵과 난자의 핵이 결합해 하나의 새로운 세포체를 형성하는 과정을 수정이라 하고, 새로 생긴 단일세포를 수정란fertilized ovum이라고 한다. 하나의 정자가 난막을 뚫고 들어가면 난막의 변화로 다른 정자가 들어가지 못한다. 정자는 최대 6일까지 살 수 있으며, 나팔관으로 배출된 후 24시간만 생존하는 난자를 만날 수 있다. 그러나 대부분의 임신은 배란일로부터 3일 동안 또는 배란일보다 2일 앞서 성관계가 있었을 때 이루어진다(Wilcox et al., 1995).

이렇게 수정이 되었다 해도 이것이 모두 자궁 내에 성공적으로 착상되어 임신으로 이어지는 것은 아니다. 그중 25%는 유전자의 결함으로 수정 후 2~3일 내에 소실되고, 나머지 25%는 임신기간 중 자연유산된다(Wilcox et al., 1988). 따라서 어떤 경우에는 여성이 알지도 못하는 사이에 곧 수정란을 잃게 되기도 하며, 임신이 되어도 유산하는 경우가 있어서 수정란이 출산으로 이어지는 경우는 전체 수정의 절반 정도에 불과하다(Bee, 1997).

대체로 하나의 정자와 하나의 난자가 만나 수정이 이루어지는데, 만약 두 개의 난자가 배출되어 두 개의 정자와 만나면 이란성 쌍생아dizygotic twin, DZ가 된다. 이들은 유전인자가 다르므로 성이 다를 수도 있다. 반면 한 개의 난자와 한 개의 정자가 만나 만들어진 수정란이 첫 번째 세포분열 과정에서 두 개로 나눠지면 일란성 쌍생아monozygotic twin, MZ가 된다. 이들은 유전인자가 같으므로 같은 성일뿐 아니라 외모도 비슷하다. 최근 불임치료 과정에서 이란성 쌍생아가 더욱 많아지고 있다.

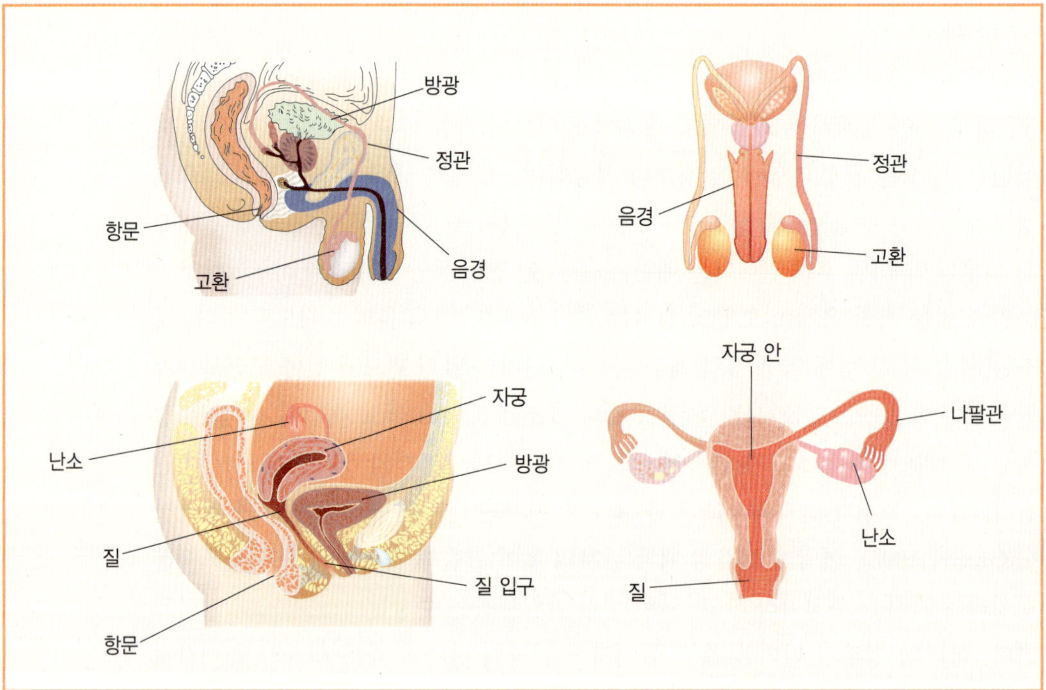

그림 4-1 | 남성과 여성의 생식기

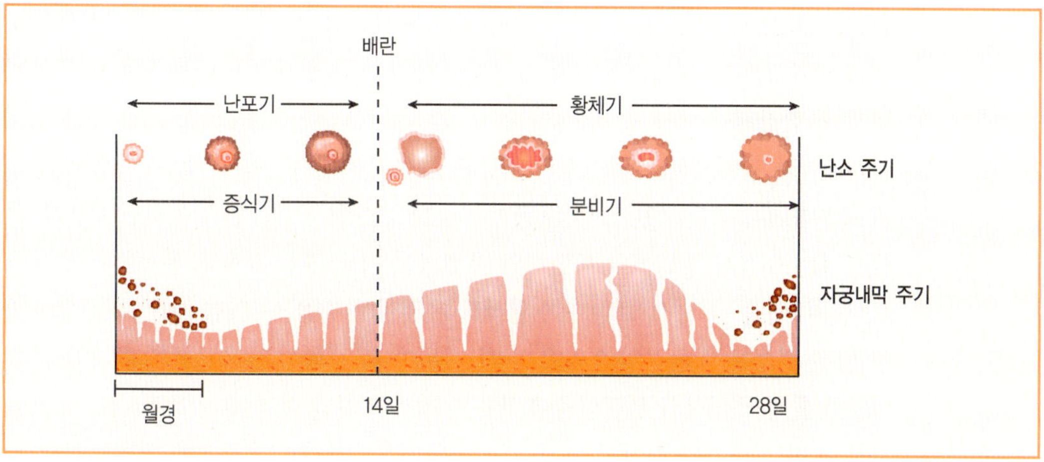

그림 4-2 | 월경 주기

2) 유전적 기초

인간은 수많은 세포로 구성되어 있는데 각 세포 내부에는 핵이라는 중심구조가 있고, 그 핵에는 유전적 정보가 저장되고 전달되는 염색체chromosomes가 있다. 인간은 부모로부터 염색체 속에 있는 유전인자gene를 물려받고 이 유전인자는 DNA라는 화학물질로 구성된다. 인간은 23쌍으로 이루어진 46개의 염색체를 가지고 태어나는데, 크기와 모습에 따라 염색체 쌍들의 번호가 정해져 있다. 신체 및 심리발달을 이루는 특성을 부모로부터 물려받는 것을 유전이라고 한다. 인간 종 특유의 염색체를 가지고 있기 때문에 인간의 보편적인 모습이 나오며, 동시에 각 개인별로 상이한 유전인자를 갖고 있기 때문에 개별적 모습이 나타난다.

그림 4-3 | 성의 결정

인간은 성세포인 난자와 정자가 수정되는 것과 함께 23쌍의 염색체를 지닌 단일세포(접합체zygote)가 난자와 정자로부터 각각 23개씩 모두 46개의 염색체 배합의 수정 시 형성되면서 성이 결정된다. 23개 염색체 중 22쌍은 상염색체autosome이고 23번째 쌍은 성염색체sex chromosome이다. 여성의 난자는 X성염색체만 가지고 있으나 남성의 정자는 X와 Y 두 종류의 성염색체를 가지고 있다. 난자가 X성염색체의 정자와 만나면 여아(XX)가 되고 Y성염색체의 정자와 만나면 남아(XY)가 된다. 즉 어떤 종류의 정자와 만나는가에 따라 태아의 성이 결정된다.

개인마다 염색체와 유전인자의 배열과 특성이 다른데, 여기에는 유전형genotype과 표현형phenotype이 있다. 직접 관찰 가능한 표현형은 개개인의 독특한 특징을 만들어내는 유전적 정보들의 복합체인 유전형에 기초한다. 그런데 유전형이 달라도 표현형이 같을 수 있고 표현형이 달라도 유전형이 같을 수 있다. 이는 인간발달에서 많은 특성들이 환경의 영향을 받기 때문이다. 표현형은 유전형뿐 아니라 이후 다양한 환경적 영향과 유전의 상호작용 속에서 드러난 결과이다. 가령 같은 유전인자를 가지고 태어난 일란성 쌍생아도 자라면서 다른 비공유환경을 경험하면서 서로 다른 표현형을 나타낼 수 있다. 반대로 다른 유전인자를 가지고 있어도 경우에 따라 비슷한 발달적 모습과 행동을 보이는 경우가 있다.

일란성 쌍생아

이란성 쌍생아

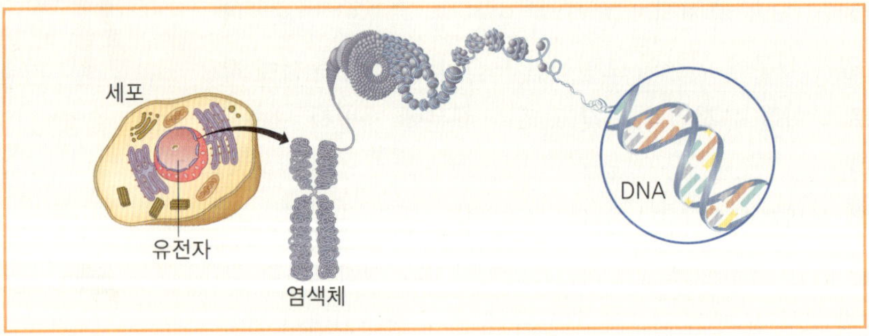

그림 4-4 | 세포, 염색체, 유전자, DNA

인간의 몸에는 생명의 기본 구성단위라 할 수 있는 수많은 세포가 있다. 각 세포는 중심에 핵이 있고, 염색체와 유전자는 세포의 핵에 위치한다. 염색체는 DNA로 만들어진 실같이 짜인 구조물로 이루어진다. 유전자는 유전적 코드를 소유한 DNA의 작은 부분이다. DNA는 이중나선형 모양의 분자구조를 띠고 있다.
출처 : Santrock(2004)

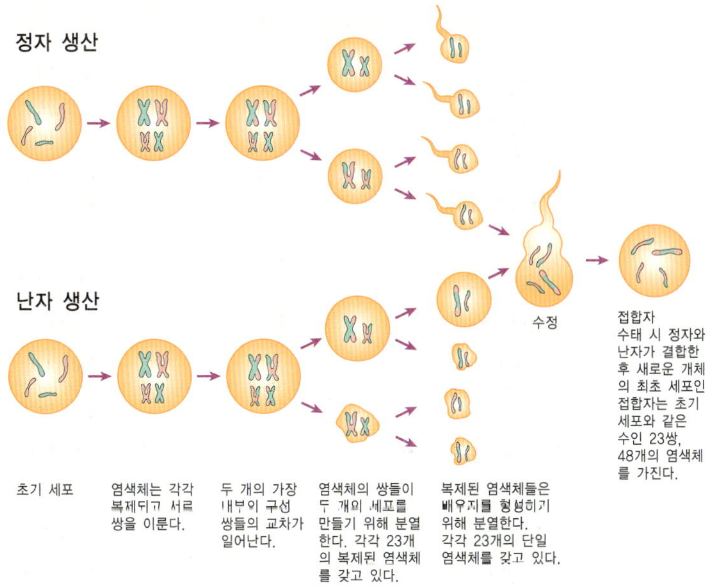

그림 4-5 | 성세포가 형성되는 감수분열의 세포분열 과정

감수분열은 일반 염색체 수의 반만을 가진 성세포를 만들어낸다. 정자와 난자가 결합할 때 새로운 개체의 첫 번째 세포(접합자)는 전체 염색체 수의 반이 된다.
출처 : Berk(2006)

성의 결정과 성비

남녀의 성 결정을 살펴보면, 난자와 정자가 만날 때 난자가 X염색체를 가진 정자와 만나면 여아(XX), Y염색체를 가진 정자와 만나면 남아(XY)가 태어난다. 정자의 절반은 X염색체를 가지고 있고 나머지 절반은 Y염색체를 가지고 있기 때문에 확률상으로는 남아와 여아의 성 결정은 똑같다. 그러나 Y염색체를 가진 정자가 X염색체를 가진 정자보다 대개 난자와 더 쉽게 만나 수정되기 때문에 남녀 성비의 비율은 남아가 더 높다고 한다.

그런데 유전학적으로 난자는 정자보다 더 강인하며 이는 정자의 유전학적 취약성을 반영하는 것으로, 수정의 순간부터 남자가 여자보다 기형생성물질이나 정신적 · 신체적 결함에서 더 취약한 것으로 나타난다. 여기에서 Y염색체가 X염색체보다 더 취약할 수 있다는 결론을 얻게 된다. 또 Y염색체는 X염색체에 비해 크기가 상당히 작으므로 유전인자가 위치할 자리가 X염색체보다 작다. 따라서 남성의 경우 X염색체의 이상은 그대로 표현형으로 나타난다. 결국 X염색체보다 Y염색체가 보다 더 취약한 관계로, 자연유산이나 유전자 결함도 여자보다 남자의 경우가 더 많다. 그러므로 실제 남녀 성비의 비율은 큰 차이가 나지 않고 여아 대 남아가 1 : 1.06으로 남아가 조금 더 높은 정도라고 한다.

표 4-1 우성 특성과 열성 특성

우성	열성
검은 머리	갈색 머리
정상 모발	대머리
곱슬머리	직모
붉지 않은 머리	붉은 머리
보조개	보조개 없음
정상 청력	청력 이상
정상 시력	근시
원시	정상 시력
정상 시력	선천성 백내장
정상 색소피부	백색증
이중 관절	정상 관절
A 혈액형	O 혈액형
B 혈액형	O 혈액형
Rh+ 혈액형	Rh− 혈액형

출처 : McKusick, 2002; Berk, 2007에서 재인용

3) 유전인자와 염색체 이상

(1) 다운증후군 Down's syndrome

대부분의 염색체 이상은 난자와 정자가 생성되는 감수분열 시의 오류에서 비롯된다. 염색체 쌍이 적절하게 분열되지 못하거나 염색체 부분이 부서져서 정상적인 염색체 개수인 46개보다 적거나 많은 경우가 나타난다. 다운증후군은 최초로 밝혀진 염색체성 질환으로 가장 흔하며 21번 염색체 쌍의 결함으로 초래된다. 정신지체와 언어 문제, 기억능력 저하, 운동발달 지체가 나타난다. 외관상으로는 작고 땅딸한 체격, 납작한 얼굴, 짧고 굵은 작은 손, 작은 머리, 그리고 작은 눈과 귀를 가졌으며, 눈의 안쪽과 끝이 밑으로 처지고 혀가 입 밖으로 나와 있는 얼굴모습을 보인다(박성연, 2006 참조).

다운증후군은 신생아 출생 600명당 한 명 비율로 발생하는데, 다운증후군 아기의 94%가 정상 부모에게서 태어난다는 점에서 그 원인이 부모로부터의 유전만은

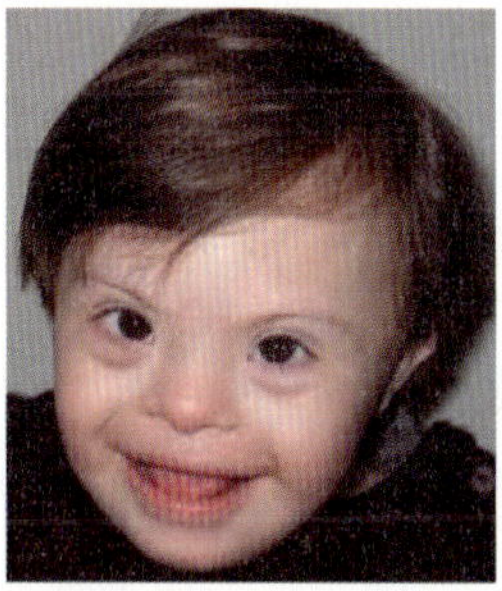

다운증후군 아이

아님을 알 수 있다(Pennington et al., 2003). 다운증후군의 위험은 부모의 나이가 많을 때 높아지며, 특히 어머니의 나이가 35세 이상일 때 발생비율이 높다고 한다(Papalia & Olds, 1989; 박성연 외, 2011에서 재인용). 다운증후군 아기들은 얼굴 기형으로 인해 간혹 호흡과 수유에 어려움을 야기하기도 한다. 양육자와 눈맞춤을 잘하지 않고 잘 웃지 않으며 사물에 대한 관심도 적다. 그러나 부모가 좀 더 적극적으로 관여하고 격려하며 적절한 중재 프로그램이 적용될 경우 아이는 정서적 · 사회적 · 운동기술 발달에서 더 향상될 수 있으며 주변 환경에 더 몰입할 수 있는 것으로 나타난다(Carr, 2002; Sigman, 1999; Berk, 2006에서 재인용). 의학의 발달로 수명이 연장되어 다수가 50대까지 살지만 40대 이상의 대부분은 알츠하이머를 동반한다.

(2) 성염색체 이상

다운증후군 이외의 상염색체 장애는 발달이 심각하게 손상되어, 유산이 되거나 태어나도 생존 확률이 거의 없다. 반면 성염색체 이상으로 인한 장애는 상염색체 이상보다 더 흔하지만 부정적 영향은 미약하다. 대개 청소년기가 되어서야 인식되며, 23번째 염색체인 성염색체 중 하나가 없거나 더 많은 경우에 나타난다. 터너증후군은 여성, 클라인펠터증후군은 남성에게 나타난다. 생식기를 가지고 있지만 2차 성징의 발달이 지체된다.

① 클라인펠터증후군 Klinefelter syndrome

남자에게 나타나는 XXY 유형으로 약 900명당 한 명꼴로 나타난다. 성장할 때까지 외관상 차이가 나타나지 않으나, 2차 성징이 나타날 때 가슴이 커지고 고환이 작으며 턱수염이 적고 정자생산 등에서 발달이 지체된다. 심한 정신지체는 없으나 지적 수준이 떨어지고 학습장애와 언어장애를 나타낸다. 남성적 특징의 발달을 촉진하기 위한 호르몬 치료, 언어 문제 등을 위한 특수교육이 요구된다.

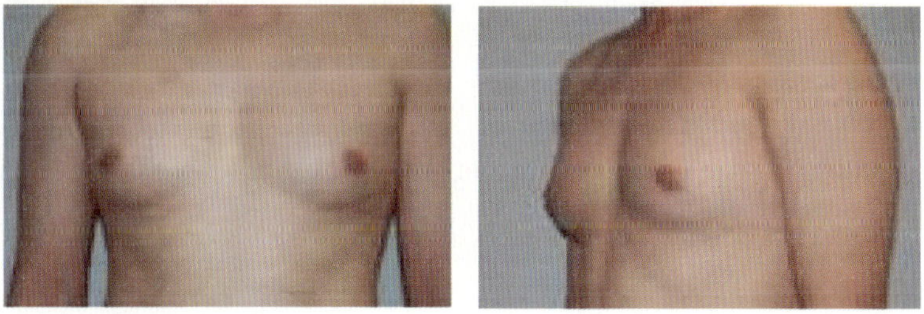

클라인펠터증후군 남성

XYY증후군으로 불리는 XYY 유형의 남아는 약 1,000명당 한 명 꼴로 나타나며 키가 매우 크지만 2차 성징의 발달은 정상이고 생식도 가능하다.

② 터너증후군 Turner syndrome

여자에게서 나타나는 XO 유형으로 2,500~8,000명당 한 명꼴로 출생한다. 여성적 2차 성징이 지연되고 난소가 제 기능을 못해 임신이 힘들다. 그 외 다른 발달은 정상적이지만 공간지각능력의 장애를 갖는다.

트리플X증후군으로 불리는 XXX 유형의 여아는 어머니의 생식세포 분열 시 X 염색체의 비분리로 인해 발생하며 산모가 고령일수록 발생빈도가 높아진다. 신체적으로 크고 언어적 지능이 떨어지며 학습장애나 정신지체의 특성을 보이기는 하나, 2차 성징 발달과 외형적 성장은 큰 문제가 없다. 월경과 유방 등 여성적 특징 발현을 위한 호르몬 치료와, 공간능력 문제 치료를 위한 특수교육을 필요로 한다.

2. 태내기 발달

태내발달은 최근 들어 그 중요성에 대한 인식이 더욱 커지고 있다. 인간발달에서 유전의 영향으로 알고 있었던 것들이 사실 태내환경의 영향인 것으로 최근 많은 연구들에서 밝혀지고 있기 때문이다. 인간발달에서 본성과 양육의 두 대립되는 요인을 모두 포함하는 것은 바로 아이가 아직 모체의 자궁 안에 있는 시기이다. 통상적으로 아이가 나타내는 특성들은 착상과 함께 부모로부터 물려받는 유전적 변인과 출생 이후 만나는 환경적 변인으로부터 비롯된다고 가정해왔다. 그러나 한편으로는 이러한 형질들이 사실 태내기 동안에 형성된 것일 수도 있다는 입장이 관심을 끌고 있다. 그렇다면 태내기는 유전과 환경의 영향을 정확히 구분하는 것이 모호하며, 둘의 상호작용과 영향력이 모두 작용하고 있다고 볼 수 있다. 즉 태내기는 가장 빠른 발달단계로 이 기간 동안 나타나는 유전과 환경의 복잡한 상호작용이 아동의 건강과 발달에 깊은 영향을 미치는 것으로 보인다.

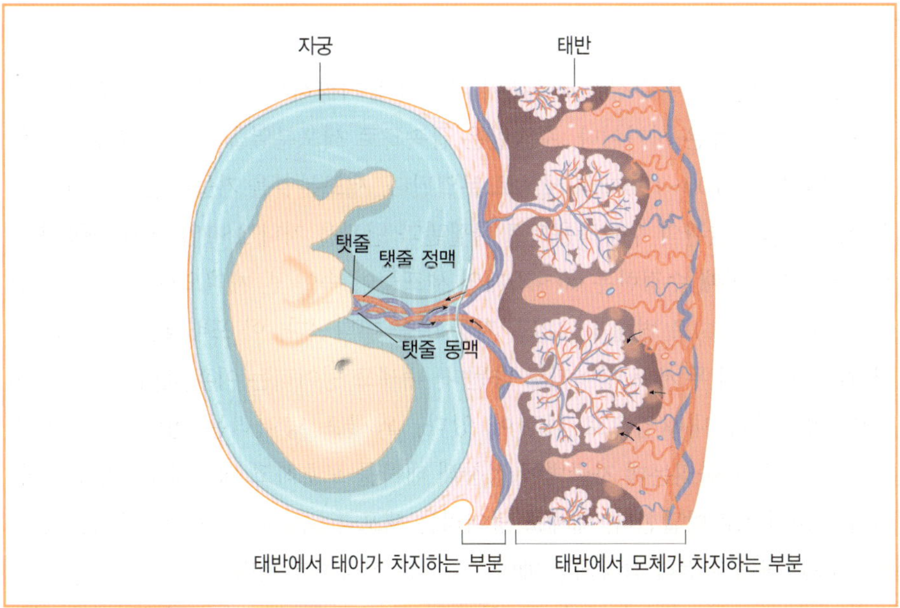

그림 4-6 | 태반과 탯줄

어머니의 피는 자궁 동맥을 통해 태반을 둘러싸고 있는 공간으로 흘러들었다가 자궁 정맥을 통해 다시 어머니의 몸으로 나온다. 태아의 피는 탯줄 동맥을 통해 태반의 모세혈관으로 흘러나갔다가 탯줄 정맥을 통해 다시 태아의 몸으로 들어온다. 물질 교환은 어머니의 혈액과 태아의 혈액 공급을 분리시키는 층을 통해 일어나므로 어머니의 혈액과 태아의 혈액은 섞이지 않는다. 왼쪽 그림에서 사각형 안의 구역을 확대한 것이 오른쪽 그림이다. 여기에서 화살표는 혈류의 방향을 나타낸다.
출처 : 이연숙 외(2012)

1) 태내기 발달단계

임신기간은 개인에 따라 약간의 차이가 있으나 수정부터 출산에 이르기까지 일반적으로 약 38주 기간을 말한다. 이 기간 동안 수정란이 수란관oviduct에서 자궁으로 이동하는 3~4일의 짧은 기간을 제외하고 자궁 안에서 태내발달이 이루어진다. 이 시기는 발달의 가소성이 큰 시기로서 환경의 영향을 크게 받기 때문에 건강한 발달을 위해서는 태내발달에 영향을 미치는 여러 환경 요인들을 살펴볼 필요가 있다. 정자와 난자가 만나 만들어진 수정란은 출산 전까지 배종기, 배아기, 태아기의 세 단계를 거친다.

(1) 배종기germinal period

배란기라고도 하며 수정란(접합체)이 자궁벽에 착상하는 2주까지의 기간으로 사망률이 상당히 높은 시기이다. 수정란은 급속도로 세포분열을 시작해 수정 후 1주일이 지나면 약 100~150개의 세포로 분열된다. 세포분열을 거듭하면서 난관 내부의 섬모운동과 난관의 수축작용으로 나팔관과 난관을 지나 3~4일 후에 자궁 속으로 내려온다. 이때 수정란은 60~70개의 세포들이 속이 빈 체액으로 가득 찬 배반포(포배낭blastocyst)로 변해 1~2일간 자궁 속을 떠다닌다. 이 포배낭은 내부세포군과 외부세포군의 두 세포 덩어리로 나뉜다. 내세포 덩어리는 이후 태아로 발달하며 이미 외배엽과 내배엽으로 나뉘어 있다. 외세포 덩어리는 영양배엽(영양막trophoblast)으로 불리는데 자궁벽에 정착해 태아를 보호하고 태아에게 영양분을 공급하는 조직으로 발달한다. 내세포 덩어리는 세포극embryonic pole으로 집결되는데 이후 자궁 내에 완전히 착상되면 배아embryo로 성장하게 된다.

수정 후 7~9일 사이에 일어나는 착상implantation은 수정란이 자궁벽에 자리를 잡는 과정으로, 이것이 완전히 이루어지는 데는 약 1주일이 소요되며 착상과 동시에 배종기가 끝나고 배아기가 시작된다. 그러나 약 58%의 비정상적인 수정란은 착상에 실패하며, 난관 · 난소 · 자궁경부 · 자궁각에 착상하는 자궁 외 임신이 발생하기도 한다. 자궁 외 임신의 경우 태아는 난관 등에서 충분히 발육하지 못하고 유산되거나 난관파열을 일으키기도 하며, 임신부가 복강 내 과다출혈로 사망할 수도 있다.

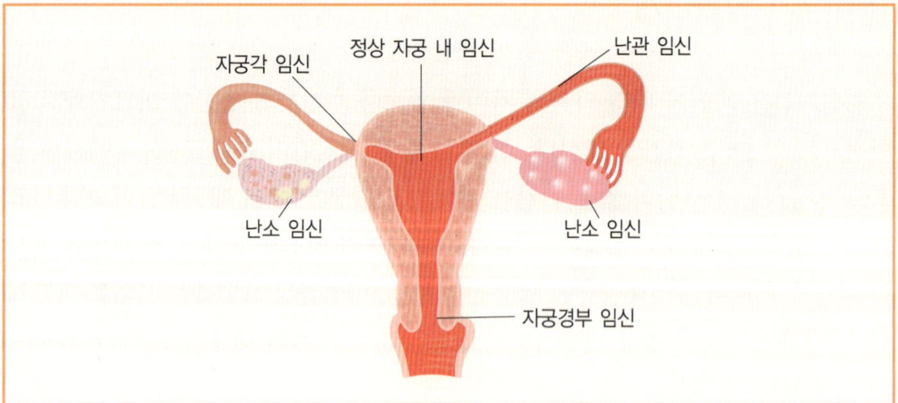

그림 4-7 | 자궁 외 임신

출처 : 정옥분(2012)

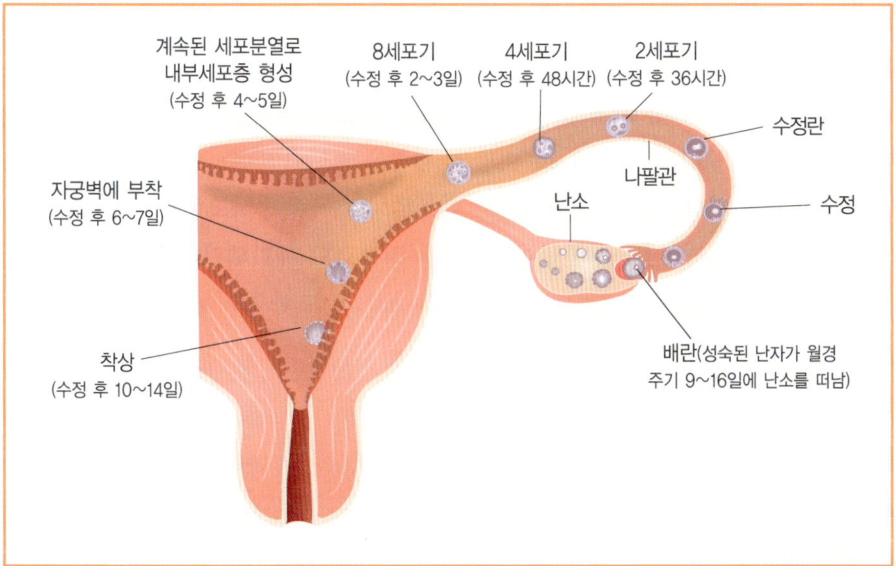

그림 4-8 | 배종기에 이루어지는 발달

수정에서 2주까지의 기간이다. 난소를 떠나온 난자는 나팔관에서 정자와 결합되어 수정이 이루어진 후 수정란이 되며, 세포분열을 계속하면서 포배낭 상태가 되어 자궁에 이르러 착상된다.
출처 : 이연숙(2012)

(2) 배아기embryonic period

수정 후 2주부터 8주까지의 기간을 일컫는다. 수정란이 자궁벽에 착상한 시기로 발달이 매우 빠르게 진행되며, 거대한 세포 덩어리인 수정란의 명칭이 배아로 바뀐다. 내외부의 주요 신체기관 및 신경계와 조직이 거의 형성되는 시기이므로 각별한 주의가 필요하며, 이 시기에 발달을 저해하는 요인이 있을 경우 영구적이고 치명적인 손상을 입을 수 있다. 즉 태내환경으로 인한 영향에 가장 민감한 시기로서 임신 첫 3개월 동안인 결정적 시기에 기형과 맹이, 농이 등 대부분의 출생 결함이 일어난다. 이때 결함 정도가 심한 배아는 이 시기를 넘기지 못하고 약 20% 정도가 자연 유산된다고 한다. 배아기 첫 주 동안 배반포 안쪽 세포들인 배아판(내세포 덩어리)은 외배엽ectoderm, 중배엽mesoderm, 내배엽endoderm의 세 개의 층으로 분리되고 태반이 발달하기 시작한다.

이 세 개의 층으로부터 신체의 모든 부위가 발달한다. 내배엽은 신체 내부기관을, 중배엽은 이 내부기관을 감싸는 기관을, 외배엽은 신체 외부기관을 만든다. 배아기 말기에는 심장과 뇌 등 순환계와 신경계가 기능을 하고 양수주머니와 태반,

탯줄이 발달한다. 수정 후 6주 무렵에는 태아의 뇌가 활동을 하므로 뇌에 혈액이 공급된다. 임신 2개월이 되면 내부기관이 더 뚜렷해지고 눈, 귀, 코, 턱, 목이 생기며 작은 싹이 팔, 다리, 손가락, 발가락이 된다. 7주 된 배아는 입과 발바닥의 접촉에 반응하고 2.5cm의 크기에 4g 미만의 체중을 보인다(Berk, 2007 참조). 모체도 태아의 존재에 영향을 받기 시작하면서 호르몬 수준이 변화하고 가슴이 커진다. 입덧을 하거나 두통과 피로감이 많아지며 정서적으로도 예민해진다. 입덧의 명확한 원인은 알려져 있지 않으나 태반에서 나오는 물질에 모체가 거부반응을 보이는 것으로 설명할 수 있다.

표 4-2 수정란의 분화

외배엽	세포의 가장 바깥쪽에 있는 층으로 피부의 표피, 피부조직(손톱 · 발톱 · 머리카락 등), 신경계, 감각기관(귀 · 코 · 눈 등)으로 발달
중배엽	세포의 중간층으로 피부의 진피, 근육, 골격, 순환계, 배설기관 및 생식기관으로 발달
내배엽	세포의 내층으로 간, 췌장, 침샘, 소화기관, 호흡기 계통으로 발달

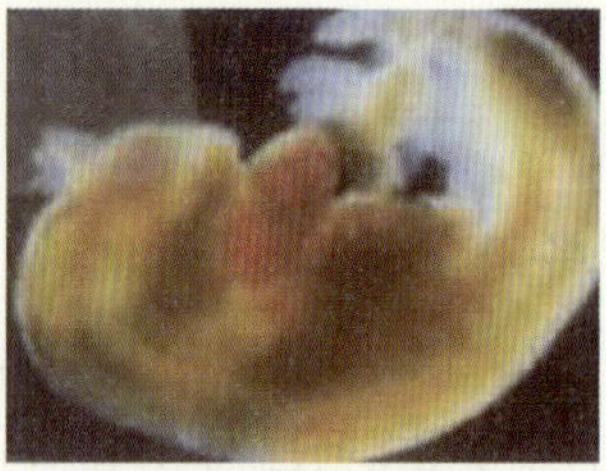

4주
어느 시기보다 빠르게 성장하여 배아는 접합체 크기의 만 배가 되며 심장이 뛰기 시작한다.

8주
손가락, 발가락, 성기가 형성되고 뼈세포가 출현한다. 크기는 약 2.5cm이며 필요한 모든 기관과 조직을 갖춘 작은 인간이다.

그림 4-9 | 배아기 발달

출처 : 박성연(2006)

(3) 태아기fetal period

수정 후 9주부터 출생까지의 기간으로 태내기 중 가장 길다. 이때부터 성장하는 유기체를 태아fetus라고 한다. 11주 된 태아는 뇌와 근육이 연결되어 발로 찰 수 있고 팔을 굽힐 수 있으며 엄지손가락을 빨 수도 있다. 태아는 임신 3개월이 되면 인간의 형체를 닮기 시작하고 팔다리의 움직임이 나타나며, 외음부가 형성되어 초음파를 통해 성별을 확인할 수 있다. 기관과 근육, 신경계가 조직되고 연결되어 뇌가 신호를 보내면 발가락을 구부리고 입을 열고 팔을 굽힌다. 손톱, 발톱, 치아조직, 눈꺼풀이 나타나고 청진기를 통해 심장박동을 들을 수 있다(Berk, 2007 참조).

수동적으로 존재하던 이전과 달리 태아는 여러 가지 자극에 대해 반응을 하며 4개월 말경이 되면 움직임이 활발해지고 태동이 나타난다. 이러한 반응과 움직임은 출생 직후 나타나는 신생아의 반사능력의 토대가 된다. 임신 4~5개월 사이에는 태지vernix가 나와서 태아가 양수 속에서 보내는 시간 동안 피부가 트는 것을 방지하며, 라누고lanugo(배냇솜털)가 몸 전체에 나타나 태지가 피부에 잘 붙도록 도와준다.

태반placenta은 임신 5개월 정도에 완성되므로 이전에는 유산의 위험이 상대적으로 더 크다. 특히 태반은 임신기간 동안 산모와 태아를 구분하는 역할과 태아를 보호하는 기능을 한다. 5개월경에 태아는 삼키기와 빨기, 딸꾹질 등을 나타내고 5개월 말에는 손톱과 발톱, 솜털이 생겨난다. 임신 중기 말에는 수천만 개의 뉴런들이 만들어져 자리를 잡고 그 이후에는 거의 만들어지지 않는다. 그러나 뉴런을 유지시키는 신경아교세포는 임신기간과 출생 후 빠른 속도로 증가하고, 뇌의 무게는 임신 20주부터 출생 시까지 약 10배가량 증가한다(Roelfsema et al., 2004).

임신 후반기는 출생에 대한 준비기로서 새로운 기관의 형성보다는 이미 형성된 신경 계통이 성숙해지고, 근육에는 피하지방이 형성되어 좀 더 인간으로서의 모습으로 완성되어 가는 단계이다. 22주 이전의 태아가 생존능력이 없는 것에 반해 22~26주 사이는 생존이 가능한 시기age of viability이다(Moore & Persaud, 2003). 인간적인 모습과 기능을 만들어가는 태아는 운동기능이 점차 분화되고 신생아와 유사한 각성과 수면양상을 갖는다. 외부의 소리나 촉각적 자극은 태아의 움직임을 촉진한다. 모체도 자궁이 확대되고 모유를 만들 준비를 하게 되어 가슴 부분의 혈관과 유선이 발달한다.

임신 6개월 무렵에는 성장 속도가 다소 둔화되며 시각기능이 발달한다. 이 시기에 태아는 규칙적인 호흡이 가능해지고 손을 꼭 쥐거나 울 수도 있다. 여러 가지 소리의 음과 박자, 남성과 여성의 목소리를 구분하고 낯선 사람과 어머니의 목소리에 유의한 심박수의 변화를 나타낸다(Kisilevsky et al., 2003). 임신 7개월이 되면 울고 숨 쉬고 엄지손가락을 빨 수 있으며, 모체에서 분리되어 나와도 인큐베이터 안에서 생존이 가능하다. 8개월경에는 태아의 몸 전체에 지방층이 발달하면서 자궁 외부의 온도 변화에 적응할 수 있다. 9개월경에도 지방층은 계속 발달하지만 성장은 거의 멈춘다. 출산 무렵에는 키가 약 50cm, 체중이 약 3.2kg으로 성장한다. 머리가 다리보다 더 무겁고 자궁의 형태로 인해 36주경 태아의 머리는 대개 아래로 향하는 뒤집힌 자세를 취하는데, 이는 자궁 내에서 태아가 공간을 많이 확보하도록 하며 출산을 용이하게 한다.

태아의 피하지방층이 발달하면서 임신 마지막 3개월 동안 태아의 체중이 급속도로 증가한다. 이 시기에 자궁 안의 제한된 공간 때문에 태아의 움직임이 줄어든다. 태반은 임신 말기에 직경 15~20cm, 두께 3cm, 무게는 약 500g 정도이다. 이 태반을 통해 태아는 모체로부터 영양분과 산소를 공급받고 역으로 태아에게 생긴 노폐물과 탄산가스를 배출한다. 또 모체의 면역력이 이 태반을 통해 태아에게로 전이되어 출생 후 외부 환경과 질병에 대한 면역성을 키운다. 탯줄은 태반과 태아를 연결하는 것으로 약 50cm 정도의 길이이다. 임신 말기에 양수는 대략 0.5~1kg이다.

일부 연구들에 따르면 태아의 활동성이 생후 기질적 특성과 관련이 있을 것으로 판단된다. 남자아이의 경우 이러한 관계가 아동 초기까지 지속되어 임신 후기에 활동적이었던 태아는 생후 1세 때 좌절을 더 잘 견디고 2세 때 낯선 상황 실험에서 낯선 어른 및 장난감과 더 쉽고 편안하게 상호작용하는 것으로 보고되었다(DiPietro et al., 2002).

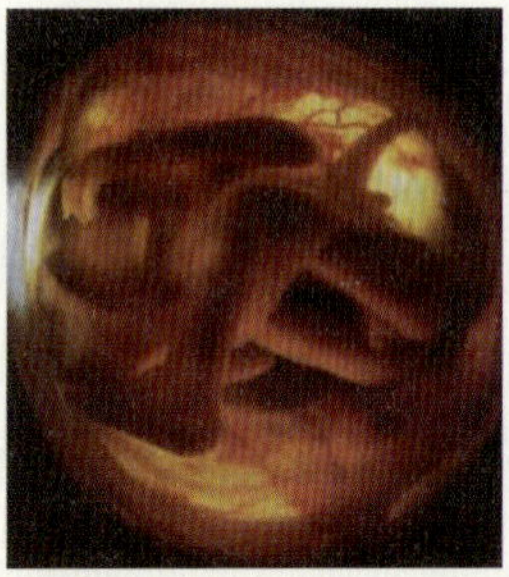

태아기(22주)
모체나 가족은 태아의 움직임을 느낄 수 있다.

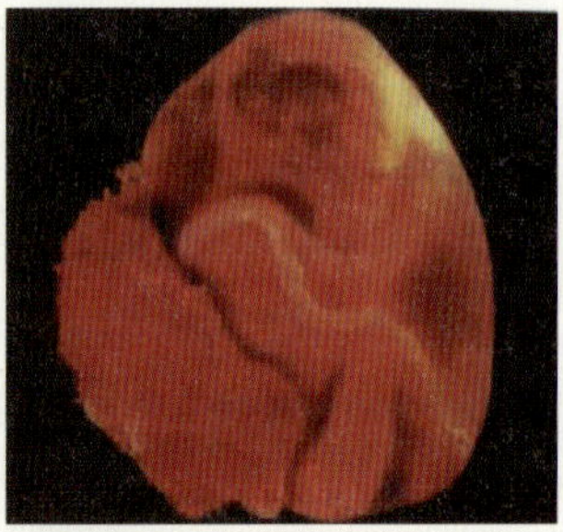

태아기(36주)
태아가 자궁을 가득 채우고 있다. 영양분을 공급받기 위해 탯줄과 태반이 커진다. 태아는 피부보호를 위한 지방질로 덮혀 있으며 출생 후 체온유지를 위해 지방층이 축적된다.

그림 4-10 | 태아기 발달

출처 : 박성연(2006)

표 4-3 개월 수에 따른 태내발달의 특징

단계	개월 수	크기와 무게	발달적 특징
배종기	1개월 (만 0~2주)	• 키 0.5~1cm • 몸무게 1g	• 수정란이 착상한다. • 신경, 혈관, 순환계의 기초조직이 완성된다.
배아기	2개월 (만 3~7주)	• 키 1.5~2.5cm • 몸무게 3~5g	• 3주 말쯤 심장박동이 시작된다. • 눈, 귀, 입이 생긴다. • 뇌가 급속도로 발달한다. • 심장이 좌심실과 우심실로 분리된다. • 폐발달의 1단계로 기관지가 생긴다. • 손가락과 발가락이 생기기 시작한다.
태아기	3개월 (만 8~11주)	• 키 8~10cm • 몸무게 15~25g	• 꼬리가 없어지고 하반신이 발달한다. • 외부생식기가 뚜렷하게 나타난다. • 치아가 생기기 시작한다. • 뇌하수체에서 호르몬이 생성되기 시작한다.
	4개월 (만 12~15주)	• 키 16~18cm • 몸무게 110~135g	• 태반이 완성된다. • 성대가 완성된다. • 다리가 팔보다 길어진다. • 귀가 바깥쪽으로 발달한다.
	5개월 (만 16~19주)	• 키 20~25cm • 몸무게 300~340g	• 손발과 전신운동이 활발해진다. • 몸에 지방이 생기기 시작한다. • 청각기관이 발달하기 시작한다. • 뇌와 척수가 생기기 시작한다. • 손발에 지문이 형성된다.
	6개월 (만 20~23주)	• 키 28~33cm • 몸무게 570~650g	• 태지가 분비된다. • 소화기 계통이 기능을 발휘한다. • 소장이 이완과 수축을 시작한다. • 폐혈관이 발달한다.
	7개월 (만 24~27주)	• 키 35~37cm • 몸무게 900g~1kg	• 뇌의 사고력이 발달하기 시작한다. • 망막이 발달하고 안구운동을 한다. • 호흡동작을 시작한다. • 뇌 표면에 홈과 톱니 모양이 형성된다.
	8개월 (만 28~31주)	• 키 40cm • 몸무게 1.5kg	• 청각발달이 완성된다 • 폐와 소화기관이 거의 완성된다. • 방광에서 소변을 내보낸다.
	9개월 (만 32~35주)	• 키 45~46cm • 몸무게 2.3~2.6kg	• 신장의 기능이 성숙된다. • 피부의 주름이 줄어든다. • 손톱이 완전히 자라고 발톱이 생긴다. • 머리 골격이 단단해진다. • 피하지방이 생성된다.
	10개월 (만 36~38주)	• 키 50cm • 몸무게 3kg	• 몸의 균형이 잡히고 4등신이 된다. • 병에 대한 면역력이 생긴다. • 폐의 기능이 성숙된다. • 신체의 모든 기관이 준비를 마친다.

출처 : 이진용 외(2005)

표 4-4 3개월 주기로 본 태내발달

제1단계(첫 3개월)			
	임신 후 4주	8주	12주
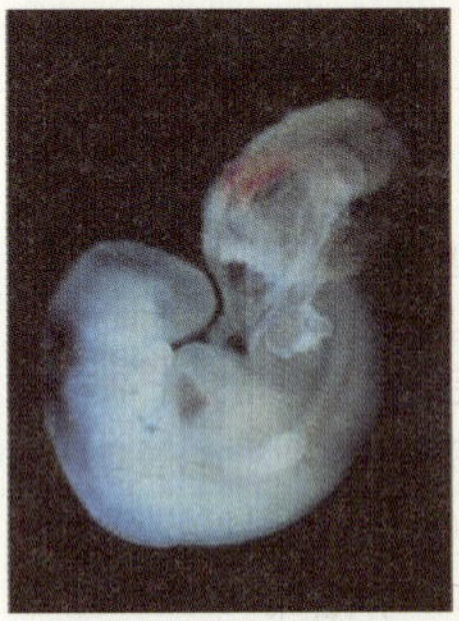	• 0.1인치 미만이다. • 척수, 신경계, 위장조직, 심장, 폐가 발달한다. • 양막강이 신체 전체의 기초적인 조직을 감싼다. • 수정란이라고 불린다.	• 1인치 미만이다. • 눈, 귀, 입, 치아순이 기본적인 형상을 갖추기 시작하면서 안면이 형성된다. • 팔다리를 움직인다. • 뇌가 형성된다. • 심장박동을 초음파로 들을 수 있다. • 배아라고 불린다.	• 약 3인치의 키와 약 1온스의 무게이다. • 팔다리, 손가락, 발가락을 움직인다. • 지문이 보인다. • 웃고 찡그리고 빨고 삼킬 수 있다. • 성별 구분이 가능하다. • 소변을 본다. • 태아라고 불린다.
제2단계(중간 3개월)			
	16주	20주	24주
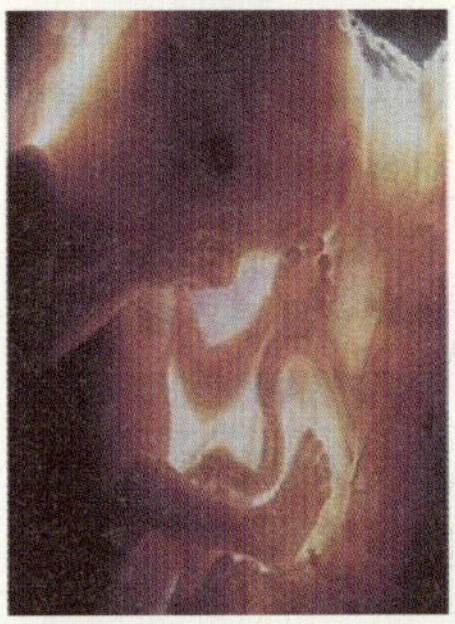	• 약 5.5인치의 키와 약 4온스의 무게이다. • 심장박동이 강해진다. • 피부가 얇고 투명하다. • 솜털lanugo이 신체를 덮고 있다. • 손톱과 발톱이 형성된다. • 움직임을 통합하여 양수 내에서 구를 수 있다.	• 10~12인치의 키와 0.5~1파운드의 몸무게이다. • 일반 청진기로도 심장박동이 들린다. • 엄지손가락을 빤다. • 딸꾹질을 한다. • 머리카락, 속눈썹, 눈썹이 보인다.	• 11~14인치의 키와 1~1.5파운드의 몸무게이다. • 피부가 쭈글쭈글하고 태지vernix caseosa라는 보호막으로 덮여 있다. • 눈을 뜬다. • 창자 안에 찌꺼기가 쌓인다.
제3단계(마지막 3개월)			
	28주	32주	36~38주
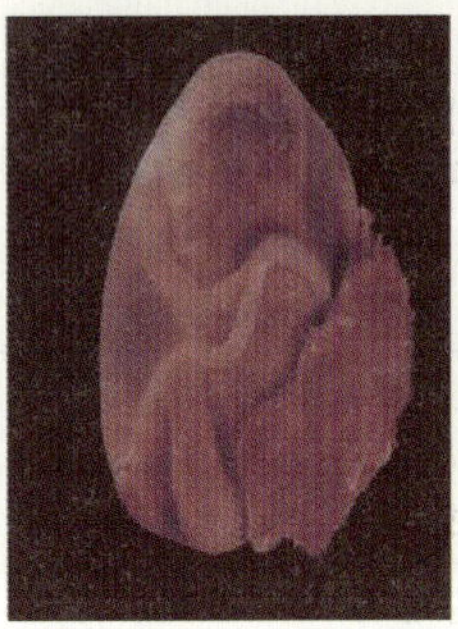	• 14~17인치의 키와 2.5~3파운드의 몸무게이다. • 지방 함량이 늘어난다. • 매우 활동적이다. • 기초적인 형태의 호흡운동을 보인다.	• 16.5~18인치의 키와 4~5파운드의 몸무게이다. • 수면 주기와 깨어 있는 주기가 존재한다. • 소리에 반응한다. • 출생 시 어떤 자세로 나올지 예상이 가능하다. • 머리 부분의 근육이 부드럽고 물렁물렁하다. • 간에 철분이 저장된다.	• 19인치의 키와 6파운드의 몸무게이다. • 피부가 덜 쭈글쭈글해진다. • 태지가 두꺼워진다. • 솜털이 거의 다 사라진다. • 덜 활동적이다. • 어머니로부터 면역력을 받는다.

태내발달을 배종기, 배아기, 태아기로 구분하여 대략적인 발달을 살펴보았으나, 총 임신기간을 각 3개월씩 3단계로 구분해서 볼 수도 있다. 이때 배종기와 배아기는 1단계에서 시작하여 역시 1단계에서 끝나며, 태아기는 생후 2개월, 즉 1단계가 시작된 지 2개월이 되는 시기에 시작하여 2단계를 거쳐 3단계까지 지속된다. 태아의 생존 시기는 적어도 대략 임신 7주에 해당되는 3단계부터 호흡 지원을 통해 가능해진다.

출처 : Santrock(2004)

2) 두뇌 및 신경계의 발달

최근 들어 인간발달에서 두뇌의 중요성이 점차 커지고 있다. 특히 태내기와 생후 초기는 두뇌발달의 기초와 체계가 확립되는 시기로서 그 중요성이 더욱 강조되고 있다. 출생 시 머리와 뇌의 크기는 이미 상당 부분 발달해 있고 영아기에 빠른 속도로 성장한다. 출생 시 뇌의 무게는 300~400g으로 성인 뇌 무게의 25%에 해당되고 출생 후 6개월경에는 50%가 된다. 5세경에는 성인 무게의 90%에 달하기 때문에 영아기는 두뇌성장의 급등기brain growth spurt라고 할 수 있다.

신생아의 머리둘레는 두뇌성장의 발달지표로도 가늠되어 출생 시 머리둘레는 약 34cm, 생후 12개월경에는 46cm에 이르며, 성인의 머리둘레는 평균 55cm이다. 뇌는 식물과 달리 움직일 수 있는 동물에게만 존재하는 것으로서, 이는 활발한 움직임과 자극이 두뇌발달에 중요한 영향을 미칠 수 있음을 시사한다. 따라서 생후 초기의 아기에게도 신체적 · 언어적 자극이 두뇌발달을 촉진할 수 있으며, 마찬가지로 이후 아동들도 활발한 신체적 움직임이 신체운동능력뿐 아니라 뇌신경 전달 물질을 촉진하여 궁극적으로 두뇌기능을 활성화한다. 특히 피부접촉, 청각, 시각 등 다양한 감각자극들은 생후 초기에 아기 두뇌의 감각피질의 뉴런과 연결되어 하나의 회로를 만들며, 이처럼 복잡하게 얽히고 연결되는 두뇌로부터 많은 잠재능력이 출발한다.

표 4-5 아동의 연령에 따른 두뇌의 평균 무게

연령	무게(g)	성인 무게에 대한 비율(%)
임신 2개월	3	1 이하
임신 5개월	51	4
임신 7개월	138	10
출생 시	350	25
생후 1세	908	66
2.5세	1,050	76
5세	1,242	90
16세	1,330~1,380	100

출처 : 박성연(2006)

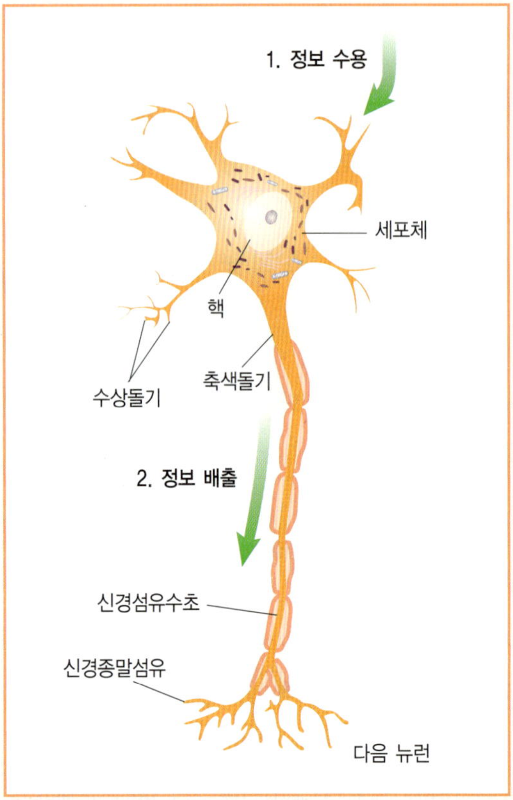

그림 4-11 | 뉴런의 구조

1. 세포체의 수상돌기는 축색돌기를 통해 다른 뉴런, 근육, 혹은 호르몬 분비기관으로부터 정보를 받는다.
2. 축색돌기는 세포체로부터 정보를 내보낸다.
3. 신경섬유의 수초는 축색돌기를 감싸서 정보 전달을 빠르게 한다.
4. 수상돌기 끝에서 신경종말섬유로 가지를 뻗어간다.

출처 : 박성연(2006); Santrock(2009)

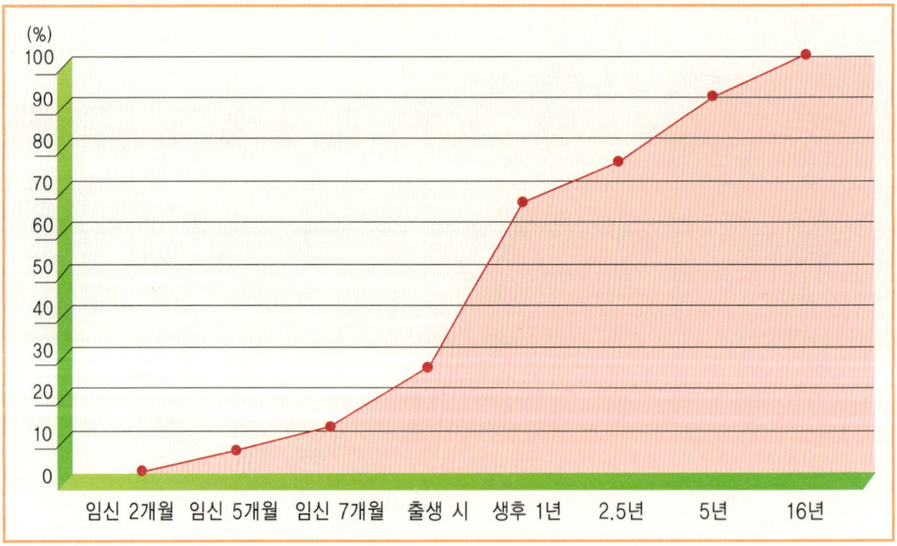

그림 4-12 | 아동의 연령에 따른 성인의 두뇌 무게에 대한 아동 두뇌 무게의 비율(%)

출처 : 박성연(2006)

(1) 두뇌의 발달

인간의 두뇌에는 정보를 저장하거나 전달하는 1~2천억 개의 신경세포인 뉴런 neuron과, 뉴런과 뉴런을 연결하는 시냅스synapse라는 물질이 있다. 시냅스는 뉴런들 사이에 존재하는 좁은 틈을 의미하며 여기에서 축색돌기와 수상돌기 간의 연결이 이루어진다. 뉴런이 신경전달물질neurotransmitter을 배출하면 이것이 시냅스를 통과해서 다른 곳으로 메시지를 전달한다. 미엘린myelin은 뉴런을 보호하고 신경전류의 전달속도를 증가시키는 지방성 물질로서 뇌의 발달에 중요한 역할을 한다. 수초화myelination는 미엘린이 신경세포를 감싸는 현상으로 출생 이전부터 시작되어 출생 이후에도 지속되어 메시지 전달의 효과를 개선한다.

생후 첫 2년간 영아의 뇌발달은 수상돌기 연결망이 촘촘해지고 수초화를 통해 축색돌기가 지방세포층으로 덮이는 것, 그리고 시냅스 연결망이 급격히 분화되는 것과 관련된다. 두뇌성장은 뉴런이 어떻게 발달하는가와 직결되는 것으로, 뉴런은 태내기 동안 태아의 원시신경관에서 생산되며 임신 6개월 말 무렵에는 생성과 이동이 대부분 끝난다. 이후 영아기와 걸음마기를 거치면서 기존 세포들의 성장이 이루어진다. 시냅스는 대부분 출생 후에 상당히 많이 형성되고, 인간이 평생 가지게 되는 1~2천억 개의 뉴런은 뇌의 성장급등기가 시작되기 전 임신 6개월경 이미 모두 형성된다(Rakic, 1999). 그러므로 태아의 뇌발달을 위해서는 뉴런이 형성되는 시기에 충분한 영양분과 산소공급이 이루어져야 한다. 태아는 태반을 통해 모체로부터 영양을 공급받기 때문에 임산부는 태아의 뇌를 형성하는 데 필요한 단백질과 식물성 지방을 충분히 섭취해야 한다. 또 뇌의 활동을 촉진하기 위해서는 뉴런의 수용기가 막히는 것을 막아주는 칼슘을 섭취하며, 두뇌의 양 반구가 원활하게 상호작용하도록 비타민 C의 섭취도 중요하다.

생후 2년 동안의 영아기와 걸음마기, 유아기에는 신경섬유의 성장이 급속도로 증가하고 시냅스도 빠른 속도로 증가하기 때문에, 뉴런은 이러한 연결이 가능하도록 만드는 공간이 필요해진다. 따라서 시냅스가 형성되면서 위치에 따라 시냅스 주변에 있는 신경세포의 20~80%가 죽는다(세포예정사programmed cell death).

뉴런이 연결되기 시작하면 환경 자극이 필수적이어서 자극을 받은 뉴런은 계속 시냅스를 형성하고, 이렇게 만들어진 연결은 고도의 능력을 발휘할 수 있도록 연결체계를 더 정교하게 만든다. 뉴런이 자신의 시냅스를 잃어 자극을 받지 못하는 과정은 마치 나뭇가지를 자르는 것과 비슷해, 시냅스의 가지치기synaptic pruning라고 부른다. 사용하지 않는 뉴런을 잘라버리고 다른 발달을 지원하면서 불필요한 뉴런이 제거됨으로써 신경계의 효율성을 증대시킬 수 있다. 약 40%의 시냅스가 아동기와 청소년기 동안 잘려나가면서 성인 수준에 도달한다. 가령 시각과 청각영역에서 시냅스의 증가는 출생 후 3~4개월경에 절정을 이루지만, 고차원적이고 복잡한 인지기능을 담당하는 영역은 영아기 후반부에 절정을 이룬다. 그러므로 시냅스의 형성이 절정에 이르는 시기에 아동의 뇌에 적절한 자극을 제공하는 것이 필요하다(Huttenlocher, 2002; Berk, 2006에서 재인용).

태내기 이후 새로운 뉴런의 생성은 거의 이루어지지 않지만 글리아세포gliacyte라고 불리는 두 번째 신경세포가 발달한다. 그리고 글리아세포의 중요 기능인 수초화가 이루어져 뇌의 빠른 성장에 영향을 미친다. 특히 수초화는 영아기에 절정을 이루지만 간혹 뇌의 어떤 부분에서는 청년기와 성인기까지 지속되기도 한다. 가령 시각 경로의 수초화는 생후 6개월 이내에 완성되지만 청각 경로의 수초화는 영아가 4~5세가 될 때까지도 지속된다. 이 신경섬유와 수초화의 급격한 증가는 전체 두뇌 크기를 빠르게 성장시킨다(Berk 2006; Santrock 2009 참조). 인간의 두뇌발달은 뉴런과 시냅스가 생산된 후 세포의 죽음과 시냅스의 가지치기를 통해 신경계의 효율성이 증가되는 과정과 같다.

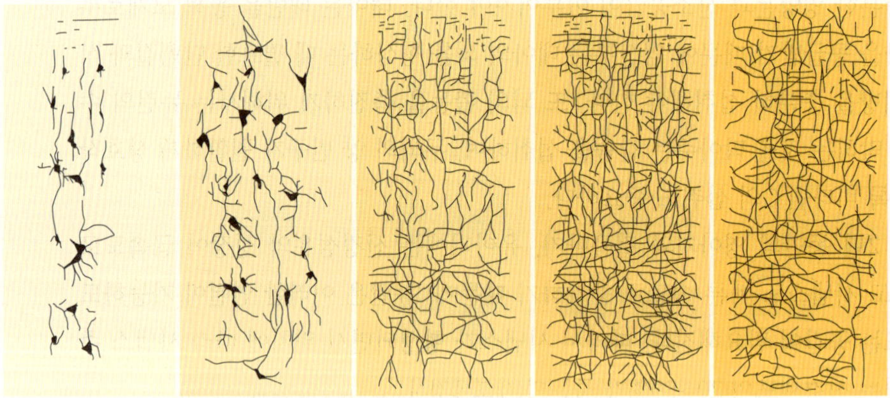

그림 4-13 | 생후 2년 동안의 신경망(수상돌기 연결망)의 성장

첫 2년 동안 수상돌기, 세포체의 확장, 세포체 간을 연결 짓는 시냅스들의 형성으로 두뇌의 밀도 및 무게가 증가한다.
출처 : Papalia et al.(2003); Santrock(2009)

(2) 대뇌피질Cerebral cortex

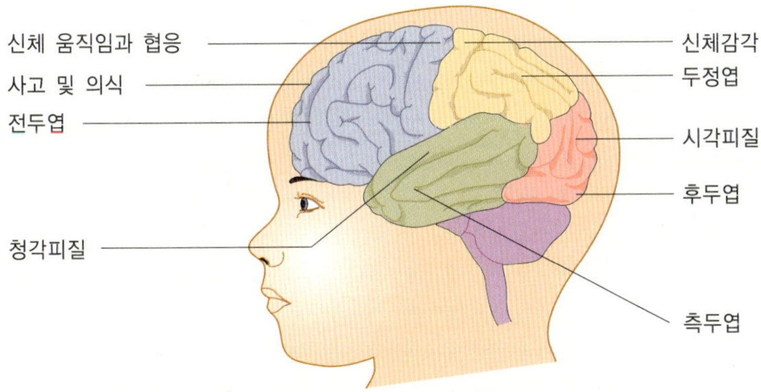

그림 4-14 | 두뇌의 구조

인간의 두뇌는 척수와 뇌간, 소뇌 및 대뇌로 나뉜다. 그중에서 소뇌는 균형과 운동협응능력을 담당하고, 대뇌는 감각기관으로부터 정보를 전달받고 신체를 통제하고 지시하며 사고를 주관한다. 대뇌의 표면에 있는 세포층인 대뇌피질은 뇌구조에서 가장 크고 복잡한 조직으로 뇌를 둘러싸고 있다. 뇌 무게의 약 85%를 차지하며 뉴런과 시냅스를 많이 가지고 있다. 특히 뇌구조에서 가장 늦게까지 성장하기 때문에 환경적 영향에 더욱 민감하다. 이 대뇌피질은 좌반구와 우반구로 나뉘고 이 둘은 뇌량이라는 신경다발의 연결고리로 연결되어 좌뇌와 우뇌의 기능을 통합해 언어, 지각, 기억, 논리적 사고, 문제해결능력 등을 가능하게 한다.

대뇌피질은 전두엽frontal lobe, 후두엽occipital lobe, 측두엽temporal lobe, 두정엽parietal lobe의 네 영역으로 구분된다. 시냅스의 연결과 미엘린의 형성이 가장 늦게까지 이루어지는 전두엽은 영아기 후반부터 효율적으로 기능하기 시작해서 성인기까지도 성장이 계속되는(Johnson, 1998) 가장 오랫동안 발달하는 피질영역이다. 전두엽에서 사고, 추리, 의식, 주의집중, 자기통제, 정보통합, 행동조절 등의 과정이 이루어지고, 시냅스의 형성이 아동 중기까지도 지속된다. 전두엽의 수초화는 고차원적 인지능력의 발달을 촉진하면서 성인기까지 지속된다(Nelson, 2002). 후두엽은 시각을, 측두엽은 청각을, 두정엽은 신체적 감각을 관장한다. 대뇌피질이 발달하는 순서는 영아기에 나타나는 발달능력과 일치한다. 가령 시각과 청각을 관장하는 피질의 시냅스의 성장과 미엘린의 형성은 시각과 청각이 급속히 발달하는 생후 3~4개월에 시작해서 12개월까지 지속된다(Johnson, 1998). 또 언어를 관장하는 피질은 영아가 언어를 습득하는 시기인 영아기 후기에서 학령 전기까지 급속히 이루어진다(Thatcher, 1991). 무엇보다 생후 초기는 전두엽, 두정엽, 후두엽 등 대뇌피질의 모든 영역이 골고루 발달하는 것이 중요하므로 지나치게 한쪽으로 치우친 자극과 경험, 학습은 바람직하지 않다.

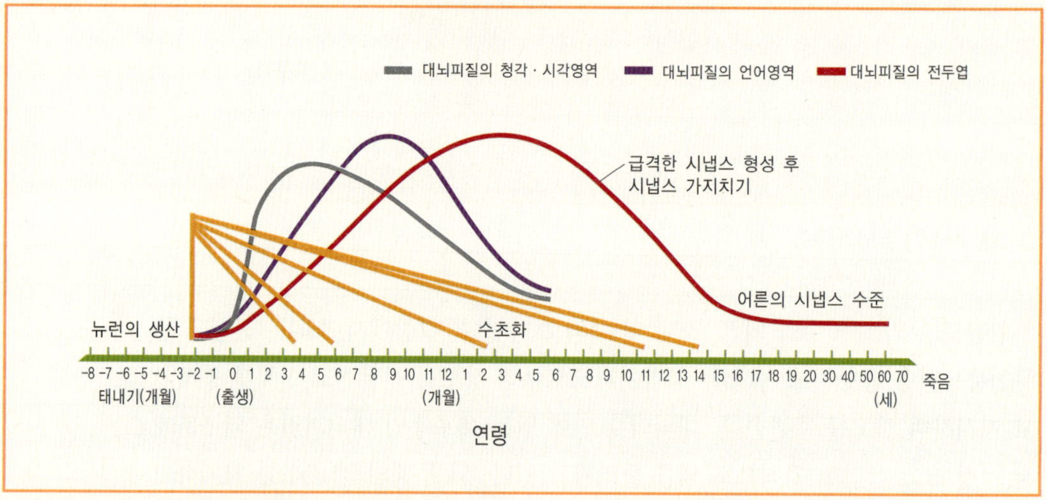

그림 4-15 | 두뇌발달의 주요 이정표 : 가지치기와 수초화

생의 첫 2년 동안 특히 대뇌피질의 청각, 시각, 언어 영역에서 시냅스가 빠르게 형성된다. 사고를 담당하는 전두엽은 보다 장기간 시냅스 형성이 지속된다. 필요 수준에 따라 각각의 영역에서 과잉생산된 시냅스의 가지치기가 일어난다. 전두엽의 시냅스 연결은 가장 늦게 성인 수준에 이른다. 수초화는 첫 2년 동안 급속히 일어나고 그 후 아동기까지는 서서히 진행되며 다시 청소년기에 증가한다. 여러 개의 노란 선은 뇌의 영역에 따라 서로 다른 시기에 수초화가 일어나는 것을 뜻한다. 언어영역은 시각이나 청각영역보다 오랫동안 수초화가 지속된다(Thompson & Nelson, 2001; 박성연, 2006에서 재인용).
출처 : 박성연(2006).

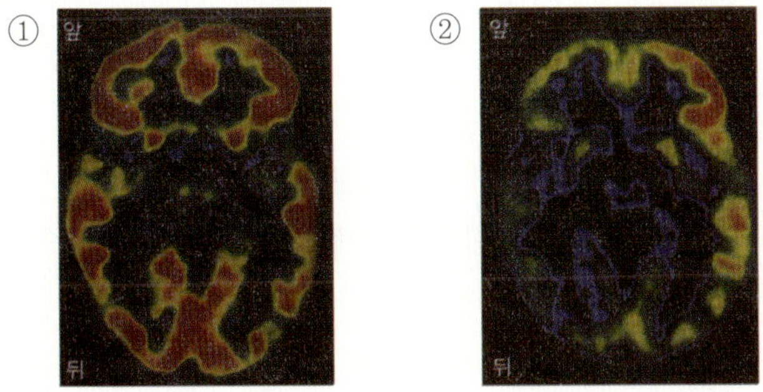

그림 4-16 | 초기 환경적 결핍과 뇌의 활동

① 보통 환경에서 자란 정상 아동, ② 출생 직후 고아원에서 심각한 환경적 결핍을 겪고 자란 루마니아 고아의 두뇌를 PET(방사능 추적기를 이용해 신체기관의 혈류 및 신진대사 활동 촬영)로 스캔한 것이다. PET를 이용해 촬영한 사진에서 뇌파 활동의 강약 정도가 빨강, 노랑, 초록, 파랑, 검정의 순으로 나타난다. 그림에서 볼 수 있듯이 정상 아동의 뇌에서는 빨강과 노랑이 훨씬 더 많이 나타난다.

출처 : Santrock(2004)

사랑받지 못한 아이의 뇌

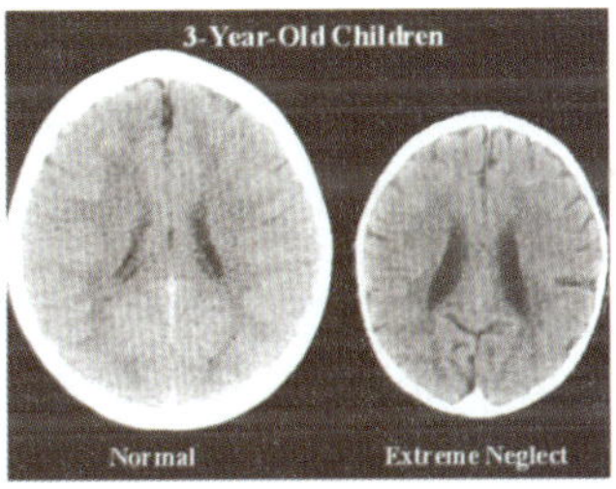

"사랑받지 못한 아이의 뇌, 작고 검었다"

영아가 엄마의 사랑을 받지 못하면 뇌성장에 치명적이라는 연구가 발표됐다. 미국 UCLA 연구팀은 엄마의 사랑을 꾸준히 잘 받아온 3세 아이의 뇌와 내버려지거나 방치되고 학대받은 3세 아이의 뇌 촬영 사진을 비교 분석했다. 그 결과 사랑을 받고 잘 자란 아이의 뇌는 크고 잘 발달된 반면, 사랑 없이 자란 아이의 뇌는 작고 검은 색깔을 나타냈다.

연구팀은 사랑받고 잘 자란 뇌는 추후 지적능력과 사회성 발달에 뛰어난 반면 뇌가 제대로 자리지 못한 아이는 마약 중독이나 폭력 등의 각종 범죄와 연관될 가능성이 높을 수 있다고 분석했다. 또한 정신 건강과 각종 다른 질병에도 더 쉽게 노출될 우려가 있다고 덧붙였다.

UCLA의 Allan Schore 교수는 "부모의 보살핌과 뇌발달은 아이가 태어난 직후부터 2년간 큰 관련이 있다"며 "처음 2년 동안 제대로 보살핌을 받지 못하면 뇌발달이 근본적으로 저하될 수 있다"고 말했다. 연구를 이끈 Joan L. Luby 교수는 "이 연구는 아이의 성장발달에 있어 부모의 사랑이 얼마나 중요한지를 보여준 것에 의의가 있다"고 밝혔다.

출처 : 조선닷컴, 2012. 10.29

(3) 편재화 Lateralization

대뇌피질을 구성하는 좌반구와 우반구가 각각 담당하는 기능이 서로 분리되어 있는 것을 의미한다. 뇌의 편재화는 효율적이고 적응적인 가치가 있어 두 개의 반구가 똑같은 방식으로 정보를 처리하는 것보다 좌반구와 우반구가 각기 세분화된 정보를 처리하는 것이 더 효과적이다. 일반적으로 좌반구는 언어능력, 청각, 의사결정, 논리적 사고와 긍정적 정서를, 우반구는 촉각, 부정적 정서, 창조적 사고와 공간능력, 음악과 같은 비언어적 소리를 관장한다. 그러나 이 구분은 경우에 따라 모호해서, 언어의 경우 문법과 말하기는 좌반구가 관장하지만 문맥에 맞게 언어를 사용하고 은유나 비유를 사용하는 능력은 우반구의 역할이다. 또 창조와 같은 복잡한 기능을 수행하는 데는 우반구뿐 아니라 좌반구의 관여도 필요하다는 것이 일반적인 견해이다(Santrock, 2009 참조).

(4) 뇌가소성 Brain plasticity

생의 초기 몇 년 동안은 일생에서 뇌발달의 가소성이 가장 높다. 특히 시냅스 연결이 활발해지는 영아기와 걸음마기에는 두뇌의 가소성이 커서 환경적 경험에 의해 상당한 영향을 받는다. 가령 출산 시의 산소결핍이나 기타 난산으로 인한 신경계 손상은 회복될 가능성이 높다(박성연, 2006). 대뇌피질의 가소성이 높은 경우는 피질의 많은 부분이 어떤 특정한 기능만을 수행하지 않기 때문에, 만약 뇌의 한 부분이 손상되더라도 다른 부분이 대신 그 일을 수행할 수 있다(Berk 2006 참조). 즉 뇌의 가소성이 높은 경우 피질은 더 큰 학습능력을 지니고, 태내기와 생후 초기의 뇌손상을 일정 정도 극복하고 재조직화할 수 있다. 한 연구에 따르면 생후 초기에 뇌발작과 뇌출혈을 경험한 아이들은 좌반구 손상과 우반구 손상에 상관없이 모두 언어발달의 지연을 보였으나, 5세경에는 다른 정상범주의 아이들처럼 단어와 문법능력을 습득하였다(Akshoomoff et al., 2002). 어린 시기에는 뇌의 편재화가 아직 구축되지 않고 대뇌피질의 가소성이 높기 때문에, 좌반구 손상으로 언어능력이 방해를 받아도 우반구가 좌반구의 기능을 대신해서 언어기능을 주관한다. 그러므로 이 시기에 풍부한 환경적 경험과 적절한 자극은 매우 중요하다.

성인기의 뇌가소성도 제한적이기는 하지만 불가능한 것은 아니다. 그러나 대체로 나이가 들수록 뇌가소성이 줄어들고 편재화가 되었다면, 뇌의 특정 영역에 손상이 가해질 경우 다른 뇌영역이 이 손상된 영역이 담당했던 기능과 똑같은 수준까지 작동되지는 못한다. 요약하면 다른 영역의 발달과 마찬가지로 두뇌발달도 타고난 성숙요인과 환경과의 밀접한 상호작용의 결과이므로, 두뇌성장이 급속히 이루어지고 두뇌의 탄력성이 큰 생후 초기 및 영유아기에는 바람직한 환경과 돌봄이 필수적이다.

(5) 뇌발달의 민감기

뇌가 급속히 성장하는 시기에 많은 시냅스를 형성하고 최적의 뇌발달을 이루기 위해서는 적절한 환경적 자극이 필수적이다. 따라서 부적절한 환경적 결핍이 두뇌발달을 가로막을 경우 심각한 장애가 유발될 수 있다. 동물 대상의 실험 연구들은 뇌발달의 민감기를 입증한다. 초기의 다양한 시각 경험은 뇌의 시각 중추가 정상적으로 발달하는 데 필수적인데, 예를 들어 1주일 이상 밝은 빛을 박탈당한 생후 1개월 된 새끼 고양이는 영구적으로 뇌의 시각영역이 퇴화했다(Crair et al., 1998). 인간발달에서도 마찬가지로 영아기 동안의 극심한 영양실조는 뉴런의 크기, 수초화의 속도, 시냅스 형성에 영향을 미쳐 심각한 뇌손상을 초래한다(Morgan & Gibson, 1991).

뇌의 구조는 환경으로부터 받는 자극의 양과 종류에 따라 달라지기도 한다. 영아의 감각 경험은 뉴런의 크기와 연결구조에 영향을 미친다. 따라서 지적 · 사회적 자극이 풍부한 환경에서 성장한 영아와 자극이 결핍된 환경에서 자란 영아의 뇌를 비교하면 뇌의 구조와 무게에서 상당한 차이가 나타난다(Gottlieb, 1991; 정옥분, 2012에서 재인용). 가령 민감한 보살핌과 자극이 결핍된 고아원에서 자란 아동의 뇌는 정상적인 환경에서 자란 아동의 뇌에 비해 현저하게 저하된 뇌 활동을 보여준다. 심각한 환경박탈이 있었던 고아원에서 출생 후부터 3세 반까지 자라다가 일반 가정으로 입양된 아이들을 대상으로 한 연구는 뇌발달의 민감기가 있음을 증명한다(Gunnar et al., 2001). 의미심장한 결과는 시설에서 보낸 기간이 길수록 인지능력의 결함이 더 심각하고 영구적이었으며 코르티솔cortisol 수준이 더 높았다는 사실이다. 즉 뇌발달의 최적의 시기에 자극 결핍과 만성적인 스트레스는 뇌의 효율적 능력을 방해하고, 신체적 · 정서적 건강에 부정적 영향을 초래하였다.

발달의 민감기 동안 적절한 자극을 규정하기 위해 학자들은 다음의 두 가지 유형의 뇌발달을 제시했다(Berk, 2006 참조). 이러한 두뇌발달의 유형은 공통적으로 바람직하고 정상적인 두뇌성장에 적절한 자극이 필요함을 보여준다. 이렇게 궁핍하고 박탈적인 환경도 뇌발달을 방해하는 중요한 요인이지만, 아이의 능력을 초과하는 과잉자극과 환경변인들도 아이의 잠재력과 기능을 침해한다. 따라서 지나친 조기학습도 뇌의 신경회로를 차단하는 결과를 가져와 오히려 학습에 대한 흥미를 감소시킨다.

첫째, 경험-기대 뇌성장Experience-expectant brain growth은 사물을 보고 만지고 언어와 소리를 듣고 환경을 탐색하는 일상적인 경험에 의존한다. 이는 수백만 년에 걸친 인류 전체의 진화의 산물로서, 인간은 정상적으로 발달하면서 이러한 자연스럽고 친숙한 경험들을 만나도록 기대된다. 가령 영유아기에 적절한 장난감을 가지고 노는 등 매우 일상적인 생활 속에 참여하면서 발달 초기에 뇌발달이 자연스럽게 일어난다. 이러한 경험들이 가능해질 때 정상적인 뇌성장이 이루어지고, 이는 이후 경험-의존 뇌성장의 토대를 제공한다(Huttenlocher, 2002; Berk, 2007에서 재인용).

둘째, 경험-의존 뇌성장Experience-dependent brain growth은 개인과 문화에 따라 상당히 다양한 구체적인 학습 경험의 결과로 이미 형성된 뇌구조의 부수적인 성장과 정교화를 의미한다(Greenough & Black, 1992). 복잡한 추론 활동, 컴퓨터 게임, 글쓰기, 악기 다루기, 수학문제 풀기 등 어떤 활동을 얼마나 오랫동안 하느냐에 따라 뇌발달이 달라진다. 가령 글쓰기를 하는 사람과 피아노를 오래 연습하는 사람의 두뇌는 각기 다른 부분의 뇌를 사용했기 때문에 뇌발달이 달라질 수 있다.

3) 태내환경과 관련된 변인들

인간발달에서 개인의 건강, 지능, 성격, 기질 등을 결정하는 두 요인으로 유전과 환경 혹은 본성과 양육의 논쟁은 지금까지도 늘 논란의 중심부에 있다. 그런데 여기서 더 나아가 최근에는 모체의 임신으로 시작되는 자궁 내 9개월, 즉 태내기의 경험이 출생 이후의 발달 못지않게 중요하다는 관점이 주목받고 있다. 태내기 경험은 유전적 변인 및 출산 이후의 양육환경과 더불어 아이의 신체적 · 정신적 건강과 지능발달, 성격에 영향을 미치는 것으로 나타난다. 가령 산모의 식습관과 정서 상태, 스트레스 정도, 화학물질과 병균 여부 등은 자궁 밖에서 태아가 발달하고 성장하는 기본 토대를 좌우한다.

이러한 태내기 발달의 효과는 영유아기를 지나 성인기 이후까지도 장기간 지속되어 발달궤도에 축적된다. 따라서 임신부터 시작되는 태내환경에 대한 주목과 관심은 궁극적으로 발달에 대한 훨씬 높은 성취와 예방적 효과를 만들 수 있다.

표 4-6 태내환경과 관련된 주요 변인들

요인	내용
어머니요인	모체의 건강과 질병, 약물 복용, 흡연과 음주, 정서 상태, 연령과 출산 횟수
아버지요인	건강, 흡연과 음주, 연령
환경요인	환경오염물질, 화학약품, 방사선 등
모자간 부적합한 혈액형	모체의 Rh– 혈액과 태아의 Rh+ 혈액 불일치

(1) 어머니와 관련된 요인들

① 모체의 건강 상태

태아는 어머니의 혈액을 통해 영양을 공급받으며 따라서 태아의 영양 상태는 어머니가 섭취한 총열량과 적절한 단백질, 비타민, 미네랄 섭취량에 따라 결정된다(Udipi et al., 2000). 임신부가 꼭 섭취해야 할 엽산folic acid은 비타민 B 복합체(비타민 B_9)로서 이것이 결핍된 어머니의 자녀는 무뇌증anencephaly(두개골이 열린 것)과 이분척추증spina bifida(척추가 열린 것) 같은 신경계 결함으로 이어질 수 있다(Honein et al., 2001). 따라서 마지막 임신 10주 동안 적절한 엽산의 섭취는 조산과 출생 시 저체중의 위험을 크게 감소시킨다. 비타민 D도 아이의 언어능력과 면역력에 영향을 미친다는 결과와 함께, 비타민 D가 부족했던 산모의 아이는 평균 지능과 정신운동능력이 그렇지 않은 산모의 아이보다 더 낮은 것으로 보고되었다.

태내기의 영양 상태는 중요하여 임산부의 영양 부족은 직간접적으로 태아의 사산과 저체중아, 조산아, 미숙아 출산 및 산소결핍증과 영구적 뇌손상을 초래할 수 있다. 물론 극단적인 영양실조를 제외하고는 태내기에 영양이 다소 결핍되었어도 출생 후 충분한 영양이 공급된다면 그 부정적 효과가 상쇄된다. 즉 임신 중 모체의 영양부족 상태로 인해 영양실조에 처했던 아기들이 출생 후에도 여전히 부적절한 영양 상태에 놓이게 될 경우에 특히 위험한 것이다. 또한 임신 중 적당한 운동은 태아의 건강에도 직결되어 활발하게 신체 활동을 하는 여성의 태아는 모체와 마찬가지로 심박수가 상당히 낮았고 심혈관계가 단련되며 비교집단보다 건강 상태가 우수하다고 한다.

② 약물

임신 중 약물 복용이 태아에게 치명적인 것으로 널리 알려진 것은 특히 1960년대 유럽에서 임신부가 복용한 탈리도마이드Thalidomide 진정제의 경우이다. 불면증과 입덧 증세를 완화하기 위해 배아기 때 이 약을 복용한 임신부의 아기들에게서 사지발달의 지체가 나타났다. 이에 비추어 어머니가 상습적인 약물 복용자가 아니더라도 기형아가 태어날 수 있으며, 적절치 않은 약을 어느 시기에 먹었느냐에 따라서도 신체불구의 아기를 낳을 수 있음을 알 수 있다(Sorokin, 2002). 또한 임신 3개월에 유산방지제인 합성 에스트로겐 DES diethylstilbestrol를 복용하면 이후 출산한 여아의 경우 나중에 자궁기형과 유방암, 남아는 고환과 불임 문제가 발생하기도 한다. 임신 후에도 피임약을 복용했을 경우에는 태아의 심장혈관에 문제가 생긴다. 뿐만 아니라 아스피린 과다 복용은 저체중, 사산, 낮은 지능을 야기할 수 있다.

일각에서는 프로작 Prozac 같은 선별적 세로토닌재흡수억제재 SSRI 계열의 항우울제를 복용했을 경우 출산한 아기의 머리둘레가 정상아보다 작고 호흡곤란을 일으키는 것으로 나타났다. 따라서 임신 중의 우울증 자체가 태아에게도 영향을 미치지만 우울증을 치료하기 위해 복용한 약물 또한 마찬가지로 부정적 효과를 미칠 수 있음을 염두에 두어야 할 것이다. 최근에는 임신 중 간질약 복용이 태내기형을 유발할 수 있음이 확인되어 임신기 약물 복용에 더욱 주의를 요한다.

탈리도마이드 복용 산모들의 아이들

임신우울증의 중요성

임신 여부와 상관없이 대략 20~40세 사이의 가임 여성들에게 우울증이나 불안장애가 나타날 위험이 전 생애에서 가장 크다고 한다. 적지 않은 임신 여성들이 불안과 정서장애를 경험하고 우울증에 시달리지만, 이는 임신으로 인한 증상과 겹치면서 대부분 크게 주목받지 못하거나 발견되지 않는다. 또 산후우울증이 자신의 아이를 살해하는 등의 끔찍한 사건들을 통해 조명받고 그 중요도가 인식되는 것에 비해 임신우울증은 사회적으로도 관심이 덜하다. 그러나 임신우울증은 오히려 산후우울증보다 더 빈번하게 발생하며 이후 산후우울증에도 직접적인 영향을 미치는 것으로 보고되고 있다. 특히 임신 18~22주 사이의 임신부들이 임신 32주~출산 후 8주 사이의 임산부들보다 우울증의 강도가 더 크다는 것이 밝혀졌다. 임신우울증을 경험하는 임신부는 조산 가능성이 매우 높고 저체중아를 낳을 확률이 높았다. 이는 우울증을 앓는 탓에 자기관리를 제대로 하지 못하고, 또 우울증 자체가 여성의 신체에 불균형을 초래하여 저체중아나 조산아 출산을 유발할 가능성이 크기 때문으로 판단된다.

DES의 복용 실제

DES는 1940~1950년대에 유산방지를 위해 임신한 여성들에게 널리 처방되었던 의약품이다. 미국에서는 1947~1971년 사이에 400만 명의 여성이 이 약을 처방받았고, 전 세계적으로는 약 800만 명의 여성이 복용했다. 그러나 그 당시에는 제대로 확인되지 못했다가 1971년 공식적으로 연구를 통해 임신 중 이 약을 복용했을 경우 자녀가 10대 소녀로 자랐을 때 암을 유발한다는 것이 확인되었다. 태아 때 DES에 노출된 여자아이는 투명세포선암에 걸릴 위험이 일반인보다 40배나 높았으며 그 외에도 불임이나 임신합병증 등의 문제들을 경험할 가능성이 높은 것으로 나타났다. 이러한 위험의 경로는 임신 중에 모체와 태아를 연결하는 태반을 거쳐 전이된 것으로 확인되었다. DES는 마치 신체의 호르몬 전달 성분인 것처럼 모체를 돌아다니면서 태아의 생식기관 성장을 방해하고 면역력을 약하게 하여 향후 질병을 초래하기 용이했던 것으로 밝혀졌다.

③ 음주와 흡연

임신 중 산모의 알코올 섭취는 영양 상태나 스트레스와 같은 다른 요인들과 결합하기 때문에 태아에게 미치는 부정적 영향은 개인차가 있을 수 있다. 그러나 대체로 임신한 여성의 지나친 음주는 태아에게 치명적 영향을 미칠 수 있다. 소량의 알코올도 태아에게는 영향을 미쳐, 특히 아이의 정신지체를 유발하는 요인으로 작용한다.

태아알코올증후군Fetal Alcohol Syndrome, FAS은 임신기간 중 술을 지나치게 많이 마신 어머니의 자녀들에게 나타나는 비정상적인 증상을 말하는 것으로, 1973년 소아과 의사인 K. Jones와 그 동료들의 임상연구를 통해 처음 공식 진단을 받았다. 이 증후군의 아기는 출생 시 저체중이며 사지 및 안면기형 확률이 높다. 또 출생 후 발달지체와 반사행동의 결함을 나타내고, 수면장애, 과잉활동성, 주의집중력 결핍을 보이며, 출생 전후로 성장지체와 비정상적인 두개골 모양, 눈과 심장 및 관절의 결함을 보인다. 한 연구에 따르면 태내에서 알코올에 노출된 아이는 청소년기의 부정적 발달과 음주 문제를 예측했고, 이는 이후 성인기까지도 영향을 미쳐 FAS가 있는 성인은 우울증과 불안 문제를 겪을 가능성이 더 높았다(Baer et al., 1998; Famy et al., 1998).

흡연으로 인한 니코틴은 혈관을 수축시켜 태반으로 가는 혈액을 감소시키므로, 태아에게 적당한 영양을 공급하기 어렵게 하며 저체중을 유발한다. 또 유산과 소산, 호흡기 질환, 돌연사증후군, 아동기 이후의 천식이나 암과 같은 다른 심각한 결과들의 가능성도 증가시킨다(Franco et al., 2002; Jaakkola & Gissler, 2004). 최근에는 임신 중 흡연이 향후 아이의 뇌발달과 영유아기 행동양식의 문제점과도 연동되는 것으로 밝혀졌다. 특히 임신 초기의 흡연이 태아에게 가장 위험한 것으로 나타났다.

흡연모의 아이는 소리에 덜 민감하고 근육긴장이 컸으며 촉각이나 시각적 자극에 더 흥분하고 자주 울며, 결국 뇌발달에 부정적 영향을 미칠 수 있다고 보고되었다(Law et al., 2003; Sondergaard et al., 2002). 최근에는 직접흡연뿐 아니라 간접흡연도 태아에게 부정적 영향을 미치는 것으로 보고되어 특히 주의를 요한다. 외국에서는 코카인, 마리화나, 헤로인 등 금지약물이 태아 및 영아의 신체와 인지발달에 부정적 영향을 미치는 것으로 보고되었다. 또한 임신 중 정크푸드를 지속적으로 섭취할 경우 신생아의 머리둘레가 작고 체중이 정상아보다 가벼운 것으로 나타나 음주와 흡연만큼이나 정크푸드가 해로운 것을 알 수 있다. 또 소량의 카페인은 문제가 없지만 과도할 경우 태아의 자연유산과 돌연사증후군의 가능성이 높아질 위험이 있다.

알코올이 태아에 미치는 경로

임신 중 섭취한 알코올 성분은 태반을 통과해 태아에게 영향을 미친다. 임신부와 태아를 구분하는 역할을 하는 태반은 태아를 보호하기 위해 여러 종류의 장치를 지니고 있다. 그런데 어떤 분자가 태반을 통과할 수 있는지의 여부는 분자의 유해성 여부에 좌우되는 것이 아니라 분자의 크기나 용해성 등에 따라 결정된다. 따라서 크기가 작고 지방에 쉽게 용해되는 분자는 독성 유무와 상관없이 태반이라는 보호막을 지나 태아에게로 유입된다. 알코올을 포함해 이렇게 일단 태반을 지나온 성분은 특히 모체보다 태아에게 엄청난 영향을 미친다. 이유를 정리하면 다음과 같다. 첫째, 태아의 크기가 매우 작으므로 똑같은 양의 화학물질에 노출되어도 어른보다 훨씬 큰 영향을 받는다. 둘째, 태아의 해독능력과 면역체계가 미성숙하므로 어른의 신체만큼 몸 안으로 들어온 약물과 화학물질의 독성을 효과적으로 제거하기가 어렵다. 즉 태아는 알코올 분해능력이 현저하게 부족하다. 셋째, 태아의 성장속도는 매우 빠르므로 작은 화학물질이 미치는 파급효과와 영향력의 범위도 광범위할 수밖에 없다.

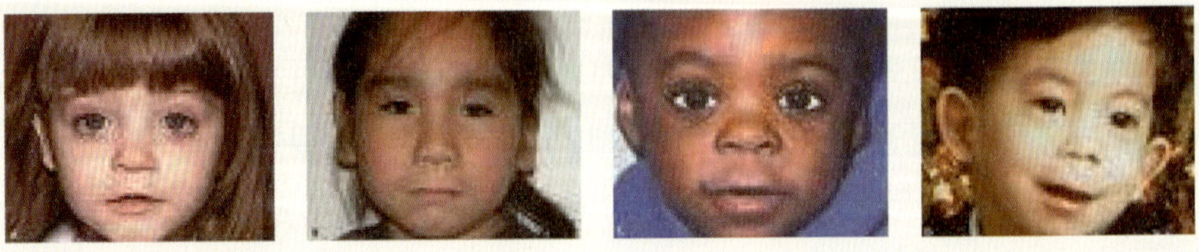

태아알코올증후군 아이들

④ 모체의 질병

앞서 설명했듯이 태반을 통과해온 좋지 않은 성분과 질병의 병균들은 태반을 공격하여 태아에게 필요한 영양소를 감소시키거나 태반을 통과해서 태아를 직접 공격하는 등 여러 경로로 모체보다 태아에게 더 큰 영향을 미친다. 풍진rubella은 임신부 자체에게는 가벼운 질병이지만 임신 3개월의 배아기 때 감염될 경우 태아에게는 시각과 청각장애, 심장질환, 정신지체, 그리고 아동기 정신병의 위험 등을 초래할 수 있다. 따라서 임신 계획 이전에 선별검사와 예방접종이 필요하다. 톡소포자충이라 불리는 감염균에 모체가 감염될 경우 태아의 뇌손상과 시각장애, 유산과 사산 등의 원인이 될 수 있다고 한다. 이 병균의 주요 경로는 생고기 섭취이므로 이에 주의해야 한다(정옥분, 2006 참조).

성교를 통해 감염되는 질병인 매독은 태반을 통해 태아에게 감염되어 청각장애, 대뇌손상, 사산 등을 초래한다. 특히 임신 4개월 이후에 보다 치명적이어서 풍진처럼 이미 형성된 기관에 치명적인 영향을 미친다(Santrock, 2009).

임신 3개월 이내에 홍역에 걸렸을 경우에는 지체아를 낳을 확률이 높다. 일반 감기와 달리 독감, 당뇨, 임질 등도 태아에게 부정적인 영향을 미친다. 후천성 면역결핍증Acquired Immune Deficiency Syndrome, AIDS의 원인이 되는 인체 면역결핍 바이러스Human Immunodeficiency Virus, HIV에 감염된 모체의 태아는 모체와 마찬가지로 AIDS에 감염되어 그 증상이 나타날 수 있으며, 두개골이 비정상적으로 작고 얼굴 기형을 보인다. 특히 모유수유를 통한 AIDS 감염은 많은 개발도상국에서 큰 문제점으로 보고되었다(Semba & Neville, 1999). 따라서 AIDS에 감염된 산모의 경우 자연출산 과정에서 생길 수 있는 감염 가능성을 줄이기 위해 제왕절개 분만과 분유수유가 권장되기도 한다.

⑤ 모체의 정서 상태

태아와 모체는 신경조직과 내분비조직이 연결되어 있으므로 모체의 정서 상태와 태아의 발달은 상당히 밀접하다. 모체가 느끼는 강한 불안감과 정서적 스트레스는 유산과 조산, 태아의 저체중, 호흡기 질환, 산소결핍, 영양결핍, 소화장애의 가능성을 증가시키는 것으로 보고되었다(Mulder et al., 2002; Wadhwa et al., 2001). 한 연구에 따르면 스트레스를 많이 받는 여성은 그렇지 않은 여성보다 조산아를 낳을 가능성이 네 배나 높았다(Dunkel Schetter et al., 2001). 또 경미한 우울증 증세가 있는 경우 그렇지 않은 여성들보다 조산 가능성이 약 60% 높았으며, 심각한 수준의 여성들은 거의 두 배 정도 높은 비율로 저체중아를 출산했다(Li et al., 2009). 임신 기간 중 어머니의 정서 상태는 분만과정에도 영향을 미쳐 정서적으로 힘든 어머니는 분만과정도 더 힘들며, 이로 인해 아기는 불규칙적으로 산소를 공급받거나 호흡곤란을 겪을 수 있다(Santrock, 2009 참조). 반대로 낙천적인 여성들은 출산과정에서 부정적 영향을 거의 받지 않는다는 연구(Loebel & Yali, 1999)는 결국 태아에게도 긍정적 효과를 가져올 수 있음을 보여준다.

산모의 스트레스나 우울증은 자연유산이나 조산을 야기할 뿐 아니라 정상적으로 출산을 하더라도 아이가 기질적으로 까다롭거나 과잉행동을 보이고 소화기장애를 나타내기도 한다(Omer & Everly, 1988). 또 자녀의 아동기까지도 영향을 미쳐 학령기 아동의 불안과 분노, 공격성, 과잉행동, 정서행동장애 등을 예측하기도 했다(Van den Bergh, 2004).

사고나 재난 등의 극단적 스트레스로 인한 외상 후 스트레스 장애PTSD는 모체에 영향을 미쳐 결국 출생 이후 아이와도 당연히 관련성을 갖는다. 2001년 미국의 9 · 11 테러 당시 임신한 여성과 그 아기들이 생후 12개월이 되었을 때 코르티솔[7] 수치를 측정한 연구에 따르면(Yehuda, 2005), 어머니가 임신 3개월 중 외상에 노출된 경우 아기의 코르티솔 수치가 가장 낮았다.[8] 이는 유전이나 양육환경보다는 태내기 경험이 PTSD가 세대 간 전이되는 현상을 더 잘 설명한다는 사실을 보여준다.

한편 전쟁이나 재해 같은 지나치게 과도한 스트레스를 제외한 일상적 스트레스는 성인의 경우와 마찬가지로 모체와 태아에게 부정적인 영향을 미치지 않으며, 오히려 어느 정도의 적절한 스트레스는 최적의 발달을 이끌어낼 수 있다고 한다. 가령 임신 중 일상적 스트레스를 경험한 어머니의 자녀는 생후 24개월 때 평가한 신체운동 및 심리측정 검사에서 더 높은 점수를 받은 것으로 나타났다(Dipietro, 2004). 이를테면 코르티솔은 여러 기능 중에서 신체기관의 성숙을 담당하는데 이 수치가 적정 수준으로 높을수록 태아의 발달도 촉진되기 때문에 적당한 스트레스를 경험하는 산모의 경우 태아의 신경계에 적절한 자극을 주어 태아의 반응과 발달

---

7) 신체가 스트레스 상황에 놓여 있을 때 부신피질에서 분비되는 호르몬으로 스트레스 반응을 중단시키는 기능을 하며, 코르티솔 수치가 높아지면 태아의 발달이 방해를 받는다. 그러나 동시에 적당한 코르티솔 분비도 필요하여 코르티솔이 정상보다 많거나 적을 때 모두 문제가 발생한다.

8) 코르티솔 수치가 PTSD에 대한 취약성을 설명할 수 있는 것으로 보인다. 코르티솔 수치가 낮은 사람일수록 스트레스 대응능력이 감소하므로 외상적 사건 이후 PTSD의 발병률이 더 높았으며, PTSD 환자의 자녀도 코르티솔 수치가 낮다고 한다.

을 이끌어낼 수 있다고 한다.

⑥ 모체의 연령과 출산 횟수

최근 35세 이상의 고령 출산과 10대 출산이 많아지고 있지만 출산과정이나 태아에게 심각한 부정적 영향을 미치는 정도는 예전과 달리 생각만큼 크지 않은 것으로 보고되고 있다. 그럼에도 불구하고 생물학적으로 이상적 가임기간의 모체에서 태어난 아이들이 좀 더 건강한 발달을 보이는 것으로 나타난다. 40대 이후 고령 임신은 다운증후군의 위험과 함께 임신중독증, 난산, 미숙아 출산 비율이 높다. 특히 10대 임신의 경우 출산 적정 연령으로 보는 20~35세 사이의 임신과 달리, 모체의 영양실조와 스트레스를 유발하고 영아사망률과 조산아 출산이 상당히 높다고 한다. 여성 호르몬인 에스트로겐은 다운증후군을 유발하는 한 원인으로 보통 20~35세 사이에 절정을 이루는데, 이 호르몬이 부족할 경우 21번째 염색체 이상을 초래한다. 따라서 노산이거나 10대 출산의 경우 호르몬 분비로 인해 다운증후군 아이를 출산할 가능성이 높다고 한다. 산모가 적정 연령에 임신할 경우 첫 번째 출산보다는 두 번째 출산의 태내환경이 더 좋아서, 둘째 아이부터는 첫째 아이보다 신체가 더 크고 출생결함의 비율이 낮은 경향이 있다. 그러나 출산 간격이 너무 짧거나 출산 횟수가 많을수록 이러한 이점은 상쇄되는 것으로 나타난다.

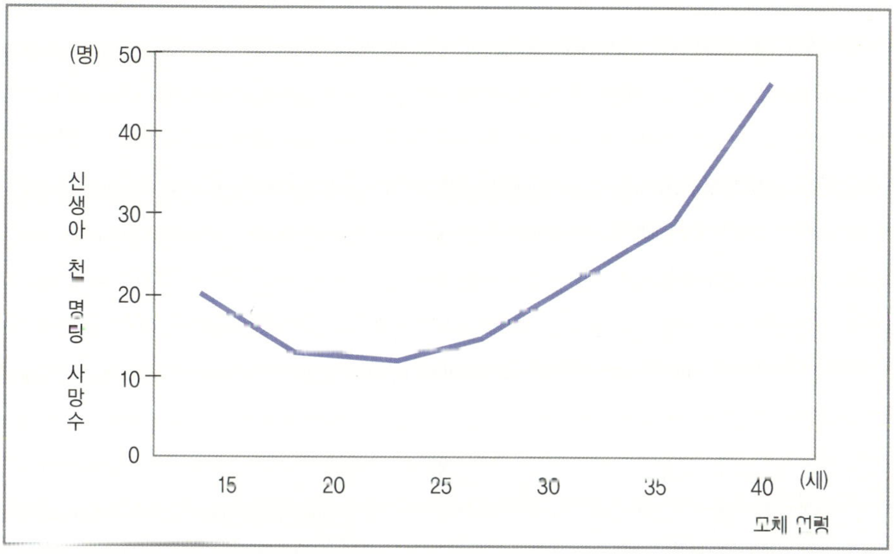

그림 4-17 | 모체의 연령별 태아사망률

출처 : Shaffer, 1999; 박성연 외, 2011에서 재인용

(2) 아버지와 관련된 요인들

태내환경에 대한 관심은 대체로 어머니 관련 요인들에 초점을 두어 왔으나, 최근 연구들에 따르면 어머니만큼 아버지 관련 변인도 태아에게 큰 영향을 미치는 것으로 나타났다. 아버지가 50세 이상의 고령일 경우 염색체 결함이 빈번해서 다운증후군 자녀를 출산할 위험이 커지고, 자폐아 출산이 더 높다는 연구 결과도 있다. 이는 연령이 많을수록 남성세포의 돌연변이가 증가하기 때문인 것으로 보고되었다(Bigner, 2006 참조). 아버지가 납 성분, 벤젠, 솔벤트 등 특정한 유독 화학약품을 취급하는 환경에 노출되거나 유리공장, 섬유공장 등에서 일하는 경우 저체중아와 미숙아 출산율이 더 높은 것으로 보고되었다. 또 아버지가 비타민 C 섭취량이 낮은 경우 자녀는 결함이 있거나 암에 걸릴 확률이 높아지는 것으로 나타났다(Fraga et al., 1991). 흡연은 정자수에 영향을 미쳐 생식능력을 저하시키며, 흡연 남성의 자녀는 비흡연 남성의 자녀에 비해 여러 가지 질병에 걸릴 확률이 더 높은 것으로 보고되었다(Merewood, 1998). 최근에는 직접흡연뿐 아니라 간접흡연도 산모에게 영향을 주어, 결과적으로 태아에게 부정적 영향을 미치는 것으로 나타났다. 또 과도한 음주는 남성 호르몬인 테스토스테론의 수준을 낮추어 불임을 유발할 수도 있다.

(3) 환경요인

화학약품과 오염물질, 폐기물 등은 태아에게 유전자 변이와 염색체 이상을 초래하면서 위험한 영향을 미칠 수 있다. 이런 위험물질에는 일산화탄소, 수은, 납, 다이옥신 등이 해당되는데, 이것들에 노출된 아이들은 정신발달에 부정적인 영향을 받는다고 한다(Markowitz, 2000). 수은중독으로 인한 대표적 폐해는 1956년 일본 미나마타에서 수은이 축적된 물고기를 먹은 사람들이 청각과 시각장애 등을 일으킨 이른바 미나마타병에서 찾아볼 수 있다. 수은은 태아에게도 영향을 미쳐 임신 중 수산물을 통해 수은을 많이 섭취한 모체의 태아는 향후 학습부진과 발달지체를 보였다는 연구가 미국국립과학아카데미에서 발표되었다.

매연과 일산화탄소 등 대기오염과 출산 후 아이에게 나타나는 부정적 결과 간의 관련성은 특히 조산과 저체중, 심장기형에 관한 연구들에서 많이 보고되었다(Ritz, 2002). 태내기 때 자동차 배기가스에서 주로 나오는 PAH에 많이 노출된 아이들은 3세 때 인지장애를 일으킬 확률이 높았고, 5세 때 지능검사에서는 비교집단 아이들보다 수치가 훨씬 저조했다(Perera, 2003). 또한 흔히 볼 수 있는 플라스틱 물질인

아버지 연령의 중요성

기존의 연구들은 주로 어머니의 연령이 많을수록 출산한 자녀가 다운증후군과 같은 유전성 질환에 걸릴 확률이 높다는 데 초점을 맞췄다. 그러나 최근에는 오히려 아버지의 나이가 자녀의 정신분열증과 자폐장애 같은 정신장애 발병에 큰 요인이라는 연구들이 많이 보고되었다. 이와 관련하여 여성은 평생에 쓸 난자를 한 번에 가지고 태어나 필요할 때마다 배란을 하는 반면, 남성은 매번 새로운 정자를 만들기 때문에 고령일 경우 유전자 결함이 있는 정자를 생산할 가능성이 높기 때문이라고 해석하는 견해들이 있다. 이와 더불어 최근의 한 연구에서는 산모의 출산 연령이 높을수록 아이가 사고로 다치거나 병원에 입원할 확률이 낮아지는 것으로 나타났다. 오히려 산모의 연령이 20세 이하로 어릴 경우 자녀의 사고율은 높아진다고 한다.

"자녀의 건강을 결정하는 주요 변수는 어머니일까, 아버지일까?"
그간의 연구는 어머니의 나이가 많을수록 출산한 자녀가 다운증후군과 같은 유전성 질환에 걸릴 확률이 높다는 데에 초점이 맞춰졌다. 그러나 아버지의 나이가 자녀의 정신분열증 및 자폐증과 같은 정신장애 발병에 가장 큰 요인이라는 연구 결과가 나왔다. 아이슬란드의 유전자 분석 기업인 '디코드 제네틱스'의 카리 스테판손 박사가 이끈 연구팀이 부모와 그들의 자녀로 구성된 78가구의 혈액 샘플을 채취해 유전자를 분석한 결과 아버지의 나이가 많을수록 자녀의 유전자 변이 발생빈도가 증가하는 것으로 나타났다고 BBC가 22일(현지시간) 보도했다.
네이처지 최신호에 발표된 연구 결과에 따르면 아버지의 나이가 20세인 경우 25개의 변이 유전자를 자녀에게 물려주는 데 반해, 40세의 아버지는 65개의 변이 유전자를 물려주는 것으로 나타났다. 또 어머니는 나이와 상관없이 평균 15개의 변이 유전자를 자녀에게 물려주는 것으로 밝혀졌다. 스테판손 박사는 연구 결과와 관련하여 "여성은 평생에 쓸 난자를 한꺼번에 가지고 태어나 필요할 때마다 배란을 하는 반면 남성은 매번 새로운 정자를 만들다 보니, 나이가 들면 유전자 결함이 있는 정자를 생산할 가능성이 높기 때문"이라고 밝혔다. 한편 산모가 늦은 나이에 출산한 아이가 일찍 낳은 아이에 비해 언어발달이 빠르고 병원에 갈 확률이 낮다는 연구 결과가 나왔다고 영국 일간 데일리메일이 이날 보도했다.
영국 유니버시티 칼리지 런던UCL 연구팀이 2000~2002년 영국에서 출생한 어린이 78,000명의 자료를 분석한 결과 어머니의 나이는 13~57세였으며, 산모의 출산 연령이 높을수록 아이가 사고로 다치거나 병원에 입원할 확률이 낮아지는 것으로 나타났다고 영국 의학 저널 최신호를 통해 발표했다. 연구 결과에 따르면 생후 9개월에 아이가 사고로 다칠 확률은 산모의 나이가 20세인 경우 9.5%, 40세인 경우 6.1%로 나타났다. 또 생후 9개월에 아이가 병원에 입원할 확률은 산모의 나이가 20세인 경우 16%, 40세인 경우 10.7%로 나타났다.

출처 : 서울신문, 2012. 8. 24

합성화학물질 비스페놀A BPA는 남성의 정자생산에 영향을 미치는 것으로 보고되었다. BPA는 그 자체로 심각한 유해물질이기보다는 신체의 자연스러운 호르몬 신호체계를 방해한다는 점에서 바람직하지 않다고 한다. 이와 유사하게 플라스틱을

체르노빌 방사능 누출 피해 아이들

부드럽게 만들기 위해 첨가되는 프탈레이트phthalate에 태아가 노출될 경우 성장지체와 일종의 남근기형의 질병에 감염될 위험이 높아진다(Ormond, 2009). 또 여드름 치료제로 사용되는 에큐텐은 비타민 A 화학물질로서 임신 초기에 모체가 노출될 경우 아이는 눈, 귀, 두개골, 두뇌, 심장, 면역체계의 이상을 포함해서 광범위한 유기체적 손상을 경험한다(Berk, 2006 참조).

방사선은 유전자 돌연변이와 염색체 손상을 초래하기도 한다. 난자가 수정되어 자궁에 착상되는 임신 2주경 방사선에 노출될 경우 수정란이 죽게 되며, 수정 후 2주에서 6주 사이에 방사선에 노출될 경우에는 기형아를 출산할 가능성이 매우 큰 것으로 나타났다(곽노의 · 김유미 역, 2001). 또 직업상 방사선에 많이 노출되었던 부모의 자녀는 염색체 이상이 더 많이 나타난다고 한다.

방사능과 유해가스의 폐해

사례 1 1984년 인도 보팔에 소재한 미국의 다국적 기업인 유니언 카바이드(현재는 다우케미칼)의 현지 화학공장에서 농약의 원료로 사용되는 유독가스가 폭발했다. 이 사고로 인근 주민을 포함해 25,000여 명이 죽었고 수만 명이 실명과 호흡곤란 등 만성질환, 중추신경계와 면역체계 이상으로 인한 중병으로 고통을 받았다. 또 자연생태계가 크게 훼손되었고 유전자 돌연변이를 일으켜 이후 기형아가 많이 출생했다. 이 사고는 지금까지도 피해보상과 관련해 종결되지 않았으며, 금세기 최대 인명피해를 일으킨 사건이었다.

사례 2 1986년 구소련의 체르노빌에서 발생한 핵폭발로 인해 러시아뿐 아니라 전 유럽이 현재까지도 이 사고의 후유증을 앓는다고 한다. 북유럽의 목초 지대까지 대기에 방사성 물질이 떠밀려와 땅으로 내려왔고 초목들이 이를 흡수했으며 다시 이를 먹고 자란 젖소들의 우유와 이 우유로 만든 유제품을 먹은 아이들까지 광범위하게 방사선에 노출되어 암과 유전적 질환의 피해자가 되었다고 한다.

사례 3 2011년 3월 12일 일본 후쿠오카 제1원전 1호기 폭발로 시작된 일본 원전사고는 체르노빌 핵발전소 폭발 이후 매우 강력하고 끔찍한 재앙으로 남아 있으며, 그 파급 효과가 상당할 것으로 예상된다. 최근에는 원전사고 지역의 어린아이들에게서 암이 발생한 것으로 나타났다.

사례 4 2012년 9월 27일 경북 구미 불산가스 누출도 인간과 자연 모두에 큰 피해를 입혔다. 당시 인근 지역의 1만여 명이 넘는 사람이 치료를 받았으며, 인근 농작물과 가축이 말라죽고 초토화되었다. 또 불산이 낙동강으로 유입되면서 그 공포는 더해졌다. 불산가스 흡입에 따른 호흡장애, 폐장애, PTSD 등 많은 증상들이 보고되고 있다. 아직 시간이 많이 지나지 않았기 때문에 장기간의 심각한 예후는 예측만 할 수 있으나, 기존의 사례들을 보건대 자연생태계의 파괴와 함께 인간의 건강과 발달에 향후 부정적인 누적적 영향을 미칠 것으로 보인다.

표 4-7 태내발달에 영향을 미치는 화학물질 및 환경 호르몬

분류	종류	영향	노출원인 및 장소
중금속	납	비정상 정자 형성, 생리불순, 유산, 사산, 정신지체	납배관, 배터리, 페인트, 도자기, 용광로
	수은	태아의 운동 및 정신발달장애	온도계, 거울제조, 염료, 염색, 잉크, 살균제, 살충제, 제초제
용제	벤젠, 클로로포름, 트리클로로에틸렌	선천성 결함	드라이클리닝 용제, 기름제거제, 페인트제거제
플라스틱	비닐 클로라이드	임신율 감소, 염색체 이상, 유산, 사산, 선천성 결함	플라스틱 제조공장
오염물질	비페닐	저체중아, 사산	살충제, 살균제, 고무화학제품, 방화제
살충제, 살균제	유기인산염	선천성 결함, 유산, 저체중아	농장, 농사, 가정의 살충제
	일산화탄소	저체중아, 사산	배기가스, 난방로, 흡연, 등유난로
가스	마취용제	임신율 감소, 유산, 선천성 결함	치과, 수술실, 화공업
방사선	방사선 사진, 물질	불임, 선천성 결함	병원, 치과, 전자산업

출처 : 박성연 외(2011)

(4) 모자간 부적합한 혈액형

어머니의 혈액과 태아의 혈액은 태반에 의해 분리되는데 임신 말기나 분만과정에서 태아의 Rh+ 혈액이 어머니의 혈액으로 유입되면 Rh−인 어머니는 Rh+에 대해 항체를 형성한다. 이렇게 형성된 항체가 태아에게 유입되면 항체는 태아의 적혈구를 파괴하여 산소공급을 감소시키고 빈혈이나 자연유산, 사산, 귀머거리, 두뇌손상, 뇌성마비, 심장병, 정신지체 또는 출생 후 사망 등을 일으킬 수 있다(박성연, 2006). 즉 모체가 Rh−, 태아가 Rh+인 경우 항체 형성에 어느 정도 기간이 소요되므로 첫 번째 임신은 문제가 없으나, 두 번째 임신에서는 어머니의 혈액 속에 항체가 형성되어 큰 문제를 낳을 수 있다. 최근에는 Rh-인 어머니에게 항체 형성을 막는 백신을 예방접종하여 어느 정도 위험을 예방한다.

4) 태내발달의 민감기 및 태내환경의 중요성

태내기에 손상을 일으킬 수 있는 환경적 요인들에 태아가 노출될 경우 심각한 발달상의 장애가 초래되기 쉽다. 즉 태내기에는 유기체가 환경에 특히 민감한 시기가 있어서 이 시기에 유해한 환경에 노출되면 손상이 일어나고 이후 회복이 어렵거나 불가능할 수도 있다. 앞에서 살펴본 여러 환경적 영향들을 기형발생물질teratogen이라 하는데, 이는 발달하는 배아나 태아에게 악영향을 미치는 감염균이나 질병, 약물, 환경적 요인들을 의미한다(Shaffer & Krpp, 2010; 박성연 외, 2011에서 재인용).

기형발생물질의 영향은 먼저 태아의 신체기관이 빠르게 형성되는 시기에 가장 치명적일 수 있다. 그러나 모든 태아에게 동일한 결과를 야기하지 않으며, 기형발생물질에 대한 취약성은 태아나 모체의 유전적 특성, 태내환경의 질에 따라 다르다. 하나의 기형발생물질이 여러 유형의 결함을 야기할 수 있으며, 여러 종류의 기형발생물질이 동일한 결함을 초래할 수도 있다. 어떤 기형발생물질은 때로 태내기 이후나 출생 이후에 그 발달적 영향을 나타낼 수 있다(Shaffer & Kipp, 2010; 박성연 외, 2011). 기형발생물질이 태내기 중 어떤 시기에 영향을 미쳤는지에 따라 그 결과와 심각함의 정도는 달라지므로, 기형발생물질에 노출되는 시기는 태내발달에서의 민감기 혹은 결정적 시기와 직결된다고 볼 수 있다. 배아가 가장 빠른 속도로 성장하는 임신 3~8주의 배아기 때 기형발생물질의 영향은 치명적이다. 더 세분화해서 보면 태아의 심장은 임신 3~6주에, 외부생식기는 임신 7~9주에, 중추신경계는 임신 16주까지도 심각한 영향을 받는다.

기형발생물질

기형발생물질을 의미하는 테라토젠teratogen의 어원은 '불구', '기형', '괴물'의 뜻을 담고 있는 그리스의 teras에서 유래한 것으로, 태아에게 기형을 유발할 수 있는 요인들을 의미한다. 기형이나 장애를 갖고 태어나는 아기들의 사례와 연구를 통해서 학계는 기형발생물질에 관심을 갖게 되었다. 이런 기형발생물질에는 약물, 부적합한 혈액형, 환경오염물질, 질병감염, 영양실조뿐만 아니라 모체의 정서 상태, 연령 등 다양한 인자들이 있다. 이 세상에는 수많은 기형발생물질이 존재하므로 인간은 수태의 순간부터 다양한 경로로 위험에 노출된다. 그러나 이러한 영향의 경로나 과정을 정확하게 밝혀내는 것이 쉽지는 않다(Berk, 2006; Santrock, 2009 참조).

- 양과 기간 : 기형발생물질의 양이 많을수록, 그리고 노출된 기간이 길수록 태아에게 미치는 부정적 영향은 더욱 크다. 예를 들면 어머니가 복용한 약물의 양이 많을수록 효과는 더욱 치명적이다.
- 노출시기 : 태내기의 어느 시기에 기형발생물질에 노출되는지에 따라 미치는 영향과 정도가 달라진다.
- 발생경로 : 기형발생물질의 부정적 효과가 태내기에 곧바로 나타날 수도 있지만 출생 이후 시간이 지나서 나타날 수도 있다.
- 발생효과 : 하나의 기형발생물질이 여러 결함을 야기하기도 하고, 여러 개의 기형발생물질이 하나의 동일한 결함을 초래할 수도 있다.
- 개인차 : 같은 기형발생물질이라도 모든 태아에게 동일한 결과를 만드는 것은 아니다.
- 유전적 취약성 : 어머니와 태아의 유전자형과 태내환경에 따라 기형발생물질이 미치는 부정적 효과는 달라진다.

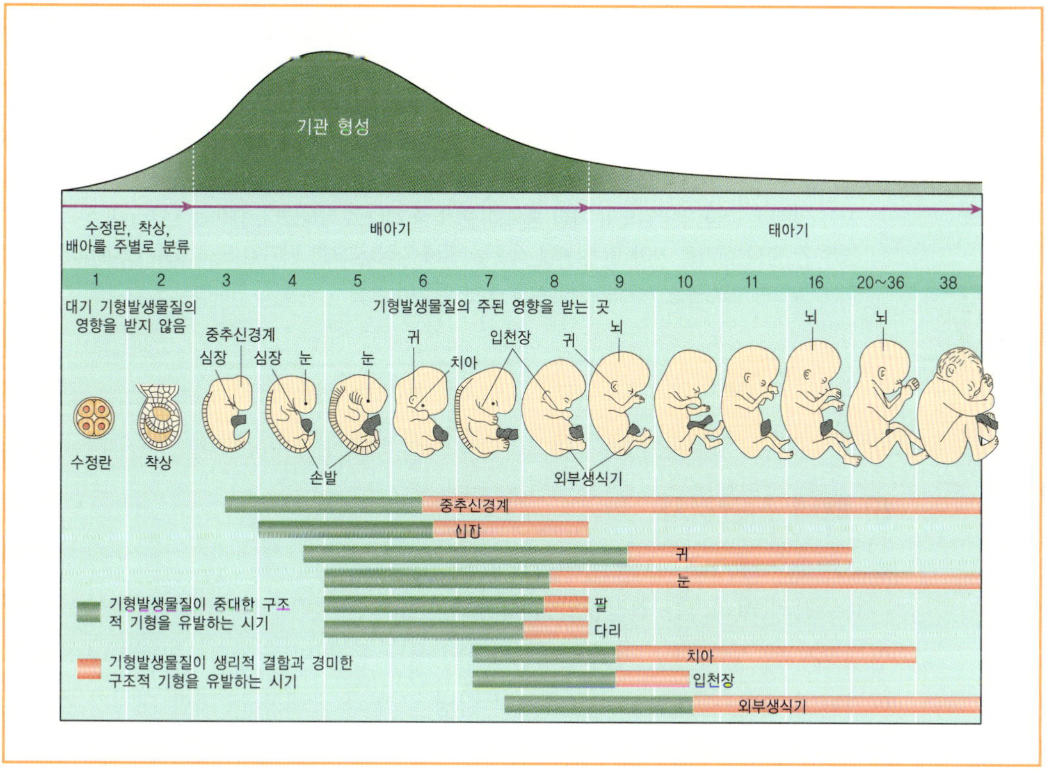

그림 4-18 | 태내발달의 민감기

출처 : Santrock(2004)

바커 가설Barker hypothesis

David Barker

영국 의사인 David Barker가 1989년 발표한 가설로 당시에는 큰 관심을 끌지 못했으나 이후 후생유전학(유전자의 발현 조절을 연구하는 유전학의 하위 학문)이 발달하면서 태내기의 중요성을 보여주는 대표적인 입장이 되었다. 특히 인간발달에서 환경이 부분적으로 태내기에 영향을 미침으로써 이후 발달을 어떻게 좌우하는가를 제시한다. 이 가설에 따르면 출생 당시 저체중아였던 신생아일수록 중년기에 심장질환에 걸릴 확률이 더 높다. 즉 태내기 때의 영양결핍이 이후 심장질환으로 이어진다는 가설이 그것이다. 당시 의학계는 심장질환의 원인을 운동, 흡연, 식생활 등 성인들의 일상생활 습관에서 주로 찾았으나, Barker는 태내기 때의 영양결핍을 주된 요인으로 분석하였다. Barker는 우연히 잉글랜드와 웨일즈의 가장 빈곤한 지역에서 심장질환 발병률이 가장 높다는 사실을 접한 후 심장질환은 운동량이 부족하고 기름진 음식을 잘 먹는 사람에게 주로 발병한다고 간주하는 의학계의 통설에 의문을 갖게 되었다. 이에 대한 보다 체계적인 연구를 시도하여 Barker는 20세기 초반에 태어나고 연구 당시 중노년기에 있었던 약 15,000여 명을 신생아 기록부터 추적하여 조사했다. 그 결과 저체중인 신생아일수록 50여 년이 지나 중년기에 심장질환의 발병 확률이 월등히 높았다는 사실을 발견했다. 출생 시 저체중이었던 사람들은 수입과 교육, 기타 여러 건강 위험요소를 통제했을 때 심장질환과 뇌출혈로 인한 사망 가능성이 비교집단보다 두 배 이상 높은 것으로 보고되었다(Godfrey & Barker 2001). 출산 시 저체중을 야기할 수 있는 원인은 조산, 임신 중 흡연, 태반기능의 문제, 둘 이상의 태아 임신 등 여러 가지가 있으나, 그중 영양결핍이 가장 중요한 원인 중 하나로 나타났다. 태아는 영양분이 부족할 경우 간 등의 장기로 가야 할 양분을 생존을 위해 가장 중요한 장기인 뇌로 모두 보내버리며, 이는 필요한 영양분을 제대로 공급받지 못한 심장이 중년기 이후에 취약해지는 결과를 초래한다.

5) 태내 진단검사

38주간의 태내기는 인간발달이 시작되는 중요한 시기로서 현대의학에서는 출생 전에 태아의 상태, 유전학적 문제, 자궁의 상태 등을 미리 살펴보고 진단함으로써 예기될 수 있는 출생결함이나 유전적 질병, 기형과 장애 등에 대한 대처가 가능하다. 즉 태내기 진단을 통해 적절한 분만방법과 태아를 위해 필요한 의학적 · 심리적 준비를 할 수 있다. 연령이 많은 산모는 대개 양수검사와 융모막 채취검사를 사용한다.

(1) 양수검사Amniocentesis

태아를 보호하는 양막의 아랫부분에서 소량의 양수(약 20cc) 샘플을 주사기로 채취하는 방법으로, 태아의 성별이나 혈우병을 포함한 다양한 유전적 결함을 판별할 수 있다. 양수 샘플을 성장시켜 충분한 양의 양수를 얻을 때까지 기다려야 하므로 검사 결과를 얻는 데는 최소 2주 이상 소요된다. 임신 초기에는 양수가 적어 최소 임신 14~16주 이전에는 어려우며(Kuller, 1996), 수정 후 15~18주 사이에 실시한다. 검사 결과 확인에 시간이 소요되므로 태아에게 심각한 결함이 있어도 유산하기에는 위험이 따른다는 단점이 있다.

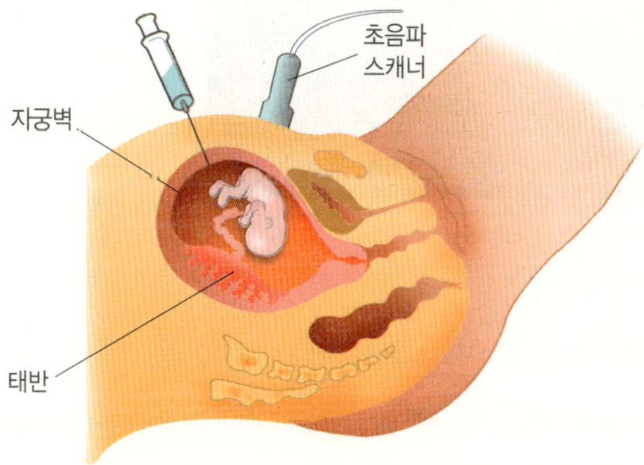

그림 4-19 | 양수검사

(2) 초음파검사Ultrasound

비교적 산모와 태아에게 큰 무리 없이 편안하게 사용할 수 있어 가장 많이 시행되는 검사로 임신 14주 이후에 가능하다. 임신부의 배에 초음파를 투사해 자궁 내부의 사진을 찍어 태아의 영상을 본다. 임신 초기에는 임신의 정상 여부를, 임신 중기에는 태아의 해부학적 기형 문제를, 임신 말기에는 태아의 위치와 발육 정도, 태반 상태 등을 진단한다. 정확한 임신기간, 쌍생아 출산 가능성, 자궁 내 이상 등을 알 수 있다.

그러나 염색체 이상과 유전적 질환에 대한 정보는 알 수 없으며, 5회 이상 할 경우 태아가 저체중이 될 위험이 있다(Santrock 2009). 태아를 초음파로 보는 것은 부모로서의 첫 경험으로 초음파검사가 임신한 여성의 심리상태에 미치는 영향을 살펴본 연구에 따르면, 초음파검사를 했던 임신부들은 불안이 감소하고 태아에 대한 모성적 유대와 애착을 비교집단보다 더 많이 형성한 것으로 나타났다(Boukydis, 2006).

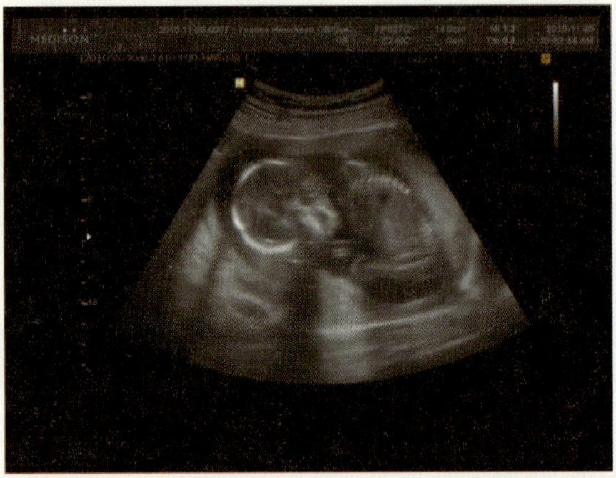

초음파를 통해 본 태아의 모습

(3) 융모막검사 Chorionic villus sampling, CVS

장차 태반이 될 융모막의 세포를 채취해서 염색체 이상과 유전자 결함을 진단한다. 임신 8~10주 전에 양수검사의 대안으로 실시하고, 임신 12주가 끝나갈 무렵 낙태에 대한 결정을 가능하게 한다. 질과 자궁경부를 통해 카테터catheter를 집어넣

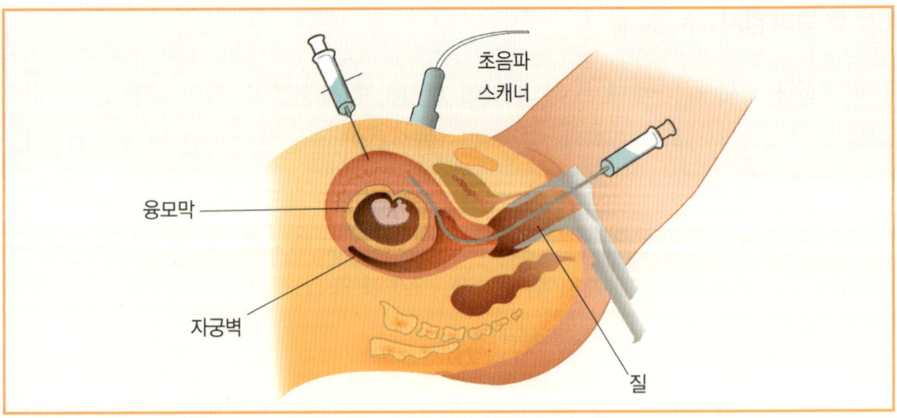

그림 4-20 | 융모막검사

거나 주삿바늘을 배에 넣어 태아를 둘러싸고 있는 융모막에서 태아세포를 추출한다. 수정 후 6~8주인 임신 2개월 이내에 검사할 수 있고 양수검사에 비해 검사 결과를 24시간 이내에 빨리 알 수 있다. 그러나 양수검사보다 정확성이 떨어지고 유산의 위험이 더 높으며 사지기형limb deformities을 유발할 수도 있다(Kuller, 1996). 양수검사와 함께 선천적 기형에 대한 정보를 제공한다.

(4) 산모혈액검사Alpha-fetoprotein, AFP

태내기에 이루어지는 의학적 진단으로 신경관장애와 관계있는 혈액 안의 알파페토프로테인alpha-fetoprotein 수준을 측정한다. 임신 14~20주 된 산모가 두뇌 및 척수의 발육에 이상이 있는 태아를 임신했을 가능성이 있을 때만 실시한다(Santrock, 2009). 이 혈액검사에서 AFP 수준이 지나치게 높을 경우 태아의 척추나 두뇌손상 가능성이 있으므로 초음파나 양수검사를 하게 된다.

Chapter 5

출산 및 신생아 발달

1. 출산
2. 신생아 발달

5

출산은 영아에게는 사회적인 존재로서 삶을 시작하는 시점이며 부모에게는 본격적인 부모로서의 역할이 시작되는 시점이라는 점에서 출산 당사자들 모두에게 매우 중요한 가치와 의미를 가진다. 모체 안에서 보호받으며 빠르게 성장했던 태아와는 달리 출생 후 1개월의 기간 동안 신생아는 매우 의존적이고 나약한 존재로 양육자의 전적인 도움을 필요로 한다. 신생아기는 전 생애 발달에서 태아기를 제외하고 가장 빠른 발달을 보이는 시기일 뿐 아니라 해당 시기의 성장과 발달이 이후의 발달에 미치는 영향력이 상대적으로 매우 크기 때문에 그 발달적 특성에 대한 정보와 지식을 자세히 살펴볼 필요가 있다.

1. 출산

1) 출산의 개념

출산은 임신의 끝에 성숙한 태아가 자궁 밖으로 나오는 과정을 의미한다. 출산은 보통 임신 40주경에 일어나지만 개인에 따라 차이가 있어 의학적으로는 대개 임신 37주부터 42주 사이에 이루어지는 출산을 자연적인 만삭정상출산으로 본다.

출산은 태아에게는 독립된 개체로 세상에 나오는 사건을 의미하며 따라서 사회적인 생의 시작점이라 볼 수 있다. 태아는 이러한 출산과정에 매우 능동적이고 결정적인 역할을 하는 것으로 알려져 있다. 출산이 이루어지기 위해서는 자궁이 수축되어야 하고, 자궁수축은 모체의 호르몬 변화에 의해 일어난다. 최근의 의학이론에 의하면, 이러한 모체의 호르몬 변화는 태아의 뇌작용에 기인한다. 태아의 뇌 시상하부에서 호르몬이 분비되면 모체는 산통을 느끼고 본격적인 출산과정이 시작되기 때문이다(대한산부인과학회, 2007). 구체적인 출산의 시기는 모체의 신체적 · 심리적 건강 상태에 따라서도 영향을 받지만 태아의 뇌작용에 의해 결정된다는 점에서 태아는 출산의 능동적 주체로 이해된다.

한편, 출산은 부모와 자녀가 첫 대면을 하는 매우 의미 있는 사건이다. 자녀의 탄생은 부모에게 책임감과 역할을 부여하기 때문에 실제적인 부모로서의 시작을 의미한다. 특히 임신의 주체인 어머니는 임신기간 동안 자신과 동일체로 여겼던 태아를 출산의 과정을 통해 독립된 객체로 받아들이게 된다(박성연 외, 2011). 이런 측면에서 출산은 아기와 부모 모두에게 새로운 삶의 역할을 부여하는 매우 획기적인 생활사건이라 하겠다.

2) 출산의 과정

임신 마지막 2~3주에는 출산을 준비하는 여러 증상들이 나타난다. 출산을 위해 자궁이 준비되는 증상으로 질의 분비물이 증가하며 태아가 하강하고 움직임이 적어지는 등의 현상이 나타난다. 가진통을 느끼거나 질 분비물에 피가 섞여 나오는 이슬이 비치기도 한다.

그러나 이러한 준비기간을 거친 후 실제적인 출산의 과정은 태아가 모체의 몸 밖으로 나오려는 본격적인 준비를 하는 시기부터를 의미한다. 출산의 과정은 크게 3단계로 구분할 수 있다. 즉 자궁경부가 짧아지고 벌어지는 단계인 개구기, 태아가 자궁경부를 통해 모체의 몸 밖으로 나오는 탄생단계인 태아분만기, 그리고 태반의 분리가 이루어지는 태반반출기 등의 3단계가 출산과정에 포함된다(박성연 외, 2011).

(1) 개구기

개구기는 자궁경부가 짧아지고 부드러워지면서 열리기 시작하는 단계로 출산의 3단계 과정 중 가장 오랜 시간이 걸린다. 자궁의 수축은 15~20분 간격으로 일어나며 처음 아기를 낳는 초산의 경우는 대개 12시간 이상 지속된다. 반면 출산의 경험이 있는 산모의 개구기 단계는 일반적으로 초산보다 짧아져, 개인에 따라 짧게는 1~2시간에서 많게는 초산과 비슷한 수준의 시간이 걸리기도 한다. 개구기 동안 자궁수축은 점점 빠른 속도로 규칙적으로 일어나며, 이를 통해 자궁경부가 확장되고 부드러워져 아기의 머리가 통과할 수 있게 된다.

(2) 태아분만기

태아분만기는 자궁경부가 약 10cm 정도 열려 아기의 머리가 자궁경부와 산도를 통해 나오기 시작할 때부터 아기의 몸이 완전히 모체 밖으로 나올 때까지의 단계를 의미한다. 태아분만기는 초산인 경우 약 1시간~1시간 30분, 경산인 경우 약 30분~1시간 지속된다. 만약 태아분만기가 2시간 이상 지속될 경우에는 태아의 산소공급에 문제가 생길 수 있기 때문에 인공적으로 출산을 유도하는 것이 산모와 태아 모두 안전할 수 있다. 태아분만기의 끝에 아기는 산모의 몸 밖으로 나오지만, 탯줄에 의해 산모의 태반에 연결되어 있는 상태가 된다.

(3) 태반반출기

태반반출기는 출산의 마지막 단계로, 약 5~30분 정도 소요된다. 태반반출기에는 산모의 몸속에 남아 있던 태반과 잔여 탯줄, 기타 물질들이 모체의 몸 밖으로 나온다.

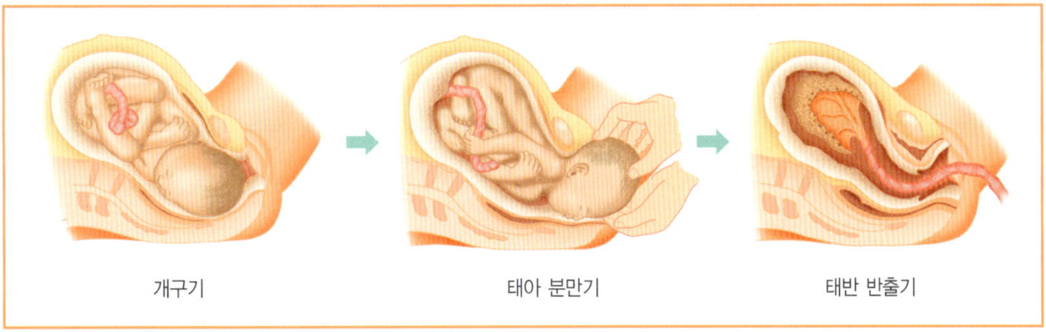

그림 5-1 | 출산의 과정

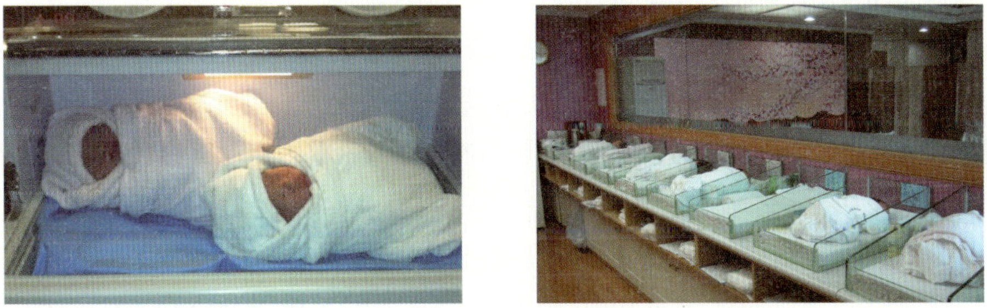

분만 직후 신생아 및 신생아실의 모습

3) 출산의 유형

(1) 자연분만과 인공분만

출산 유형은 유형을 분류하는 기준점이 무엇인지에 따라 매우 다양하다. 먼저 출산이 모체와 태아의 주도하에 자연스럽게 이루어지는지 혹은 의학적인 도움을 받아 이루어지는지에 따라 가장 기본적인 유형인 자연분만과 인공분만으로 나눌 수 있다.

① 자연분만

자연분만은 임신 중기 이후 호르몬의 변화에 의해 모체의 자연적인 자궁수축으로 태아가 질을 통해 출산되는 유형을 말한다. 임신 37~42주 사이에 이루어지는 질분만을 정상 자연분만이라 하며, 임신 24~36주 사이에 정상적으로 질을 통해 이루어지는 분만을 미숙아 자연분만이라 한다. 임신 42주 이후에 동일한 방법으로 분만하는 경우는 과숙아 자연분만이라 한다. 그러나 임신 42주 이후까지 자연적으로 출산이 이루어지지 않을 경우는 태아에게 공급되는 산소량이 부족해져 태아에게 문제가 생길 가능성도 있기 때문에, 대개 의학적인 도움을 받아 분만을 유도하므로 과숙아 자연분만의 비율은 상대적으로 낮다.

② 인공분만

자연분만과 달리, 산모나 태아의 건강과 안전상의 문제로 인해 의학적인 도움을 받아 출산을 하는 경우를 인공분만이라 한다. 대표적인 인공분만으로 제왕절개분만, 유도분만, 흡입분만 등을 들 수 있다. 제왕절개분만은 산모의 복부와 자궁을 절개하여 인공적으로 태아를 꺼내는 방법이다. 유도분만은 모체의 자궁을 출산할 수 있는 상태로 만들기 위해 진통을 가속화하는 진통촉진제를 산모에게 투여하여 의도적으로 출산을 촉발시키는 방법이다. 마지막으로 흡입분만은 태아의 머리 부분을 기계를 이용하여 압착한 후 모체의 질을 통해 태아를 꺼내는 방법이다.

인공출산은 대개 자연분만이 산모와 태아의 안전상 위험하다고 판단될 때 사용한다. 즉 Rh 혈액 타입 불일치와 같이 태아에게 감염 등의 문제를 야기하는 경우나, 태아가 거꾸로 위치하고 있거나 태반이 자궁 입구를 막고 있는 전치태반 현상 등으로 질을 통한 출산이 어려울 경우에는 제왕절개 분만법을 통해 출산하는 것이 가능하다. 아기의 머리가 산모의 골반에 비해 상대적으로 크거나 산모의 건강상 문제로 출산 중 산모의 역할을 기대할 수 없을 경우에도 제왕절개 및 흡입분만 등을 사용할 수 있다(Cox et al., 2001). 유도분만은 과숙아의 경우에 많이 사용되는 인공분만 방법이다.

한편, 제왕절개 분만법은 수술 시 마취로 인해 산모의 적극적인 참여가 배제된다는 단점이 있으며, 자연분만과 비교할 때 산모의 회복에 시간이 더 많이 걸리고 분만비용이 비싸다는 단점도 있다. 이러한 이유로 최근에는 제왕절개에 의한 분만을 지양하려는 분위기가 산모들 사이에서 나타나고 있다(조복희, 2007).

(2) 기타 분만 유형

최근에는 출산과정에서 다양한 분만 보조방법을 활용함으로써 태아 및 산모, 가족 등 출산 당사자 중심의 출산을 강조하는 경향이 크게 늘고 있다. 여기에는 의학적 약물이나 심리적 훈련의 방법으로 출산의 고통을 줄이는 분만방법뿐 아니라 분만 시의 외부 환경을 조절함으로써 자연스러운 출산 분위기를 조성하는 분만방법 등이 포함된다(Bigner, 2006).

① 무통분만

무통분만은 마취제를 사용하여 산모의 산통을 줄이는 분만법이다. 마취방법은 제왕절개 수술을 할 때와 같이 허리 부위를 통해 척추를 싸고 있는 경막외각에 국소마취제를 주입한다(Bourgeois, 2004). 무통분만 시에는 하반신만 작용하는 부분 마취를 실시하기 때문에 산모의 의식과 다른 부위의 감각은 살아 있어 의사의 지시에 따라 분만에 적극적으로 참여할 수 있다는 장점이 있다. 또한 과도한 통증 때문에 생기는 근육긴장을 이완시킬 수 있고, 출산과정에서 나타날 수 있는 산모의 호흡문제로 인한 태아의 저산소증 등을 막을 수 있는 장점이 있다.

그러나 무통분만에 사용되는 마취제의 영향력이 어떠한지에 대해서는 아직까지 일관된 결론이 정립되어 있지는 않다. 일부에서는 무통분만에 사용되는 마취제의 양이 소량이기 때문에 태아와 산모에게 영향을 미치지 않는다고 설명하기도 하지만, 또 다른 일부에서는 무통분만이 아동발달에 부정적인 영향을 미칠 수 있음을 주장한다. 즉 무통분만으로 낳은 아기들을 종단적으로 연구한 결과, 유아기 때의 신체발달에서 약간의 지체를 보였다는 연구도 있다(Studd, 2004). 무통분만의 영향력에 대한 정확한 결론은 아마도 무통분만으로 낳은 아기들이 아동기를 거쳐 청소년기, 성인기, 노년기까지 발달하게 되는 전 생애의 시간이 경과한 후에야 가능할 것으로 보인다.

② 르봐이예 분만법

르봐이예 분만법은 프랑스의 산부인과 의사인 Leboyer(1975)에 의해 제안된 방법으로, 출산의 주체인 태아와 산모 중심의 분만방법이다. 르봐이예 분만에서는 출산과정 및 출산 직후 환경에 대한 태아의 적응을 최우선으로 하기 때문에 출산환경을 모체의 배 속과 유사하게 조성함으로써 태아의 스트레스를 줄이고 출생 후 바깥 환경에 잘 적응할 수 있도록 돕는 방법을 사용한다. 르봐이예 분만은 산모와 태아의 유대관계도 중요시하기 때문에 출산과정을 의사가 주도하기보다는 산모와 태아가 주도하도록 한다.

르봐이예 분만을 위해서는 분만실의 조명을 약간 어둡게 하여 자궁 내 환경과 비슷하게 맞추며, 산모가 평소에 즐겨 듣던 음악을 조용하게 틀어놓고 일체의 외부 소음을 줄임으로써 태아와 산모 모두에게 편안함을 제공한다. 출생 직후 신생아에

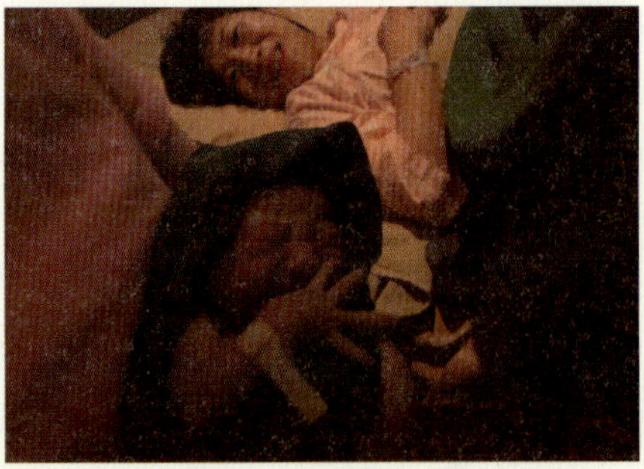

어두운 조명에서 이루어지는 분만

게 인위적으로 호흡을 유도하기 위해 자극을 주지 않으며, 엄마 배 위에서 심장소리를 들으며 스스로 폐호흡을 할 수 있도록 시간을 둔다. 탯줄을 자른 후에는 양수와 동일한 온도의 물에 담가 바깥 공기와의 접촉을 줄인다. 이러한 배려들을 통해 신생아는 빛과 소리로 인해 생기는 스트레스로부터 보호받을 수 있으며 산모와의 유대를 강화할 수 있다는 장점을 지닌다.

③ 라마즈 분만법

라마즈 분만법은 프랑스 의사인 Lamaze(1970)가 소개한 방법으로, 연상법 · 이완법 · 호흡법 등의 심리적이고 육체적인 훈련을 통해 출산 시의 고통을 줄이는 분만법이다. 연상법은 진통 시 기분이 좋고 즐거웠던 일을 생각하여 몸과 마음을 평화롭고 안정되게 도와주고 이를 통해 고통을 분산시키는 방법이다. 이완법은 진통 시 온몸의 근육이 경직되는 것을 막기 위해 진통과 진통 사이에 관절의 힘을 빼면서 손목, 팔꿈치, 목, 무릎, 허벅지 등의 근육이완을 시도하는 방법이다. 호흡법은 출산 단계에 따라 적절한 호흡법을 적용하여 산모와 태아에게 충분한 산소를 공급하는 것이 목적이다. 또한 분만 중 불규칙해지는 호흡을 바로잡아 진통에만 쏠리는 신경을 호흡 쪽으로 바꿔 통증을 경감시키는 효과를 꾀한다. 따라서 라마즈 분만법은 출산 전에 꾸준히 연습하여 출산 상황에서 무의식중에도 연상, 이완, 호흡을 동시에 할 수 있도록 산모의 노력과 준비를 요하는 분만법이다.

라마즈 분만법과 비슷한 유형으로 소프롤로지sophrology 분만을 들 수 있다. 소프롤로지 분만은 근육이완법과 자율훈련법을 요가와 배합하여 만든 분만법으로, 출산이 고통이 아닌 기쁨이라는 자기암시를 통해 적극적으로 분만의 진통을 받아들이게 하는 방법이다. 이처럼 정신수련을 통해 통증을 완화한다는 점에서 라마즈 분만법과 비슷하지만, 소프롤로지는 복식호흡을 하고 남편에게 의존하지 않는다는 점에서 차이가 있다(랜덤하우스코리아, 2006).

④ 수중분만

수중분만은 1970년 영국인 의사 Odent가 의학잡지에 물속에서 분만 시 진통완화의 효과가 있다는 논문을 발표하면서 관심을 받게 된 분만법이다. 수중분만은 고대 기록에서도 그 유래를 찾아볼 수 있으나 수중 감염의 우려 때문에 현대 의학에 의해 밀려났다가 여러 가지 장점이 부각되면서 최근 들어 다시 많이 사용되고 있다. 양수와 비슷한 환경에서 분만을 하기 때문에 아기가 자궁 밖의 환경에서도 안정적으로 적응할 수 있고, 물속에서 산모의 회음부도 부드러워져 회음부 열상이 적게 나타난다. 또한 진통에 대한 두려움과 긴장을 줄이고 자궁수축으로 인한 통증과 불편함을 줄일 수 있다는 장점이 있다(Odent, 2001).

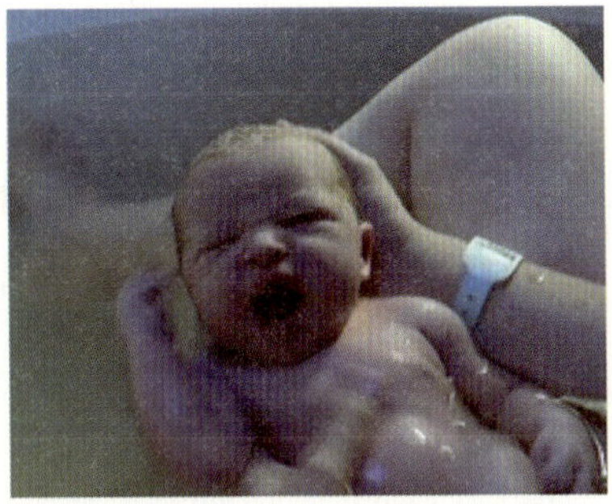
수중분만 장면

4) 출산 시의 문제

(1) 출생의 정신적 외상

최근 영아들이 출산과정에서 겪는 부정적 경험에 대한 우려의 목소리가 높아지고 있다. 예전에는 출산의 고통은 산모에게 해당하는 것이며 영아들은 출산 시 고통을 느끼지 않거나 느끼더라도 기억하지 못한다고 여겼다. 그러나 최근의 연구들에 의하면 영아들은 자극으로부터 보호받았던 안정적인 자궁 안의 환경에서 벗어나 출산과정 동안 처음 경험하게 되는 외부 자극에 의해 스트레스를 경험한다. 그리고 일부 영아들은 그러한 경험에 의해 정신적 외상을 겪고, 이는 이후 영아발달에 지속적으로 부정적인 영향을 미친다는 것이다(Papalia, Olds, & Feldman, 2006).

이러한 이유로 르봐이예 분만과 같이 태아가 경험하는 스트레스성 외부 자극을 최소화하는 태아 중심의 분만에 대한 관심이 증가한다고 볼 수 있다. 또한 태아경이나 초음파 촬영기, 태아심박수 측정기 등의 태아 관찰기기들을 이용하여 출산과정에서 겪는 위험한 상황을 줄이고자 하는 노력이 이루어지고 있다.

(2) 과숙아

과숙아란 임신 38주에서 42주 사이에 태어나는 정상아와 달리 42주까지 태어나지 않는 아기를 의미한다. 대개 약 임신 42주가 지나면 모체의 변화로 인해 탯줄을 통해 공급되는 산소 및 혈액의 양이 현저히 줄어든다. 산소 및 혈액 양의 감소는 태아의 뇌손상을 야기할 수 있으며 심각한 경우 사망에 이르게 하기 때문에 과숙아에 대한 관리가 요구된다.

과숙아는 출산과정에서도 어려움을 겪을 수 있다. 즉 과숙아는 40주를 넘어 산모의 배 속에서 계속 성장하기 때문에 태아의 크기가 산모의 골반을 통과하여 자연분만하기에 부적합해지는 경우가 많다. 따라서 대개의 경우 의사들은 42주 이전에 약물을 통한 유도분만을 권유하거나 제왕절개로 의학적 분만을 시도하기도 한다.

(3) 저체중아

저체중아는 평균 3.4kg 정도의 정상아에 비해 몸무게가 현저히 적어 2.5kg 이하의 체중으로 태어나는 아기를 의미한다. 저체중아에는 정산분만 주수인 38주에서 42주 사이에 태어났으나 체중이 2.5kg 이하인 경우와 38주 이전에 태어나는 경우인 미숙아 모두가 포함된다.

저체중아는 과숙아에 비해 더욱 주의하여 관리되는데, 이는 저체중이 신생아 사망의 주요 요인이기 때문이며 더불어 이후 발달에서 신체적, 인지적, 정서적 문제를 일으킬 확률이 상대적으로 매우 높기 때문이다. 저체중아 중 특히 미숙아의 경우 신체기관들이 충분히 발달하지 못한 채 태어나는데, 호흡기와 순환기의 미성숙은 생명을 유지하는 데 어려움을 야기한다. 또한 임신 후반기까지 지속적으로 발달하는 중추신경계의 이상으로 두뇌발달이 지체되어 학습장애나 운동장애 등이 나타날 수 있으며 심한 경우 뇌성마비나 정신지체와 같은 장애를 갖게 된다. 저체중아의 출산은 많은 경우 유전적인 영향에 의하기도 하나, 이 밖에 임신기간 중 산모의 영양, 건강, 정서 상태, 그리고 기타 약물 복용으로 인한 모체의 변화와도 관계가 있다.

2. 신생아 발달

신생아란 대개 출생 후 4주까지의 아기를 의미한다. 이 시기는 태아가 자궁 속에서 의존적으로 성장하던 것에서 벗어나 독립적인 유기체로 바깥 세상에 적응해 나가는 시기이다. 모체 안에서 태아는 양수에 둘러싸여 성장하였기 때문에 외부로부터의 자극과 충격에 직접적인 영향을 받지 않았다. 그러나 출산과 더불어 신생아는 외부의 모든 자극에 그대로 노출될 뿐 아니라 이전에는 경험하지 못했던 완전히 새로운 환경에 적응해야 한다. 상대적으로 신생아는 신체적, 심리적으로 매우 취약하기 때문에 새로운 환경에 적응하는 데에는 양육자의 특별한 관심과 보호가 필요하다.

1) 신생아의 크기와 외모

(1) 무게와 키

출생 시의 키는 남아가 50.8cm, 여아는 50.1cm로 근소한 차이를 보이며, 몸무게 역시 남아의 경우 평균 3.4kg, 여아는 3.3kg으로 남아가 조금 더 큰 특성을 보인다(대한소아과학회, 1998).

출생 후 며칠 동안 신생아는 섭취하는 양이 적을뿐더러, 폐호흡으로 인해 피부에서 수분이 증발하는 현상이 나타나 체중의 5~10%가 줄어든다(Palpalia, Olds, & Feldman, 2006). 그러나 아기가 서서히 바깥 세상에 적응하면서 생후 1~2주가 지나면 출생 시의 체중을 회복하고 안정적으로 체중이 증가한다.

(2) 머리

신생아의 머리는 신장의 1/4 정도의 비율을 보인다. 출생 직후의 아기들은 모체의 자궁 안에서 팔과 다리를 구부리고 있던 자세를 그대로 유지하기 때문에 신장에 비해 머리의 비율이 훨씬 크게 보이기도 한다.

신생아의 머리둘레는 평균 약 34cm 정도이며, 머리뼈는 여러 조각으로 나뉘어 아직 붙지 않은 상태이다. 두개골 사이의 부드럽고 연한 부분을 천문(숫구멍)이라 부르는데, 출생 직후 신생아의 머리에는 여섯 개의 천문이 있다. 정수리 부분에 위치한 대천문과 정수리 뒤쪽에 위치한 소천문은 아기가 숨을 쉴 때마다 움직임이 나타나기도 한다(정옥분, 2012). 영아의 머리 모양은 생후 18개월경에 완성되는데 이는 천문이 영아기의 기간 동안 서서히 닫히기 때문이다. 출생 직후의 머리 모양은 조금씩 차이가 있긴 하나

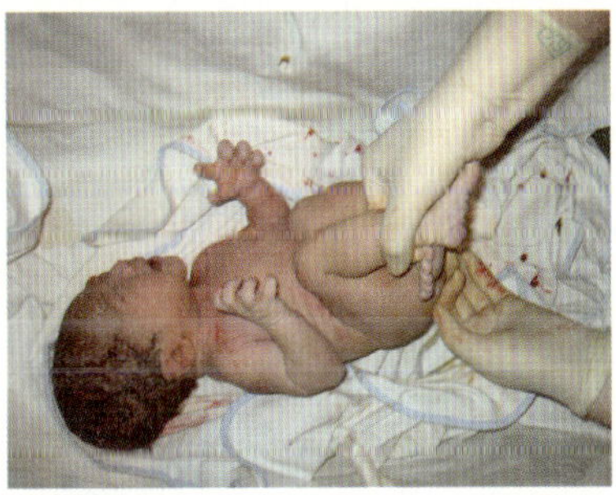

콘헤드corn-head 모양의 신생아 머리 형태

산도를 통과하는 동안 압력을 받는 경우 기다란 옥수수 모양의 형태를 띠기도 한다.

(3) 피부

신생아의 피부는 주름이 많고 대개 분홍빛을 띤다. 일부 아기들은 자궁 안에서 피부를 덮고 있던 솜털인 라누고lanugo가 어깨와 등 부위에 많이 남아 있는 경우도 있는데, 이러한 솜털은 신생아기를 지나면서 서서히 빠진다. 또한 신생아는 황백색의 끈끈한 기름띠인 태지vernix caseosa로 덮여 있는데, 이는 감염으로부터 태아를 보호하는 역할을 한다. 태지 역시 신생아기 동안 서서히 떨어져 나간다(Palpalia, Olds, & Feldman, 2006).

2) 신체체계

(1) 심장박동 및 체온

신생아는 출생 직후부터 심장에 의한 혈액순환을 시작한다. 출생 직후 정상적인 심장박동은 1분에 100~140회 정도이지만, 신생아기 초기에는 순환기계의 기능이 완전하지 않아 심장박동이 매우 빠르고 불규칙한 특성을 보인다.

신생아의 체온은 평균 섭씨 37~37.5도 정도로 성인보다 다소 높다(정옥분, 2012). 또한 체온조절기능이 완전하지 않아 외부 환경의 변화에 따라 땀을 흘리거나 추위를 타는 정도가 성인보다 심하다.

(2) 호흡기계

자궁 속에서 태아는 양수에 둘러싸여 있으며 탯줄을 통해 모체로부터 산소를 공급받기 때문에 폐를 이용한 호흡은 출생 직후에 이루어진다. 신생아는 출산과정 중 폐 안에 있던 양수를 배출하게 되며 출생 직후 반사적인 행동에 의해 스스로 호흡을 시작한다. 이러한 자발적인 호흡은 바깥 공기에의 노출과 탯줄을 통한 산소공급의 부족 등에 의해 나타난다.

출생 후 5분 이내에 호흡이 이루어지지 않으면 아기는 영구적인 뇌손상을 입는다. 따라서 일반적인 병원의 분만과정에서 의사들은 분만 직후 아기에서 강한 자극을 주어 울음을 터뜨리게 하는 방법으로 폐의 호흡을 유도하기도 한다. 신생아의 호흡은 성인과 달리 복식호흡이 주를 이루는데, 정상적인 호흡수는 1분에 40~50회이며 불규칙하게 나타나는 경우도 많다(박성연, 2006).

(3) 소화기계

신생아들은 본능적으로 입에 닿는 것을 빨 수 있는 능력이 있다. 따라서 출생 직후의 아기에게 젖을 물리면 바로 모유를 섭취할 수 있다. 그러나 소화기능이 아직 미숙하여 출생 후 약 1주일은 먹는 양에 비해 충분한 영양 섭취에 어려움이 있다. 영양분 섭취에 문제가 있는 경우 신생아는 혈액이 섞인 소변을 배출하기도 한다. 신생아의 위 구조는 성인과 달라 일자의 형태를 띠기 때문에 쉽게 토하기도 한다.

한편, 출생 후 1~2일 동안 신생아는 끈적이고 검은 초록색의 태변을 본다. 태변은 자궁 속에서 태아가 흡입한 물질들을 배출하는 것으로, 산모의 초유는 신생아의 장운동을 자극하여 태변 배출에 도움을 준다. 신생아기 동안 소변과 대변의 횟수와 양은 개인차가 매우 크다.

신생아는 간기능이 미숙하여 황달에 걸리는 경우가 많다. 신생아 황달은 정상아의 60~80%에서 나타나는 생리적 황달로 병적 황달과는 구분된다. 신생아 황달은 대개 생후 3~4일경에 나타났다가 생후 7~10일 정도에 저절로 사라지며, 피부와 눈동자가 노란색을 띠고 모로반사와 같은 놀람반사가 약해지는 증상을 보인다(하정훈, 2012).

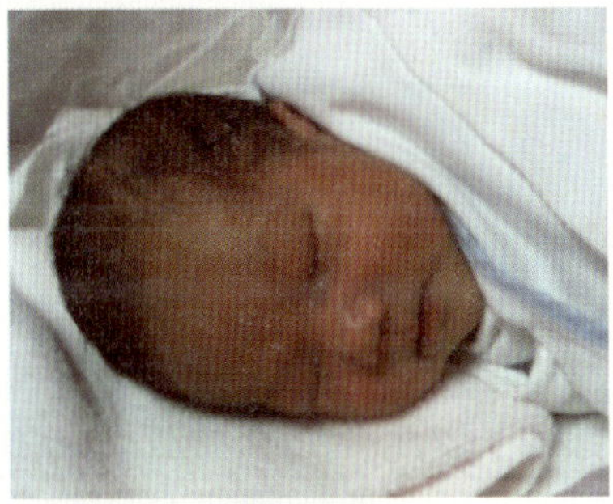

황달에 걸린 신생아

3) 초기 반사행동

반사행동이란 외부 자극에 대해 신생아가 보이는 자동적이고, 무의식적이며, 선천적인 반응을 의미한다. 초기 반사행동의 대부분은 생후 6개월에서 1년 사이에 사라진다는 점에서 의식적인 행동과는 구별된다. 신생아들은 27개의 주요한 반사행동을 보이는데, 먹이찾기반사나 파악반사 등과 같은 반사행동은 생존과 보호의 본능적인 욕구와 관련이 있다. 주요 반사행동 중 몇 가지를 살펴보면 다음과 같다(Palpalia, Olds, & Feldman, 2006).

(1) 파악반사

신생아의 손바닥을 자극하면 강하게 주먹을 쥐어 손에 닿은 것을 잡는다. 이때 신생아의 악력이 매우 강하여 파악반사를 보이는 상태에서 잡아당기면 신생아의 몸 전체를 들어 올릴 수 있을 정도이다. 파악반사는 임신 7개월경의 태아 때부터 관찰되며 생후 4개월경 사라진다. 진화론적 입장에서 파악반사는 젖을 먹거나 보호받기 위해 어미에게 매달렸던 행동이 나타나는 것으로 설명되며, 다윈반사 Darwinian reflex라고도 한다.

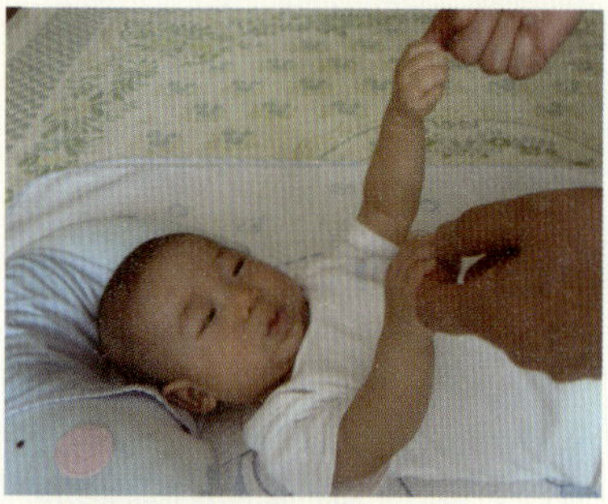

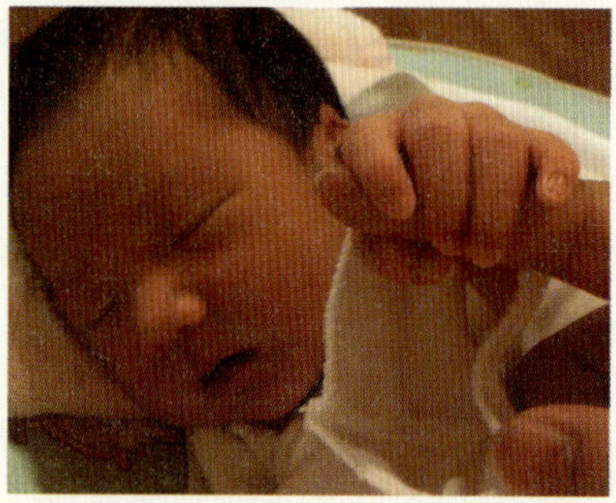

파악반사

(2) 먹이찾기반사

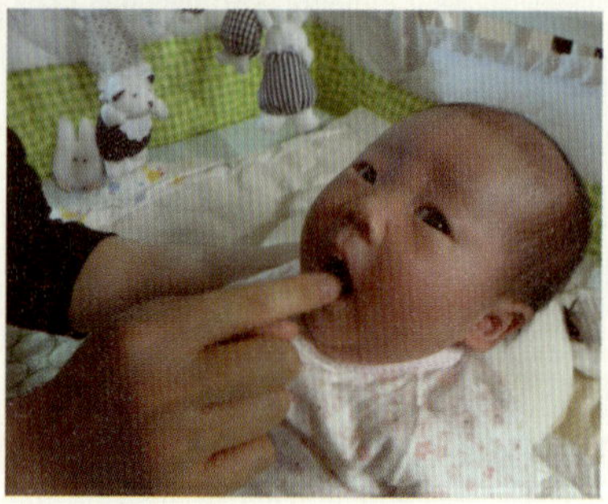

먹이찾기반사

신생아의 뺨이나 아랫입술을 손가락이나 젖꼭지로 자극하면 신생아는 자극의 방향으로 머리를 돌리고 입을 벌려 빨기행동을 한다. 먹이찾기반사는 출생 시부터 나타나 생후 9개월경 사라진다.

(3) 모로반사

모로반사Moro reflex는 놀람반사라고도 하는데, 신생아를 떨어뜨리거나 큰 소리를 들려주면 머리를 뒤로 젖히고 팔다리와 손가락을 뻗는 행동을 보이는데, 이때 두 팔은 무엇을 껴안듯 활 모양을 취한다. 모로반사는 임신 7개월경에 나타나 생후 3개월경에 사라진다.

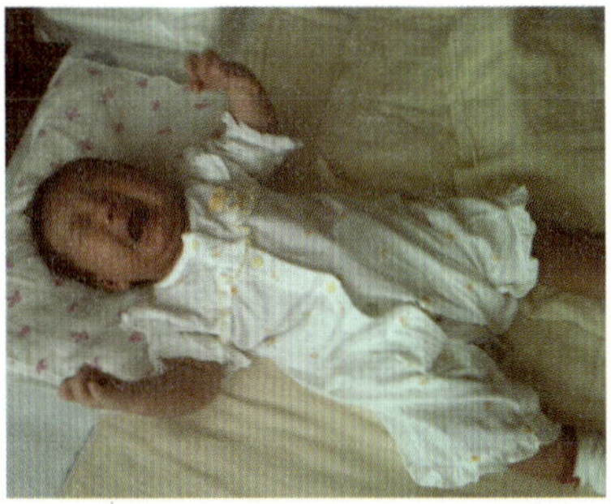

모로반사

(4) 목강직반사

신생아는 등을 바닥에 대고 눕히면 한쪽으로 고개를 돌리고 선호하는 방향으로 팔과 다리를 뻗는다. 그리고 반대편의 팔과 다리는 구부리는 행동을 보인다. 이러한 목강직반사는 임신 7개월경에 나타나 생후 6개월경에 사라진다.

(5) 바브킨반사

신생아는 양쪽 손바닥을 동시에 자극하면 입을 벌리고 눈을 감으며 머리를 앞으로 구부리는 반사행동을 보이는데, 이를 바브킨반사Babkin reflex라 한다. 바브킨반사는 출생 시 출현하여 생후 3개월경에 사라진다.

(6) 바빈스키반사

바빈스키반사Babinski reflex는 신생아의 발바닥을 건드리면 발가락을 폈다가 오므리는 반사행동을 의미한다. 이러한 행동은 출생 시 나타나 생후 4개월경에 사라진다.

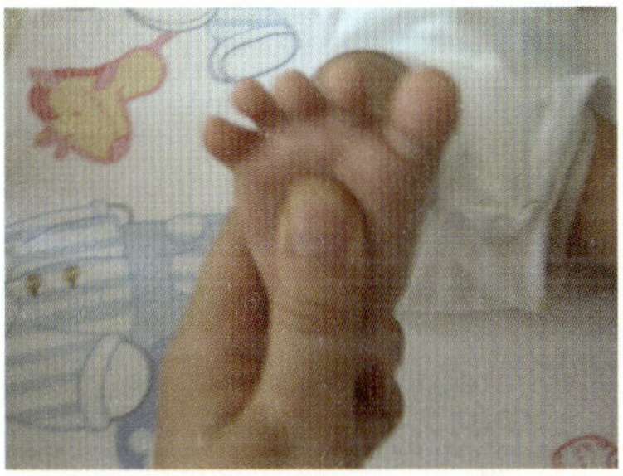

바빈스키반사

(7) 걸음마반사

신생아는 팔을 부축하여 평평한 바닥에 맨발이 닿게 세우면 다리를 번갈아 걷는 행동을 보인다. 이를 걸음마반사라 하며 생후 1개월경에 나타나 4개월경에 사라진다.

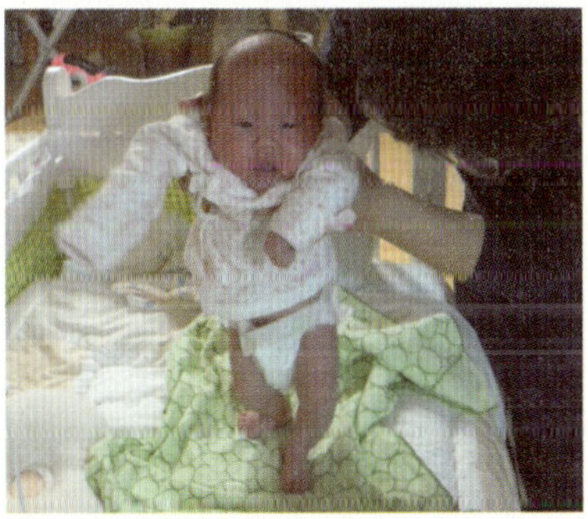

걸음마반사

(8) 수영반사

신생아는 얼굴이 아래를 향하도록 하여 물속에 담그면 수영을 하는 듯한 움직임을 보인다. 이러한 수영반사는 생후 1개월경에 나타나 4개월경에 사라진다.

4) 초기 감각능력

(1) 촉각과 고통

촉각은 태내기 중 가장 먼저 발달하는 감각이며, 생후 첫 몇 달 동안 가장 많은 발달을 보인다. 앞서 살펴본 다양한 초기 반사행동은 신생아기 동안 나타나는 촉각의 성숙과 관계가 있다.

신생아기에 경험하는 고통은 이후 영아기의 고통에 대한 민감성에 영향을 준다. 즉 출생 직후에 고통을 많이 경험하는 경우 고통에 더 민감해진다(Palpalia, Olds, & Feldman, 2006). 경험적 연구에 의하면 출생 시 할례의 경험이 있었던 영아들은 그렇지 않은 영아들에 비해 고통에 더 민감하게 반응했는데, 이러한 연구 결과는 신생아기의 촉각발달을 가늠할 수 있는 정보가 된다.

(2) 후각과 미각

후각과 미각은 자궁에서부터 발달하기 시작하여 이미 태아의 경우에도 단맛과 쓴맛을 구분할 수 있다(박성연, 2006). 출생 시 후각과 미각은 거의 완성되어 태어나며, 신생아기에는 맛에 대한 선호도를 보인다. 이러한 선호도는 선천적인 것으로 신맛, 쓴맛, 짠맛에 비해 단맛을 더 좋아한다.

신생아는 특정한 냄새에도 선호도를 보인다. 엄마의 모유와 다른 사람의 모유를 각각 묻힌 가제수건을 생후 6일 된 신생아의 양쪽 볼에 대는 실험을 한 결과, 엄마의 모유가 묻은 수건 쪽으로 고개를 돌리는 행동을 보였다. 이는 신생아들이 다른 사람의 모유보다 엄마의 모유 냄새를 선호한다는 사실을 보여준다.

(3) 청각

청각기관은 출생 전부터 기능하기 때문에 태아기 때 엄마 목소리와 같이 자주 듣는 소리를 기억하고 그것에 반응하는 행동을 보이기도 한다. 그러나 소리를 구분하는 능력은 출생 후 급격하게 발달하여 생후 1개월경 '바'와 '파' 음과 같이 비슷한 음을 구분하게 된다.

청각에 있어서도 신생아는 선호도를 보이는데 잡음보다는 사람의 목소리, 특히 친숙한 사람의 목소리를 좋아한다. 청각은 언어발달에 주요 요인이므로 청각에서의 문제는 가능한 한 조기에 발견해야 한다.

(4) 시각

시각은 출생 시점에서 가장 늦게 발달하는 감각이다. 신생아의 눈은 약 30cm 거리를 보기에 가장 적합하다. 이는 엄마와 아기 사이의 유대감을 촉진하기에 적절한 거리로, 수유 시 아기를 안는 자세에서 엄마와 아기 사이의 시각 거리에 해당한다.

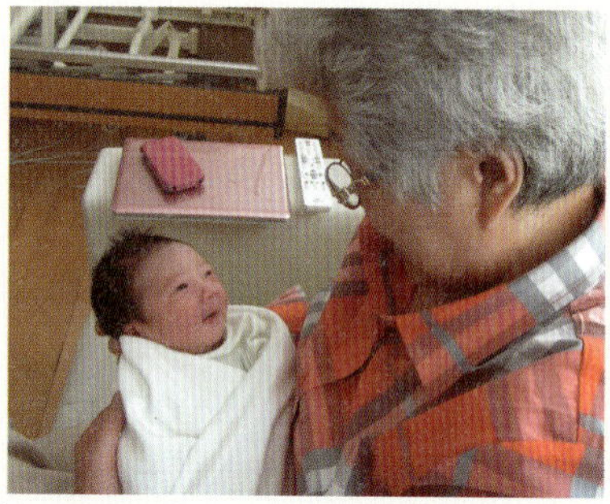

생후 1일 된 아기의 눈맞춤

움직이는 사물을 따라 볼 수 있는 능력과 색에 대한 지각능력은 신생아기 동안에 급격하게 발달하며 영아기 동안 정교해진다. 생후 1개월 된 아기는 움직이는 사물을 볼 수 있으며, 3개월경에는 물체의 전체 형태를 파악할 수 있고, 약 4개월이 되면 빨강, 초록, 파랑, 노랑 등의 색을 구분하게 된다(Palpalia, Olds, & Feldman, 2006).

두 눈을 사용하여 초점을 잡아 깊이와 거리를 지각하게 하는 양안시binocular vision는 약 4~5개월이 될 때까지 발달하지 않는다. 따라서 신생아는 높이와 깊이를 정확하게 지각할 수 없다.

5) 신생아의 의학적 행동 측정

(1) Apgar 검사

Apgar 검사는 신생아의 신체적 상태를 육안으로 쉽게 판단할 수 있도록 만든 표준화된 검사도구로, 분만 1분 후와 5분 후에 Apgar 척도를 통해 신생아의 건강 상태를 평가한다(Apgar, 1953). 검사의 내용은 외모, 맥박, 반사행동의 민감성, 근육 활동성, 호흡 등 5개 항목에 대한 평가로 구성되어 있다. 검사의 채점은 각 항목에 대해 0~2점으로 평가하며 10점 만점 중 몇 점에 해당하는지로 신생아의 상태를 판단한다. 7~10점은 신생아의 상태가 양호함을 의미하며, 5점은 발달적 어려움을, 3점 이하는 생존과 관련된 위급한 상태를 나타낸다. Apgar 점수는 응급처치의 필요성 여부를 조사하거나 신생아의 예후를 판정하는 지표로 많이 이용된다.

표 5-1 Apgar 점수 기준

점수	0점	1점	2점
외모 Appearance	푸른색을 띄며 창백하다.	몸은 분홍색이나 팔과 다리가 푸른색이다.	전신이 분홍색이다.
맥박 Pulse	거의 없다.	1분에 100 이하이다.	1분에 100~140번이다.
반사민감성 Grimace	반응이 없다.	찡그린다.	기침, 재채기, 울음
활동성 Activity	무기력하고 축 늘어져 있다.	• 약하고 비활동적이다. • 사지에 약한 굴곡이 나타난다.	강하고 활동적이다.
호흡 Respiration	1분 이상 호흡이 없다.	불규칙하고 느리다.	양호하며 정상적인 울음

(2) Brazelton 신생아 행동평가 척도

Brazelton 신생아 행동평가 척도Brazelton Neonatal Behavioral Assessment Scale(이하 NBAS)는 생후 30일 이전에 신생아의 운동능력, 생리적 조절능력, 상호작용능력의 평가를 통해 자극 및 주위 환경에 대한 신생아의 반응을 측정하는 신경 및 행동검사이다(대한소아재활의학회, 2006). 1970년대 이전에는 신생아기에 인지기능을 평가하거나 그 외의 신경행동학적인 평가를 하는 것은 어려운 일로 여겨졌다. 그러나 1973년 Brazelton이 신생아 신경행동평가를 개발함으로써 그동안 환경자극을 수동적으로 받아들이는 존재로만 여겨졌던 신생아가 자극을 받으면 이를 차단하거나 익숙한 반응을 보이거나 혹은 잠을 자는 등의 상태 변화로 자극에 대응할 수 있다는 것을 알게 되었다.

NBAS는 총 45문항으로 구성된다. 그중 27문항의 생리, 운동, 상태조절, 상태조직, 사회적 상호작용은 최저 1점에서 최고 9점으로 점수가 높을수록 행동조직 능력이 좋음을 의미한다. 18개의 반사항목들은 0~3점 척도로, 정상은 2점, 1점 이하나 3점은 비정상 반응을 의미한다. NBAS에서는 모든 항목을 합한 총점보다는 각 항목별, 동군별 안정성을 평가하는 데 의미가 있다. 정상 신생아인 경우 검사 시 시행한 자극의 낮은 역치에도 환경자극에 반응하고 있어 각 항목별로 점수가 높게 나오는 반면, 고위험 신생아인 경우 자극에 대한 반응 역치가 낮고, 반복적인 자극에 익숙해지는 능력이 없어 점수가 낮다(신영희 등, 1999).

표 5-2 Brazelton 신생아 행동평가 척도 영역별 측정내용

영역	내용
습관화	신생아가 잠든 동안 자극을 주었을 때 여기에 반응하고 억제하는 능력
사회성-상호작용 (주의집중)	자극에 주의집중하는 능력과 전반적인 민활성
운동체계	신생아의 활동 수준과 운동의 질, 긴장도
상태조직력	각성 상태와 상태의 가변성
상태조절능력	• 자극을 낮은 수준에서 높은 수준으로 계속 증가시켰을 때 신생아가 자극 정도에 따라 자신의 상태를 조절해 나가는 능력 • 신생아가 내적 또는 외적 자극에 반응하여, 현재의 각성 상태에서 다른 상태로 변화할 수 있는 능력
자율신경 안정성	중추신경계의 항상성 유지와 연관된 스트레스의 징후
반사	비정상 반사의 횟수

6) 신생아의 생활패턴

(1) 수면

신생아는 하루 중 대부분의 시간 동안 잠을 잔다. 생후 1~2일 된 아기들은 하루에 20시간 이상 잠을 자기도 하지만 이러한 수면시간은 개인차가 커서 어떤 아기는 하루에 11시간을 자기도 하고 다른 아기는 21시간을 자는 경우도 있다. 신생아기가 끝나고 영아기로 접어들면 하루 수면시간은 점차 줄어들어 깨어 있는 시간이 많아진다.

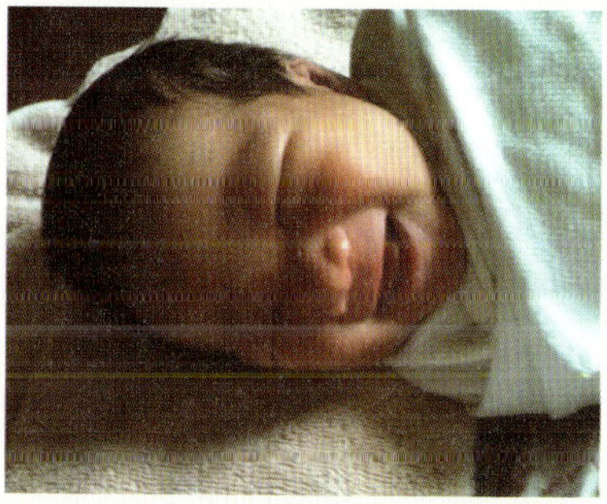

REM 수면 중 배냇짓을 하는 신생아

신생아는 하루 동안 깊은 수면, 활동적 수면, 졸음 상태, 조용히 깨어 있는 상태, 활동적으로 깨어 있는 상태 등 다섯 가지 상태를 반복하며 생활한다. 대부분의 신생아는 매 2~3시간마다 잠을 깨기 때문에 하루에 6~8번 잠을 자는데, 여기에는 두 가지 수면 상태가 모두 포함된다. 즉 눈을 감고 움직임이 없이 규칙적인 호흡 상태에서 이루어지는 깊은 수면non-rapid-eye-movement sleep, NREM과 자는 동안 얼굴표정이 바뀌고 눈동자가 빠르게 움직이며 불규칙한 호흡 상태에서 이루어지는 활동적 수면rapid-eye-movement sleep, REM이 2~3시간 간격으로 나타난다.

REM 수면은 어른이 꿈을 꾸는 상태와 유사한 수면 상태로, 영아기 동안 전체 수면의 50~80%를 차지한다. 이러한 REM 수면은 6개월경, 영아의 수면의 반 이상이 밤에 이루어지게 되면서 점차 줄어들어 약 30%의 비율을 차지하게 된다. 전체 수면 중 REM 수면이 차지하는 비율은 일생을 통해 점점 줄어든다(정옥분, 2012) 그림 5-2.

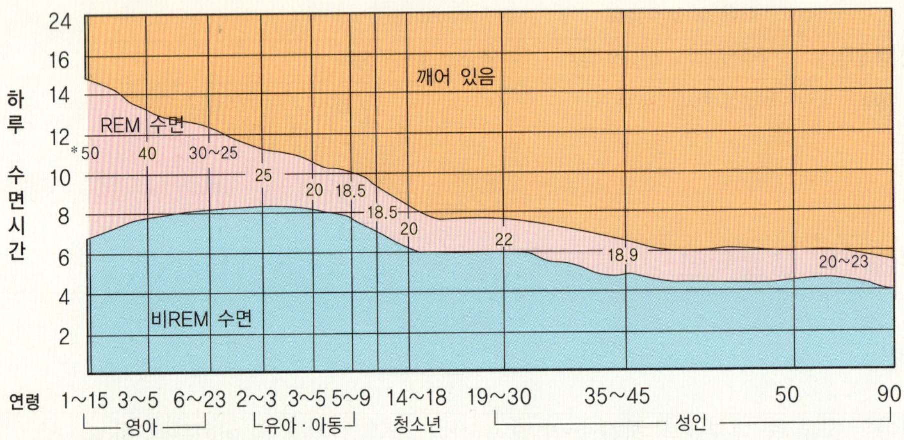

* 전체 수면 중 REM 수면의 비율

그림 5-2 | 연령에 따른 REM 수면의 비율 변화

출처 : Mussen, Conger, & Kagan(1990)

(2) 수유

신생아는 2시간 정도의 간격으로 하루에 약 8~12번 정도 먹는다. 수유를 시작하는 시기나 방법, 양 등은 엄마와 아기의 건강 상태나 환경적 여건에 따라 차이가 있으나 특별히 출산 직후부터 약 2일간 분비되는 모유인 초유는 신생아의 면역력 향상에 탁월한 효능이 있으며 뼈의 강화와 알레르기 예방에도 도움이 되기 때문에 권장된다.

신생아 수유는 크게 모유수유와 인공수유로 나눌 수 있다. 모유수유는 영양 및 건강 측면은 물론 인지발달과 정서발달에서도 우수한 것으로 알려져 있다. 모유는 분유보다 소화가 잘되고, 영양도 좋을 뿐 아니라 알레르기가 적기 때문에 극소수의 특수체질 영아를 제외한 모든 영아에게 분유보다 더 좋다. 영양학적으로 모유와 분유는 그 성분에서 두 가지 차이가 있다. 첫째, 모유는 단백질 · 지방 · 비타민 · 칼슘 · 무기질 등 신생아 발달에 필요한 영양소가 골고루 함유되어 있을 뿐 아니라 성장발달에 맞게 그 성분이 변화하기 때문에 생후 6개월까지는 다른 음식의 섭취 없이도 충분한 영양공급이 가능하다. 둘째, 모유는 카세인 단백질 성분이 적어 알레르기를 일으킬 확률이 분유에 비해 일곱 배나 낮다는 보고도 있다(Newman, 1995).

모유수유는 인공수유에 비해 두뇌발달에도 더 긍정적인 효과가 있다. 모유 자체의 지방 및 DHA 성분이 뇌발달에 긍정적 영향을 주기도 하지만, 이와 함께 모유수유 시 신생아의 빨기행동이 뇌발달을 촉진한다고 알려져 있다. 즉 수유 시 신생아는 빨기행동을 통해 입과 턱, 혀를 활발하게 사용하는데, 이러한 근육운동은 혈류량을 증가시키고 에너지를 사용함으로써 뇌발달에 영향을 미친다. 또 모유수유 시 영아의 빠는 힘은 인공수유 시 젖병을 빠는 힘보다 훨씬 강하기 때문에 더 많은 자극과 발달이 이루어진다고 한다.

또한 모유수유는 엄마와 아기 사이에 빈번한 피부 접촉과 눈맞춤을 가능하게 하기 때문에 엄마와 아기 모두에게 정서적 만족과 안정감을 줄 수 있으며, 따라서 안정된 애착형성에 도움이 된다. 이 밖에도 모유수유는 산모의 자궁수축을 도와 산후회복에 도움이 되며 유방암이나 난소암의 위험을 줄여준다(하정훈 · 정유미, 2009).

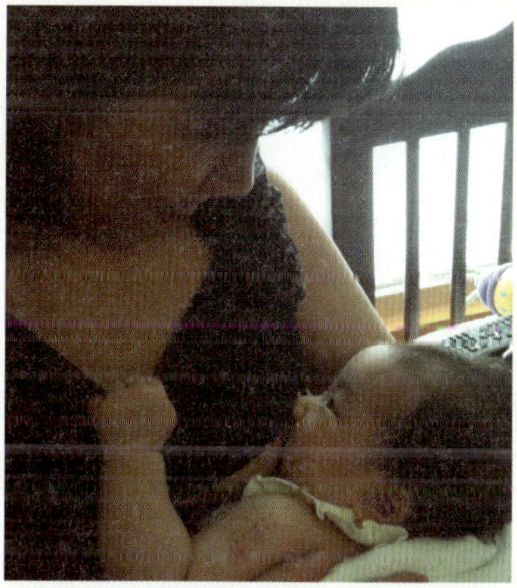
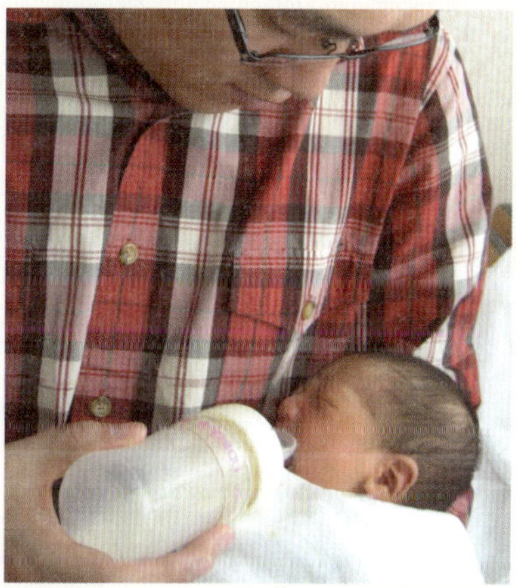

모유수유와 인공수유

Chapter 6

영아기 발달

1. 신체운동 발달
2. 인지언어 발달
3. 사회정서 발달

6

인간의 전체 생애를 발달학적으로 크게 구분할 때 일반적으로 영아기, 유아기, 아동기, 청소년기, 성인기, 노년기 등으로 나누는 경우가 많다. 그러나 이러한 구분은 일관되게 정해진 것은 아니며 학자마다 차이를 보인다. 더욱이 각 발달연령에서 세부적인 단계를 구분할 때 그 기준은 더 다양해진다.

본 장에서는 교재의 전체에서 다루고 있는 임신부터 36개월까지의 영아 중 신생아기로 분류되는 출생 직후의 첫 1개월을 제외한 생후 2개월부터 18개월까지의 기간을 영아기로 구분하여 다루고자 한다. 영아기는 1년 남짓의 짧은 기간 동안 매우 급격한 신체적, 인지적, 정서적 발달과 성장이 이루어지는 중요한 시기이며, 이 기간 동안의 발달결과가 전 생애에 지속적으로 영향을 미친다는 측면에서 매우 중요한 시기로 이해된다.

1. 신체운동 발달

1) 신체 크기 및 비율의 변화

생후 첫 1년 동안 영아의 신장은 출생 시의 약 50% 정도인 25cm 이상 자라게 된다. 즉 출생 시의 신장은 평균적으로 50~50.8cm 정도인데, 12개월경에는 약 76~77cm, 18개월경에 약 82~82.7cm로 성장하며, 2세경이 되면 87~88cm 정도로 커져 성인 평균 신장의 절반에 해당하는 신장발달을 보인다.

체중은 영아기 동안 신장에 비해 상대적으로 급격히 성장하여 출생 시 체중의 세 배가 넘는 증가율을 보인다. 출생 시 평균 3.3~3.4kg의 체중은 12개월경에 약 9.8~10.3kg으로 증가하며, 18개월경에는 11.2~11.7kg으로 성장한다(대한소아과학회, 1998). 체중의 증가는 지방 및 근육의 발달과 관련된다. 영아들은 대개 많은 시간을 누워 있으며, 따라서 걸음마기 이전의 영아들은 섭취하는 영양분에 비해 운동량이 상대적으로 적다. 이러한 이유로 출생 후 약 9개월경까지 체지방이 지속적으로 증가한다.

출생 시의 평균 신장과 체중은 성별에 따라 다소 차이가 있지만 영아기 동안의 신장 및 체중의 증가율은 남아와 여아의 비율이 비슷하다. 따라서 출생 시 여아에 비해 남아가 신장과 체중에서 더 컸던 성별에 따른 차이는 18개월경까지 지속된다.

신체 비율의 변화를 살펴보면, 신생아의 경우 머리가 전체 신장의 25%에 해당하여 비율상 머리가 상당히 커 보인다. 그러나 영아기 동안 몸통이 빠르게 성장하며 팔과 다리도 길어져서 약 2세경이 되면 머리의 크기가 신장의 20% 비율로 감소한다(Muzi, 2000).

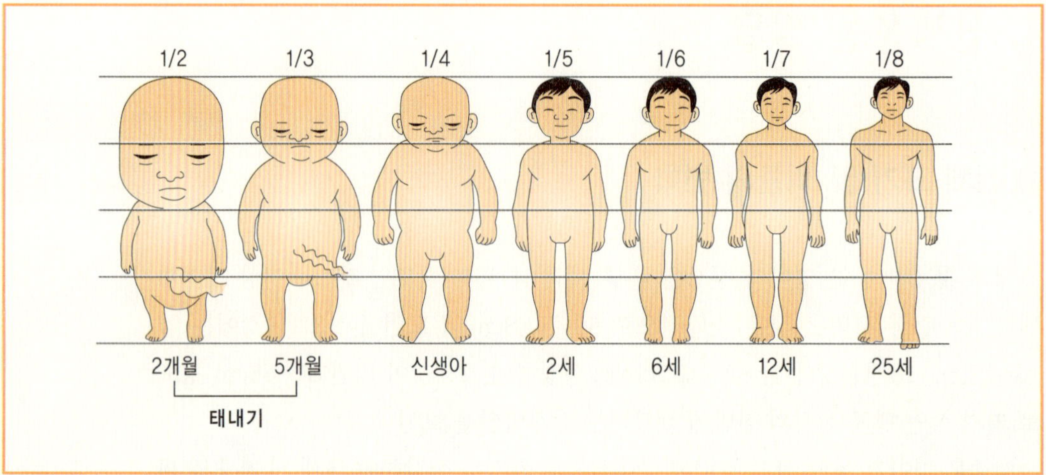

그림 6-1 | 연령대별 신체 크기 비율

2) 골격의 발달

출생 직후 매우 의존적인 신체적 특징을 보이던 신생아는 영아기를 지나는 동안 누워 있는 상태에서 발전하여 앉고 서고 걷게 되며 손가락을 사용하는 등의 크고 작은 운동적인 발달을 보인다. 이러한 신체운동 발달은 영아기 동안의 골격발달 및 근육발달과 밀접한 관계가 있다. 영아의 골격은 성인과 비교할 때 크기와 강도, 그리고 수에서 차이를 보여 성인에 비해 매우 약하고 유연할 뿐 아니라 적은 수로 이루어져 있다. 영아기 동안 골격은 더 단단해지고 목과 팔다리 등의 골격이 발달함에 따라 다양한 운동적 변화가 가능해진다.

영아기 동안에 이루어지는 골격의 변화 중 눈에 띄는 발달로 치아발달을 들 수 있다. 일반적으로 영아의 치아는 7~8개월경에 아랫니부터 나기 시작하며, 영아기가 끝나는 18개월경에는 위아래 두 개씩의 어금니를 포함하여 총 16개 정도의 치아가 생긴다(박성연, 2006). 따라서 영아기가 끝날 무렵에는 음식을 뜯고 씹는 데 큰 무리가 없는 치아 상태를 갖추게 된다.

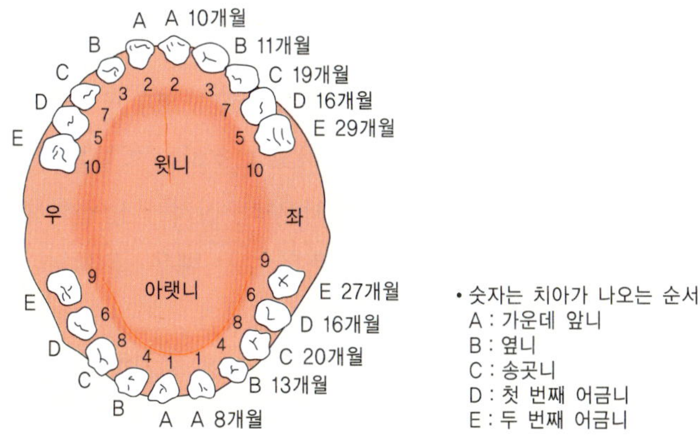

그림 6-2 | 치아가 나오는 순서

출처 : 박성연(2006)

3) 뇌와 신경조직의 발달

출산 전 태내기부터 시작되는 뇌의 성장은 영유아기와 아동기를 거쳐 지속적으로 이루어진다. 그리고 출생 후 신생아기와 영아기 동안 뇌의 성장이 급격하게 이루어지며 이후의 신체, 인지, 정서발달에 기초가 된다는 점에서 매우 중요하다.

(1) 뇌의 주요 발달영역

뇌는 임신 2주경부터 서서히 발달하기 시작한다. 뇌에는 여러 역할을 담당하는 다양한 영역들이 존재하는데, 이 중 척수와 뇌간은 출생 전에 급격한 발달을 이루어 출생 시 거의 완성된 상태로 태어난다. 그러나 소뇌와 대뇌 등의 다른 영역들은 출생 이후 영아기 동안 많은 발달을 보이는데, 특히 생후 1년 동안 가장 빠른 발달을 보이는 영역이 소뇌이다. 소뇌는 감각을 받아들이고 근육의 긴장도를 조절하여 균형과 이동능력을 관장하는 역할을 한다(Papalia, Olds, & Feldman, 2006). 이러한 소뇌의 발달로 인해 영아기에는 감각을 통해 세상을 인지하고 다양한 운동조절능력을 갖게 된다.

(2) 신경세포

뇌는 뉴런과 아교세포glia cell로 이루어져 있다. 뉴런은 정보를 주고받는 역할을 하는 신경세포로 신경계를 이루는 기본 세포이다. 아교세포는 신경세포들을 둘러싸고 있는 그물구조의 조직으로 뉴런을 지지하고 보호하는 역할을 한다.

영아기에 나타나는 뇌세포의 발달은 뉴런의 양적, 질적 성장에 의해 이루어진다. 즉 신생아기와 영아기 초기의 기간 동안 뉴런의 수는 매우 급격하게 증가하며, 그 구조도 더 복잡해지고 다른 뉴런들과 더 많이 연결되면서 기능도 보다 정교해진다. 예를 들어 감각뉴런의 정교화는 보다 많은 감각자극을 인지할 수 있게 한다. 또한 근육을 제어하는 운동뉴런의 정교화는 보다 미세한 근육운동을 가능하게 할 뿐 아니라 감각과 운동 사이의 통합을 통해 눈과 손의 협응과 같은 능력이 발달하게 된다.

4) 운동기술의 발달

(1) 운동기술의 발달원리

영아기에 골격과 근육이 성장하고 뇌의 신경조직이 발달함에 따라 영아의 다양한 운동기술도 발달한다. 출생 직후의 신생아가 가지고 있는 운동능력은 매우 제한적이다. 고개를 옆으로 돌리거나 입을 오물거리고 손에 잡히는 사물을 쥐고 팔과 다리를 버둥거리는 정도의 행동을 보이는데, 이는 대부분 반사적 행동이기 때문에 자발적인 운동기술로 보기는 어렵다.

영아의 신체운동 발달은 두 가지 발달원리를 따라 비슷한 순서로 이루어진다. 상부-하부 원리cephalocaudal principle와 중심-주변 원리proximodistal principle가 그것이다.

① 상부-하부 원리

상부-하부 원리는 운동기술의 발달이 신체의 윗부분에서 아랫부분으로 순차적으로 발달하는 것을 의미한다. 즉 운동기술의 발달은 머리부터 시작하여 점차적으로 신체의 아랫부분으로 이동하여 발끝으로 향하게 된다는 것이다. 따라서 머리와 목근육이 가장 먼저 성숙하고 가슴과 복부, 허리와 다리의 순서로 발달하게 된다.

이 때문에 운동능력 역시 머리 가누기가 가장 먼저 나타나고 이어서 가슴을 들고 허리를 세워 앉는 행동이 가능해진다. 그리고 마지막으로 다리에 힘이 생기면 순차적으로 서고 걷고 뛰는 운동기술의 발달이 이루어진다.

② 중심-주변 원리

중심-주변 원리는 상부-하부 원리와 함께 나타나는 발달원리로, 운동발달이 신체의 중심에서 주변 말초의 방향으로 순차적으로 나타난다는 뜻이다. 영아는 뒤집기를 통해 몸통을 가누고, 팔을 뻗어 사물을 잡거나 가리키며, 손가락을 사용하여 물건을 잡는 발달순서를 보이는데 이것이 중심-주변 원리의 예라고 하겠다.

(2) 대근육 운동기술

영아기에 발달하는 대근육 운동기술에는 머리 가누기, 뒤집기, 앉기, 기기, 서기, 걷기 등이 포함된다. 이러한 운동기술은 누워만 있던 신생아가 1년 정도의 짧은 기간 안에 스스로 이동할 수 있는 획기적인 능력을 갖게 됨을 의미하며, 그러한 능력을 토대로 영아는 주변 환경을 스스로 탐색하고 행동할 수 있는 독립적인 존재로 점차 발달한다. 영아기에 나타나는 대표적인 대근육 운동기술의 발달내용은 다음과 같다(박성연, 2006).

① 머리 가누기

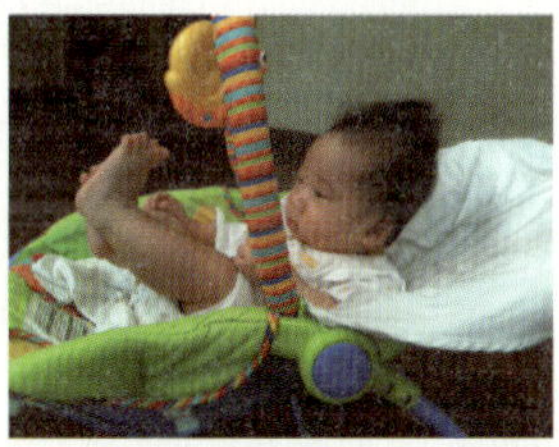

머리 가누기는 상부-하부 원리에 의해 가장 먼저 나타나는 대근육 운동기술이다. 엎드린 상태에서 고개를 들어 올리는 기술은 생후 3주경에 나타난다. 그리고 바로 누워서 머리를 들어 올리는 기술은 그보다 조금 더 늦게 발달하여 3개월경에는 45도 이상까지 머리를 들 수 있다.

② 뒤집기

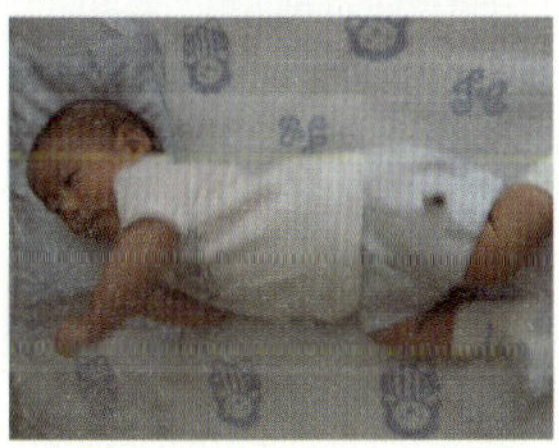

뒤집기는 등을 대고 바로 누워서 영아 스스로 몸을 뒤집어 엎드린 자세로 바꾸는 운동기술이다. 뒤집기는 제자리에서 몸의 위치를 바꾸는 기술인 동시에 이동기술의 기초가 된다. 영아의 뒤집기는 개인에 따라 차이가 있지만 약 4개월 반경에 나타난다.

③ 앉기

몸통을 가누고 허리근육에 힘이 생기면서 영아의 앉기능력이 발달한다. 6개월경에는 받쳐주거나 기댈 수 있게 해주어야 앉는 것이 가능하나, 점차 혼자 앉아 있을 수 있는 시간이 길어진다. 앉는 자세도 처음에는 허리를 꼿꼿하게 세우지 못하지만 7개월 이후에는 허리를 펴고 앉는 기술을 습득한다.

④ 기기

기는 동작은 혼자 앉을 수 있게 되는 7개월경에 나타난다. 뒤집기가 이동기술의 기초라면 기기는 이동기술의 본격적인 출현이라 할 수 있다. 기는 형태는 개별 영아에 따라 차이를 보인다. 배를 바닥에 대고 기는 배밀이, 무릎과 손바닥을 이용하여 기는 방법, 그리고 앉은 자세에서 한쪽 다리로 밀어서 기는 방법 등 다양하게 나타나며, 개별 영아에 따라 2~3가지의 기는 방법을 순차적으로 사용하기도 한다.

⑤ 서기

8~10개월경이 되면 영아의 허리 및 다리근육과 뼈가 강화되어 가구 등의 물건을 잡고 일어설 수 있다. 물건을 잡고 일어서는 행동은 기어 다닐 때와는 다른 더 높은 곳에 위치한 사물에 대한 탐색 호기심과 관련이 있다. 따라서 영아들은 단순히 물건을 잡고 서 있기만 하기보다는 점차적으로 물건에 기대어 이동하는 단계로 넘어간다. 기대어 걷는 행동에 익숙해지면 10~14개월경에는 혼자 서 있을 수 있는 능력이 생긴다.

⑥ 걷기와 뛰기

걷는 운동기술이 나타나는 시기는 개별 영아에 따라 차이를 보여 빠른 영아들은 11개월경에 걷기 시작하는 경우도 있으나 15개월이 되어야 가능한 경우도 많다. 처음 영아들은 걷기 행동을 할 때 두 손을 모두 들고 걷는 경우가 많은데 이는 영아의 뇌가 다리를 이용한 새로운 운동기술에 초점을 맞추기 위해 손의 사용을 제한하는 것으로 설명되기도 한다. 뛰는 기술은 18개월경에 나타나는데 이때는 뒤뚱거리며 뛰기도 하고 보폭이 일정하지 않아 중심을 잃기도 한다.

(3) 소근육 운동기술

① 손의 사용

영아발달에서 대표적인 소근육 운동으로는 손과 손가락의 사용을 들 수 있다. 표 6-1 은 월령에 따른 손사용의 발달을 보여준다. 신생아 때는 손과 팔을 이용한 의식적이고 목표지향적인 행동이 불가능하기 때문에 사물을 잡거나 가리키는 행동을 하지 못한다. 그러나 약 3개월경이 되면 물건을 손으로 잡을 수 있게 되는데, 대개 처음에는 자신의 양손을 맞잡는 행동을 보이다가 점차적으로 손을 뻗어 주변 사물을 잡을 수 있다. 이때는 손가락보다는 손바닥을 사용하여 물건을 잡는다. 5개월 정도가 되면 한 손의 물건을 다른 손으로 옮겨 잡을 수 있고, 9개월경이 되면 손가락을 사용하는 보다 정교한 손사용 행동을 보인다(조복희, 2007).

② 손과 눈의 협응

영아기의 첫 1년 동안 손사용은 정교하게 발달하는데, 이는 손과 눈의 협응을 통해 가능하다. 손과 눈의 협응은 초기 운동발달에서 신체적 영역과 인지적 영역 간의 상호관련성을 보여주는 예라 할 수 있다.

손과 눈의 협응은 신체기관의 분화와 통합과정 중 하나로, 감각기관과 지적능력 발달의 상호관련성으로 설명된다. Piaget는 손을 뻗어 잡는 행동이 시각적 안내에 의해 가능하다고 믿었다. 시각적 안내란 예를 들어 눈앞에 놓인 딸랑이를 잡기 위

표 6-1 월령에 따른 손사용의 발달

신생아	3개월경	5개월경	9개월경
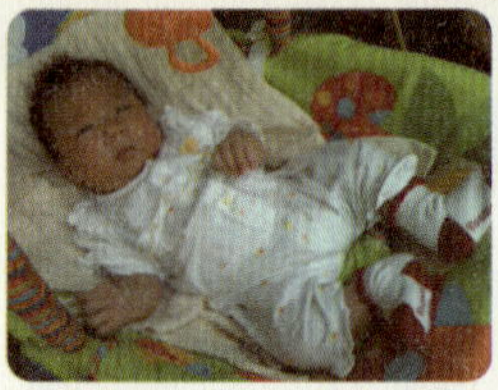			
아직 손을 뻗어 사물을 잡지 못한다.	손바닥을 사용하여 사물을 잡는다.	한 손의 물건을 다른 손으로 옮길 수 있다.	손가락을 사용하여 사물을 잡을 수 있다.

해 먼저 딸랑이가 놓인 위치와 방향을 시각적으로 판단하고 자신의 손과 딸랑이 간의 거리를 인지한 후 딸랑이를 잡을 수 있도록 손의 이동 방향과 거리를 시각적으로 알려주는 방식으로 눈을 사용하는 것을 의미한다(Papalia, Olds, & Feldman, 2006).

표 6-2 월령에 따른 대표적인 운동기술의 발달

월령	특징
1개월	턱을 들 수 있다.
2개월	가슴을 들 수 있다.
3개월	물체를 주면 손을 뻗치나 잡지는 못한다.
4개월	목을 가눈다. 받쳐주면 앉는다. 딸랑이를 흔들고 응시한다.
5개월	물체를 잡는다.
6개월	물체를 주면 이미 잡고 있던 물건을 버린다. 이때는 엄지손가락을 사용하지 않는다. 어린이용 의자에 앉을 수 있다.
7개월	혼자 앉는다.
8개월	받쳐주면 선다. 엄지손가락을 사용하여 작은 물체를 잡는다.
9개월	붙잡고 선다.
10개월	잘 기어 다닌다.
11개월	손을 잡고 이끌어주면 걷는다.
13개월	계단을 기어오른다.
14개월	혼자서 선다.
15개월	혼자서 걷는다.
16개월	손잡이를 잡고 계단을 오르내린다. 공을 던질 수 있다. 옆으로 또는 뒤로 걷는다.
24개월	달릴 수 있다. 혼자 계단을 오르내릴 수 있다.

출처 : Papalia, Olds, & Feldman(2006). A child's world. NY: McGraw Hill

2. 인지언어 발달

1) 인지발달

출생 후 뇌의 급격한 발달은 영아의 인지발달을 촉진한다. Piaget(1969)에 의하면 영아는 세상을 이해하는 데 그들의 감각운동능력을 활용한다. 즉 눈과 귀, 코, 입, 피부자극 등을 통해 주변 사람과 사물, 환경에 대한 경험을 하게 되는데, 이때 다양한 운동능력의 발달은 보다 넓은 범위의 환경을 정교하게 탐색할 수 있게 해준다. 생후 초기의 감각적 경험들을 통해 영아는 자신과 타인에 대한 인식은 물론 사건의 인과관계 등에 대한 자신만의 논리를 형성하게 된다.

(1) 영아기의 기억력

기억력을 연구할 때 학자들은 인간의 기억력을 여러 가지 유형으로 구분한다. 사물이나 상황에 대한 기억력을 실제적인 단서가 있는지의 여부에 따라 재인기억과 회상기억으로 나누기도 하며, 기억해내는 정보의 유형에 따라 일상적 기억과 상황적 기억으로 구분하기도 한다. 재인기억이란 이전에 보았던 사물이나 상황을 다시 보여주었을 때 동일한 것을 기억하여 인지하는 능력이며, 회상기억은 실제적인 단서 없이 머릿속에서 회상하여 기억해내는 능력이라 할 수 있다. 일상적 기억은 반복적으로 일상생활 속에서 이루어지는 사건에 대한 기억이며, 상황적 기억은 특별한 사건에 대해 시간과 장소 등을 기억하는 것을 의미한다.

기억력에 대한 실험들에 의하면, 영아의 기억과정은 나이 든 아동이나 성인의 기억과정과 근본적으로 다르지 않다. 그러나 어떤 사건이나 상황 등을 기억할 수 있는 기억지속시간은 성인보다 짧으며, 기억에 필요한 전략을 사용하는 것도 성인에 비해 미숙하다. 이러한 인지적 차이로 인해 영아기에 나타나는 기억력의 유형은 성인에 비해 제한적인 특성을 보인다(shaffer & Kipps, 2010).

영아기에 주로 관찰할 수 있는 기억은 재인기억이며, 회상기억은 걸음마기 이후에 활발해진다. 2개월 정도의 영아는 1~2일 이내의 기간 동안 기억할 수 있으며, 3개월경의 영아는 1주, 6개월 영아는 2주 정도 기억할 수 있는 능력이 있다(Rovee-Collier, 1999). 이처럼 기억할 수 있는 기간은 영아기를 거치는 동안 점차적으로 증가하여, 18개월 영아의 경우 약 3개월 이전의 사건과 상황을 기억할 수 있다(박성연, 2006).

회상기억은 이전에 본 상황이나 사건, 타인의 행동에 대해 동일한 상황이 아닌 상태에서도 스스로 회상하여 기억하는 것을 의미한다. 따라서 회상기억은 영아의 모방행동과 관계가 있다. 모방은 대상이 되는 모델의 행동이 지각된 그 자리에서 동시에 이루어지기도 하지만, 모델의 행동을 인지하고 머릿속에 저장한 후 비슷한 상황이나 또는 전혀 다른 상황에서 관찰행동의 상징을 떠올려 재연행동으로 나타날 수도 있다. 후자를 지연모방deferred imitation이라 하는데, 회상기억은 지연모방을 가능하게 하는 핵심적인 인지능력이다. 지연모방은 1세를 전후로 나타나기 시작하며, 18개월 영아의 놀이에서 다양한 지연모방에 의한 놀이를 관찰할 수 있다.

(2) Gibson의 지각발달 이론

인간의 감각능력 중 출생 시 가장 미성숙한 발달상태를 보이는 감각은 시각이다. 출생 직후 신생아가 제한된 거리의 사물을 평면적으로 볼 수 있던 것과 달리, 영아기 초기 몇 개월 동안 깊이와 거리지각능력이 발달함에 따라 영아는 사물을 3차원적으로 지각할 수 있게 된다. 이러한 능력은 양쪽 눈의 협응과 운동기술 통제능력 등 몇 가지 능력의 발달에 의존한다. 양쪽 눈의 협응을 통해 두 눈을 사용하여 초점을 잡아 깊이와 거리를 지각할 수 있게 하는 양안시binocular vision는 약 5개월 이후에 발달한다. 따라서 4개월경까지 영아들은 사물에 대한 정확한 높이와 깊이 등의 지각이 불가능하다. 그러나 5개월 이후의 영아들은 양안시의 발달로 3차원적으로 사물을 정확하게 인식할 수 있게 된다. 영아기의 깊이 지각능력에 대한 발달은 시각절벽 실험을 통해 증명된다.

Gibson의 지각발달 이론에 의하면, 영아는 자신의 신체적 능력과 환경적 특성 사이의 적합도Affordance를 가늠할 수 있는 능력을 지닌다. 이러한 적합도에 대한 지식은 아기로 하여금 주어진 상황에서 그들이 할 수 있는 것과 할 수 없는 것을 매 순간 판단하도록 한다. 그러나 이러한 적합도 판단능력은 타고나는 것 이외에 경험에 의해서도 영향을 받는다. 따라서 아기들은 월령이 높아지고 다양한 경험들을 하면서 자신의 행동이 받아들여질 수 있는 적합한 환경이 무엇인지를 더 잘 가늠할 수 있게 된다. 예를 들어 3개월 영아와 6개월 영아 중 높은 곳에서 내려오는 것을 주저하는 영아는 인지발달상 깊이 지각이 가능한 6개월 영아라는 것이다. 그러나

그림 6-3 | 시각절벽 실험

■ 실험내용 : 위와 같은 시각절벽 장치 앞에서 엄마가 아기를 부르면 양안시가 발달하기 전인 생후 5개월경의 아기는 유리판 위를 기어온다. 반면, 9개월경의 아기는 시각적으로 떨어지는 효과를 보이는 지점에 멈춰서서 엄마 쪽으로 기어오는 것에 대해 주저하는 반응을 보인다.

7개월 영아와 10개월 영아 중 높은 곳에서 내려오는 것을 주저하는 영아는 월령보다는 개별 영아의 경험, 즉 이전에 높은 곳에서 떨어졌던 경험이 있는 영아일 수 있다.

(3) Piaget의 인지발달 이론

Piaget는 구성주의의 관점에서 아동의 인지발달을 설명하였다(Piaget, 1952; Piaget & Inhelder, 1969). 아동은 자신의 인지구조 및 사고를 스스로 조직하고 구성하며 따라서 인지발달에서 매우 능동적인 역할을 한다는 것이다. 즉 아동은 외부 환경에 적응하고 세상을 이해하기 위해 자신의 사고구조를 체계적으로 구성해 나가며 발전시킨다고 보았다. Piaget에 의하면 인간의 인지능력은 질적으로 다른 네 개의 단계를 거쳐 발달하게 되며, 이러한 발달단계는 연령과 밀접한 관계가 있다. 따라서 아동의 인지능력은 인지발달의 마지막 단계에 해당하는 성인의 인지능력과 질적으로 다른 특성을 보인다고 주장하였다(Piaget, 1952).

높이를 인지하여 소파를 내려오지 못하는 영아

Piaget는 아동의 인지발달을 설명하기 위해 적응adaptation과 평형equilibration의 두 가지 개념을 소개하였다. 적응은 아동이 어떤 상황에서 보다 효율적으로 기능해 가는 과정을 의미한다. 아동은 외부 환경을 이해하고 거기에 적응하기 위해 동화assimilation와 조정accommodation의 두 가지 전략을 사용한다. 동화는 자신의 인지구조를 가지고 새로운 정보를 이해하는 과정을 의미한다. 반면, 조정은 새로운 정보에 맞게 자신의 인지구조를 변화시키는 과정을 의미한다. 예를 들어 아동이 날아다니는 모든 것을 '새'로 이해하는 단순한 인지구조를 가지고 있을 경우 자기가 알고 있던 파랑새 이외에 비둘기를 보게 되면 이 또한 새로 인식하게 된다. 이러한 과정을 동화라 한다. 그러나 아동이 타조를 보게 되고 타조가 날지 못한다는 것을 알게 되면 '날아다니는 것은 새'라는 인지구조를 변화시켜 '날 수 있는 새'와 '날지 못하는 새'로 보다 복잡하고 체계화된 새로운 인지구조를 형성하게 될 것이다. 이처럼 새로운 정보와 기존의 인지구조 사이의 모순을 해결하는 과정을 조정이라고 하며, 조정전략을 통해 아동은 평형화를 추구한다.

아동은 환경과 상호작용하면서 외부 환경으로부터 오는 끊임없는 자극과 정보를 받아들이는데, 동화전략을 통해 기존의 인지구조를 강화하고 조정전략을 통해 기존의 인지구조를 수정함으로써 보다 발전적이고 체계적인 인지구조를 스스로 구성해 나간다.

① 감각운동기의 인지발달

Piaget는 영아기에 해당하는 0~2세의 인지발달단계를 감각운동기로 구분하였다. 그리고 이를 다시 여섯 개의 하위단계로 나누어 구체적인 인지발달과정을 설명하였다(Papalia, Olds, & Feldman, 2006).

■ 1단계 : 반사기(출생~1개월)

반사기는 출생 후 1개월의 신생아기에 해당하는 시기로, 이 시기 영아의 행동은 대개 선천적으로 타고난 무의식적 반사행동이 주를 이룬다. 그러나 이 시기의 후반부 영아들은 서서히 반사행동들을 통제하기 시작하여 자신의 행동을 통제하는 방식을 습득하게 된다.

■ 2단계 : 1차 순환반응기(1~4개월)

1차 순환반응기는 1~4개월에 해당하며, 이 시기의 영아는 우연히 처음 하게 된 행동에서 재미를 느낄 경우 그 행동을 반복한다. 예를 들어 우연히 자신의 손가락을 빠는 행동을 했을 때 그 행동이 재미있다고 느끼면 손가락 빨기 행동을 되풀이 한다. 이 시기의 행동들은 환경에 대한 행동의 영향보다는 영아 자신의 신체를 중심으로 이루어진다.

■ 3단계 : 2차 순환반응기(4~8개월)

2차 순환반응기는 4~8개월에 해당한다. 이 시기의 영아는 자신의 신체가 아닌 대상에 흥미를 느끼게 된다. 그리고 재미있는 결과를 가져오는 행동을 반복함으로써 자신의 재미있는 경험을 지속시키려 한다. 예를 들어 딸랑이를 흔들어 재미있는 소리가 나는 것을 경험하면 딸랑이를 흔드는 행동을 반복한다. 이처럼 이 시기의 행동들은 의도적이기는 하지만 목적지향적이지는 않다.

■ 4단계 : 2차 도식협응기(8~12개월)

2차 도식협응기는 8~12개월에 해당하며, 영아들은 이전에 배운 다양한 도식들을 협응하여 더욱 정교하고 복잡하며 목적지향적인 행동을 하게 된다. 따라서 이 시기의 영아들은 특정 목적을 달성하기 위해 도식들을 다양하게 조합할 수 있으며, 행동에 대한 결과를 기대하거나 예상할 수 있게 된다.

■ 5단계 : 3차 순환반응기(12~18개월)

3차 순환반응기는 12~18개월에 해당한다. 이 시기의 영아는 원하는 결과를 달성하기 위해 자신의 행동을 목적에 따라 의도적으로 변화시켜 다양하고 창의적인 행동을 하게 되며, 적극적으로 세상을 탐색한다. 그리고 새로운 행동을 시도하며 문제를 해결하는 과정에서 시행착오를 거치게 된다. 영아들은 시행착오를 통해 자신이 원하는 결과에 도달하는 가장 좋은 방법을 찾아 문제를 해결하는 방식을 습득한다.

■ 6단계 : 정신적 결합기(18~24개월)

걸음마기에 해당하는 정신적 결합기의 영아는 자신이 기억하는 사람, 사물, 사건이나 상황 등을 정신적 이미지로 그려내는 표상능력을 갖게 된다. 표상능력에 기초한 상징적 사고가 가능하기 때문에 이 시기의 영아는 행동적 시행착오 없이 행동 이전에 사건에 대해 생각하고 그 결과를 예상하는 사고과정을 통해 문제해결방법을 찾아낼 수 있게 된다. 또한 상징적 사고능력과 기억력의 증가로 인해 지연모방과 가상놀이가 가능해진다.

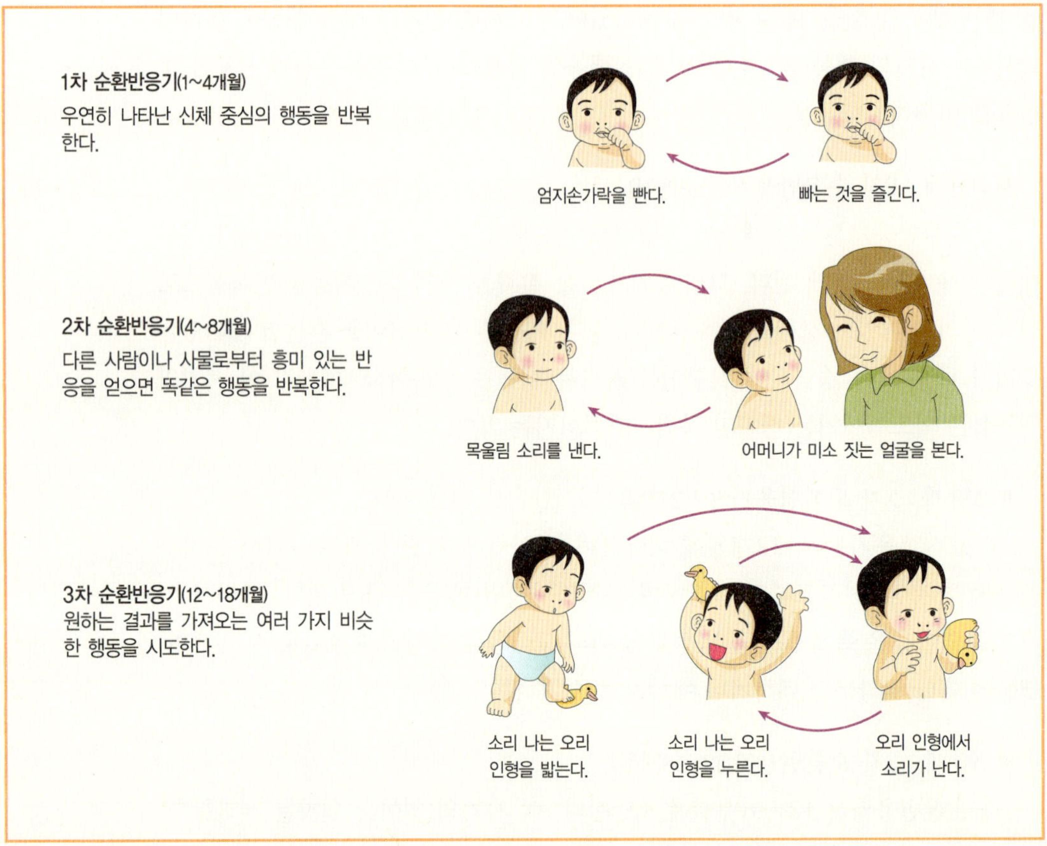

그림 6-4 | 1, 2, 3차 순환반응기

출처 : 박성연(2006)

② 대상영속성

대상영속성은 사람이나 사물이 자신의 시야에서 벗어나 보이지 않더라도 여전히 존재하고 있음을 이해하는 것이다. 영아는 0~2세의 감각운동기 동안 시각과 운동 정보의 협응을 통해 사물에 대한 지식을 발달시킴으로써 대상영속성의 개념을 서서히 습득한다(Piaget, 1969). 대상영속성의 발달과정은 Piaget의 감각운동기 여섯 개 하위단계별 인지발달과정으로 설명될 수 있다.

2차 순환반응기까지의 영아는 대상영속성의 개념을 획득하지 못하지만 8~12개월에 해당하는 2차 도식협응기가 되면 숨겨진 물건을 잘못된 장소에서 찾으려 하는 행동을 보임으로써 대상영속성 획득과정 중에 있음을 짐작하게 한다. 그리고 12~18개월의 3차 순화반응기에는 숨긴 물건을 자신이 본 정확한 장소에서 찾을 수 있게 된다. 마지막으로 정신적 결합기에는 숨기는 행동을 보지 못할 때에도 물건을 찾을 수 있게 됨으로써 대상영속성의 개념을 완전히 획득한다.

표 6-3 영아기 대상영속성의 발달

구분	월령	인지 단계	영아의 행동 예
대상영속성 발달 이전	8개월 이전	2차 순환 반응기	가지고 놀던 장난감을 영아가 보는 앞에서 상자 안에 넣으면, 영아는 장난감이 더 이상 존재하지 않는다고 생각하여 찾으려는 시도를 하지 않는다. 
대상영속성 발달 중	8~12개월	2차 도식 협응기	가지고 놀던 장난감을 영아가 보는 앞에서 상자 안에 넣으면, 상자를 들춰 장난감을 찾으려 한다. 실험자가 상자 안에 장난감을 숨기는 행동을 반복적으로 한 후, 영아가 보는 앞에서 마지막에는 상자가 아닌 주머니에 장난감을 숨길 경우에도 영아는 상자 안에서만 찾으려 한다. 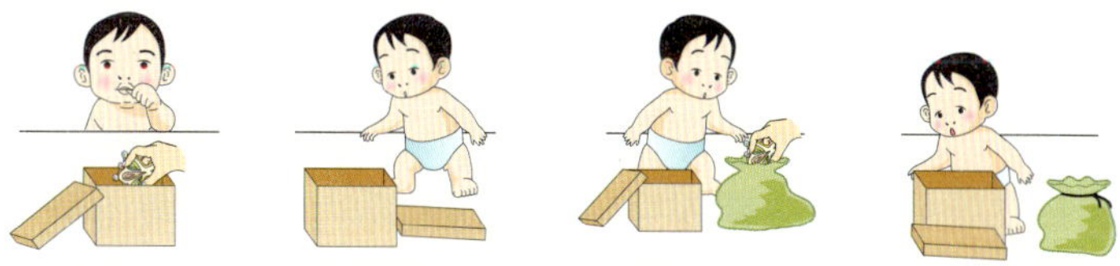
대상영속성 발달 중	12~18개월	3차 순환 반응기	장난감을 상자에 숨기는 행동을 반복하다가 마지막에 영아가 보는 앞에서 주머니에 숨기면, 영아는 자신이 마지막으로 본 행동에 근거하여 주머니에서 장난감을 찾는다. 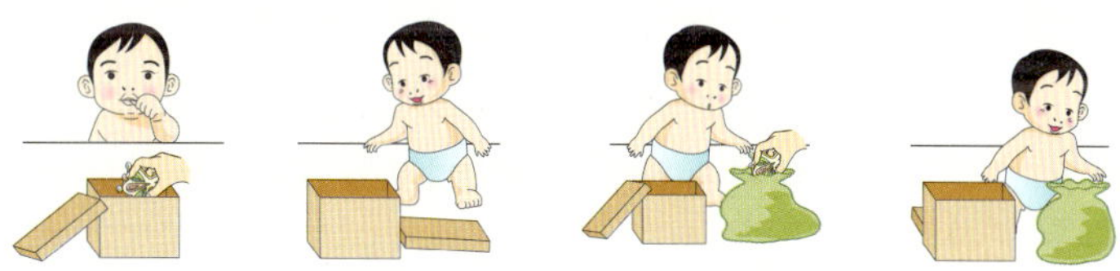
대상영속성 획득	18~24개월	정신적 결합기	영아가 보지 않는 상황에서 장난감을 숨겨도 영아는 예전에 숨겼던 장소와 그렇지 않은 장소를 모두 포함하여 다양한 곳에서 찾으려는 시도를 한다. 

③ 가상놀이

영아의 가상놀이

가상놀이란 상상의 인물이나 상황을 포함하는 놀이로서 상상놀이라고도 한다. 가상놀이는 영아들이 사물이나 사건의 이미지를 머릿속에 기억하였다가 이를 다시 회상해내는 능력이 발달해야 가능하다. 앞서 영아기의 기억력 발달에 대한 설명에서 알 수 있듯이 이전에 보았던 사물이나 사건, 상황을 기억하고 비슷한 상황에서 회상해내는 능력은 만 1세가 지나야 가능하다. 이러한 이유로 가상놀이는 감각운동기 하위 6단계 중 마지막 단계인 정신적 결합기, 즉 18개월 이후에 활발하게 나타난다.

④ 공간개념

공간 내에 존재하는 사물들의 위치를 정확하게 파악하는 공간개념은 감각기관의 발달에 따른 시각적 지각능력의 획득과 관련이 있다. 여기에 더해 Piaget는 영아의 제한된 사고능력 중 하나인 중심화 경향을 들어 공간개념의 발달을 설명한다.

Piaget에 의하면, 영아 및 어린 유아들은 자기중심적 사고의 특성으로 인해 타인의 관점을 이해하지 못하며, 타인도 자신과 동일한 관점으로 세상을 본다고 인식한다. 중심화 경향은 어린 영아들의 경우 더욱 심하여 자신과 사물 또는 타인을 분리하여 인식하지 못하는 특성으로 나타난다. 이러한 영아기 인지발달의 특성들로 인해 영아들은 공간 내에서 사물들의 위치에 대한 개념 역시 명확하게 이해하지 못한다. 따라서 공간개념은 사물이나 타인을 자신과 분리된 독립적 존재로 이해할 뿐 아니라 사물이나 사람들 간의 관계를 객관적으로 이해할 수 있게 되는 감각운동기의 여섯 번째 하위단계에 비로소 습득하게 된다.

2) 언어발달

(1) 초기 언어발달

인간이 다른 동물과 구별되는 특성 중 하나는 사회적 의사소통을 위해 고차원적 상징체계인 언어를 사용한다는 점이다. 그러나 인간의 언어발달과정 중에는 사회적인 의사소통을 목적으로 하는 사회적 언어 이외에 전언어pre-language 단계가 포함된다. 전언어는 타인과의 의사소통을 위한 의도적인 목적 없이 나타나기도 하며, 학습에 의해 이루어지기보다는 본능적으로 발달과정에서 나타나는 특성을 보인다.

사회적 언어를 사용하기 전에 영아들은 전언어식 대화로 의사를 전달한다. 이러한 전언어의 대표적인 예가 울음이다. 그 외에도 목울림, 옹알이, 우연한 혹은 계획적인 소리모방 등이 모두 전언어에 포함된다. 영아기 동안 전언어는 단계적으로 발달하는데, 출생과 동시에 아기는 울음으로 자신의 의사를 표현하며 생후 1개월경이 되면 목울림을 하게 된다. 6개월경에 나타나는 옹알이는 개별 영아에 따라 때때로 어떤 의미를 갖는 대화로 보이기도 하나 실제로는 의미 없이 이루어지는 음절의 반복이기 때문에 비사회적 언어로 이해된다. 9개월경이 되면 영아는 이전의 전언어를 바탕으로 소리와 언어를 모방하기 시작한다.

표 6-4 는 출생부터 3세까지의 영아기에 나타나는 대표적인 언어발달을 정리한 것이다. 표에서 보는 바와 같이 사회적인 언어가 나타나기 시작하는 것은 약 10~12개월경이지만 단어를 이해하기 시작하는 시기는 9~10개월경으로 언어에 대한 인지적 이해가 선행된 후 표현이 나타난다고 할 수 있다. 영아의 언어발달은 18~24개월 사이에 본격적으로 이루어지며 24개월 이후 급격한 언어의 양적 · 질적 증가가 나타난다. 영아의 발달에서 언어발달은 특히 개인차가 매우 크게 나타나는 영역이기 때문에 어떤 영아는 18개월경에 두세 단어의 문장을 사용하기도 하지만 또 다른 영아는 30개월이 되어서야 비슷한 문장을 말하기도 한다. 또한 일반적으로 남아에 비해 여아의 언어발달이 조금 빠르게 나타나는 등의 성차를 보이기도 한다.

표 6-4 출생~3세까지의 언어발달 이정표

월령	특징
출생	울음, 멤멤 소리에 반응
1개월 반~3개월	목울림과 웃음
6개월	옹알이
9개월	의사소통을 위해 몸짓을 사용한다(예 : 손가락으로 가리키기).
9~10개월	단어를 이해하기 시작하고("안 돼", 자기이름), 소리를 모방한다
10~12개월	모국어가 아닌 언어의 소리를 더 이상 구분할 수 없다.
12~14개월	첫 단어를 말하고, 상징적 몸짓을 사용한다(예 : 고개인사).
16~24개월	어휘가 급격하게 확장된다(50단어 → 200단어).
18~24개월	첫 문장을 말한다(두 단어 문장 사용; 전보식 대화).

출처 : 박성연(2006); Papalia, Olds, & Feldman(2006)

(2) 초기 언어의 특징

영아기에 나타나는 언어의 형태를 보면 다음과 같은 몇 가지 특징이 있다. 영아의 언어가 성인의 언어와 다른 미성숙한 특징들을 보이는 이유는 영아의 인지능력의 한계로 설명될 수도 있으나 아직까지는 명확한 이유가 밝혀지지 않았으며 여전히 언어발달의 발달기제를 설명하려는 다양한 이론들의 연구 대상이 되고 있다.

- 언어를 단순화하여 사용한다.
- 자신이 표현할 수 없어도 문법적 관계를 이해한다.
- 단어의 의미를 제한적으로 이해한다.
- 단어의 의미를 지나치게 확대한다.
- 언어적 규칙을 지나치게 조직화한다.

(3) 언어습득 이론

① Skinner의 이론

Skinner는 언어발달이 경험적 학습에 기초한다고 보았다. 조작적 조건화 개념을 소개한 행동주의 심리학자 Skinner는 영아의 언어발달 역시 조작적 조건화를 통해 이루어진다고 설명하였다. 즉 아동은 주변 성인들의 언어사용 방식을 관찰하여 학습하며, 동시에 성인들과의 언어적 상호작용을 통해 정확한 언어사용 방법에 대해 강화를 받고 부정확한 언어사용에 대해서는 수정, 지적, 부정적 평가 등의 벌을 받게 됨으로써 언어발달이 이루어진다고 보았다. 이러한 주장은 언어발달 초기에 아동들이 부모가 사용하는 언어에 대해 의미를 모르는 상태에서 단순히 모방하여 사용하거나 부모의 특정 말투를 그대로 따라 하는 등의 예가 뒷받침한다.

그러나 다음의 몇 가지 의견들은 Skinner의 이론에 의문점을 제시하기도 한다. 즉 단순히 성인이 사용하는 언어를 모방하여 언어를 습득하기에는 단어의 결합방식이 너무 많고 복잡하다는 점을 들 수 있다. 또한 성인들이 사용하는 언어를 관찰하는 것만으로 유사한 단어들의 미묘한 의미 차이를 이해하는 것이 쉽지 않다는 것이다. 성인의 언어는 모방을 위한 완벽한 모델이 아니라는 점 역시 관찰학습에 의한 언어발달의 한계를 보여준다. 마지막으로 아동은 그들이 듣지 못했던 말도 할 수 있으며 자신만의 언어를 만들어 사용하기도 한다는 점 등은 언어학습이 단순한 외부 환경에 대한 관찰이나 모방만으로 이루어지지 않는다는 것을 시사한다.

② Chomsky의 이론

Chomsky는 Skinner와 같이 외부적인 학습에 의한 언어발달이 아니라 언어발달능력이 선천적으로 타고나는 특성이라는 언어적 생득설을 주장하였다. 언어적 생득설은 학습자의 능동적 역할을 강조하는데, Chomsky는 인간의 뇌가 언어습득을 위한 선천적 능력을 가지고 있으며, 이러한 선천적 언어습득장치Language Acquisition Device, LAD가 아동들로 하여금 그들이 들은 언어를 분석하고 그것의 규칙을 스스로 밝혀 이를 바탕으로 비슷한 상황에서 적절한 언어를 사용하도록 작용한다고 설명한다.

이러한 Chomsky의 주장은 모국어 발달에서의 연령별 발달특성의 유사점과 차이점을 비교문화적으로 분석한 연구들에 의해 지지된다. 즉 대부분의 언어문화권에서 각 모국어의 발달은 비슷한 연령별 발달과정을 보인다. 예를 들어 목울림이나 옹알이와 같은 전언어의 사용시기는 전체 언어문화권에서 평균적으로 유사하게 나타나며, 단어의 의미를 지나치게 확대하여 사용하거나 지나치게 제한적으로 이해하고 단순화하는 등의 초기 언어적 특성은 거의 모든 언어문화권에서 언어발달이 이루어지는 영아기 후반부와 유아기의 초반부에 나타난다(Papalia, Olds, & Feldman, 2006).

(4) 언어발달의 영향요인

① 생물학적 요인

영아의 언어발달은 영아기 동안에 급격하게 이루어지는 뇌의 성장 및 재조직화와 밀접한 관계를 가진다. 인간의 98%는 뇌의 좌반구가 언어발달에 관여한다. 따라서 뇌의 좌반구가 손상될 경우 언어발달에 부정적인 결과가 초래되며, 해당 뇌 영역이 주로 발달하는 시기에 지체가 나타날 경우 언어발달에 악영향을 미치게 된다. 이는 뇌손상 아동에 대한 연구에 의해 지지되며, 그러한 연구들은 영유아기가 특히 언어발달의 민감기라는 것을 보여준다.

그러나 정상아동의 뇌는 유연성을 지니기 때문에 언어발달의 민감기를 해당 시기에 언어가 발달하지 못할 경우 발달이 아예 불가능한 결정적 시기의 개념으로 이해해서는 안 된다. 민감기의 개념은 발달의 가능과 불가능을 의미하기보다는 특정 발달이 보다 수월하고 빠르게 이루어질 수 있는 시기를 의미한다.

② 사회적 요인

언어사용은 사회적 의사소통을 목적으로 이루어진다. 따라서 영아의 사회적 상호작용은 그들의 언어발달에 영향을 미친다. 특히 영아에게 주요한 사회적 상호작용 대상자인 부모나 다른 양육자들은 의식적으로 또 무의식적으로 영아의 언어발달에 중요한 역할을 수행한다. 부모나 양육자들은 영아들에게 직접 단어나 문장을 가르치고 틀린 단어와 문장을 수정해주는 적극적인 도움을 주기도 하며, 영아들이 관찰학습을 하는 대상모델이 되기도 한다. 전언어기에 부모나 양육자들은 영아가 내는 목울림이나 옹알이 등의 전언어를 모방하여 다시 들려줌으로써 영아가 소리를 명확하게 구분할 수 있도록 도움을 준다. 또한 사회적 언어를 사용하기 시작하면서부터는 영아의 첫 단어나 영아가 사용하기를 원하는 단어(아빠, 엄마, 맘마 등)를 반복함으로써 영아가 해당 단어의 의미를 정확하게 이해하고 사용할 수 있도록 유도한다. 18개월경이 된 영아가 두 단어 언어를 사용할 때 부모가 이를 확장하여 보다 구체적인 문장으로 다시 말해주며, 틀린 문법적 표현을 할 때는 이를 정정해줌으로써 아동의 언어발달을 질적, 양적으로 성장시킨다.

대개 부모는 아기와 이야기를 할 때 특정한 형태의 대화를 자주 사용하게 되는데 이를 아동대화용 언어Child-Directed Speech, CDS라고 한다. 아동대화용 언어는 대개 느리고 단순하며 높은 톤과 과장된 소리로 말하는 특징이 있다. 또한 짧은 단어와 문장을 사용하여 반복적으로 말하는 방식으로 나타난다. 영아는 어른과의 대화에서 보편적으로 이 언어를 더 선호하는데, 부모가 영아에게 아동대화용 언어를 자주 사용할 경우가 그렇지 않은 경우에 비해 모국어 습득에서 더 빠른 경향을 보인다. 그러나 부모가 아동대화용 언어가 아닌 성인들의 복잡한 일반 언어를 아동에게 사용할 때 더 정확한 언어습득이 이루어진다는 연구보고도 있다(Papalia, Olds, & Feldman, 2006).

3. 사회정서 발달

생후 초기부터 나타나는 몇 가지의 정서 상태는 영아기를 거치는 동안 다양하게 분화되고 정교해지는데, 이러한 정서발달에 중요한 유전적, 환경적 요인으로 기질과 애착을 들 수 있다. 한편, 영아들은 생후 초기에 자신을 어머니로부터 분리시켜 이해하지 못하다가 점차 독립된 개체로서의 자신을 이해하고 자아가 형성되면서 환경과 적극적으로 상호작용을 하게 된다. 그러나 영아기의 사회적 상호작용은 아직까지 부모에게 국한되어 있으며 영아기 후반부에 형제나 또래 등과의 사회적 상호작용을 통한 사회성을 발달시켜 나간다. 그러므로 여기서는 정서발달을 중심으로 소개하고자 한다.

1) 정서

(1) 정서의 개념

정서란 생리적이고 행동적인 변화를 수반하는 개인의 경험에 대한 주관적 반응으로 정의된다(Papalia, Olds, & Feldman, 2006). 모든 아기는 선천적으로 정서를 느끼는 능력을 가지고 태어나며, 영유아기와 아동기를 거치는 동안 순차적으로 고차원적인 정서를 발달시켜 나간다. 그러나 정서를 느끼는 정도나 빈도, 그리고 정서를 느끼는 대상이나 사건 등은 모든 영아가 동일하지는 않으며 개별 영아에 따라 차이를 보인다. 뿐만 아니라 어떤 감정이나 정서를 경험함으로써 나타나는 생리적, 행동적 반응의 유무나 정도 역시 개별 영아에 따라 차이를 보인다. 이러한 차이는 선천적으로 타고나는 기질로 설명될 수 있으나 출생 후 경험하는 다양한 환경과의 상호작용 결과에 따라서도 나타나게 된다.

(2) 정서의 유형

① 1차 정서

영아기의 정서는 1차 정서와 2차 정서로 구분할 수 있다. 1차 정서는 모든 인간에게 나타나는 선천적인 정서로, 가장 기본적인 1차 정서에는 흥미, 만족, 괴로움의 세 가지가 포함된다(Papalia, Olds, & Feldman, 2006). 즉 영아들은 출생 직후 흥미와 만족, 괴로움을 표현할 수 있으며, 이러한 초기 정서는 생후 6개월의 기간 동안 세분화되어 더욱 다양한 1차 정서로 나타난

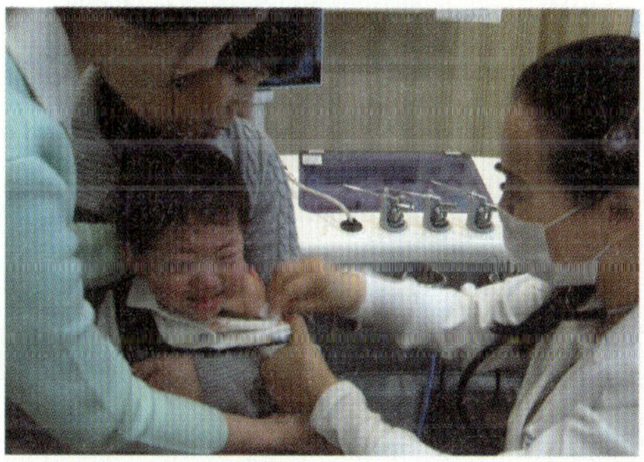

두려움의 표현

다 그림 6-5.

만족의 정서는 생후 2~3개월이 지나면서 기쁨의 정서로 발전하며, 흥미의 정서는 6개월의 기간을 거치면서 놀람의 정서로 세분화된다. 괴로움의 정서는 초기 2~3개월경에 슬픔과 혐오의 정서로 발전하고 5개월 이후가 되면 분노와 두려움으로 더욱 정교화되어 발전한다. 두려움의 정서는 지속적으로 증가하여 영아가 주 양육자로부터 분리될 때 느끼는 분리불안이나 낯선 장소와 낯선 사람들에게서 느끼는 낯가림 등의 구체적인 형태로 표현된다. 그리고 분리불안이나 낯가림은 대개 정상적 영아의 경우 18개월경부터 점차 줄어든다.

그림 6-5 | 기쁨, 놀람, 슬픔의 1차 정서

② 2차 정서

2차 정서는 15~24개월경에 나타나는 당황, 질투, 감정이입과 같은 자기지각적 정서를 의미한다(Lewis, 1995). 영아는 영아기 및 걸음마기를 거치면서 자아에 대한 개념을 발달시키고 자신의 존재 및 능력이 타인이나 다른 사물과는 분리되어 있음을 지각한다. 이러한 자아인식을 통해 기본 정서와는 다른 보다 복잡한 정서를 느끼게 된다.

이와 더불어 18개월에서 36개월에 해당하는 걸음마기에는 사회적 규칙과 표준 등을 이해하게 되고 이를 자신의 것으로 받아들이는 내면화 과정을 통해 자신을 객관적으로 판단할 수 있는 자아(양심)가 발달한다. 따라서 이 시기의 아동들은 양심에 근거하여 자신의 행동, 생각, 태도를 평가하고 그에 대한 자부심, 수치심, 죄책감 등의 자기평가적 정서를 경험하게 된다.

2) 기질

(1) 기질의 개념

기질temperament이란 개인의 특성적 요소로 상황에 대한 접근과 반응양식을 의미한다. 기질은 많은 부분이 선천적이기 때문에 생후 초기부터 영아들은 정서표현 방식 및 행동양식에서 뚜렷한 개인차를 보인다. 개인의 기질은 정서적 기초를 가지지만 정서와는 구별된다. 정서는 개인이 경험으로부터 느끼는 주관적 반응이며 여기에는 일시적이고 구체적인 반응부터 일관되고 포괄적인 감정표현 모두가 포함된다. 반면 기질은 정서에 비해 상대적으로 일관되며 지속적이고 안정적인 특징을 가진다. 따라서 외부 세계에 대한 개인의 일관된 반응경향이라 볼 수 있으며 성격을 형성하는 기초로 이해된다(Goldsmith, 1993).

기질에서의 개인차는 선천적으로 타고나는 기본적인 생물학적 특성에서의 차이에 기인한다고 본다. 그리고 영아기의 기질은 전 생애를 통해 대개 안정적인 특성을 보인다(Kagan, 1998). 그러나 동시에 기질은 사회문화적 영향을 받기도 하는데, 특히 부모의 자녀양육 태도와 같은 생애 초기의 환경적 경험은 기질에서의 변화를 야기하기도 한다(Papalia, Olds, & Feldman, 2006).

(2) 기질의 유형

기질을 측정할 때 연구자들은 조금씩 다른 요소를 포함하기도 하지만 대개 활동수준, 자극민감성, 긍정적 정서, 공포와 좌절, 진정능력, 행동억제, 집중능력, 적응능력 등의 요소들을 주요 측정요소로 사용한다(조복희, 2007). 이러한 요소들로 측정된 자료를 바탕으로 영아의 기질은 세 가지 유형으로 분류된다. 영아의 기본 정서가 얼마나 긍정적인지 그리고 새로운 환경에 얼마나 잘 적응하는지에 따라 순한 아동easy child, 까다로운 아동difficult child, 느리게 반응하는 아동slow-to-warm-up child으로 구분할 수 있다(Thomas & Chess, 1977; 1984) 표 6-5 .

순한 기질의 영아는 규칙적인 식습관 및 수면습관을 가지고 있으며 기본적인 정서가 긍정적이어서 낯선 사람이나 상황에도 긍정적으로 빠르게 적응한다. 전체 아동 중 순한 기질의 아동은 약 40%의 비율을 보인다.

까다로운 기질의 영아는 기본적인 정서가 부정적이고 강하여 짜증을 부리거나 쉽게 좌절하는 모습을 보인다. 또한 식습관이나 수면습관이 불규칙적이고 새로운 환경에 대해서도 두려움을 가지고 느리게 적응하기 때문에 까다로운 영아의 부모는 대개 양육에 어려움을 경험한다. 까다로운 기질은 전체 아동의 약 10%로 상대적으로 낮은 비율에 해당한다.

느리게 반응하는 기질의 영아는 순한 기질과 까다로운 기질의 중간 정도에 해당하는 정서와 규칙적 성향을 보인다. 이 유형의 영아는 낯선 사람이나 낯선 환경에 대해 처음에는 잘 적응하지 못하고 두려워하거나 수줍어하는 모습을 나타내지만 점차 잘 적응하게 된다. 느리게 반응하는 기질은 약 15%의 비율을 보이며, 실험 대상 전체 영아 중 35%는 위의 세 가지 유형으로 분류되지 않고 여러 유형의 특성을 복합적으로 나타내는 미분류형에 속한다(Thomas & Chess, 1977).

표 6-5 기질의 세 가지 유형

범주	순한 아동	까다로운 아동	느리게 반응하는 아동
식습관과 수면습관	규칙적이다.	불규칙적이다.	어느 정도 규칙적이다.
변화 및 낯선 이에 대한 반응	새로운 환경과 낯선 이에 대해 잘 적응한다.	느리게 받아들이고 낯선 이에 대해 두려움을 표현한다.	처음에는 보통 정도의 부정적 반응을 보이며, 반복적인 노출을 통해 점차 잘 적응한다.
좌절에 대한 반응	어느 정도 보채지만 곧 수용한다.	짜증을 부리거나 혹은 위축된다.	부정적 반응을 보이나 결국 회복된다.
정서	대개 긍정적이며, 강도는 보통 정도이다.	부정적이고 강렬하며 빈번한 경향이 있다.	다소 강렬하며, 긍정적 · 부정적 정서를 모두 보인다.
비율	약 40%의 아동	약 10%의 아동	약 15%의 아동

출처 : 도현심 외(2011)

(3) 조화적합성

기질은 사회문화적인 영향을 받아 변화할 수는 있지만 근본적으로 타고나는 개인적 성향이기 때문에 원하는 기질로 바꾸는 것은 쉬운 일이 아니다. 어떤 영아는 순한 기질을 타고나기 때문에 새로운 상황이나 사람에게도 어려움 없이 반응하고 긍정적 정서를 보이기 때문에 환경에 쉽게 적응할 수 있다. 반면 어떤 영아는 까다로운 기질을 타고나기 때문에 순한 영아에 비해 환경에 적응하는 것이 쉽지 않다. 그렇다면 순한 기질의 영아가 아닌 경우는 어떻게 건강하고 바람직한 발달을 이룰 수 있을까?

기질에 대한 연구는 단순히 영아의 정서적이고 행동적인 반응특성을 이해하는 것에서 끝나지 않는다. 즉 타고난 기질을 바탕으로 바람직한 발달과 적응을 이룰 수 있는 방법을 모색하였으며, 이를 조화적합성goodness-of-fit 개념으로 설명한다. 조화적합성이란 아동의 기질과 그들이 다루어야 하는 환경적 요구 및 구속 사이의 조화를 의미한다. 이러한 측면에서 부모의 양육태도는 타고난 기질을 바탕으로 아동이 긍정적 성격을 형성하는 데 매우 중요한 요소라 할 수 있으며, 부모는 아동의 타고난 기질을 파악하고 그에 맞는 양육태도와 양육행동을 일관성 있게 보여줘야 한다.

3) 애착

(1) 애착의 개념

애착이란 영아와 주 양육자 간의 상호적이고 지속적인 정서적 유대를 의미한다(Bowlby, 1969; 1973; 1989). 애착은 영아와 주 양육자의 관계의 질을 결정하는 중요한 요소로, 영아와 주 양육자 모두에게 영향을 미친다. 그러나 특히 영아의 주 양육자에 대한 애착은 그 관계의 중요성과 필요도로 인해 훨씬 중요하게 이해된다.

애착은 영아와 양육자 간에 지속적인 관계를 맺게 될 때 형성되지만, 반대로 둘 사이의 관계를 지속시키는 데 필요한 요소이기도 하다. 이런 측면에서 애착은 영아의 생존과 직결된다. 왜냐하면 영아는 주 양육자와의 애착관계를 통해 생존에 필요한 신체적인 욕구들(수유 · 배설 · 수면 등)을 해결할 수 있으며, 정서사회적으로도 안정감과 유대감 등을 느끼게 된다. 이처럼 영아에게 있어 주 양육자는 자신의 신체적, 심리적, 사회적 발달에 매우 중요한 존재이기 때문에 영아는 애착 대상인 주 양육자에게 집착하기도 하며 주 양육자와 분리되면 불안해하는 특성을 보인다.

애착은 생후 6~8개월 정도부터 형성되기 시작하여 18개월경까지 완성된다. 애착은 생물학적이고 본능적으로 형성된다. 다음은 애착의 형성이 본능적이라고 보며 그 과정을 설명하는 애착의 주요 이론들이다.

(2) 애착에 대한 이론

① Freud의 정신분석 이론

Freud는 영아가 주 양육자와 애착을 형성하는 이유는 주 양육자가 영아의 욕구를 충족시켜주기 때문이라고 보았다. Freud의 심리성적 이론에서는 성적 에너지인 리비도libido가 구순기에 해당하는 생후 초기 1년 동안에는 입에 집중된다고 설명한다(Shaffer & Kipps, 2010). 영아는 입을 통해 쾌락과 즉각적인 만족을 얻기 때문에 음식에 대한 욕구를 갖게 되는데, 이러한 욕구를 충족시켜주는 사람이 바로 주 양육자라는 것이다. 그러나 이와 같은 주장은 반박되기도 하는데, 예를 들어 영아가 수유나 이유를 직접 하지 않는 취업모에게 애착을 형성하는 예는 Freud의 이론으로는 설명할 수 없다.

② Bowlby의 애착 이론

Bowlby(1969)의 애착 이론은 비교행동학의 관점에서 애착을 설명한다. 비교행동학에서는 사회적 행동을 설명할 때 생물학적 기초와 Darwin의 진화론적 관점을 취한다. 따라서 선천적으로 타고나는 동물의 특정 행동들은 그 종의 생존을 증가시키는 목적에서 진화되어온 행동특성이라 설명한다. 이러한 관점에서 Bowlby는 영아의 양육자에 대한 애착행동 역시 영아의 생존을 위해 진화되어온 현상으로 보았다(Bowlby, 1969; 1973).

Bowlby의 애착에 대한 설명은 동물의 행동을 연구하는 비교행동학적 실험의 결과를 통해 그 이론적 지지를 얻는다(Shaffer & Kipps, 2010). Lorenz는 일부 조류에게서 나타나는 현상을 설명하는 각인 이론을 소개하였다. 각인imprinting이란 어린 동물들이 생후 처음 몇 시간 동안에 본 대상에 대해 애착을 형성하는 현상을 의미한다. Lorenz의 각인 이론은 애착형성이 생애 초 특정 시기에 이루어진다는 것을 보여주며, 더불어 발달에 결정적 시기가 있음을 시사한다.

Bowlby의 애착 이론 형성에 큰 영향을 미친 동물 실험 연구로 Harlow의 원숭이 실험을 들 수 있다. Harlow는 아기 원숭이를 대상으로 표 6-6 의 실험을 수행하였다(Harlow & Zimmerman, 1959). Harlow는 생후 7일 된 아기 원숭이를 어미 원숭이에게서 분리시킨 후 철사로 만든 원숭이 모형과 천으로 쌓아놓은 원숭이 모형의 두 가지 대리모가 있는 우리에 넣은 후 행동을 관찰하였다. Harlow의 원숭이 실험 결과는 영아의 애착형성 이유와 과정, 그리고 그 결과에 대한 몇 가지 매우 중요한 시사점을 제공한다. 첫째, Harlow의 실험 결과는 인간의 아기가 주 양육자에게 애착을 형성하는 것이 본능적인 특성임을 보여준다. 둘째, 애착형성의 이유가 단순히 배고픔을 달래거나 Freud의 주장처럼 음식을 통한 입에 대한 욕구해결과 관련되기보다는 접촉을 통한 정서적 안정감에 대한 욕구와 관련되어 있음을 보여준다. 셋째, 애착의 대상은 낯선 상황이나 위험한 상황에서 안전기지secure-base로 작용하여 정서적 안정감을 준다. 마지막으로 애착 대상을 안전기지로 활용하는 것은 보다 적극적인 탐색을 가능하게 하여 주변 환경에 대한 적응에 도움을 준다.

표 6-6 Harlow의 원숭이 실험

상황	사진	내용
평소 상황		철사로 만든 어미 원숭이 모형과 부드러운 천으로 감싼 어미 원숭이 모형을 제공했을 때 아기 원숭이는 천으로 만든 원숭이 모형에 매달려 대부분의 시간을 보냈다.
수유 상황		철사로 만든 어미 원숭이 모형에 젖병을 달고, 천으로 만든 모형에는 젖병을 달지 않은 경우, 아기 원숭이는 우유를 먹을 때만 철사 원숭이에게 접근하였다. 그리고 이때에도 천 원숭이에 매달린 상태에서 몸을 뻗어 젖병을 빠는 모습을 보여 천 원숭이에 대한 분명한 선호를 나타냈다.
위험 상황		실험실 우리 안에 낯선 장난감을 떨어뜨리자 놀란 아기 원숭이는 천으로 만든 어미 원숭이 모형으로 달려가 매달리는 모습을 보였다. 천 원숭이에게 매달려 안정을 회복하면 아기 원숭이들은 서서히 낯선 장난감을 쳐다보고 만져보는 등의 탐색행동을 보이기도 하였다.

(3) 애착의 유형

Ainsworth(1979)는 약 10~24개월 영아를 대상으로 그들이 주 양육자와 맺은 애착의 질을 평가하는 실험을 고안하였다. 이를 낯선 상황strange situation 실험이라 한다. 낯선 상황의 실험절차는 각 3분으로 구성된 총 여덟 개의 에피소드로 이루어져 있다 표 6-7 . 실험 장면에서 평가자는 낯선 이에 대한 영아의 반응과 분리 시의 반응, 그리고 어머니와 재결합 시 영아의 반응을 주요 기준으로 삼아 개별 영아의 애착 정도를 평가한다. 영아의 애착 유형은 낯선 상황 실험을 통해 표 6-8 과 같이 네 가지로 분류된다(Ainsworth et al., 1978; Main & Solomon, 1986).

표 6-7 낯선 상황 실험절차

상황	참여자	시간	내용
1	주 양육자, 영아, 실험자	30초	관찰자가 실험 상황을 설명하고 나간다.
2	주 양육자, 영아	3분	주 양육자가 있는 상황에서 영아가 낯선 환경을 탐색하는 내용을 관찰한다.
3	낯선 이, 주 양육자, 영아	3분	낯선 이가 들어오고, 주 양육자가 있는 상황에서 낯선 이에 대한 영아의 반응을 관찰한다.
4	낯선 이, 영아	3분 이하	첫 번째 분리 상황으로, 주 양육자가 퇴장한 후 낯선 이와 단둘이 있는 상황에서 영아의 반응을 관찰한다.
5	주 양육자, 영아	3분 이상	첫 번째 재결합 상황으로, 주 양육자와의 재결합에 대한 영아의 반응을 관찰한다.
6	영아	3분 이하	두 번째 분리 상황으로, 영아만 혼자 남겨졌을 때 영아의 반응을 관찰한다.
7	낯선 이, 영아	3분 이하	낯선 이가 들어왔을 때 영아의 반응을 관찰한다.
8	주 양육자, 영아	3분	두 번째 재결합 상황으로, 주 양육자와의 두 번째 재결합에 대한 반응을 관찰한다.

표 6-8 에서 볼 수 있듯이 애착 유형은 안정애착, 회피애착, 저항애착, 비조직적 애착의 네 가지를 포함한다. 유형의 구분은 낯선 상황 실험에서 주요하게 관찰한 내용들, 즉 낯선 장소에 대한 영아의 반응과 주 양육자와의 분리 및 재결합 시의 영아의 반응을 기준으로 이루어진다. 안정애착을 형성한 영아의 경우 낯선 실험실에서도 놀잇감을 만져보고 주변에 호기심을 나타내는 등 활발한 탐색활동을 보였는데, 이는 그들이 주 양육자를 안전기지로 활용하여 새로운 장소나 사물에 대한

표 6-8 애착의 유형

유형	비율	내용
안정애착	65%	• 낯선 곳에서 주 양육자를 안전기지로 활용하여 활발한 탐색활동을 보인다. • 주 양육자와 분리 시 울거나 불안해 하는 등의 부정적인 반응을 덜 보인다. • 재결합 시에는 주 양육자를 매우 반갑게 맞이한다.
회피애착	20%	• 주 양육자와 친밀한 상호작용을 별로 보이지 않는다. • 주 양육자와 분리 시 울거나 보채지 않으며, 낯선 이에게도 주 양육자와 비슷하게 행동한다. • 재결합 시 돌아온 주 양육자를 피하거나 덜 반가워하며 맞이한다.
저항애착	10%	• 낯선 곳에서 주 양육자 주변을 맴돌며 탐색활동을 거의 하지 않는다. 낯선 이에 대해 경계하는 모습을 보인다. • 주 양육자와 분리 시 울고 보채며 양육자를 찾는다. • 재결합 시 주 양육자에게 화를 내고 공격적으로 저항하는 행동을 보이며 쉽게 달래지지 않는다.
비조직적 애착	5~10%	• 낯선 곳에서 주 양육자나 낯선 이에게 분류하기 어려운 다양한 반응을 보인다. • 매우 두려워하기도 하고 무관심하기도 하는 등 모순된 행동을 보인다.

두려움을 통제할 수 있기 때문이다. 또한 안정애착 영아는 주 양육자와 분리 시 심하게 울거나 매달리는 행동을 보이지 않고 울더라도 쉽게 달래졌는데, 이는 주 양육자가 다시 돌아올 것이라는 신뢰감을 가지고 있기 때문으로 설명된다. 따라서 재결합 시 자신의 기대와 같이 주 양육자가 돌아온 것을 매우 기뻐하면서 반갑게 양육자를 맞이하게 된다.

불안정애착 유형으로 구분되는 회피애착과 저항애착은 주 양육자에게 비의존적이거나 반대로 너무 의존적인 관계를 형성함으로써 지나치게 무관심하거나 혹은 지나치게 매달리고 원망하는 부정적 반응을 보인다. 특히 회피애착 유형의 영아들은 낯선 상황이나 낯선 이에 대해 경계 없이 다가가는 모습을 보이기 때문에 활발하고 적극적이며 스스럼없는 성격으로 여겨질 수도 있다. 그러나 주 양육자에 대한 깊은 신뢰감이나 유대감을 형성하지 못했기 때문에 바람직한 애착 유형이라 볼 수 없다.

Chapter 7

걸음마기 발달

1. 발달적 특성
2. 걸음마기 유아에 대한 부모의 영향
3. 걸음마기 발달에 영향을 미치는 외부 환경요인

7

걸음마기는 생후 18~36개월의 시기로서 아동은 이제 보다 활동적으로 주변 환경을 탐색하기 시작한다. 현저한 언어발달은 이 시기의 특징적인 발달특성으로 아동은 의사소통의 기본인 언어를 사용할 수 있게 된다. 아동은 이제 더 이상 아기처럼 보이지는 않으며 점점 독립적 존재가 되어간다. 이 시기의 아동은 고집 센 행동을 자주 보이고 이로 인해 '미운 네 살'이라고 불리기도 한다.

1. 발달적 특성

걸음마기 아동은 걷기 시작하고 두 손을 자유롭게 사용하며, 시야가 넓어져 새로운 세계를 보고 자신의 의사를 표시하게 된다. 특히 발달적 의미에서 중요성을 갖는 배변 훈련을 통해 대소변에 대한 위생적 태도를 갖게 되고, 자신의 의지에 따라 신체를 조절할 수 있다는 자신감도 형성한다. 따라서 대소변 훈련은 신체적 성장과 신경계의 성장이 충분히 이루어진 이후인 1세 이후에 시작하는 것이 바람직하며, 그 이전에 무리하게 시키는 것은 오히려 역효과를 초래할 수 있다.

이 시기 아동의 행동적 특징은 고집이 세고 부정적이어서 자기 마음대로 되지 않으면 공격적으로 행동하기도 한다. 이때 부모가 일관된 태도로 허용되는 것과 그렇지 않은 것을 분명히 하면 아동은 자신이 할 수 있는 것과 할 수 없는 것을 배우게 되어 자기통제력self control이 발달하기 시작한다(Hetherington & Parke, 1993). 아동의 자기주장적 행동이나 반항적 행동에 대한 어머니의 통제 정도는 중요하다. 깊은 사랑으로 아동의 행동을 받아줄 수는 있으나, 무조건적 허용은 아동에게 자기통제력을 기를 수 있는 기회를 주지 못한다. 부적합한 행동은 받아주지 않고 야단을 치고 벌을 주되, 바람직한 행동은 수용하고 좋은 행동임을 격려한다. 아동이 유사한 행동을 할 때마다 부모가 일관적 태도와 행동을 되풀이하면 아동은 공격적 행동을 조절할 수 있는 능력과 동시에 자기 주장을 펼 수 있는 능력을 갖게 된다.

걸음마기의 중요한 발달과업은 자율성autonomy을 확립하고, 자기주장적 독립성을 확립하여 공격적 충동을 억제하며, 이를 조절할 수 있는 능력을 획득하는 것이다. 또한 원하는 것이 즉시 만족되지 않을지라도 기다릴 수 있는 능력을 기르는 것이다. 이 시기의 아동은 어머니와 공생적 의존관계에서 어머니로부터 분리되어 개별화가 이루어져야 한다. 어머니가 곁에 없어도 어딘가에 있으며 자신이 원하면 항상 올 수 있다는 것을 믿을 때, 아동은 어머니와 떨어져 있어도 불안을 덜 느끼게 된다. 이러한 믿음을 기초로 아동은 어머니를 새로운 세계를 탐색하는 기초로 삼게 된다. 이는 진정한 의미의 심리적 자아의 탄생psychological birth으로서 이러한 개별화 과정을 통해 아동은 훗날 자율성을 갖춘 개체가 된다(김동일 외, 2004).

1) 신체발달

걸음마기 아동은 의도적으로 적절하게 움직이는 능력인 운동조절이 가능해진다. 의식적으로 특정한 신체부분을 사용하기 시작하면서 아동은 생후 첫 3년 동안 운동조절능력을 급속도로 발달시킨다. 인간의 운동능력 중 가장 독특한 두 가지는 엄지와 나머지 네 손가락으로 원을 만들 수 있는 것과 두 다리로 걸을 수 있는 능력이다. 이 두 가지 능력 중 어느 것도 태어나면서부터 존재하는 것은 아니며, 둘 다 점진적으로 발달된 것이다. 예를 들어 아동은 처음에는 손 전체를 사용하여 물건을 쥐다가, 다음에는 매우 섬세한 잡기 움직임을 이용하여 엄지손가락과 집게손가락으로 작은 물건을 집게 된다. 아동은 팔, 다리, 발 각각의 동작에 대한 통제력을 얻고 나서, 이러한 동작들을 통합하여 걸을 수 있는 준비를 한다. 이와 같은 과정을 거쳐 걸음마기 아동의 손 통제는 점점 정교해져 생후 33개월 정도가 되면 보통 원을 제법 잘 그릴 수 있다.

생후 2년이 되면 어린 아동은 한 번에 하나씩 계단을 오르기 시작한다. 처음에는 한 계단에 한 발을 놓고 다른 한 발을 올려놓은 후 다음 계단으로 올라가지만 점차 발을 교대로 하여 올라갈 수 있고, 내려오는 것은 좀 더 나중에 할 수 있게 된다. 생후 2년에 아동은 달리거나 깡충깡충 뛰게 되므로 부모는 그들을 따라 다니느라 지치게 된다. 대개의 아동들은 3세에 한 발로 잠시 동안 몸의 균형을 이룰 수 있고, 깡충깡충 한 발로 뛰기도 한다.

걸음마기 아동

2) 인지발달

걸음마기에 가장 두드러지게 나타나는 발달은 언어발달이다. 아동은 첫 단어를 사용한 이후 다음 단계로 여러 단어를 결합하여 문장으로 만들기 시작하며, 처음에는 두 개의 단어만을 사용하다가 점차 세 개, 네 개 등으로 사용하는 단어의 숫자가 증가된다. 첫 번째 이어문, 즉 두 단어로 이루어진 문장은 보통 생후 18~24개월에 나타난다. 아동이 의미 있는 몸짓을 보이는 가운데 첫 단어가 나타나는 것처럼, 첫 번째 이어문 역시 아동의 몸짓과 함께 나타난다. 일단 이어문이 나타나면 아동의 언어발달은 놀라울 정도로 급속히 진행되어 그 후 1~2년 사이에 현저하게 복잡한 문장들을 만들어낼 수 있다.

아동이 성장하면서 언어는 점점 더 복잡해진다. 처음에는 시제, 소유격의 어미, 전치사 등을 빠뜨리며, 주어나 동사도 마찬가지이다. 그러다가 두 개의 기본적 문장관계를 연결하여 보다 더 복잡한 문장구조를 만들어낸다. 생후 20~30개월에는 동사론의 기초를 습득하여 전치사, 접속사, 복수, 과거시제 등을 사용하기 시작하며, 3세가 되면 언어가 보다 길고 복잡해진다. 아동은 언어의 일부분을 빠뜨리기는 해도 자신의 생각을 전달할 수 있고 말을 유창하게 한다.

어떤 아동은 생후 8개월에 개개 단어들을 말하기 시작하는 반면, 어떤 아동은 18개월이 되어서야 말을 한다. 어떤 아동은 3년 혹은 그 이상이 되어서야 이어문을 사용하기도 한다. 그러나 말을 늦게 시작하는 아동들도 나중에는 그들보다 언어능력이 앞선 아동들을 따라갈 수 있으며, 따라서 복잡한 언어를 말하게 되는 시기의 빠르고 늦음이 훗날의 IQ나 읽기능력을 예측하지는 않는다. 예외적으로 수용적 언어가 매우 부진하면서 말을 늦게 하는 아동의 경우는 언어발달과 인지발달 간에 상관관계가 존재한다. 이러한 아동은 언어발달에서 부진하며, 일반적으로 인지발달에서도 그러한 양상을 띠기가 쉽다(Bates, 1993).

언어발달에도 개인차가 많이 나타날 수는 있지만, 생후 2년 6개월에서 3년까지 두 단어를 결합해서 의미 있는 문장으로 말할 수 없을 때는 언어 습득에 이상이 있는지 알아보고 조기에 적절한 조치를 취해야 한다. 아이의 언어발달상 문제가 있는 것으로 의심되어 전문가를 찾아야 할 경우에 해당되는 아이는 다음과 같다.

- 어느 정도 말을 기대할 연령에서 전혀 말을 하지 않는 아이
- 연령에 비해 언어의 내용이 부적절한 아이
- 어느 정도 말을 했으나 일시적 또는 영구적으로 말을 잊어버린 아이

아동의 언어발달은 선천적 기제인 언어습득장치Language Acquisition Device, LAD 안에 올바른 언어적 자극과 내용이 주어질 때 바람직한 방향으로 이루어질 수 있다. 즉 부모와 주변의 인물들이 아동에게 적절하고 모범적인 언어모델이 되어 좋은 언어를 보여주고 아동의 언어에 대해 긍정적으로 보상을 제공함으로써 바람직한 방향으로 언어발달이 진행될 수 있다(박성연 외, 2002).

3) 사회정서 발달

급속한 인지발달과 더불어 걸음마기 아동은 어른이나 다른 아동들과의 상호작용에서 점점 더 유능해진다. 영아와 비교할 때 이 시기의 아동은 다른 사람들의 행동을 관찰 및 해석하고 모방하며, 다른 사람과의 상호작용에서 순서를 지킬 수 있는 능력이 크게 향상된다. 더구나 이 시기의 아동은 다른 사람들, 특히 또래와의 상호작용에 관심이 매우 많아진다.

Erikson은 이 단계를 두 번째 위기의 단계, 즉 '자율성 대 수치심 및 의심autonomy vs shame and doubt'으로 명명하였다. 18~36개월의 아동은 스스로 결정하며 자기를 억제하기 시작한다. 따라서 걸음마기의 중요한 쟁점은 자기조절self-regulation 및 자아통제self-control 대 외부조절 및 외부통제이다. 이상적으로 첫 번째 발달단계에서 세상에 대한 기본적 신뢰감을 획득했다면 걸음마기 아동은 이제 자신의 판단을 신뢰하여 부모의 판단 대신 자신의 판단을 사용하기 시작한다. Erikson은 이 시기의 발달적 과업을 해결하면 '의지'라는 덕목이 출현한다고 하였다.

걸음마기 아동의 가장 분명한 발달적 변화 가운데 하나는 양육자에게 가까이 있으려는 성향이 감소하는 것이다. 스스로 움직여 돌아다닐 수 있게 되면서 양육자로부터 쉽게 분리되어 놀고 주변을 탐색하며, 과감하게 꽤 멀리 이동하기도 한다. 다른 활동을 하다가 좀 더 멀리 가기 전에 양육자에게 되돌아오기도 하지만, 점차 멀리 떨어져서 양육자에게 장난감을 보여주거나 소리를 내기도 한다. 즉 영아가 어머니와의 신체적 접촉을 필요로 하는 반면, 이 시기의 아동은 점점 심리적 접촉을 필

요로 한다. 이러한 심리적 접촉은 신체적 접촉을 요하지 않는 상호작용으로서 말을 하거나 미소를 보이고 혹은 서로 바라보는 행동을 의미한다. 특히 부모와 안정적 애착을 형성한 경우, 아동은 훨씬 수월하게 환경을 탐색한다. 아동은 멀리 보이는 양육자의 모습이나 양육자와의 심리적 유대로부터 지지를 얻을 수 있고, 이를 통해 보다 더 독립적으로 성장할 수 있다(박성연 외, 2002).

양육자로부터 떨어져 놀 수 있는 것 외에 걸음마기 아동은 어린 영아에 비해 양육자가 일시적으로 떠나 있을 때에도 불안감을 덜 보인다. 실험실 상황에서 잠시 동안 혼자 있게 될 때, 생후 12개월의 아동은 어머니가 돌아오면 강한 접촉을 요구한 반면, 18개월의 아동은 대부분 간단한 접촉만으로도 곧 안정을 되찾고 다시 놀기 시작한다. 이 시기의 아동에게는 다른 아동들과의 상호작용을 많이 경험하게 하거나 부모가 떠나는 것에 대해 설명함으로써 아동이 부모와의 분리를 준비할 수 있도록 도와줄 때 훨씬 덜 고통스러워한다. 이러한 발달적 변화를 통해 걸음마기 아동의 독립심은 점차 발달된다.

걸음마기 아동의 또 다른 특성은 자신이 발견하는 사물에 대해 주위 사람들과 끊임없이 대화하는 것이다. 아동은 지속적으로 사물을 가리키고 그것에 대해 말하며, 그것을 가져와서 다른 사람들에게 보여준다. 아동의 이러한 행동은 두 가지 이유에서 중요하다.

첫째, 이러한 행동은 아동의 일반적인 사회성을 나타낸다.

둘째, 이것은 사회적 인식이나, 혹은 초보적 방법이지만 다른 사람의 생각을 인식할 수 있는 능력이 향상되었다는 것을 나타낸다. 아동은 자신과 사회적인 의사소통을 하는 상대가 자신을 바라보지 않을 때보다 주의를 기울이고 있을 때 상대에게 더욱 자주 미소를 보이며, 의사소통을 하기 위해서 자신을 받아주는 상대가 필요하다는 것을 인식한다(Scanlon-Jones & Rang, 1989).

걸음마기 아동이 사회적 세계로 나아가는 발달적 변화는 다른 아동들과의 상호작용에 대한 관심이 증가하는 것으로 나타난다. 생후 15~24개월에 아동은 놀이 상대와 상호 보완적인 방법으로 놀 수 있는 능력, 즉 상대의 행동방향을 따르는 식으로 반응할 수 있는 능력을 발달시킨다. 이러한 게임은 모방에 기초하여 한 아동이 어떤 행동을 실행하고 다른 아동은 그것을 반복하며, 이러한 과정은 다시 반복되어 아동에게 기쁨을 가져다준다. 걸음마기 아동의 상호작용은 영아에 비해 훨씬 더 복잡하고 긍정적 정서를 경험하게 하므로, 2세 아동은 여러 놀이 친구들 가운데 자기가 선호하는 친구를 명백히 구분한다(박성연 외, 2002).

그러나 어린 걸음마기 아동의 상호작용은 대부분 사람 중심적이기보다는 사물 중심적이며, 따라서 두 명의 아동이 동일한 주제를 가지고 함께 노는 경우는 거의 드물다. 생후 3년째가 되면서 이들이 공유하는 주제가 좀 더 두드러지며, 바로 이 시기에 혼자 하는 가상놀이solitary pretend play와 사회적 가상놀이social pretend play가 출현한다(Howes, Unger, & Seidner, 1989). 또래 간 상호작용의 급속한 발달은 유아기와 아동기까지 지속적으로 이루어진다. 유아기가 되면 아동은 놀이 상대와 친구를 구별하며, 친구와 보다 많은 상호작용을 하고 친구에 대해 보다 긍정적인 정서를 보인다. '친구'의 개념이 생기며 사람들이 그들 나름대로의 의도뿐만 아니라 '권리'도 가지고 있다는 점을 이해한다.

걸음마기 아동의 사물 중심적 상호작용

2. 걸음마기 유아에 대한 부모의 영향

아동이 자라면서 부모는 지금까지 해온 자신의 행동이 더 이상 적절하지 않음을 발견하게 된다. 이전에는 주로 누워 있는 아이에게 시간 맞춰 음식을 주고 기저귀를 갈아주며 자야 할 시간에 재워주는 것이 아이를 보살피는 것의 대부분이었다면,

이제는 걷고 뛰어다니는 아동을 위험으로부터 보호해야 하고 아동의 끊임없는 호기심을 충족시키기 위해 신체적으로나 정신적으로 매우 왕성한 에너지의 필요에 대처해야 한다. 따라서 이 시기의 부모는 아동을 새로이 지휘하고 상호작용하는 방법을 발견해야 하며 이를 잘 활용해서 능동적이고, 지칠 줄 모르며, 호기심 많은 아동을 잘 이끌어주어야 한다. 부모는 아동이 점차 높아지는 자율성과 보다 확대된 학습능력을 발휘할 수 있도록 안전한 환경을 제공하기 위해 최선을 다해야 하며, 따라서 유리나 못, 또는 부엌용품 등 위험한 환경으로부터 아동을 보호하는 보호자 protector 역할을 해야 한다.

걸음마기 자녀를 둔 부모는 지금까지의 경험상 아동의 안전에 대해 잘 알지 못하고, 이들을 돌보는 것은 육체적으로 매우 힘든 일이라는 것을 깨닫게 되며, 이전까지 해왔던 보육자의 역할에서 보호자의 역할로 전환하는 데 어려움을 겪을 수 있다. 따라서 대부분의 가정에서 주 양육자의 역할을 담당하게 되는 어머니들은 사회활동을 왕성하게 해나가거나 배우자의 필요를 충족시키고 요구를 들어줄 만한 에너지가 부족하고, 경찰과 같이 아동을 늘 감독하고 보호해야 하는 역할로 인해 많은 스트레스를 경험하기 쉽다. 즉 24시간 내내 자녀를 돌봐주어야 하는 주 양육자는 자녀로부터 해방되고자 하는 마음이 간절하고, 배우자의 요구에 대해 예민하게 반응하기 쉬우므로, 이 시기의 부모는 역할을 분담하여 어느 한쪽이 너무 지치지 않도록 서로 배려하는 노력이 필요하다.

1) 양육의 유형

발달에 대해 생각할 때 보통 아동에 관련된 것만 떠올리기가 쉽지만, 가족의 모든 구성원이 전 생애를 통한 발달의 과정 속에 있으며 발달의 한 시점에서 가장 적응적인 행동들이 다른 단계에서는 적당하지 않을 수 있다. 따라서 양육의 방법은 발달적으로 민감해야 할 뿐 아니라 유연해야 한다.

영아기는 인간의 전 생애 발달에서 볼 때 짧은 시기이지만 다른 어떤 시기보다도 부모와 영아 사이의 상호작용이 가장 활발하고 부모로부터 많은 관심을 받게 된다. 영아에게 부모는 최초로 맺는 인간관계로서 부모가 제공하는 환경은 아동의 인지적, 정서적, 사회적 발달에 중심 역할을 한다. 부모는 자녀의 욕구나 필요에 일관적으로 반응함으로써 세상에 대한 신뢰감과 안정감을 제공하고, 이후 삶을 위해 필요한 여러 능력과 기술을 가르치게 된다. 유능한 부모라면 이때 아동의 발달적 변화에 맞춰 부모로서의 역할과 태도를 조절하고 변화시켜야 하는데, 예를 들어 가정에서 유치원으로 생활반경이 확대되고 자기관리와 통제의 능력을 키워야 하는 유아기 자녀에게 영아기와 같은 방식으로 돌봄과 보호의 기능만을 제공한다면 아동의 주도성과 자기통제능력에 문제가 생길 수 있다.

이처럼 발달단계에 따라 부모가 제공해야 하는 역할과 양육행동 간에는 차이가 있기 때문에 권위적authoritative, 권위주의적authoritarian, 익애적indulgent, 그리고 방임적neglectful 등으로 양육 유형을 구분(Maccoby & Martin, 1983)하는 것뿐 아니라 영아기, 유아기, 아동기, 청소년기 각각의 특성을 반영한 구체적인 양육 유형에 대한 논의가 필요하다. Bornstein(2002)은 영아기의 발달적 특성을 고려하여 양육 유형을 네 가지로 구분하였다 표 7-1.

표 7-1 영아기 부모의 양육 유형

양육 유형	내용
보호를 위한 양육 nurturant	신체적 필요로서 영아의 병을 예방하고 행동을 증진시킬 책임을 포함하는 양육을 뜻한다.
사회적 양육 social	어머니와 영아 사이에 나타나는 어머니의 애정, 반응성, 상호적 관계를 나타내어 민감성 개념을 포함한다. 영아와의 상호 대인적인 관계에서 부모들이 사용하는 시각적, 언어적, 애정적, 신체적 행동의 다양한 것들을 뜻한다.
가르치는 양육 didactic	어머니가 여러 사물이나 물체, 사건에 대한 영아의 인식을 자극하며, 영아가 탐색하고 모방하고 학습할 수 있도록 기회를 만들어주는 것으로서 주변 환경을 이해하고 영아를 자극하는 데 사용되는 부모의 다양한 전략으로 구성된다. 일반적으로 영아기부터 증가하며 사건과 사물 등을 설명해주고 관찰하는 기회를 제공한다.
물질적 양육 material	부모들이 영아의 물리적 환경을 조직하고 제공하는 방법들을 포함한다.

영아기에는 대부분의 양육행동이 먹이고, 입히고, 재우는 것 등 영아의 생명을 유지시키고 보호하는 행동nurturing에 집중되지만(Borntein, 2002), 이에 더해 영아에게 적절한 사회적 반응을 제공하는 어머니의 민감성 역시 매우 중요하다. 민감성sensitivity이란 영아의 행동에 대한 어머니의 지각과 해석 그리고 그에 대해 적절하게 즉시적으로 반응할 수 있는 능력을 의미한다. Ainsworth, Bell과 Stayton(1974)은 어머니 민감성의 네 가지 기본적인 요소를 영아의 신호 인식, 영아의 신호에 대한 정확한 해석, 영아의 신호에 대한 적절한 반응, 영아의 신호에 대한 즉각적인 반

응이라고 하였다. 이를 구체적으로 3A로 표현할 수 있는데(Douville, 1994) 어머니가 영아에게 적절한 주의Attention를 기울이고, 온정적인 신체적 · 정서적 애정Affection 표현을 하며 영아의 행동에 대해 승인Approval을 해주는 것을 의미한다.

2) 아버지의 양육 참여

대부분의 문화권에서 양육의 일차적인 역할은 어머니가 수행하고 있는 것이 사실이지만, 최근 맞벌이 부부가 증가하고 아동발달에 미치는 아버지의 역할이 재조명되면서 자녀 양육에 남성의 참여가 점차 증가하고 있다. 이상적인 아버지상을 조사한 연구에 따르면, 좋은 아버지는 자녀에 대한 지식이 많고, 자녀의 말을 잘 들어주며, 자녀 양육에 적극적으로 참여한다. 경제적 안정뿐 아니라 정서적인 만족에 대한 욕구가 높아지면서 '성공적인 직장인, 자상한 남편, 그리고 친구 같은 아버지' 라는 복합적인 역할이 요구되고 있다.

아버지는 신체적 돌봄 위주인 어머니와는 달리 대부분의 시간을 사회화 경험을 제공하는 데 사용하고 아이를 들어 올리거나 큰 소리를 내면서 활동적이고 적극적인 상호작용을 시도한다. 이러한 아버지에 대해 영아들은 더 민감하게 반응하고(Lamb, 1986) 어머니와는 다른 환경인 아버지와의 관계를 통해 사회적 능력을 형성하며(이은화, 1985) 이후 아버지의 양육 참여가 높은 아이일수록 낯선 사람에게 맡겨졌을 때 불안감을 적게 보였다(Parke, 2001).

2002년 영국 옥스퍼드대학교 자녀양육센터가 1958년 태어난 어린이 17,000명의 성장과정을 40년에 걸쳐 추적 연구한 결과를 발표했는데, 자녀 양육에 적극적인 아버지를 둔 자녀들은 그렇지 않은 경우보다 학업성적이 높았고, 범죄를 저지르거나 부랑아가 될 가능성이 적었다. 덧붙여 아버지와 자녀의 깊은 유대관계는 훗날 자녀의 정신질환 발생 확률을 감소시켰다(중앙일보, 2002. 3. 2). 그 밖에도 아버지의 양육 참여는 이후 자녀의 감정이입능력과(Koestner, Franz, & Weiberger, 1990) 친구관계(Franz, McCelland & Weinberger, 1991)에 긍정적인 영향을 미쳤다.

이처럼 아버지의 양육 참여와 아동의 발달 간에는 밀접한 관계가 있지만 이때 중요한 것은 부부간 양육행동에서의 협력과 일치 정도로(Abidin, 1992), 아버지와 어머니가 서로 조화롭고 애정적인 관계에서 양육에 협조적일 때 아동의 발달에 바람직한 영향을 미칠 수 있다. 아버지는 어머니보다 상대적으로 준비가 덜 되어 있기 때문에 좋은 부모가 되려는 아버지의 욕구를 지지하며, 성장에 대한 아버지의 잠재력을 향상시키고 아버지에게 부모 역할에 대한 정보를 제공할 필요가 있다.

3) 아동의 자율성에 대한 대처

걸음마기는 Erikson이 말한 제2단계, 즉 자율성 대 수치심 및 의심의 단계로서 자율성을 격려하고 수치심이나 의심에 빠지지 않도록 도와주어야 한다. 아동은 대소변 훈련을 통해 자신이 배변을 자율적으로 할 수 있다는 자신감을 형성할 수도 있고 반대로 배변을 잘 못하여 수치심을 느끼거나 자신의 능력에 대해 의심을 가질 수도 있다. 또한 이 시기 아동은 걸음마를 배우기 위하여 자율적으로 노력하므로 양육자의 지도방법에 따라 자율성을 기를 수 있다. 만약 이 시기에 부모의 과보호 등으로 스스로 문제를 해결해볼 기회를 갖지 못하면 자신의 능력에 대한 의심을 갖게 되고 평생 자신감을 갖지 못할 수도 있다.

걸음마기 아동은 자신이 걷고, 기고, 열고, 닫고, 떨어뜨리고, 밀고, 잡아당길 수 있음에 자부심을 느낀다. 즉 모든 것을 스스로 하고자 하여 무슨 일이든지 '내가!'라는 표현과 함께 행동으로 보여준다. 이 경우, 어른이 보기에는 아동의 행동이 불안하고 잘못된 것처럼 여겨지더라도 참을성을 가지고 지켜보는 것이 바람직하다. 부모가 참을성이 없어서 아동이 할 수 있는 것을 대신 해주면 아동은 부끄러움, 수치심, 의심을 느끼게 되므로 주의해야 한다.

부모가 자녀를 계속해서 과보호적이거나 비판적으로 대하면 아동은 주변 세계를 통제할 수 있는 자신의 능력에 대해 의심을 하고 다른 사람에 대해 수치심을 느끼는 어려움에 빠질 수 있다. 그러므로 부모는 따뜻하고 수용적인 양육태도 가운데 어떤 행동은 해도 되고 어떤 행동은 하면 안 되는지에 대한 한계를 정해주고, 이를 일관적으로 지켜나가야 한다.

4) 학습 경험의 제공

부모는 걸음마기 아동에게 스스로 할 수 있도록 하는 학습 경험을 제공하는 것이 중요하다. 먼저 아동은 '자조自助 기술'을 습득해야 하는데, 그 능력이 완벽하게 준비되지 않아도 아동은 스스로 무엇을 해결하고자 하는 욕구가 강하기 때문에 일상 생활에 필요한 기본 생활양식을 배울 수 있다. 예를 들면 음식을 혼자 먹어 보려고 시도하는 아동에게 먹기 쉬운 음식을 주거나 수저를 줌으로써 혼자서 먹는 법을 배울 수 있도록 도와줄 수 있다. '옷 입기'의 경우도, 아동이 다루기 쉬운 간편한 복장을 마련해서 시간이 걸리더라도 혼자 벗거나 입을 수 있는 기회를 준다. 대소변 훈련은 서두르지 말고 수용적 분위기에서 실시하되, 이를 하나의 학습 경험으로 보는 여유가 필요하다.

또한 걸음마기는 사회적 · 지적 학습이 필요한 시기로서 또래와의 상호작용 경험을 충분히 제공해서 사회적 기술을 습득하도록 도와주어야 한다. 언어발달은 생후 1년 반에서 3년 사이에 급속도로 이루어져, 약 20여 개 단어에서 900여 개로 급속한 증가를 보인다. 부모는 이 시기에 친숙한 물건들의 이름 붙이기, 아동의 간단한 언어 완성시키기, 언어사용 강화하기 등을 통해 모델링을 제공하는 것이 중요하다.

언어발달의 속도는 선천적 요인과 후천적 요인이 함께 영향을 미친다. 후천적 요인의 측면에서 볼 때 아동의 언어발달은 가정에서 사용되는 언어의 양 및 질과 밀접한 관련이 있다. 부모가 끊임없이 이야기를 하고 눈을 맞추며 상호작용을 할 때 아동의 언어발달은 더 촉진될 수 있다. 성별도 말하는 속도에 영향을 주는데, 대개 여아가 남아보다 언어발달이 빠르다. 아동이 걷기 시작하거나 활동범위가 넓어지고, 손위 형제들이 대신 말을 해줄 때는 언어발달이 늦어질 수도 있다. 유전적 영향으로 부모가 말이 늦었다면 아이도 늦기 쉽다. 때로는 아동이 말을 하기 시작할 때 집안에 갑작스러운 변화, 예를 들면 양육자가 바뀌거나, 동생이 생기거나, 누군가 아프거나, 부모가 여행을 가거나, 어머니가 직장을 다시 다니기 시작하는 등의 변화가 생기면 퇴보하기도 한다.

이 시기의 아동은 호기심이 많으며, 이러한 호기심은 언어발달과 밀접한 관련이 있다. 아동은 언어사용이 가능해지면서 주변 환경에 대한 개념을 형성하는데, 부모는 안전한 환경에서 다양한 물체와 경험을 제공하여 아동의 지적 · 사회적 능력의 확장을 최대화할 수 있도록 도와야 한다.

아동의 독립은 부모의 믿음에 달린 문제이다. 아동은 계속해서 끊임없이 발달한다. 부모가 자녀의 성장에 대해 서두르지 않고 인내와 믿음을 가지면 부모와 자녀 모두가 행복할 것이다. 아동이 새로운 발전을 보이면 반갑게 맞이하되 참을성을 갖고 다음 단계를 기다려야 한다. 아동이 처음 혼자서 일어설 때처럼 독립을 향한 행보가 갑작스럽고 극적으로 보일 수 있다. 그러나 매일 일어나는 미묘한 변화를 눈치 채지 못한다고 해도 아동은 신체적으로 점점 강해지고 발달하므로 부모는 그에 대한 믿음을 아동에게 전해주어야 한다.

3. 걸음마기 발달에 영향을 미치는 외부 환경요인

1) 형제자매관계

최근 저출산으로 인해 가족 구성원의 수가 줄어들고 있지만 여전히 많은 가정에서 형제자매가 함께 성장하고 있다. 형제자매는 부모를 대신하기도 하고, 경쟁자, 선생님, 자극을 주는 사람, 역할 모델, 동료 등의 역할을 하며(Cicirrelli, 1980) 부모나 또래 관계와는 다른 방식으로 작용한다. 이들은 동일시와 비교의 준거로서 서로 모방과 경쟁을 통해 이후 인성발달과 사회적 행동에 지대한 영향을 미친다. 형제자매 간의 역할이나 관계는 출생 순위, 성, 연령터울에 따라 달라진다.

Adler는 사회적 요인과 성격 간의 관계를 언급하면서 출생 순위가 개인의 성격 발달에 미치는 영향력을 강조하였다. 그러나 이 경우 실제 출생 순위뿐 아니라 심리적인 출생 순위의 개념도 포함되어 있어 단순하게 적용하기는 어렵지만 일반적으로 맏이들은 사회적 책임감이 강하고 동생들에 비해 순종적인(Azmitia & Hasser, 1993) 반면에 동생은 위 형제보다 자유롭고 친사회적인 행동을 더 많이 한다고 알려져 왔다(이경희, 1989). 이러한 결과는 출생 순서에 따라 역할이 분담되어 있어 이에 따라 각자의 위치에서 기대되는 행동을 보일 것이라는 사회적 통념의 결과일 수도 있다. 최근에는 많은 가정들이 자녀를 한두 명씩만 낳고 있어 외동아이의 특성에 대한 관심이 증가하고 있다.

일반적으로 형제자매는 개인의 발달을 위해 결정적인 학습 경험의 기회를 제공하지만 외동아이는 놀이의 대상이자 모방의 대상인 형제가 없기 때문에 생활이나 정서적 경험이 빈약하여 성격상 문제가 된다고 한다(이상로, 1982). 그러나 외동아이는 형제간의 경쟁심이나 질투에 의해 성격이 삐뚤어질 가능성이 적고, 오히려 지적 특성과 사회적 능력이 또래집단의 평균보다 우수하였으며, 성취동기나 자아존중감이 더 높다는(이성진 · 이기우, 1986; Falbo & Polit, 1986) 연구 결과와 외동아이나 형제아 간에 사회적 기술이나 또래 수용에 있어 차이가 없었다(박성연 · 도현심, 1993; 박성연 · 송나리, 1993)는 주장 역시 혼재하고 있다.

형제자매관계는 또한 성性 구성양식에 따라 오빠와 여동생, 누나와 남동생 또는 언니와 여동생 등의 형태를 이루는데 이성 형제들보다는 동성 형제에서 긍정적인 상호작용과 동시에 경쟁이나 싸움 역시 빈번하게 나타난다(김상희, 1992; Minnet, Vandell, & Santrock, 1983). 특히 자매간에서 친밀하고 우호적인 행동이 많이 나타나는 반면, 남자 형제간에는 자매간이나 여자와 남자 형제간보다 싸움이 더 잦았다.

형제자매 간 연령터울이 짧은 경우에는 친구 같은 관계를 유지하면서 서로 잘 이해하고 대화할 수 있지만, 부모의 차별적 대우가 더 빈번하고 그 결과 적대감, 갈등, 그리고 상대방에게 압력과 갈등을 불러일으킬 수 있다(정연수, 2000). Minnet 등(1983)은 연령터울이 클수록 긍정적이며 애정적인 행동을 더 많이 하는 것으로 보고하였으나 이은숙(2005)은 연령터울이 한 살인 경우 형제자매 간에 정서 표현, 감정의 정서지능이 더 높고 유대관계가 더 돈독하다는 상반되는 결과를 내놓기도 하였다. 최근 늦둥이 출산이 점차 늘고 있어 형제자매 간 연령터울이 발달에 미치는 영향에 대한 추가적 연구가 필요하겠다.

2) 보육

최근 저출산과 복지에 대한 사회적 관심이 고조되면서 보육시설의 확충과 보육의 질적인 향상이 국가의 주요한 정책과제가 되고 있다. 이는 맞벌이 부부 가정이 경제활동을 하는 전체 가정의 40%에 이르고(동아일보, 2009. 9. 21) 사회적, 가정적 요구에 의해 앞으로도 더 증가할 것이라는 사회적 필요를 반영한 것이며, 가정에서 영아를 양육하는 전업주부들도 자신만의 개인적인 시간을 활용하고자 하는 요구 또한 늘어나고 있어 영아보육에 대한 요구와 관심이 그 어느 때보다 뜨겁다. 여기에 더해 2013년부터 소득 수준에 관계없이 0~5세 영유아에 대한 전면 무상보육이 시행되면서 보육시설의 수요가 기하급수적으로 늘어날 것으로 예상되고 있다. 이에 따라 정부에서는 어린이집 정원을 늘리기 위해 영유아 보육시설 설치 기준을 완화하는 등의 노력을 기울이고 있지만, 중요한 것은 단순한 보육시설의 양적 증가가 아니라 전문적인 운영에 대한 요구를 충족시켜야 한다는 점이다.

최근 영아가 태어날 때부터 많은 능력을 가지고 있다는 증거들이 속속 밝혀지면서 이러한 선천적인 능력이 교육자와 부모들의 관심을 끌었고, 우리나라뿐만 아니라 세계적으로도 영아를 위한 다양한 프로그램들이 개발되고 있다. 이에 따라 영아의 발달특성에 적합한 내용으로 성장을 최적화할 수 있는 전문적인 교육에 대한 논의가 필요하다.

그동안 보육에 대한 연구들은 주로 보육의 시작연령이나 보육시설에서 보내는 시간이 아동의 인성이나 애착에 어떤 영향을 미치는지에 초점을 두고 생후 1년 이내에 시작한 보육이 아동의 불안정애착이나 불복종 행동 및 공격성을 높인다는 (Belsky, 1986; Vandell & Corasaniti, 1990) 결과와 생후 1년 이내에 시작한 보육이 아동의 발달에 오히려 긍정적인 요소로 작용한다는 견해(Anderson, 1992; Field, 1991), 보육 시작 시기와 아동의 발달과는 관계가 없다는 주장(Scarr, 1998)들이 대립되어 오다가 최근에는 보육의 질(Howes, 1990)을 구성하는 요인들 그리고 보육의 질을 높일 수 있는 방법 등으로 관점이 변화되고 있다.

3) 빈곤

빈곤은 다양한 기제를 통해 아동의 발달에 영향을 미친다. 빈곤을 비롯한 사회경제적 지위는 가정의 분위기, 양육의 질, 그리고 접해 있는 지역사회의 조건과 관계된다. 최근 국내 빈곤 계층 아동의 수는 100만 명 이상으로 추산되며(조선일보, 2007. 12. 16) 빈곤이 아동에게 미치는 영향은 발육부진, 발달지체 등과 같은 신체발달의 문제에서 지능발달의 저해, 학업부진 등과 같은 인지발달의 문제, 우울과 불안, 공격성, 주의집중의 문제와 같은 사회정서발달 문제에까지 광범위하다 (Brook-Gunn, & Duncan, 1997). 경제적 빈곤은 아동의 발달과 직접적으로 연관될 뿐만 아니라 빈곤한 생활에서 오는 부모의 무기력, 무능력, 음주벽 또는 생활의 무질서 등에 의해 이차적으로 파생되는 방임과 갈등으로 인하여 아동에게 악영향을 미친다.

경제적으로 빈곤한 부모는 우울감과 양육 스트레스가 높으며 자녀와의 상호작용 능력이 떨어져 결국 아동의 신체적, 정신적 건강에 어려움을 초래할 수 있다. 또한 아동기의 빈곤 경험은 건강한 발달과정에 부정적인 영향을 미칠 뿐만 아니라 성인이 되었을 때의 직업 및 소득 등에 있어 그렇지 않은 아동에 비해 장기적으로 부정적 결과를 가져올 수 있다. 따라서 아동의 생의 출발점이 되는 영유아기의 환경을 개선시켜 개인의 잠재력을 극대화하는 전략이 필요하다.

발달에 영향을 미치는 대중매체

다른 동물과 달리 인간의 두뇌는 태어난 후에 성장한다. 태어나서 3년까지는 빠르게 뇌가 성장하는 시기이다. 하재근(2012)에 따르면 3세까지의 시기는 정서와 감정을 담당하는 대뇌변연계[9]가 성장을 하는데, 이 시기에 TV를 보면서 성장한 아이들은 정서적 문제를 가질 확률이 높다고 한다. 그는 어른이 무심코 틀어놓은 TV를 영아들이 보게 되는 TV 간접시청에 대해서도 경고하면서 "교육적인 TV 프로그램을 보는 것보다 가족과의 상호작용이 아이에게 더 도움이 된다"고 주장하였다. 최근 조부모들이 아동을 양육하면서 종일 TV를 켜 놓는 경우가 많은데 이에 대한 주의가 요구된다.

더 타임즈(2009. 10. 13)에서는 2세 미만 영아들의 TV 시청은 활동적인 놀이나 타인과의 사회적 접촉 및 언어발달을 위한 시간을 줄일 수 있으며, 시선 이동범위를 저해하고 집중력을 떨어뜨릴 수 있기 때문에 유해하다고 경고하였으며, 2006년 미국 소아과협의회에서는 만 2세 미만의 아이는 절대 TV를 봐서는 안 되고, 부모는 소아과 의사를 찾아가야 할 때 아이의 병력과 함께 TV, 인터넷 등의 접촉 경력도 함께 말해야 한다고 권고했다. 이 밖에도 영유아기 TV 시청은 훗날 ADD/ADHD 장애와 비만을 유발할 위험성을 가중시키며, 뇌의 회로를 혼란시킨다는 연구 결과 등이 속속 발표되고 있다.

이에 더해 최근에는 스마트폰이나 태블릿 PC와 같은 스마트 기기들의 유해성이 보고되고 있다. 이런 영유아들의 투정을 그치게 하거나 교육용으로 이들 기기를 주는 경우가 많아지면서 유모차에 사용하는 스마트폰 거치대까지 등장했다. 이처럼 어린 시기부터 스마트 기기에 중독된 아동들은 우측 전두엽의 활동이 떨어지는 것으로 나타났으며 이는 주의력결핍장애 등을 겪고 있는 아이들에게 흔히 나타나는 현상이다(SBS 뉴스, 2012. 2. 19).

9) 대뇌변연계는 대뇌 반구의 안쪽과 밑면에 존재하며 정서, 기억 및 학습에 관여한다.

Chapter 8

발달이상

1. 발달이상의 기준

2. 영아기의 발달이상

8

발달은 매우 복합적인 과정이다. 특히 영유아기의 발달은 매우 빠르고 역동적으로 진행되며, 대근육과 소근육 운동 발달, 언어발달, 사회성 발달, 인지발달 등이 제각기 발달하는 것이 아니라 시기에는 차이가 있지만 서로 영향을 주고받으며 골고루 이루어진다는 특징이 있다. 그러나 불행하게도 발달의 영역 중 하나 혹은 그 이상의 영역에서 월령이나 연령에 맞게 기대되는 수준의 발달을 획득하지 못하면 특별한 교육적 조치가 필요한데 이를 발달지연 혹은 발달이상이라고 한다(김권영, 2004).

1. 발달이상의 기준

발달지연은 영유아의 가장 흔한 건강 문제 중 하나이다(김권영, 2004). 그러나 아동마다 발달하는 속도와 양상이 다르기 때문에 특정 연령에 기대되는 능력이 나타나지 않는다고 해서 모두 발달에 이상이 있다고 단정할 수는 없으며, 이에 따라 아주 심한 발달장애가 아닌 경우라면 조기진단은 매우 어렵다. 그러나 영유아기는 환경 변화에 대한 가변성이 높고 후기 발달의 기초를 이루는 시기이므로 명확한 진단이 어렵다는 이유로 발달이상의 가능성을 간과하고 발달에 대한 적절한 조치를 취하지 않는 경우, 초기의 결핍이 계속적인 손실을 초래할 수 있을 뿐 아니라 미래의 적응에 영향을 미칠 수 있다. 따라서 발달이상을 보이는 아동을 조기에 발견하여 적절한 절차와 방법으로 진단하고 적합한 교육 및 치료를 제공하여 발달을 촉진하는 것은 더 심한 장애로 악화되는 것을 방지하고, 이후 발달의 가능성을 최대화하는 방법이다.

이러한 발달이상을 판단할 때 정상발달의 수준은 매우 중요하다. 발달정신병리 Developmental Psychopathology[10]에서는 정상발달과 이상발달 간에 연속성이 있다고 가정하기 때문에 발달의 이상을 판단하기 위해서는 적응적 발달을 명확하게 개념화하는 것이 필요하다고 본다(Sroufe, 1997). 즉 아동은 자신의 연령에서 기대되는 수준의 적절한 생각, 행동, 감정과 그 연령에서 요구되는 발달과제가 있으므로 만약 자신의 연령과 성별에 맞지 않는 생각이나 정서반응, 행동을 보이거나 또래에 비해 지적인 발달이나 사회적 적응능력이 지체되었다면 발달의 이상을 의심할 수 있다. 예를 들어 걸음마기 유아들이 엄마와 분리될 때 불안해 하고 울면서 매달리는 행동은 정상적인 반응이지만 초등학생 아동이 엄마와 떨어지기 싫어서 학교에 가지 않으려고 한다면 이는 그 연령에서의 정상범위를 넘어서는 행동이다. 또한 만 2세 아동이 친구 집에서 허락 없이 돌아다니고 이것저것 만지는 행동은 어느 정도는 정상적인 범수에 해당하지만, 만 5~6세 이후의 아동이라면 그렇지 않다. 그 나이가 되면 행동에 대한 통제력이 발달하여 규범에 따라 행동할 수 있고, 유치원이나 학교에서 수업 중에 한자리에 얌전히 앉아 있는 것이 가능해진다. 따라서 초등

10) 발달정신병리에서는 정상발달의 역동적, 통합적 특성을 이상발달 및 정신병리와 연결함으로써 인간의 행동을 전체적이고 역동적으로 기능하는 유기체로 이해하고자 한다. 발달심리, 임상심리, 정신의학의 다학문적 접근과 종단연구의 입장을 강조한다.

학교에 입학한 아동이 수업 중에 계속 돌아다니고 산만하여 과제를 제대로 수행하지 못한다면 주의력의 문제를 고려할 필요가 있다.

연령에 맞는 발달은 발달적 규준을 통해 확인할 수 있다. 연령별 평균적인 발달 양상을 나열한 것을 발달이정표developmental milestones라고 하는데, 발달이정표에는 아동이 월령 혹은 연령 등 특정한 시간의 틀 속에서 획득해야 할 기술들이 제시되어 있다. 아동들은 각자 자신만의 독특한 속도로 발달하지만, 동시에 대부분의 아이들이 도달하는 일정 시기가 있고 이것은 발달을 평가하는 중요한 기준이 될 수 있다. 예를 들어 누군가 자신의 아이가 13개월인데 아직 걷지 못한다고 토로한다면 어떻게 답하겠는가? 아직 걷지는 못하지만 기어 다닐 수 있고, 일어서기 위해 물건을 잡는 행동을 보이는가? 그렇다면 크게 걱정하지 않아도 된다. 그 아이는 걷기 위해 필요한 기술을 획득하는 중이고, 곧 걸을 수 있을 것이다. 그러나 만약 18개월인데도 아직 걷지 못한다면, 소아과 의사와 만나 아동에게 의학적 혹은 발달적 문제가 없는지 확인할 필요가 있다. 왜냐하면 보통의 아동은 9~15개월 사이에 걷는 것을 배우고, 18개월은 걷기를 배우기 위한 정상적 시간 틀time frame의 밖에 있기 때문이다. 또한 아이가 걷기 위해서는 그 전에 기고 설 수 있어야 하는 것처럼 아동이 새로운 기술을 수행하려면 전에 선행되는 기술을 발달시켜야 한다. 발달이정표는 연속적이고 순차적인 방식으로 이루어지는 발달의 과정에 대한 지식을 제공한다. "우리 둘째는 10개월이 되기 전에 걸었어. 형보다 엄청 빨랐지" 혹은 "옆집 애가 네 살이 되도록 말을 하지 못해서 다들 걱정이야"라는 평범한 이야기 속에서 발달의 이정표는 '아동이 또래보다 빠르거나 느리다, 일상적인 것이다, 문제이다'라는 평가의 틀을 제공한다.

영아기 연령별 발달이정표의 예

생후 12개월 이전

■ **신체발달**

① 신생아~생후 2개월

- 엎드린 자세에서 머리를 잠깐 들고 고개를 돌릴 수 있다. 바로 누운 자세에서 팔을 잡아당기면서 앉는 자세를 할 때 머리를 가눌 수 없다.
- 여러 원시반사들이 나타날 수 있다.

② 생후 3~4개월

- 눈 주변의 근육조절능력이 향상되어 움직이는 물체를 따라 볼 수 있다.

• 손과 발의 움직임은 어느 정도 아기의 의지대로 움직이는 경향을 보이지만 아직 완전하지는 않은 단계로, 양손 사용이 시작될 수 있으며, 어떤 목적을 이루기 위해서 함께 움직일 수도 있다. 아직은 조화로운 동작으로 물건을 손에 쥘 수 없다.
• 시각이 더욱 발달하여 크게 대조되지 않는 배경으로부터 물체를 식별하여 볼 수 있다. 예를 들면 같은 색깔의 옷에 달려 있는 단추를 식별할 수 있다.
• 엎드린 자세로 두면 상체, 머리, 어깨 등을 들어 올릴 수 있다.
• 목 부근의 근육이 충분히 발달하여 앉힌 자세에서 머리를 바로 세우고 가눌 수 있다.
• 이전에 보였던 원시반사는 더 이상 나타나지 않게 되거나 점차 사라진다.

③ 생후 5~6개월
• 혼자 잠깐 앉아 있을 수 있다. 처음에는 수초 이내이지만 점차 시간이 길어져서 30초 정도 잡아주지 않아도 앉은 자세를 유지할 수 있게 된다.
• 초기 단계의 쥐기 동작이 보이는데, 입방체나 블록 등을 잡을 때 새끼손가락 부위의 손바닥에 물건을 대고 팔목을 굽혀 누르는 양상으로 쥐게 된다. 즉 아직은 엄지손가락을 구부려 물건을 손에 쥐지는 못하는 단계이다.
• 뒤집기가 가능하다. 바로 누운 자세에서 엎드린 자세를 할 수도 있다. 엎드려 놓으면 손으로 지탱하면서 머리와 어깨 부위의 상체를 들어 주변을 둘러보기도 한다.
• 눈에 보이는 물건을 잡으려고 손을 뻗을 수 있다.

④ 생후 6~9개월
• 앉혀 놓았을 때 손을 짚지 않고도 오랜 시간 앉아 있는다.
• 어른이 잡아주면 걷는 동작을 보일 수도 있다.
• 서 있던 자세에서 앉는 자세를 취하는 동작을 배우게 된다.
• 소파 등 가구를 붙잡고 몸을 일으킨 후 붙잡고 서 있을 수 있다.

⑤ 생후 9~12개월
• 혼자 서 있는 자세에서 몸의 균형 잡기가 시작된다.
• 혼자 걸음을 떼어 걸을 수 있다.

■ 감각발달

① 청각
출생 전부터 발달하기 시작하며, 출생 시에는 성숙되어 있다. 아기는 사람 목소리 주파수에 더 잘 반응한다.

② 촉각, 미각, 후각
출생 시 이미 성숙되어 있다. 단맛을 좋아한다.

③ 균형(내이)감각
몸이 흔들리거나 자세가 변하는 것에 반응한다.

④ 시각
신생아의 시력은 8~12인치(20~30cm) 거리에 있는 물체를 볼 수 있는 정도이다. 색깔을 보는 능력은

4~6개월 사이에 발달된다. 생후 2개월 무렵까지 천천히 움직이는 물체를 180°까지 따라 볼 수 있게 되며, 사람 얼굴을 선호한다.

■ 언어발달

- 아기의 울음은 중요한 의사소통 도구이다. 출생 3일 후가 되면 엄마는 다른 아이의 울음소리와 자신의 아이의 울음소리를 구별할 수 있다. 생후 1개월 무렵에는 아이의 울음소리를 듣고 배가 고파서 우는지, 아파서 우는지, 화가 나서 우는지 구별할 수 있다.
- 생후 첫 3개월 동안 아기가 우는 시간은 개인차가 있으나 일반적으로 하루에 1~3시간을 운다. 우는 시간이 하루 3시간 이상인 아기는 선통이 있다고 보는데, 선통이 실제로 아기 몸에 이상이 있어서 나타나는 경우는 드물다.
- 지나치게 우는 아기는 부모의 양육방식에 문제가 있을 가능성도 고려해야 하며 원인이 무엇이든 심하게 우는 아이는 의사의 진찰을 받아야 한다.

■ 행동발달

- 생후 첫 몇 달 동안은 많은 신체기능이 안정적이지 못하다. 이는 정상적인 현상이며, 아기마다 개인차가 있다. 스트레스와 자극은 아기의 장운동, 구역질, 딸꾹질, 피부색, 체온조절, 구토, 하품 등에 영향을 줄 수 있다. 영아기 초기에는 수유 후 매번 토할 수도 있지만 아기 몸에 이상이 있는 경우는 없다. 대부분 체중도 잘 늘고, 정상발달을 한다.
- 수면 주기(잠이 들었다가 깨는 주기)는 생후 3개월이 될 때까지는 안정적이지 않다. 4개월이 되면 5시간 정도 중간에 깨지 않고 잘 수 있다. 물은 따로 먹이지 않아도 된다. 충분히 먹는 아기는 하루에 기저귀를 6~8개 적신다.

생후 12개월

■ 운동발달

- 잡아주면 누운 자세에서 일어서는 자세를 쉽게 취할 수 있다.
- 잡고 걷거나 혼자 걸을 수 있다.
- 도와주지 않아도 서 있던 자세에서 앉을 수 있다.
- 책장을 넘길 수 있으나 한 번에 여러 장씩 넘기는 수준이다.
- 집게 동작을 잘할 수 있다.
- 밤에 8~10시간 잠을 자고, 하루에 1~2회 낮잠을 잔다.

■ 감각발달

- 빠르게 움직이는 물체를 따라 볼 수 있다.
- 이름을 부르면 반응한다.
- 몇 단어의 뜻을 이해한다.
- 엄마와 아빠를 말할 수 있고, 그 외에 1~2개의 단어를 말할 수 있다.
- 간단한 지시 사항을 이해한다.
- 동물 소리를 흉내 내려고 한다.
- 물건과 이름을 연관 지을 수 있다.

- 물체가 눈에 보이지 않게 되더라도 계속 존재한다는 것을 안다.
- 둘째 손가락으로 가리키는 동작을 한다.
- 손을 흔들어 빠이빠이를 할 수 있다.
- 특정한 물건이나 장난감에 애착을 보인다.
- 부모와 떨어지지 않으려 한다.

■ **놀이**

다음과 같은 놀이를 통해서 12개월 된 영아의 발달을 도와줄 수 있다.

- 책을 보게 한다.
- 쇼핑센터, 동물원 등 다양한 경험을 제공한다.
- 공놀이를 한다.
- 주변의 물건이나 사람의 이름을 말해주고 책을 읽어주어 어휘력을 향상시킨다.
- 놀이를 통해서 뜨거운 것과 차가운 것을 가르친다.
- 걷기를 장려하기 위해 밀면서 놀 수 있는 큰 장난감을 준다.
- TV 시청시간과 프로그램을 조정해준다(가급적 시청하지 않도록 한다).

생후 18개월

■ **신체 및 운동 발달**

- 머리 앞부분에서 만져지던 뼈가 없던 대천문이 닫힌다.
- 예전에 비해서 성장속도가 느려지고 먹는 것도 줄어든다.
- 소변과 대변을 조절할 수 있을 정도로 괄약근 조절이 가능해진다. 그러나 정신적으로는 아직 변기를 사용할 정도로 준비된 상태는 아니다.
- 뛸 때는 조절이 잘 안 되고 자주 넘어진다.
- 도와주지 않아도 작은 의자 위로 올라갈 수 있다.
- 쌓기 나무(사방 2.5cm 정도의 크기)를 2~4개 쌓아 올릴 수 있다.
- 도와주면 스푼이나 컵을 사용해서 스스로 먹을 수 있다.
- 종이에 낙서하기를 흉내 낼 수 있다.
- 책을 한 번에 두세 페이지씩 넘길 수 있다.

■ **감각 및 인지 발달**

- 좋아하는 것을 표현할 수 있다(호감 표현).
- 이야기에 귀를 기울이거나 책에 있는 그림을 쳐다본다.
- 물어보면 열 개 정도의 단어를 말할 수 있다.
- 눈, 코, 입, 귀 등 몸의 각 부분의 이름을 한 개 이상 말할 수 있다.
- 흉내 내기를 자주 한다.
- 양말, 모자, 장갑 등 몸에 걸친 것 중 어떤 것들은 스스로 벗을 수 있다.
- 소유 개념이 생기기 시작하여 사람이나 물건을 보고 '내 것'이라는 말을 한다.

■ **권장할 만한 놀이들**

- 몸을 움직여 노는 데 필요한 공간을 제공하고, 놀도록 권장한다.

- 어른이 사용하는 연장이나 도구들의 모조품을 안전한 것들로 제공하여 가지고 놀 수 있도록 한다.
- 집에서 가족들이 하는 일상적인 일을 돕도록 허락한다.
- 창조적인 놀이를 하도록 격려한다.
- 책을 읽어준다.
- TV 시청시간과 프로그램을 조정해준다.
- 놀이 시간과 놀이 종류를 조정해준다.

생후 24개월

■ 신체 및 운동 발달

- 문에 달린 손잡이를 돌려 열 수 있다.
- 한 번에 한 장씩 넘기면서 책을 볼 수 있다.
- 쌓기 나무(사방 2.5cm 정도의 크기)를 6~7개 쌓아 올릴 수 있다.
- 넘어지지 않고 공을 발로 찰 수 있다.
- 서 있던 자세에서 균형을 잃지 않은 상태로 바닥의 물건을 집어들 수 있다. 만약 2세가 되어도 이 동작을 하지 못하면 의사와 상담이 필요하다.
- 비교적 안정된 자세로 뛸 수 있다. 보폭은 아직 크게 벌린 상태이다.
- 대소변 가리기를 시작해도 될 정도로 정신적 성숙이 이루어진다.
- 간단한 옷은 혼자 입을 수 있다. 흔히 옷을 벗는 것이 입는 것보다 더 숙련되어 있다.
- 자신의 요구사항을 표현하여 해결할 수 있다. 예를 들면 목이 마르다, 배가 고프다, 화장실에 가고 싶다는 등의 의사표현을 한다.
- 2~3개의 단어를 가지고 문구를 만들 수 있다.
- 집중력이 향상된다. 즉 집중할 수 있는 시간이 길어진다.
- 시각의 발달이 완성된다.
- 개인차가 있으나 50~300개 단어를 구사할 정도로 어휘력이 발달한다.

■ 놀이

- 집에서 가족들이 하는 일상적인 일을 돕도록 허용한다.
- 몸을 움직여 노는 데 필요한 공간을 제공하고, 놀도록 권장한다.
- 창조적인 놀이를 하도록 격려한다.
- 어른이 사용하는 연장이나 도구들의 모조품을 안전한 것들로 제공하여 가지고 놀 수 있도록 한다.
- 책을 읽어준다.
- TV 시청을 하지 않도록 한다(AAP 권장).
- TV 시청시간과 프로그램을 조정해준다. 하루 TV 시청시간을 3시간 이내로 하고, 가능하면 1시간 이내로 제한한다. 폭력적인 내용의 방송은 보지 않도록 한다. TV 시청 대신 책읽기나 창조적인 놀이를 하도록 유도한다.
- 놀이의 유형을 조절해준다.

출처 : 보건복지부 국가건강정보포털(http://health.mw.go.kr)

아동의 발달은 매우 복합적인 과정이다. 양육자는 소아과나 발달센터 혹은 관련 사이트를 통해 아동의 현재 발달 상태를 파악할 수 있으며, 아이가 평상시와 다르게 보이거나 성장 또는 발달이 정상이 아닌 것처럼 보일 때, 그리고 아이의 발달이 이정표를 따르지 못할 경우 소아과나 발달 관련 클리닉에서 도움을 받는 것이 좋다. 의사, 부모, 교사 등 아이와 접촉하는 다양한 사람들 중 누구라도 염려하고 있는 사항이 있다면 좀 더 자세한 발달평가를 받는 것이 바람직하다.

영유아기 발달과정에서 주목해야 할 증상

■ 0~1세

- 체중이나 키가 늘지 않는다.
- 사회적 반응이 빈약하여 웃지 않거나 안아달라는 몸짓이 없다.
- 식이에 문제가 있다. 새로운 음식에 대한 까다로움, 여러 가지 음식에 대한 알레르기, 음식을 먹을 때 짜증을 내는 행동, 빈번히 음식을 토하거나 되새김하는 행동, 음식이 아닌 것을 먹는 행동 등이 있다.
- 수면조절에 문제가 있다. 잠의 주기를 맞추지 못하고 낮잠이 과도하며 밤에 잠을 안 잔다.
- 음성과 유사한 소리를 내는 일이 적다.
- 모르는 사람에 대해 과도한 공포나 강한 반응을 보인다. 또는 모르는 사람과 친근한 사람을 적절히 구분하지 못하거나 구분에 많은 시간이 걸린다.

■ 1~3세

- 울음이 심하고, 밤에 잠을 못 자거나 안 자려고 한다.
- 극도의 부정적 행동으로 과도한 떼쓰기temper tantrum, 거짓말, 비협조적 행동, 장난감 파손, 잔인한 행동, 폭력 등을 보인다.
- 부끄러움이 심하며, 위축되고 감정 반응이 없는 듯 보인다.
- 부적절한 사회적 행동으로 눈맞춤이나 몸으로 표현하는 언어가 적고, 관심과 즐거움을 나누지 못하며, 부적절한 상상놀이가 많고, 대화를 지속시키지 못한다.
- 늘 같은 일상적인 방식에 융통성 없이 집착한다.
- 언어지체, 예를 들어 18개월까지 언어사용이 없고, 30~36개월까지 구문의 사용이 없다.
- 많은 문제와 장애를 일으키는 과잉행동을 보인다
- 부모나 양육자와 떨어져 있지 않으려 하고, 필사적으로 관심을 받으려 하며, 버릇이 없다.
- 상동적인 행동을 한다.
- 배변 훈련이 잘 안 되거나 새로운 음식을 먹지 않으려고 한다.
- 한계를 시험하려는 듯 '악동'이 된다.

출처 : 김재완, 오상우, 홍창의, 김시혜, 황순택, 문혜신, 정승아, 이상한, 정은성(2006)

2. 영아기의 발달이상

1) 지적장애 Intellectual & Developmental disabilities

(1) 개념

지적장애知的障礙는 생물학적 기능장애로서 지적기능이 부족하여 학습이 불가능하거나 제한을 받고, 관습의 습득과 환경의 적응에 심각한 어려움이 있는 장애이다. 과거에는 지적기능이 부족한 사람들을 정신분열과 같이 취급하거나 타고나는 것이기 때문에 치유 불능이라고 생각하여 우둔Moron, 치우Imbecile, 백치Idiot, 정신박약mental feeblemindedness 등으로 칭하기도 하였다. 1960년대에 들어 낮은 지적기능이 고정된 것이 아니라 조금 느리게 발달하지만 교육을 통해 지적 잠재력을 계발할 수 있다는 의미에서 정신지체mental retardation로 일컫다가 2007년 10월 12일 개정된 장애인복지법에서는 지체장애, 정신장애와의 혼란을 없애고, 자립훈련, 사회적 지원을 통해 비장애인들과 함께 생활할 수 있는 능력과 권리를 지녔다는 의미를 강화하여 기존 '정신지체'를 대신하여 '지적장애'라는 새로운 법적 명칭으로 불리게 되었다(장애인복지법, 2007).

미국 지적 및 발달장애협회[11)]American Association on Intellectual and Developmental Disabilities, AAIDD에서는 지적장애를 지적기능(IQ 70~75 이하, -2SD 이하)이 저하되고, 개념적 · 사회적 · 실제적 적응기술로서 표현되는 적응행동 영역에서 유의미한 제한성을 가지며, 18세 이전에 시작되는 것으로 정의한다(AAIDD, 2009). 여기에서 개념적 지능이란 인지 및 학습과 관련된 능력을 포함하고, 사회적 지능은 대인관계의 맥락 속에서 적절한 사회적 행동과 기술을 일컬으며, 실제적 지능은 생활 속의 일상적인 활동(목욕, 옷 입기, 먹기 등)을 관리하면서 독립을 유지하는 데 필요한 기술을 의미한다. 사실 이전에는 지적장애를 판단하는 기준은 표준화된 지능검사뿐이었고, 지능검사에서 정상 이하의 지능, 즉 지능지수IQ 70 이하로 나타난 사람을 지적장애로 간주하였다가 1959년부터 자기관리, 사회적 기술 등과 같은 개인의 적응능력adaptive behavior을 준거로 추가한 것이다. 이때 적응능력은 개인이 가지고

11) 2007년 1월 1일부터 미국정신지체협회(AAMR)는 미국 지적 및 발달장애협회(American Association on Intellectual and Developmental Disabilities, AAIDD)로 명칭이 변경되었다.

있는 특성이나 절대적인 특질이라기보다는 환경과 관련이 있는 요소라고 할 수 있는데, 그들이 가지고 있는 지적한계가 공동체에서 일상적으로 부딪치는 도전들에 대처하는 능력에 얼마나 영향을 주는지를 고려하여 진단하게 되었다. 즉 주어진 환경 안에서 아동이 얼마나 잘 혹은 빈약하게 기능하는가가 중요한 의미를 갖는 것이다(Wenar & Kerig, 2005).

지적장애를 분류하는 준거는 매우 다양하다. 지적장애를 지능지수, 현실생활 적응도, 학습성취 수준, 지원서비스 수준 등을 기준으로 손상 정도에 따라 경도輕度, 중등도中等度, 중도重度, 최중도最重度로 나눌 수 있는데(APA, 2000), 일반적으로 경도와 중등도 지적장애는 환경적 요인에 의해, 중도 및 최중도 지적장애는 생물학적 요인에 의해 영향을 많이 받는 것으로 보고되고 있다. 중도 및 최중도 지적장애는 생물학적 이상이 중요 원인이기 때문에 뇌성마비, 발작, 감각장애, 자폐증 등의 다른 장애가 수반되는 경우가 많다. 이를 자세히 살펴보면 다음과 같다(Wenar & Kerig, 2005).

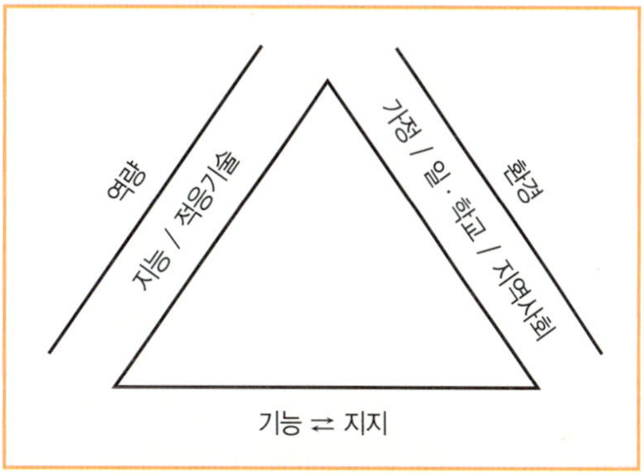

그림 8-1 | 지적장애 정의의 일반적 구조

출처 : AAMR(1992)

첫째, 지적장애인의 약 85%를 차지하는 경도 지적장애는 교육가능educable 수준으로 지능지수 50/55~70 사이의 지적 능력을 가지고 있고, 필요할 때만 제공되는 간헐적인 도움을 요구한다. 이들의 경우 취학 전에는 사회적 기술과 의사소통기술이 발달되고 감각운동에서의 장애가 적기 때문에 일반 유아들과 잘 구별되지 않는다. 경도 지적장애 아동은 학습에 어려움이 있지만 교육이 가능하고, 10대 후반기에 대략 초등학교 6학년까지의 학업기술을 습득할 수 있다. 학업기술과 자조기술, 직업기술 등을 학습할 수 있으며 적절한 지원체제만 제공한다면 독립된 생활을 할 수 있는 능력을 가지고 있다.

둘째, 중등도 지적장애는 지능지수 35/40~50/55 사이의 지적능력을 가지고 있고, 지적장애인의 약 10%를 차지한다. 이들은 초기 유아기에 의사소통기술을 습득할 수 있고, 특수교육을 받는다면 10대 후반경에 약 4학년 수준까지 학습이 가능하다. 직업 훈련, 사회적 · 직업적 기술 훈련을 받을 수 있으며 중간 정도의 지도 감독으로 자기관리를 할 수 있다. 후에 성인들은 지도와 감독을 받으며 직업을 수행할 수 있다.

셋째, 중도 지적장애는 지능지수를 측정하는 데 제한이 있지만 대략 지적능력이 20/25~35/40이며, 전체 지적장애인의 약 3~4%에 해당한다. 이들은 의사소통적 언어를 조금 배우거나 혹은 전혀 배우지 못하는 경우도 있지만, 기초적인 자기보살핌이나 기술 훈련이 가능하다. 완전한 감독하에 부분적으로 자활이 가능하지만 광범위한 영역에서 지속적인 도움이 필요하다.

넷째, 전체 지적장애인의 약 1~2%를 차지하는 최중도 지적장애는 지능지수가 20, 25 이하로 대부분 의료적 처치가 필요하다. 이들은 감각운동의 지체가 심각하며 경련성 질환을 동반하기도 한다. 매우 조직화된 환경에서 영구적이고 완전한 돌봄과 감독이 필요하다.

우리나라에서는 장애인복지법 시행규칙(2009)에 의거하여 지적장애를 1~3급으로 나누고 있는데, 각 등급에 해당하는 장애 정도는 다음과 같다.

표 8-1 지적장애 등급

장애 등급	장애 정도
1급	지능지수와 사회성숙지수가 34 이하인 사람으로, 일상생활과 사회생활의 적응이 현저하게 곤란하여 일생 동안 타인의 보호가 필요한 사람
2급	지능지수와 사회성숙지수가 35 이상, 49 이하인 사람으로 일상생활의 단순한 행동을 훈련시킬 수 있으며, 어느 정도의 감독과 도움을 받으면 복잡하지 않고 특수기술을 요하지 않는 직업을 가질 수 있는 사람
3급	지능지수와 사회성숙지수가 50 이상, 70 이하인 사람으로 교육을 통한 사회적 · 직업적 재활이 가능한 사람

출처 : 보건복지부(2009)

(2) 원인

지적장애의 원인은 크게 생물학적 원인과 가정 및 사회문화적 요인으로 나눌 수 있다. 생물학적 원인을 우선 살펴보면, 지적장애에는 약 1,000개 이상의 서로 다른 생물학적 원인들이 있으며, 일반적으로 중도 이상의 심각한 지적장애의 약 77%가 생물학적 요인에 의한 것으로 알려져 있다(Wenar & Kerig, 2005). 지적장애의 생물학적 요인으로 가장 대표적인 것은 염색체 이상으로, 다운증후군, 취약X증후군, 프레더-윌리증후군 등이 속한다.

다운증후군Down's Syndrome은 지적장애와 관련된 염색체 이상으로는 가장 흔한 장애로 21번째의 염색체가 두 개인 정상아동과 달리 이들은 세 개가 모여 있다. 다운증후군의 명칭은 1866년 그 특징을 처음으로 정확하게 기술한 영국인 의사 John Langdon Down에서 유래한 것이다. 다운증후군은 1,000번의 출생당 1~1.5의 유병률을 가지고 있으며, 국내에서만 연간 600명 이상의 다운증후군 아이들이 태어난다. 남녀의 비는 약 1.15:1이다. 이들은 지능저하와 전형적인 얼굴모양을 가지고 있는데, 근육 탄력성이 없어 축 늘어진 것처럼 보이며 넓은 얼굴, 위로 올라간 눈, 작고 납작한 코로 이루어진 특성 때문에 몽고증이라고 불리기도 한다. 귀와 입이 작고 입천장이 낮아 혀가 입에 꽉 찬 것처럼 보이며, 쉰 듯한 목소리를 낸다(박성연, 2006). 그 외에 특이적인 증상으로는 저혈압, 단두증, 선천심장병, 백내장, 근시 · 원시 등 눈의 이상, 짧은 손가락, 일자로 가로지른 손금, 항상 입을 벌리고 있는 모습 등이 있다. 또한 면역체계가 약하여 폐렴 등의 감염성 질환에 잘 걸린다. 키가 평균보다 작고 종종 비만인 경우가 있으며 언어발달이 느리고 문법에 대한 이해가 낮지만 대체적으로 명랑하고 사교적이며 사람을 잘 따르기 때문에 적절한 교육과 지원을 받으면 지역사회에 통합된 개인으로 살아갈 수 있다.

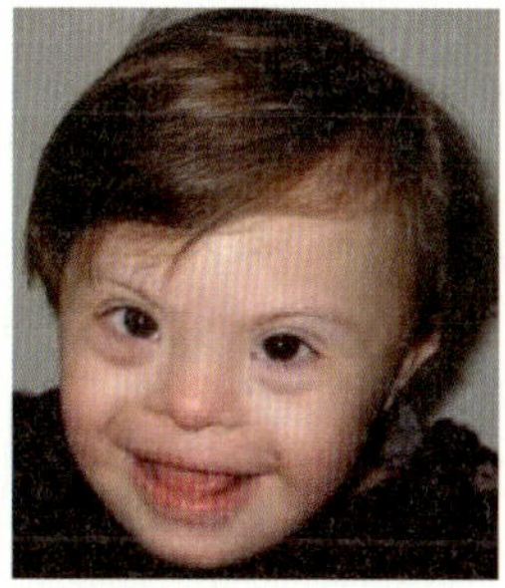
다운증후군 아이

취약X증후군Fragile X syndrome은 다운증후군 다음으로 가장 흔한 지적장애의 원인이다. 지적장애를 일으키는 가장 흔한 유전성 질환으로 23번째 성염색체 중 X염색체가 손상되어 발생하는데 보통 여성보다 남성에게 더 많으며 약 1,000번의 출생당 0.73~0.92회로 나타난다. 취약X증후군에서 나타나는 지적장애의 정도는 다양하여 어떤 때에는 아주 경미한 지적장애에서부터 정상 IQ의 가장 낮은 수준을 보이기도 하지만 여아보다는 남아의 경우 어려움이 더 클 수 있으며 중등도에서 중증의 지적장애를 보이는 경우가 많다. 취약X증후군 아동들은 과잉활동적이거나 반복적인 행동, 사회적 위축, 시선회피 등의 행동특성을 보이고 반향어를 쓰거나 계속 같은 말을 반복하는 경향이 있다.

프레더-윌리증후군Prader-Willi syndrome은 1956년 Prader, Labhart, Willi에 의해 처음 보고된 유전질환으로 15번 염색체의 이상에 의해 생기며 1,500번의 출생당 1회 정도로 남녀 비슷한 비율로 발생한다. 작은 키와 비만, 운동발달과 지적발달의 지연, 불완전한 생식발달과 지나친 식욕, 근육긴장 저하, 성선기능저하증과 경도에서 중등도 정도의 지적장애와 학습장애를 나타낼 수 있다.

이 밖에 많은 산전, 산후 요인들이 태아의 중추신경계에 손상을 주어 지적장애를 가져올 수 있다. 특히 임신 초기에 풍진rubella에 걸리면 지적장애뿐만 아니라 뇌성마비, 청각장애, 시각장애 등의 많은 손상을 일으킬 수 있으며 홍역, 매독, 에이즈의 감염은 중추신경의 손상과 심각한 지적장애를 유발한다. 임신부의 약물, 독물, 알코올, 카페인, 니코틴, 납 등의 중독은 미숙아를 출생하는 원인이 된다. 산모의 알코올중독은 태아알코올증후군 Fetal Alcohol Syndrome, FAS을 유발할 수 있고, 납중독은 심각한 간질, 뇌성마비, 지체장애, 지각장애를 가져올 수 있다. 조산과 산전 질식(출산 동안 혹은 출산 직후 산소 결핍) 역시 지적장애를 유발할 수 있으며 출산 후 영아의 뇌염과 뇌막염 그리고 아동기 전체에 걸쳐서는 사고나 학대 등으로 인한 머리 손상, 감염, 발작, 독성물질에의 노출이 원인이 되기도 한다.

신진대사나 내분비선의 이상으로도 지적장애가 유발될 수 있다. 대표적으로 페닐케톤뇨증phenylketonuria, 갈락토오스혈증galactosemia, 타이작스병Tay-Sachs disease, 윌슨증후군Wilson' s syndrome, 갑상선기능부전증hypothyroidism, 지질저장병 등이 있는데, 이와 같은 장애로 인해 신체의 중요한 생화학반응을 처리하는 효소에 결함이 생겨 독성의 노폐물이 신체에 누적되고, 누적된 노폐물이 결과적으로 신체기관(특히 뇌 부분)의 이상을 유발하며 심한 경우에는 사망에 이르기도 한다.

이러한 생물학적 원인 외에 가정 및 사회문화적 요인에 의한 지적장애는 상대적으로 가벼운 지적결함을 나타내는 경향이 있고, 낮은 사회경제적 지위를 가진 사람들에게서 자주 발생한다. 지적성장을 위험에 처하게 하는 가정 및 사회문화적 요인으로는 출산 전후의 위험, 부적절한 건강관리, 적절한 영양의 부족, 발달기에 겪는 부정적 경험 혹은 긍정적 경험의 결여, 성장에 필요한 지적자극의 결핍, 비구조화된 환경 등을 꼽을 수 있다.

(3) 치료

지적장애 아동에게 폭넓게 사용되며 단일 치료로서 가장 효과적인 기법은 행동수정이다. 이는 바람직하지 않은 행동을 지속시키는 요인을 없애거나 사회적으로 바람직한 반응을 강화함으로써 아동의 자조행동, 사회적 행동, 학습 등을 증가시키고 주의 끌기, 공격적 행동, 자해행동 등과 같은 부적절한 행동을 수정할 때 사용된다.

행동수정법은 부모가 가정에서 능동적으로 사용할 수 있다는 점에서 유용하다. 빠른 진단과 특수교육적 중재를 통해 훈련이나 학습 등이 가능한 아동은 적극적으로 지도 감독하여 학업을 이어가고 직업기술을 획득할 수 있도록 도우며 여기에 더해 필요시 이들의 우울증, 공격성, 충동성, 자해행동 등을 감소시키기 위해 약물 치료를 병행한다.

그러나 지적장애 아동을 대할 때 잊지 말아야할 점은, 앞에서 언급했듯이 지적장애는 지능뿐 아니라 아동이 접하는 환경에서의 적응도가 중요하기 때문에 지적 수준이 낮고 학업 수행에 어려움이 있다고 해서 장애가 평생일 필요는 없다는 사실이다. 만약 환경이 덜 요구적이 되고(학교 졸업 등) 아동이 환경에 적응한다면 지적장애를 '벗어나게 된다'. 물론 지능이 변하는 것은 아니지만 발달과정에서 지적한계가 기능에 미치는 영향이 변하는 것이다. 학교에서는 학업기술이 부족해 실패했지만 그런 종류의 기술을 요구하지 않는 직업에서 자신의 적소niche를 찾고 잘 적응하게 되며, 이러한 사람은 지능은 낮지만 능력의 발휘에서 한계나 어려움이 줄어든다(Wenar & Kerig, 2005).

지적장애에 대한 DSM-IV-TR의 진단 기준

A. 지적기능이 뚜렷하게 평균 이하이다. 개별적으로 실시된 지능검사에서 70 이하의 소견을 보인다(영아의 경우는 지적기능이 유의미하게 평균 이하라는 임상적 판단).

B. 동시에 현재의 적응 상태에서 장애가 관찰되는데(이것은 자신의 연령이나 자신이 속해 있는 문화적인 상황에서 정상적으로 기대되는 기대치를 만족시키지 못한 것으로 판단될 수 있다), 다음 중 적어도 두 부분에서 장애가 관찰된다. : 의사소통, 자기돌봄, 가정생활, 사회적 기술과 대인관계기술, 지역사회 자원의 활용, 자기관리, 기능적 학업기술, 작업, 여가, 건강 및 안전

C. 18세 이전에 발병한다.

■ 지능장애의 수준을 반영하는 심각도에 근거한 진단 부호

- 가벼운 정도의 정신지체 : 지능지수 50~55에서 약 70까지
- 중간 정도의 정신지체 : 지능지수 35~40에서 50~55까지
- 심한 정도의 정신지체 : 지능지수 20~25에서 35~40까지
- 아주 심한 정도의 정신지체 : 지능지수 20 또는 25 이하
- 정도를 세분할 수 없는 정신지체 : 정신지체라는 강한 심증은 있지만, 표준화검사에 의해 지능을 측정할 수 없는 경우

출처 : American Psychiatric Association(2000). Diagnostic and statistical manual of mental disorders(4th ed). Washington, DC: Author

2) 자폐성 장애 Autistic Disorder

자폐自閉란 '자신의 세계에 갇혀 지낸다'는 뜻으로, 자폐성 장애는 사회적 상호작용, 의사소통, 반복적 상동행동stereotype 및 매우 제한된 흥미를 특징으로 하며, 아스퍼거장애, 레트장애, 소아기 붕괴성 장애, 비전형적 자폐증과 함께 전반적 발달장애Pervasive Developmental Disorder의 범주에 속한다.

(1) 개념

1943년 소아정신과 의사였던 Leo Kanner가 '정감적 접촉의 자폐적 장애Autistic disturbance of affective contact'라는 논문에서 자폐적 고립, 동일성에 대한 병적인 요구, 의사소통에서의 심각한 장애 등을 공유하는 11명 아동의 증례를 발표하면서 소아기 정신병과 자폐증의 독립적인 분류와 개념적 이해에 획기적인 진전을 이루었다. Kanner(1943) 이후 정신분석자인 Bruno Bettelheim(1967) 등에 의해 자폐증은 냉담하고 거부적이며 메마른 '냉장고 엄마refrigerator mother'와 같이 부적응적 양육에 의한 것이라는 후천적 원인설이 주를 이루었다. 이에 따라 자폐 아동의 부모들은 심한 장애가 있는 아동의 양육뿐 아니라 문제의 원인이라는 죄책감까지 껴안고 지내야 했다. 그러나 이후 여러 연구 결과에 의해 자폐증은 타인에 대한 정상적 반응이 결여된 채로 태어나는 선천적 장애라는 것이 밝혀졌다.

자폐 아동이 결함을 보이는 대표적 영역은 사회적 상호작용, 의사소통, 그리고 행동적 영역이다(APA, 2000). 사회적 상호작용의 측면에서 자폐증 아동들은 극단적인 사회적 고립을 보이며 다른 사람들과의 관계 형성에 어려움을 겪는다. 이들은 다른 사람의 존재나 감정을 인식하지 못하고 혼자 놀기를 좋아하며 사회적 관심에 대한 이해력이 매우 빈약하다. 또한 기쁨이나 성취를 누군가와 나누거나 고통의 순간에 타인으로부터 위안이나 안락함을 찾으려는 자발적인 행동이 결여되어 있고, 이후 또래관계를 발달시키는 데 실패한다. 이들이 보이는 사회적 장애의 유형은 다음과 같다.

표 8-2 자폐 아동이 보이는 사회적 장애의 세 가지 유형

유형	특징
무관심 aloof	• 자신만의 세상에 고립되어 있는 듯 보인다. • 위축되고 타인의 사회적 상호작용의 시작에 대해 반응하지 않는다. • 눈맞춤을 적극적으로 회피하고 신체 접촉을 싫어한다. • 편안함과 애정 등의 정서적 요구를 위해 접근하지 않는다.
수동적	• 타인의 사회적 접촉을 순종적이고 무관심한 방식으로 수용한다. • 타인과 상호작용할 때도 자발적인 즐거움을 위해서라기보다는 일상적인 일과로 대한다.
기묘함 odd	• 다른 사람에게 관심이 많으나 사회적 이해나 행동규범에 대한 이해가 부족하다. • 모르는 사람에게도 접근하고 아무나 만지거나 부적절한 질문 등을 한다. • 자신의 행동이 타인을 당혹스럽게 한다는 인식이 없다.

출처 : Wenar, C., & Kerig P.(2005). Developmental Psychopathology: From Infancy Through Adolescence. McGraw Hill

두 번째로 자폐 아동은 언어적이거나 비언어적인 의사소통에 심한 결함을 보인다. 영아기부터 이들은 옹알이나 얼굴표정, 몸짓 등을 통해 의사소통하려는 의도를 보이지 않는다. 전체 자폐 아동의 약 절반 정도는 전혀 말을 하지 못하며 언어가 시작된다고 해도 그 말은 정상적인 패턴에서 벗어난다. 예를 들어 의사소통을 위해 말을 하기보다는 자기가 듣거나 읽었던 문장을 앵무새처럼 되풀이하거나 상황에 맞지 않는 말을 하고 상업 광고의 문구를 반복하기도 한다. 또한 언어의 정서적 의미를 표현하도록 도와주는 적절한 강세나 운율이 없이 단조로운 톤으로 말한다. 언어 표현 외에 언어의 이해에도 심한 결함이 있기 때문에 추상적이거나 상징적인 말이나 유머 등을 이해하지 못한다.

세 번째로 자폐 아동들은 흥미와 활동의 범위가 매우 좁으며 비정상적이고 특이하고 상동적인 행동특성을 보인다. 자폐 아동이 보이는 동일성에 대한 요구는 행동이나 환경에 모두 적용될 수 있는데, 자동차 바퀴를 돌리거나 몸을 흔드는 등의 단순한 행동을 반복하는 것에서부터 자동차를 가져와서 코를 두 번 킁킁거리고 바닥을 내리친 후 의자를 밟고 다시 바닥으로 내려와 자동차 바퀴를 돌리는 식의 복잡한 의식ritual을 계속 반복하기도 한다. 관심이나 흥미의 대상이 제한적이어서 특정한 물건이나 대상에 과도한 애착과 관심을 보이며 환경 내의 작은 변화에도 거칠게 반응한다.

이 밖에 자폐 아동들은 종종 특이한 방식으로 감각자극에 반응하며, 자극에 대하여 과민하기도 하고 둔감하기도 하다.

자폐성 장애 아동의 특징

■ **사회적 상호관계 장애**

- 유아기 때 사회적 미소반응이 거의 없고 사람들과 눈맞춤을 피하며 신체적 접촉을 싫어하고 혼자 지내려 한다.
- 사람이 아닌 대상(장난감 등)에 관심이 많다.
- 마치 다른 사람들이 없는 것처럼 행동한다.
- 말을 걸어도 반응이 없다.
- 부모가 안아주려고 하면 꼭 안기려 하지 않고 바둥거리는 등 부모에 대한 애착행동이 별로 없다.
- 이별불안이나 낯가림은 없는 경우가 많다.
- 학령기가 되어도 친구가 없고 성인이 되어도 대인관계나 이성관계를 맺지 않는다.
- 자신만의 세계 안에서 사는 것처럼 보인다.
- 아주 극단적인 기쁨, 분노, 고통의 경우를 제외하고는 얼굴에 감정 표현이 없다.

■ **의사소통 및 언어장애**

- 말할 때가 지났는데도 전혀 말이 없거나 괴상한 소리를 지른다.
- 유아기 때 옹알이를 하지 않고 언어발달이 비적상적이거나 늦다.
- 반향언어를 보인다(남이 말한 단어를 따라 하기).
- 말소리의 크기조절이 안 되어 너무 크게 이야기하거나 너무 조용하게 말한다.
- 특정 단어를 지나치게 강조해서 말한다.
- 언어적 결함을 몸짓, 가리키기, 눈맞춤, 또는 얼굴표정 등과 같은 대안적인 의사소통 방식으로 극복하려고 시도하지 않는다.
- 신조어를 만들거나 대명사를 전도하는 등 다양한 오류를 보인다.
- 외국에서 살아본 적이 없는 경우에도 강한 외국어 억양으로 말하기도 한다.

■ **행동적 특징**

- 이상한 행동을 반복적으로 되풀이하는 상동적 행동을 보인다.
- 발가락 끝으로 걷거나 몸을 흔든다.
- 전기 스위치를 켰다 끄기를 반복한다.
- 물건을 의미 없이 계속 회전시킨다.
- 주위 환경의 변화에 저항하고 똑같은 것만을 고집한다.
- 한 가지 질문을 반복한다.
- 산만하고 가만히 있지를 못한다.
- 머리를 부딪치거나 자신의 피부에 손상을 주고 머리카락을 뽑는 등의 자해행동을 한다.
- 장난감이나 사물에 병적으로 집착한다.
- 숫자나 순서에 집착한다.

■ 놀이와 상상에 관련된 증상의 특징

- 상상놀이도 상동적이고 반복적이며 비사회적이다.
- 어떤 형태의 놀이도 제한적이어서 물건을 줄지어 늘어놓거나 자동차의 바퀴를 돌리거나 물건 전체를 돌리는 등의 제한적인 행동만을 한다.
- 일정한 규칙대로만 놀고 이를 방해받는 것을 상당히 싫어한다.

출처 : 보건복지부 국가건강정보포털(http://health.mw.go.kr)

(2) 원인

자폐성 장애는 다양한 스펙트럼을 가지고 있고, 장애 내에도 많은 이질성이 있기 때문에 어느 한 가지 이론으로 모든 임상 증상을 설명하는 것은 불가능하다. 과거에는 자폐성 장애의 주된 원인을 모의 양육방식의 문제로 보아 환경적, 심리적인 요인에 관심이 집중되었으나(Bettlheim, 1967), 최근에는 이를 신경–생물학적 원인이 관여된 발달장애로 이해하는 견해가 지배적이다. 자폐성 장애와 관련된 생물학적 요인으로는 임신 · 분만을 전후한 합병증, 경련성 질환과의 연관, 대사장애, 감염, 그 외 생화학적 요인을 들 수 있고, 그중 출생 전후의 뇌손상과 뇌염, 선천성 풍진, 페닐케톤뇨증, 그 외 결절경화증, 레트장애와 같은 뇌의 뚜렷한 기질적 병변이 관련 있는 것으로 알려져 있다.

유전 역시 자폐증의 중요한 원인 중 하나이다. 첫 아이가 자폐증이 있을 때 두 번째 아이도 같은 장애를 가질 확률이 9%에 가까웠는데, 이는 첫 아이가 정상인 경우의 15~20배나 된다(Rutter, 2000). 또한 쌍생아 연구에서 일란성 쌍생아의 경우 자폐성 장애에 대해 36~91%의 일치율을 보였으나 이란성 쌍생아의 경우는 0~5%의 일치율을 보였다. 그러나 자폐증은 단일한 유전적 이상이 원인이라기보다는 다양한 유전적 이상이 모여서 나타나는 것으로 보인다(Wenar & Kerig, 2005).

자폐성 장애에서 뇌구조나 기능이상과의 관련성에 대해서는 여러 가지 의견이 있으나 뇌파검사의 이상소견이 자주 나타나며 약 1/5 정도의 자폐 아동이 청소년기에 간질성 경련이 동반되고 편도, 소뇌, 전두엽의 역기능, 도파민이나 세로토닌 등의 신경전달물질이 관련되어 있다는 많은 선행 연구 결과들(Gillberg, 1991)은 자폐성 장애가 신경학적, 생화학적 요인에 기인된 인지적 결함과 관련되어 있을 가능성을 강력하게 시사한다. 그러나 아직은 이를 입증하기에 충분한 특정 중추신경계의 장애나 생화학적 요인이 결정적으로 발견된 바는 없다.

(3) 치료

자폐성 장애는 만성 질환으로 예후는 대체로 좋지 않다. 예후는 자폐 아동의 지능 정도와 언어발달 정도에 따라 결정될 수 있으며, 그 밖에 예후에 영향을 줄 수 있는 요인으로는 장애 발견 및 조기교육을 받은 시기, 교육 기간, 사회적 기능의 정도, 대인관계를 포함한 사회적 행동의 가능 정도, 전반적인 발달수준을 들 수 있다. 보통은 처음 진단 시 지능이 70 이상이고, 5~7세에 말을 하였으며, 특수교육을 받은 자폐 아동의 예후가 가장 좋은 것으로 알려져 있다. 성인이 된 후에는 15% 정도는 직업을 갖고 독립된 생활이 가능하며 20% 정도는 간헐적으로 가족이나 타인의 도움을 받으면 생활할 수는 있지만, 그 외는 가족에게 많은 부분을 의존하며 살게 된다.

이처럼 자폐성 장애는 일생 동안 지속되는 장애이고 광범위한 영역에서 발달지체와 결함을 나타내며 아동마다 서로 다른 특징을 보이기 때문에 다양한 방향의 치료목표가 요구된다. 현재 자폐성 장애를 완치할 수 있는 특별한 약물이나 치료방법이 없기 때문에, 일반적으로 행동장애의 감소, 언어의 습득, 의사소통기술의 증진, 자립기술의 습득 등을 목표로 치료와 중재를 시행한다. 이와 함께 기초적인 사회성, 의사소통능력 및 인지능력의 전반적인 발달을 증진시키고, 상동행동과 부적응행동을 감소시키는 것뿐만 아니라 자폐아 가족의 고통을 덜어주는 것 등에 목표를 둔 다학제적이고 포괄적인 개별화 치료가 필요하다(Rutter, 1981). 여러 가지 부적응적이거나 상동적인 행동을 감소시키고 언어능력 및 인지능력의 발달을 돕는 데는 행동수정이 매우 효과적이며(Lovaas & Smith, 2003), 경련성 질환이 동반된 경우에는 항경련제와 같은 약물 치료가 수반될 수 있다(홍강의 · 최진숙 · 안윤옥 · 황용승 · 신민섭, 1991).

무엇보다 유아 초기에 자폐성 장애를 발견하여 그때부터 지속적이고 집중적인 특수교육적 개입을 제공하는 것이 치료에서 매우 중요하다(홍강의, 1993). 자폐성 장애의 조기개입의 중요성은 많은 연구자들에 의해 강조되어 왔다. 자폐진단의 지연은 아동의 전반적인 발달에 많은 지장을 주게 되는데, 영유아기에 이를 조기진단하는 것은 그 시기에 습득해야 할 발달과제를 습득시키고 이후에 발생될 수 있는 행동상의 장애를 예방하거나 대처할 수 있는 대안학습의 가능성을 높이기 때문에 유리하다.

자폐성 장애에 대한 DSM-IV-TR의 진단 기준

A. (1), (2), (3)에서 총 여섯 개(또는 그 이상) 항목, 적어도 (1)에서 두 개 항목, (2)와 (3)에서 각각 한 개의 항목이 충족되어야 한다.

(1) 사회적 상호작용에서의 질적인 장애가 다음 항목들 가운데 적어도 두 개 항목으로 표현된다.
- (a) 사회적 상호작용을 조절하기 위한 눈맞춤, 얼굴표정, 몸 자세, 몸짓과 같은 다양한 비언어적 행동을 사용함에 있어서 현저한 장애
- (b) 발달수준에 적합한 친구관계 발달의 실패
- (c) 자발적으로 다른 사람들과 기쁨, 관심, 성공을 나누지 못한다.
- (d) 사회적으로나 감정적으로 서로 반응을 나누지 못한다.

(2) 질적인 의사소통장애는 다음 항목들 중에서 적어도 한 개 항목으로 표현된다.
- (a) 구두 언어발달의 지연 또는 완전한 발달 결여
- (b) 적절하게 말을 하는 경우, 다른 사람과 대화를 시작하거나 지속하는 능력의 현저한 지체 상태

(3) 제한적이고 반복적이며 상동증적인 행동이나 관심, 활동이 다음 항목들 가운데 적어도 한 개 항목으로 표현된다.
- (a) 강도나 초점에 있어서 비정상적인, 한 가지 이상의 상동증적이고 제한적인 관심에 집착
- (b) 특이하고 비효율적인 판에 박힌 일이나 의식에 고집스럽게 매달림
- (c) 상동증적이고 반복적인 동작성 매너리즘
- (d) 대상의 부분에 지속적으로 몰두

B. 다음 영역 가운데 적어도 한 가지 영역에서 기능이 지연되거나 비정상적이며, 이 현상이 3세 이전에 시작된다.

(1) 사회적인 상호작용
(2) 사회적인 의사소통에서 사용되는 언어
(3) 상징적 또는 상상적 놀이

C. 장애가 레트장애 또는 소아기 붕괴성 장애로 잘 설명되지 않는다.

출처 : American Psychiatric Association(2000). Diagnostic and statistical manual of mental disorders(4th ed). Washington, DC: Author

3) 반응성 애착장애Reactive Attachment Disorder, RAD

(1) 개념

애착이란 양육자와의 긴밀한 정서적 유대로(Bowlby, 1969), 영아기에 형성된 애착의 안정성 여부는 유아기에 타인에게 반응하는 방식, 지각 또는 기억회상의 기반

이 되어 이후 사회 · 정서, 그리고 인지영역에 영향을 미친다(Zeanah, 1996). 애착에 관한 연구는 20세기 초반부터 시작되었지만 애착으로 인한 문제가 소아정신장애의 범주로 공식화된 것은 DSM-Ⅲ(APA, 1980)에 '반응성 애착장애'가 포함되면서부터이다.

반응성 애착장애는 5세 이전에 발생하며 대부분의 대인관계 맥락에서 현저한 사회성 장애를 나타내어 상호작용을 시도하거나 적절한 형태로 반응하는 것에 결함이 있다. 이들은 지나치게 억제적이고 과잉경계적이며 양가적인 반응을 나타내거나 반대로 적절한 선택적인 애착표현의 결핍으로 무분별한 애착을 보이는 증상을 나타내기도 한다(APA, 2000). 반응성 애착장애아들은 양육자가 안심을 시켜도 계속 불안해 하거나 지나친 경계심을 보이기도 하며, 또래와의 사회적인 상호관계에서 지속적인 어려움이 있다. 현저한 사회적 상호작용의 결함을 보이는 것 외에도 식욕부진, 우울, 발육부진, 발달지수의 저하 등 신체적인 증상 및 발달상의 문제를 나타내기도 하는데, 특히 언어가 지체되고 외부 환경에 무관심하다. 호명이나 지시에 잘 따르지 않으며 위축되고 호기심이 적어 장난감에 별다른 흥미를 보이지 않는 등의 특징을 보인다. 반응성 애착장애로 진단되기 위해서는 위의 문제들이 부모가 아이를 전혀 돌보지 않았거나, 학대하거나 또는 잘못 다룬 데서 온 직접적인 결과이어야 한다.

반응성 애착장애는 억제형Inhibited type과 탈억제형disinhibited type으로 구분할 수 있는데(APA, 2000), 억제형의 아동은 사회적 철회가 심하고 외부 사람에 대한 반응이 거의 없으며 주 양육자나 주변의 어른들에게 왜곡된 방식으로 안정을 취하는 반면, 탈억제형은 아무하고나 잘 지내며 애착 대상의 선택도 비선별적이어서 낯선 이에게 쉽게 접근하고 부적절한 친근감을 보인다.

이들이 보이는 사회적 반응성 부족 및 전반적인 무관심 등의 외현적인 행동양상이 자폐증 등의 전반적 발달장애와 유사한 면이 있어서 그동안 이 아동들에 대한 진단명 또한 유사 자폐증, 모성박탈, 모성실조 등의 다양한 용어로 불리기도 했다(윤현숙, 1991). 그러나 반응성 애착장애 아동들은 자폐 아동과 달리 양육환경이 긍정적으로 변화될 때, 즉 신뢰감이 있는 애착관계를 형성할 때 빠른 회복을 보인다.

(2) 원인

반응성 애착장애는 5세 이전의 병적인 양육이 원인이 되는 장애로, 양육자가 편안함 · 자극 · 사랑에 대한 아동의 정서 욕구를 계속 무시하거나 소홀히 했을 경우, 지나치게 가혹한 벌을 주거나 영양 상태를 유지하지 못하고 위험이나 폭력(성적 학대도 포함)으로부터 보호해 주지 않을 경우 발생한다. 부모나 대리부모가 자주 바뀌는 것도 원인이 될 수 있다. 예를 들면 어머니의 산후우울증, 양육자가 장기 입원을 반복하는 경우, 시설 수용, 양육자의 빈번한 교체, 부모의 지적장애나 육아기술의 부족, 사회적 고립, 사회적 박탈 상태, 부모의 무지, 사춘기 부모 등 부모가 유아의 욕구를 인지하는 데 문제가 있을 때 발생할 수 있다. 미숙아, 발달지연, 까다로운 기질, 아동의 장애로 인해 양육 스트레스가 증가하면서 아동에 대한 학대나 방임, 병적인 양육을 가져올 수도 있다.

(3) 치료

반응성 애착장애의 경우 아동이 정상적인 환경에서 다시 양육되면 쉽게 정상발달로 돌아올 것이라 생각하지만 환경에서의 지속적이고 심각한 스트레스는 뇌의 발달에 영향을 미쳐 뇌기능의 손상을 초래할 수 있다는 점을 간과해서는 안 된다. 양육자의 애정 어린 보살핌과 양육은 발달선상에 있는 아동의 뇌, 사회성, 정서와 언어 등 전반적인 발달에 많은 영향을 미칠 수 있으므로 이에 대한 조기진단, 치료 및 예방 프로그램은 매우 중요한 의미가 있다.

반응성 애착장애 치료의 목표는 무엇보다도 어머니와 아이 간에 애착을 형성하는 것이므로 이를 위해 아동에 대한 심리치료뿐 아니라 어머니에 대한 적극적인 상담과 교육을 통해 심리적 문제를 다루고, 자녀에 대한 민감성을 증진시키는 동시에 사회적 지지를 제공하는 접근이 요구된다.

반응성 애착장애에 대한 DSM-IV-TR의 진단 기준

A. 대부분의 상황에서 심하게 손상되고, 발달적으로 부적절한 사회적 관계 형성이 5세 이전에 시작되며, 다음 (1)이나 (2)와 같이 표현된다.

(1) 지속적으로 대부분의 사회적 관계를 시작하지 못하고, 발달적으로 적절치 못한 방식으로 반응한다. 지나치게 억제적이고, 경계적이며, 심하게 양가적이고 상반된 반응을 나타낸다(소아는 양육자에 대해 접근과 회피가 혼합된 태도로 반응하고, 안락감에 저항하며, 냉정하게 경계한다).

(2) 확산적으로 애착이 무분별한 사교성, 적절한 선택적인 애착능력의 결여로 드러난다(낯선 사람에 대한 지나친 친근감, 애착 대상을 선택하지 못함).

B. 진단 기준 A항에 속하는 장애가 단지 발달지연(정신지체와 같이)으로만 설명되지 않으며, 광범위성 발달장애의 기준에 부합되지 않는다.

C. 병적인 보살핌이 다음 가운데 적어도 한 개 항목에서 드러난다.
(1) 안락감, 자극, 애정 등 소아의 기본적인 감정적 욕구를 지속적으로 방치
(2) 소아의 기본적인 신체적 욕구를 지속적으로 방치
(3) 돌보는 사람이 반복적으로 바뀜으로써 안정된 애착 형성 저해(양육자의 빈번한 교체).

D. 진단 기준 C항의 병적인 보살핌이 A항의 손상된 행동에 영향을 미쳤을 것으로 추정된다(A항의 장애는 C항의 병적 보살핌 이후에 시작되었다).
- 억제형 : 임상양상에서 A. (1)의 기준이 우세할 때
- 탈억제형 : A. (2)의 기준이 우세할 때

출처 : American Psychiatric Association(2000). Diagnostic and statistical manual of mental disorders(4th ed). Washington, DC: Author

4) 주의력결핍 과잉행동장애 Attention Deficit Hyperactivity Disorder, ADHD

(1) 개념

주의력결핍 과잉행동장애ADHD란 주의산만, 과잉행동, 충동성을 주 증상으로 보이는 장애이며 대개 초기 아동기에 발병하여 만성적인 경과를 밟는 특징을 지닌다. 아동들 중에는 활발하고 까다로운 기질을 타고난 경우가 많으며, 계속 움직이고, 수없이 넘어지고, 다치는 경우도 빈번하지만 이러한 아동 모두가 결코 ADHD의 범주에 속하는 것은 아니다. 그러나 7세 이전부터 시작된 부주의나 과잉행동 또는 충동성이 아동의 발달수준에 맞지 않게 더 빈번하고 더 심하고 더 지속적으로 발생할 뿐만 아니라 이로 인한 부적응이 6개월 이상 지속되어 학습, 사회적 기능 면에서 부수적인 문제가 초래된다면 ADHD를 의심할 수 있다(APA, 2000). 이들의 많은 경우는 어린 시절 또래보다 조금 더 부산하고 활발한 아이라고 간과되다가 유치원이나 학교 입학 등의 단체생활을 시작하면서 심각한 행동상의 문제로 대되두는데, 일반적으로 초등학교 한 반에서 약 1~3명 정도를 ADHD로 추정하고 있으며, 남녀의 비율은 3:1~6:1로 남아의 비율이 월등하게 높은 편이다(Barkley, 1998).

ADHD는 부주의, 과잉행동, 충동성을 핵심 증상으로 나타내는데, 이 중 부주의

inattention의 특징을 살펴보면 다음과 같다. 우선 해당 연령 수준에 적절한 주의력을 유지하지 못한다. 이들은 집중을 못하고 산만하여 한 활동에서 다른 활동으로 쉽게 이동하고 비체계적이다. 뿐만 아니라 자주 공상에 빠지며, 같은 연령의 다른 아이들보다 쉽게 산만해지고 잘 잊어버린다(Stewart, Pitts, Craig, & Dieruf, 1966). 이러한 특징에 대해 부모와 교사들은 지시를 듣지 않는 것 같다, 주어진 과제를 끝내는 데 매번 실패한다, 백일몽을 꾼다, 종종 물건을 잃어버린다, 집중하지 못한다, 쉽게 주의가 분산된다, 누군가 감독하지 않으면 독립적으로 일을 수행하지 못한다, 지속적인 지도가 필요하다, 한 가지 일을 끝내기 전에 다른 것으로 주의를 쉽게 이동한다, 혼란스러워 보이고 안개 속에 있는 것 같다고 불평한다(Barkley, Dupaul, & McMurray, 1990). 물론 ADHD 아동도 자신이 흥미를 느끼거나 어떤 식으로든 동기유발이 되었을 때는 주의를 집중하고 유지하는 것이 가능하다(Barkley, 1998). 그러나 잡다한 일과 재미없는 숙제처럼 길고 단조롭고 반복적이며 지루한 일상적인 과제를 할 때에 요구되는 지속적 주의력sustained attention의 결핍이 현저하고 (Frick & Laney, 1991), 이에 따라 학습부진과 함께 이차적으로 학습동기의 저하 혹은 정서적인 문제가 초래될 수 있다.

두 번째 과잉행동hyperactivity 증상은 운동이나 언어에서의 지나친 또는 발달수준에 부적절한 정도의 활동수준을 보이는 것으로, 이들은 마치 모터가 달린 것처럼 끊임없이 움직인다. ADHD 아동은 가만히 앉아 있어야 할 경우에 앉아 있지 못하고, 부산스럽고, 안절부절못하고, 필요 없는 신체적 움직임이 많으며, 사소한 실수를 자주 한다. 이와 같은 특징은 연령에 따라 다르게 표현되는데, 걸음마기와 학령기 이전의 아동은 집 안이나 집 밖에서 항상 제멋대로 하려 하고 유치원 등에서 앉아 집단 활동에 참여하는 것에 어려움을 드러낸다. 반면, 학령기 아동은 교실에서 자리를 벗어나 돌아다니거나, 목적 없이 팔다리와 손발을 움직이거나 과제와 관계없는 딴 짓을 하고 다른 아이에게 쓸데없이 말을 걸면서 장난을 친다. 이후 청소년기가 되면 자리에 앉아 있으면서 안절부절못하고, 조용히 앉아서 하는 활동에는 제대로 참여하지 못하며 지나치게 수다스러워지는 양태로 나타난다(장은진, 2003).

세 번째 ADHD의 또 다른 핵심 증상은 '생각하지 않고 행동하는' 충동성 impulsivity으로, 문제에 대해 생각할 시간을 갖지 않고 불쑥 답을 말해버리거나, 게임 또는 대화에 끼어들어 다른 사람들을 방해하거나 침범하며, 자신의 차례를 기다리기 어려워하는 양태로 나타난다(Barkley, 1996). 이러한 충동성의 문제는 또래 아동들에 비해 욕구충족을 지연하고 반응을 억제하며 사회적 상황에서 행동을 통제하거나 규제하는 것의 어려움과 관련이 있다. ADHD 아동은 참을성이 부족하고, 어떤 상황이 요구하는 바나 행동의 결과를 충분히 생각하지 않은 채 행동하며, 지시나 질문이 끝나기도 전에 성급하게 행동을 취하기 때문에 학습이나 행동에서 실수를 많이 하게 된다(Barkley, 1996). 뿐만 아니라 자신의 행동이 부정적 결과나 파괴적 혹은 위험한 결과를 초래할 수 있다는 점을 생각하지 못하여 간혹 위험한 상황에 처하거나 위험한 행동을 하고, 실제로 뜻밖의 사고를 당하는 경우가 잦다(Corkum & Siegel, 1993). 충동성이 심한 아동은 친구들과의 놀이나 게임에서 자신의 순서를 기다리지 못한 채 원하는 것이 있을 경우 즉각적으로 소망을 충족하려고 하는데, 이때 자기 뜻대로 되지 않으면 다른 아동들과 싸움을 시작하기도 한다. 충동통제에 문제가 있는 아동은 자신의 행동이 타인에게 어떤 영향을 주는지 알지 못하며 행동의 옳고 그름을 인식하지 못하기 때문에 친구를 잃게 되고 소외되는 경향이 있다(박현빈, 2006).

이러한 ADHD 아동의 핵심적 어려움인 부주의와 과잉행동–충동성은 이차적으로 학업 실패와 정서적, 사회적 문제를 발생시킨다(Barkley, 1990). 이 중 ADHD 아동의 학습 문제는 심각하여 그들의 50~80%는 학업 수행에서 심각한 문제와 낮은 학업성취도를 나타내고(Lambert & Sandoval, 1980), 지능검사에서도 이들은 정

표 8-3 영유아기 ADHD 아동의 행동특성

시기	행동특성
영아기	• 출생 후 많이 울고 조그만 자극에도 과민하게 반응한다. • 수면, 식이, 배변과 같은 생리적 습관이 매우 불규칙적이다. 특히 잠을 아주 적게 자거나, 자더라도 자주 깬다. • 떼를 많이 쓰고 투정을 부리며 안절부절못한다. • 변화에 매우 서서히 적응하고 어떤 새로운 것에 대해서는 부정적으로 반응한다. • 매우 활동적이기 때문에 젖을 먹이거나 기저귀를 가는 일이 어렵다. • 걸음마를 하기 시작하면서부터는 끊임없이 이리저리 헤집고 다닌다.
유아기	• 걷는 대신 뛰는 경향이 있다. • 넘어지고 다치는 일이 많다. • 끊임없이, 목적 없이 계속 움직인다. • 혼자 잘 놀지 못하고 또래와도 잘 놀지 못한다. • 한 가지에 깊이 몰두하지 못한다. • 쉽게 충동적, 공격적이 되고 마음대로 하려 한다. • 특별히 성낼 이유가 없는데도 다른 아이를 때리거나 장난감을 뺏으며 넘어지고 다치는 일이 많다.

출처 : 대한소아청소년정신의학회 학교건강위원회

상 아동에 비해 지능지수가 대략 7~15점 정도 낮은 것으로 보고되고 있다(McGee, William, Moffitt, & Anderson, 1989). ADHD 아동의 학업 문제는 오늘날 초등학교 현장에서 가장 어려운 아동 교육 문제 중의 하나로 이들은 학업 성취에서의 기복이 심하고 자신의 지적 잠재력에 비해 능력을 충분히 발휘하지 못한다(정은정, 2003).

(2) 원인

ADHD의 발병 원인과 관련된 여러 가지 가설들이 존재하지만, 아직 뚜렷한 결론에 도달하지 못한 채 다양한 설명들이 시도되고 있다. ADHD의 원인으로 우선 유전적 요인을 들 수 있는데, 쌍생아나 가족력의 연구(Barkley, 1996; Levy, Hay, Mc-Stephen, Wood, & Waldman, 1997)를 통해 제기한 ADHD 증상에 대한 평균 유전 가능성은 .70으로 상당히 높은 연관성을 보인다. 그 외 전두엽과 선조체, 소뇌의 기능이상, 망상활성체계의 저각성underarousal으로 유발된 자극에 대한 낮은 반응성, 신경전달물질인 도파민의 기능상 결함, 뇌손상(Barkley, 1990), 식품과 신경독소(Richters, Arnold, Jensen, Abikoff, Conners, Greenhill, Hechtman, Hinshaw, Pelham & Swanson, 1955)에 의한 원인론 등이 제기되었다.

그 외 부모나 환경요인 또한 ADHD의 원인 중 하나로 대두되고 있다. 물론 부모-자녀관계와 같은 환경적 요인들은 ADHD 증상의 단지 10~15%만을 설명하고 있지만(Barkely, 1997), 부모-자녀 관계는 ADHD의 심각성과 지속성, 치료에서 중요한 역할을 하기 때문에 간과해서는 안 될 요인이다. Barkley(1990)는 부모의 정신병리, 어머니의 교육 수준, 사회 계층, 한 부모 요인을 ADHD와 관련된 중요한 가정환경요소로 보았다. 이에 Biederman(1995)은 구체적으로 갈등이 많고, 가족 구성원 간의 결합력이 떨어질수록, 아동기 동안 부모가 앓은 정신질환의 횟수가 많고, 어머니의 정신병리에 아동이 노출되는 정도가 심할 때 아동에게 더욱 악영향을 미친다고 보고하였다. 이와 관련하여 우리나라에서도 ADHD 아동의 부모는 가정에서 조직화의 정도가 떨어짐을 밝힌 연구가 있다(소준현 · 신윤오 · 조수철, 1996). 그러나 주의력결핍장애의 원인론에 대한 선행 연구 결과들은 서로 상충되는 것이 많으며, 어느 한 이론에 대한 결정적인 증거는 없는 실정이다.

(3) 치료

일반적으로 약물 치료가 주의력 결핍이나 과잉운동성, 충동적이고 비순응적인 행동을 감소시키는 데 매우 효과적이지만, 약물만으로는 ADHD 아동이 보이는 여러 가지 습관화된 행동 문제나 충동적인 문제해결방식을 변화시키고 긍정적인 행동이나 자기조절self-regulation 능력을 학습시키는 것에는 한계가 있다. 학년이 올라감에 따라 학업이나 또래관계 형성의 어려움, 부모나 교사로부터의 부정적인 평가나 처벌로 인해 이차적으로 나타날 수 있는 낮은 자존감과 자신감의 부족, 내적인 우울감이나 좌절감과 같은 정서적 문제, 그리고 학습부진을 변화시키기 위해서는 아동에 대한 인지-행동 치료와 부모 교육이 수반되어야 한다(홍강의 · 오경자 · 신민섭, 1995).

주의력결핍 과잉행동장애에 대한 DSM-IV-TR의 진단기준

A. (1)이거나 (2)

(1) 아래의 부주의 증상 가운데 여섯 가지(또는 그 이상)가 부적응적이고 발달수준에 맞지 않을 정도로 적어도 6개월 이상 지속된다.

■ 부주의

(a) 세부적인 것에 대해 특별한 주의를 기울이지 못하거나 학교 공부, 일이나 다른 활동에서 부주의로 인한 실수를 자주 한다.
(b) 과제나 놀이 활동에 지속적으로 주의를 기울이지 못한다.
(c) 직접 이야기를 해도 듣지 않는 것 같다.
(d) 지시를 따르지 못하거나 학교 공부, 힘든 일, 일터에서의 의무를 다하지 못한다(반항적 행동이나 지시를 이해하지 못해서가 아니라).
(e) 과제와 활동을 조직하는 데 어려움을 겪는다.
(f) 학교 공부나 숙제와 같이 지속적으로 노력해야 하는 과제를 피하거나 싫어한다.
(g) 과제나 활동에 필수적인 것들을 잃어버린다(장난감, 학교 숙제, 연필, 책이나 도구들).
(h) 불필요한 자극에 의해 쉽게 방해를 받는다.
(i) 일상적인 활동을 잘 잊어버린다.

(2) 아래와 같은 과잉활동-충동성 증상 가운데 여섯 가지(또는 그 이상)가 부적응적이고 발달수준에 맞지 않을 정도로 적어도 6개월 이상 지속된다.

■ 과잉활동

(a) 손이나 발을 만지작거리고 자리에서 꼼지락거린다.

(b) 교실이나 가만히 있어야 하는 다른 상황에서 자리를 떠난다.
(c) 그래서는 안 될 상황에서 과도하게 뛰어 돌아다니거나 기어오른다.
(d) 조용히 놀거나 여가 활동을 하는 것이 어렵다.
(e) 끊임없이 움직이거나 모터를 단 것같이 행동한다.
(f) 지나치게 말을 많이 한다.

■ 충동성
(g) 질문이 끝나기도 전에 불쑥 대답을 한다.
(h) 순서를 기다리지 못한다.
(i) 다른 사람을 방해하거나 간섭한다.

B. 손상을 일으키는 일부 과잉활동－충동행동이나 부주의 증상이 7세 이전에 나타난다.

C. 증상으로 인한 손상이 둘 또는 그 이상의 상황에서 나타난다.

D. 사회적, 학업적 또는 직업적 기능에서 임상적으로 유의한 손상의 증거를 분명히 보인다.

E. 이 증상들은 전반적 발달장애, 정신분열증이나 다른 신경증적 장애의 과정에서 나타나지 않고 다른 정신장애에 의해 잘 설명되지 않는다.

출처 : American Psychiatric Association(2000). Diagnostic and statistical manual of mental disorders(4th ed). Washington, DC: Author

ADHD 진단 시 사용될 수 있는 검사

■ 행동평가
• 가정, 학교, 기타 상황에 대한 행동평정
• 부모평정 척도 : 코너스 부모평정 척도, 아동 · 청소년 행동평정 척도K-CBCL, 한국판 ADHD 평정 척도K-ARS, 한국아동인성검사KPI-C, 가정상황질문지Home Situation Questionnaire

■ 정서
• 자기보고 질문지 : 아동용 우울 척도, 아동용 불안 척도
• 투사검사 : 집-나무-사람검사HTP, 로샤검사 등

■ 가정
• 가족 역기능 척도, 부모 양육 스트레스 척도PSI

■ **인지 :** 지능, 성취, 신경심리학적 평가

- 지능검사 : K-WISC Ⅲ-산수, 숫자(탈산만성 요인, 작업기억 요인), 기호 쓰기(처리속도 요인)
- 학업성취검사 : 기초학습기능검사
- 신경심리검사 : 주의력장애 진단 시스템ADS, 연속수행검사CPT, 같은 그림 찾기MFFT, 스트룹 검사Stroop test, 아동용 언어학습기억검사Verbal Learning test, 선로 잇기 검사, 위스콘신 카드분류 검사 등

표 8-4 ADHD 검사의 예

당신의 자녀 또는 당신의 반 아동이 1주일 동안 보인 행동을 가장 잘 기술한 숫자에 ○를 표시하시오.

번호	문항	전혀 그렇지 않다 (매우 드물다)	약간 혹은 자주 그렇다.	상당히 혹은 자주 그렇다.	매우 자주 그렇다.
1	학교 수업이나 일, 혹은 다른 활동을 할 때 주의집중을 하지 않고 부주의해서 실수를 많이 한다.	0	1	2	3
2	가만히 앉아 있지 못하고 손발을 계속 움직이거나 몸을 꿈틀거린다.	0	1	2	3
3	과제나 놀이를 할 때 지속적으로 주의집중하는 데 어려움이 있다.	0	1	2	3
4	수업시간이나 가만히 앉아 있어야 하는 상황에서 자리에서 일어나 돌아다닌다.	0	1	2	3
5	다른 사람의 이야기를 잘 귀 기울여 듣지 않는 것처럼 보인다.	0	1	2	3
6	상황에 맞지 않게 과도하게 뛰어다니거나 기어오른다.	0	1	2	3
7	지시에 따라서 학업이나 집안일, 혹은 자신이 해야 할 일을 끝마치지 못한다.	0	1	2	3
8	조용히 하는 놀이나 오락활동에 참여하는 데 어려움이 있다.	0	1	2	3
9	과제나 활동을 체계적으로 하는 데 어려움이 있다.	0	1	2	3
10	항상 끊임없이 움직이거나 마치 모터가 달려서 움직이는 것처럼 행동한다.	0	1	2	3
11	공부나 숙제 등 지속적으로 정신적 노력이 필요한 일이나 활동을 피하거나 싫어하고 하기를 꺼린다.	0	1	2	3
12	말을 너무 많이 한다.	0	1	2	3
13	과제나 활동을 하는 데 필요한 것들(장난감, 숙제, 연필 등)을 잃어버린다.	0	1	2	3

14	질문을 끝까지 듣지 않고 대답한다.	0	1	2	3
15	외부 자극에 의해 쉽게 산만해진다.	0	1	2	3
16	자기 순서를 기다리지 못한다.	0	1	2	3
17	일상적인 활동을 잊어버린다(예 : 숙제를 잊어버리거나 도시락을 두고 학교에 간다).	0	1	2	3
18	다른 사람을 방해하고 간섭한다.	0	1	2	3

ADHD 평정 척도 – 4판(ADHD Rating Scale-IV : ADHD RS-IV, Dupal 등, 1988)

척도내용	1. DSM-IV(1994)를 기본으로 총 18문항을 구성. 부모용과 교사용 각각에 대해 성별과 연령에 따른 규준이 산출되어 있어 임상 장면에서 ADHD 진단이나 치료효과 평가에 유용함. 2. DSM-IV를 기본으로 하여 총 18문항으로 구성되어 있음. 본 척도의 홀수 문항의 총점은 주의력결핍 증상을 측정하며, 짝수 문항의 총점은 과잉행동-충동성 증상을 측정하도록 배역되어 있음.
실시방법	부모 및 교사가 실시함. 각 문항에 대해 4점 척도로 평정.
채점방법	1. 각 문항을 0~3점으로 평정. 2. 각 문항의 점수를 합산하여 총점을 구함.
해석지침	1. 학교 단위 선별조사에서 부모평가 13점 이상, 교사평가 18점 이상일 경우에 ADHD가 의심됨(서울시 소아청소년광역정신보건센터 선별조사가이드북, 2007). 2. 총점이 부모용은 19점 이상, 교사용은 17점 이상일 경우에 ADHD가 의심됨(김재원 등, 2004).

출처 : 생활복지사 의무교육 자료집(2010)

Chapter 9

발달측정 및 평가

1. 발달평가를 위한 자료수집방법
2. 발달검사의 종류

9

영아기는 발달이 급속도로 이루어질 뿐 아니라 개인 내, 개인 간의 차이가 나타나기 시작한다. 이 시기에 아동의 성장에 관심을 기울이고 발달을 측정하는 것은 전인적 발달에서 큰 의미가 있다. 영아기 발달의 평가를 통해 시간에 따른 변화와 진전에 주목하면서 영아의 발달이 균형적으로 이루어지고 있는지, 또래 아동과 비교하여 발달적으로 지체 혹은 이탈이 있는지 알 수 있다. 또한 발달평가를 통해 아동의 발달적 이탈과 이상이 발견된 경우에는 재활 서비스 등 적절한 치료적 중재를 서둘러 실시함으로써 예후를 좋게 하고 이후 초래될 수 있는 장기적 장애를 최대한 줄일 수 있다. 발달평가는 아동에게 나타날 수 있는 어려움을 조기에 발견하고, 빠르게 개입할 수 있도록 하며, 이를 통해 이후 발생할 수 있는 문제들을 예방할 뿐만 아니라 부모가 아동의 특성을 제대로 이해하도록 하여 아동의 발달을 촉진할 수 있도록 돕는 역할을 한다.

1. 발달평가를 위한 자료수집방법

평가Assessment는 단순한 자료의 나열이 아니라 다양한 방법을 통해 획득한 정보를 종합한 후 검사자의 전문적 지식과 경험을 통해 총평하는 과정이기 때문에 발달평가Developmental Assessment에서 정확한 정보의 수집은 무엇보다 중요하며, 이를 위해 행동관찰, 면담, 발달검사 등 다각도의 방법이 이용된다.

평가와 관련된 용어 정리

- 측정Measurement : 사물의 특성을 구분하기 위해 주어진 기준에 따라 수치를 부여하는 과정이다.
- 검사Test : 간접측정을 위해 사용되는 도구이다. 예를 들어 지능이라는 눈에 보이지 않는 속성에 수치를 부여하기 위하여 지능의 정의를 내리고 검사를 통해 이를 측정하게 된다.
- 평가Assessment : 다양한 측정 결과를 통해 한 개인이나 대상의 전체적인 모습을 조명하는 것으로 사정 혹은 총평이라고 불리기도 한다.

출처 : 이화여대 교육공학과(2004)

1) 관찰

발달평가에서는 객관적이고 양적인 측정뿐 아니라 구체적인 행동에 대한 기술과 평가 상황에서 보이는 아동행동의 질적인 측면을 반드시 고려해야 하며, 이때 관찰은 매우 중요한 역할을 담당한다. 특히 영아는 언어적 제약으로 인해 말 대신 눈빛, 목소리, 몸짓, 행동방식으로 자신을 표현하기 때문에 이들을 대상으로 한 평가과정에서는 정확한 관찰을 할 수 있도록 다각도로 노력해야 한다. 보통 영아의 발달평가를 위한 관찰은 구조화된 검사 상황과 자발적인 놀이 상황 모두에서 이루어질 수 있는데, 이 과정에서 검사자는 아동의 운동기술능력, 언어능력, 그리고 문제해결기술의 발달 정도를 파악해야 하고, 이들이 보이는 두드러진 정서적 톤은 무엇인지, 상황에 대해서 어떤 참여 자세를 보이는지, 좌절에 대해 어떻게 대처하는지, 정서적 표현의 범위와 주의를 유지하는 능력은 어느 정도인지 등을 잘 관찰하고 조직화해야 한다.

특히 구조화된 검사 상황에서는 평가항목을 진행하면서 검사에 대한 아동의 반응을 관찰하게 되는데, 이 경우 검사자는 주어진 항목의 통과 여부에만 관심을 기울이지 말고 영아가 어떻게 과제에 접근하는지를 꼼꼼히 살펴야 한다. 그 외에 영아가 장난감에 어떻게 다가가는지, 주변과 상호작용을 시도하는지, 검사자나 부모를 이용할 수 있는지, 아동이 평가 초기에 반응한 것과 후에 반응한 것에 어떤 차이가 있는지, 검사자와 얼마나 친숙해졌는지 등 검사 외 환경과의 상호작용을 평가한다. 이때 부모와 영아 사이의 상호작용에 특별한 초점을 두어 관찰한다. 아동이 부모에게 도움을 청하거나 허락을 받으려고 하는지, 자신이 잘한 것을 부모에게 보여주는지, 그리고 그에 대해 부모가 적절히 반응하는지, 이들을 남겨두고 부모가 떠날 수 있는지 여부를 관찰한다.

2) 면담

부모와의 면담interview[12)]은 영아를 대상으로 한 발달평가에서 중요한 부분을 차지한다. 면담을 통해 평가를 의뢰한 사유, 그러한 문제와 관련되어 있는 환경 및 생활 상황에 대한 정보, 아동의 역사적 · 사회적 · 가족적 · 발달사적 정보 등을 얻을 수 있기 때문이다. 이를 구체적으로 살펴보면, 영아와 매일 기능하고 관계를 맺는 양육자와의 면담을 통해 아동의 발달사, 병력, 어머니의 임신, 출산 주산기 등과 아동의 출생 순위, 연령, 그리고 가족 구성원의 건강 상태 등에 대한 정보를 얻을 수 있다. 이 밖에 아동의 운동발달과 활동 수준, 언어능력과 의사소통능력, 문제해결 기술과 놀이, 자기조절력 등과 현재 부모의 관심 및 목표, 영아에 대한 부모의 지각 등을 파악할 수 있다. 발달평가를 위해 양육자와의 면담을 실시할 때 고려해야 할 사항은 다음과 같다.

첫째, 면담자는 부모의 이야기를 경청하여 그들이 말하고자 하는 내용뿐만 아니라 느낌이나 뉘앙스 등을 파악할 수 있어야 한다.

둘째, 아동이 어릴수록 부모는 이러한 평가과정에 대해 스트레스를 받거나 현재의 발달 상태에 대해 걱정이나 분노 등의 감정을 가질 수 있다. 면담과정을 통해 부

12) 면담은 면담자와 피면담자 간에 언어적인 의사소통을 통해 정보와 생각, 태도, 감정, 메시지를 교환하는 과정으로, 여기에서는 아동의 여러 특징과 문제를 확인하고 분류하며 앞으로의 평가계획을 세우기 위해 실시하는 평가면담의 의미로 사용한다.

모가 현재 가지고 있는 두려움과 평가과정에 대한 잘못된 인식을 점검하고 올바르게 현실을 수용할 수 있도록 도움을 주어야 한다. 부모 중에는 현재 아동이 느끼고 있는 어려움이 자신들의 양육방식이나 개인적 특성 때문이라고 생각하여 죄책감을 갖고, 검사자가 자신의 결점을 발견할까봐 두려워하기도 한다. 자신이 부적절한 부모라고 생각하는 것은 평가과정에 대한 스트레스를 높일 수 있고, 이는 영아의 발달에 대한 부모의 보고능력에 영향을 미칠 수 있기 때문에 개방식 질문을 통해 그들이 편안하게 느끼는 이야기부터 시작하면서 비판단적 태도를 보이는 것이 중요하다.

셋째, 영아에게 시행될 평가의 일반적인 성격과 평가절차, 검사들로부터 얻는 정보의 유형에 대해 부모에게 설명하고, 그 결과가 어떻게 사용되는지, 제한점은 무엇인지 등에 대해 명확하게 알려주는 점 역시 면담에서 반드시 고려해야 할 부분이다.

마지막으로, 면담의 자료는 양육자의 기억과 해석을 거쳐 보고될 뿐 아니라 보고과정에서 왜곡, 과장, 축소 혹은 생략될 수 있기 때문에 종종 정보의 정확성과 신빙성에 제한이 있을 수 있다. 검사자는 면담에서 얻은 자료의 이러한 특징을 충분히 고려하여 활용해야 한다.

3) 발달검사

발달의 평가 · 진단 시에는 발달검사가 중심적인 역할을 담당한다. 다른 시기와 비교하여 영아의 발달을 측정하기 위한 검사는 상당히 포괄적인 내용을 다루게 되는데, 이는 발달의 모든 영역에서 급속도로 빠르게 성장이 이루어지는 영아기 아동의 생물학적 성숙을 측정하고 이에 따르는 능력의 향상과 환경적 자극에 의해 변화하는 다양한 행동들을 포괄적으로 평가해야 하기 때문이다(Goldman, Stein, & Guerry, 1983). 일반적으로 발달검사에서는 운동기능, 인지기능, 언어발달, 사회적 능력을 측정한다.

영아를 대상으로 하는 검사는 다른 발달단계와 구별되는 몇 가지 특징을 가지고 있다. 첫 번째, 영아발달평가에서 사용되는 검사는 대부분이 개별검사이다. 보통 출생 후 약 18개월까지의 영아용 검사의 경우, 영아를 눕혀놓거나 성인의 무릎에 앉혀놓고 개별적으로 검사를 진행하는 경우가 많다. 이때 언어적 지시를 최소화한 상태에서 자극을 제시하고 이에 대한 반응을 유도하게 된다. 따라서 영유아 발달검사에서는 동작검사performance test와 비언어검사nonlanguage test가 주를 이룬다.

두 번째, 영아발달검사에서는 검사자가 영아를 검사하는 방법 외에 부모나 보호자가 평소의 관찰을 토대로 아동의 발달을 직접 평정하는 검사를 많이 사용한다. 이러한 경우 다양한 정보를 손쉽게 얻을 수 있다는 장점이 있지만, 부모의 관찰의 객관성과 신뢰도에 따라 자료의 유용성이 달라질 수 있다는 것을 유념해야 한다.

세 번째, 영아발달검사의 결과는 검사자와 영아 간의 라포rapport(마음의 유대, 서로 마음이 연결된 상태) 형성, 검사 상황, 영아의 신체장애 유무에 의해 영향을 받을 수 있다. 또한 정확한 검사를 위해서는 검사가 실시되는 시간 동안 영아의 상태가 생리적으로 만족스러운 상태인지 여부가 중요하다. 특히 영아는 졸음이나 배고픔 등의 불편을 느끼지 않고 만족스러운 상태에 있는 시간이 하루 중 극히 제한되어 있으므로 검사 시간을 계획할 때는 이러한 점을 반드시 고려한다.

네 번째, 영아는 검사 실시 상황에서 새로운 장난감이나 소리 등에 의해 주의가 산만해지면 과제에 집중할 수 없기 때문에 검사 상황의 자극을 가능한 한 단순화시키고 거울이나 강한 빛 등 자극을 줄 수 있는 사물에 아동을 노출시키지 않도록 한다.

다섯 번째, 검사자는 미리 표준화된 절차를 숙지하고 자신의 검사능력을 잘 적용시킬 준비가 되어 있어야 한다. 검사 중 영아의 신체발달, 비언어적 행동, 양육자와의 상호작용 등을 관찰하고, 아동에 대한 자신의 개인적인 인상halo effect이 평가에 영향을 미치지 않도록 주의하면서 객관적으로 검사하되 라포 형성을 위해 노력한다. 또한 영아의 정상적인 발달에 대한 실제적인 지식과 경험을 토대로 그들이 속한 환경적 맥락인 가정과 양육환경을 이해하고 가족이나 양육자로부터 정보를 수집하여 활용할 수 있는 능력이 갖추어져야 한다.

마지막으로, 발달검사에는 여러 종류가 있기 때문에 시행할 검사를 선택하기 위해 검사가 아동을 이해하기 위한 풍부한 정보를 제공하는지, 타당도와 신뢰도가 높은지, 검사 실시와 채점이 용이한지 등을 살펴야 한다.

일반적으로 영아의 발달평가는 크게 두 가지로 나뉘는데, 육아상담이나 정기검진을 위해 시행되는 발달선별검사screening test와 진단을 위한 발달진단검사diagnostic test가 있다. 이 중 발달선별검사를 위주로 살펴보겠다.

발달선별검사는 정상에서 이탈될 위험성이 높은 아동을 판별하고 추가적인 진단평가를 추천하고자 시행된다. 즉 선별검사의 목적은 발달지연이 의심되는 아동을 찾아내서 보다 전문적인 진찰과 심도 있는 진단적 검사도구를 사용할 수 있도록 하는 것이며, 진단을 내리는 것이 아니라 추가적인 정밀한 검사의 필요성을 제기하는 것이다. 따라서 선별검사는 주기적으로 실시할 수 있고, 간략하고, 비용이 적게 들고, 신뢰할 수 있고, 타당해야 하며, 광범위한 발달영역에 초점을 두어야 한다. 이에 따라 일반적으로 선별을 주요 목적으로 하는 도구들은 절차가 간편하고 신속한 시행이 가능하며 검사자의 훈련이 용이하도록 구성된다. 현재 국내에서 사용 가능한 선별검사 도구로는 한국판 Denver 발달선별검사Denver Developmental Screening Test, DDST Ⅱ와 우리나라 소아과학회에서 개발한 한국판 영유아 발달선별검사Korean Screening test for Infants Development, KSID, K-ASQKorean version of Ages Stages Questionnaires(4개월~5세) 등이 있다.

앞에서도 설명했듯이 선별검사를 시행하는 목적은 발달지연이 의심되는 아동을 찾아내서 전문적인 진찰과 심도 있는 진단적 검사도구를 사용할 수 있도록 하는 것이기 때문에 결코 선별검사의 결과로 발달지연을 진단해서는 안 된다. 이에 선별검사 결과를 해석하고 보호자에게 설명할 때는 반드시 검사 결과가 최종 진단이 아니라는 점, 그리고 발달장애가 발생할 가능성이 높기 때문에 이에 따른 조치가 필요하다는 점을 인지시켜야 하며, 추후 전문 의료기관에 의뢰할 수 있도록 도와야 한다. 물론 아이들의 발달은 속도에 차이가 있고 각 영역별로 불균형적일 수도 있기 때문에 검사 결과를 맹신할 필요는 없지만, 일단 선별검사에서 이상이 발견되면 원칙적으로 즉시 전문 의료기관에 의뢰하여 적절한 진단 및 치료를 받게 해야 한다.

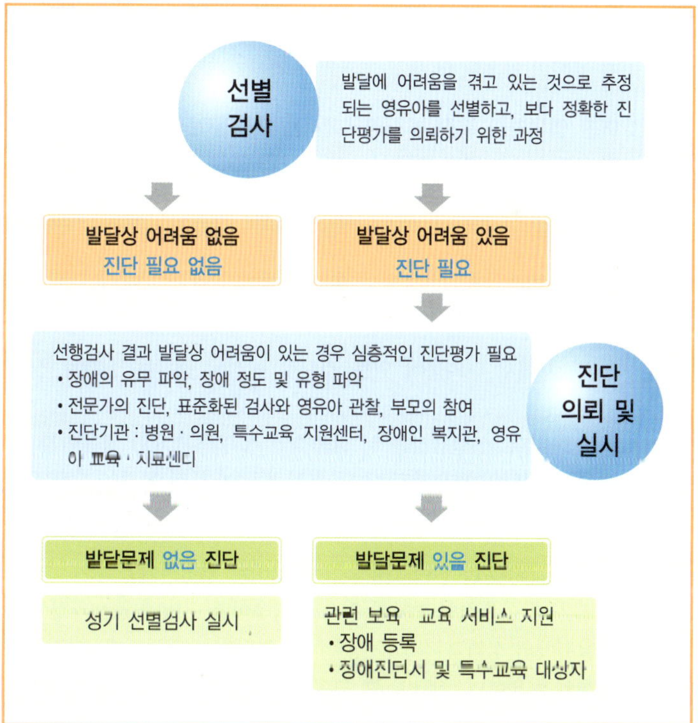

그림 9-1 | 영유아 발달 진단과정

출처 : 보건복지부(2011)

선별검사에 대해 자주 하는 질문들

영유아기는 발달과정의 결정적 시기이며 성장 가능성이 가장 높은 매우 중요한 시기이다. 발달이 늦은 영유아는 빨리 발견하여 조기에 적절한 교육과 치료를 제공받아야 한다. 조기발견과 조기교육을 통해 첫째로 발달을 촉진하여 발달 가능성을 최대화할 수 있으며, 둘째로 더 심한 장애로 발전하는 것을 예방하거나 최소화할 수 있다.

Q : 발달선별검사란 무엇인가?

A : 발달선별검사란 영유아가 잘 발달하고 있는지를 검사하여 발달에 어려움을 겪고 있는 것으로 생각되는 영유아를 찾아내고 보다 정확한 진단평가를 의뢰하기 위한 과정이다.

Q : 발달선별검사의 대상은 누구인가?

A : 기본적으로 0~만 5세 영유아는 모두 발달선별검사의 대상이다. 그중 다음의 아이들에게는 보다 세심한 관심이 필요하고 우선적으로 발달선별검사가 필요하다.

- 또래보다 발달이 늦거나 장애가 있다고 의심되는 영유아
- 발달상 위험요인이 있는 영유아

Q : 발달선별검사는 언제 받아야 하는가?

A : 영유아기는 발달상 개인차가 크고 변화도 많으며, 그 변화를 예측하기 어렵기 때문에 선별검사는 반복적, 주기적으로 이루어져야 한다. 선별검사는 1년에 1~2회 이루어지는 것이 바람직하며, 1세 미만 영아의 경우는 더 세심한 관찰과 검사가 필요하다.

Q : 어떤 영유아는 특정 발달영역에서는 어려움이 없지만 다른 발달영역에서는 어려움을 보이는 경우가 있다. 이런 경우 반드시 선별검사를 해야 하는가?

A : 그렇다. 예를 들어 운동발달은 정상적이지만 인지영역에서 심각한 지연을 보이는 경우도 있고, 사회성이나 의사소통에 어려움이 있는 자폐 유아의 경우 특정한 발달영역에서는 일반적인 유아보다 뛰어난 경우도 있다. 따라서 어떤 영역이 연령에 적합한 발달을 보인다고 해서 다른 문제가 없다고는 할 수 없기 때문에 보다 정확한 선별 및 진단이 필요하다.

Q : 선별검사에서 어려움이 있는 것으로 판정된 경우는 실제로 장애가 있거나 발달지체가 있는 것인가?

A : 그렇지 않다. 선별검사는 더 심층적인 평가가 필요한 영유아를 구별해내는 과정이기 때문에 선별검사 이후 진단이 필요하고, 진단 결과 발달에 문제가 없을 수도 있다. 따라서 선별검사의 결과는 장애를 진단하거나 교육적 배치를 위한 목적이 되어서는 안 된다.

Q : 선별screening과 진단diagnosis의 차이는 무엇인가?

A : 선별은 더 심층적인 평가가 필요한 영유아를 구별해내는 과정이며, 진단은 장애의 종류와 상태 또는 발달지체의 성격과 정도를 정확하게 판단하는 과정이다. 따라서 진단은 선별보다 더 복잡한 절차와 과정이 필요하며, 진단을 할 수 있는 사람의 자격도 더 제한된다.

출처 : 보건복지부(2011)

2. 발달검사의 종류

1) 게젤 발달검사Gesell Developmental Schedules

게젤 발달검사는 영유아의 신체발날을 평가하기 위해 Gesell과 Amatruda (1941)에 의해 만들어졌다. 게젤 발달검사의 목적은 행동적 규준을 통해서 아동의 신경체계의 성숙을 발달적으로 평가하는 데 있으며, 생후 4주, 16주, 28주, 40주, 52주와 18개월, 24개월, 36개월을 중요한 발달적 성취가 이루어지는 주요 연령으로 강조한다. 검사 대상은 출생~60개월의 영유아들로, 검사는 총 144 문항의 적응행동, 대근육 운동, 소근육 운동, 언어, 개인-사회행동의 영역들로 구성되어 있다.

시행과정을 살펴보면, 우선 아동의 발달력과 가족력 등을 얻기 위해 보호자 면담을 실시하고 이후 개별적으로 아동의 행동평가를 위한 검사를 수행한다. 검사에 필요한 도구로는 영아가 앉을 수 있는 작은 검사용 책상과 공, 3색 고리, 달랑거리는 고리, 딸랑이, 컵, 작은 알약, 병, 종, 모양판과 세 개의 블록, 작은 공, 사각형 블록이 담긴 수행상자, 그림책, 종이, 크레파스, 그림카드, 큰 공, 색종이, 두 개의 오각형과 십자형의 그림, 불완전한 사람 그림 등이 있다. 검사 실시 후 각 행동항목의 수행 여부에 따라 +나 −로 채점한다. 발달지수DQ는 아동이 획득한 총점에 해당하는 성숙연령을 생활연령으로 나눈 후 100을 곱하여 계산한다. 발달지수가 75 이하이면 발달장애, 76~85점은 발달장애 의심, 86점 이상이면 정상발달로 평가된다.

표 9-1 게젤 발달검사의 구성

하위영역	내용	문항의 예
적응행동	사물을 다루는 행동을 통해 감각운동의 성숙, 손 빌의 협응, 문제해결, 간단한 추론기술 등을 측정	시각 따라 하기, 컵에 입방체 넣기, 모양판 맞추기, 띠리 그리기, 블록 쌓기
대근육 운동	자세 취하기 반응, 머리의 균형 잡기, 앉기, 서기, 기기, 걷기	엎드려서 몸 돌리기, 돌아다니기, 달리기, 점프하기, 계단 오르기
소근육 운동	손과 손가락을 사용하는 조작활동	물건 들기, 작은 콩알 잡기, 공 던지기, 입방체 쌓기, 말판 놓기
언어	언어적 · 비언어적 의사소통능력	얼굴표정, 제스처에서 발성, 소리 모방, 말하기
개인-사회행동	식사습관, 배변 훈련, 놀이, 대인관계 등 개인적 · 사회적 상황에 대한 아동의 반응	사회적 미소, 놀이행동, 거울반응, 먹기, 옷입기 기술

2) 덴버 발달선별검사 Denver Developmental Screening Test, DDST II

DDST Ⅱ 검사도구
출처 : mindstore.co.kr

덴버 발달선별검사DDST는 1967년 미국의 Denver에 있는 콜로라도 의과대학의 Dr. Frankenburg와 동료에 의해 만들어졌다. 이 시기 미국을 중심으로 문화적으로 결손된 가정의 아동에 대한 보상교육이 확대되고 장애 아동을 위한 중재 프로그램의 실시가 의무화되면서 이에 해당하는 아동을 선별할 수 있는 간편한 도구 및 절차의 필요성이 제기되었다. 또한 유아교육 분야에서 유아의 학습은 발달의 여러 영역과 밀접한 관련성이 있으며 아동을 전체whole child로서 이해해야 한다는 생각이 다시 강조되면서 발달 전반을 다루는 검사에 대한 요구가 증가되었다. 이에 DDST는 아동건강 전문가들이 어린 아동의 잠재적 발달문제 혹은 그 위험성을 선별하는 것을 돕고자 개발되었다.

한국형 DDST Ⅱ(신희선 · 한경자 · 오가실 · 오진주 · 하미나, 2002)는 생후 1개월에서 6세까지의 아동을 대상으로 지연된 발달상태를 감별하여 보다 나은 발달상의 성숙을 도모하는 것을 목적으로 한다. 검사방법은 검사자가 직접 관찰하거나 아동의 행동을 부모 혹은 아동을 매일 돌보는 사람이 보고하도록 되어 있다. 검사는 4

표 9-2 DDST Ⅱ의 구성

하위영역	내용	문항의 예
사회발달영역	사람들과 함께 살아가고, 스스로 신변처리를 하는 능력을 측정–타인에게 반응하는 능력, 놀이기술, 일상적 과제를 스스로 수행할 수 있는 능력	• 자신의 손을 바라본다. • 빠이빠이를 한다. • 간단한 옷을 입는다.
미세운동 및 적응발달	물건을 알아보고, 손과 팔을 이용하여 물건을 잡고 사용하는 능력을 측정–눈과 손의 조정능력, 미세한 물체를 다루는 능력, 문제를 해결하는 능력	• 딸랑이를 잡는다. • 털실 뭉치를 찾는다. • 적목 네 개를 쌓는다.
언어발달	청취능력과 요구하는 것을 수행하고 말하는 능력을 측정–수용 언어, 표현 언어, 어린 연령에서는 발성, 소리를 흉내 내는 능력 등이 다루어지며, 더 높은 연령에서는 언어를 사용한 지식, 어휘 능력 등이 포함된다.	• 소리를 낸다. • 한 음절을 말한다. • 인형의 신체부위를 지적한다.
운동발달	신체의 통제, 운동기능, 대근육 협응, 균형능력	• 머리를 잠시 든다. • 잘 걷는다. • 한발로 껑충 뛴다.

개 영역 총 125문항으로, 세부항목은 개인사회 발달영역 25문항, 미세운동 및 적응발달영역 29문항, 언어발달영역 39문항, 전체 운동발달영역 32문항으로 이루어져 있다.

검사지의 각 문항은 일종의 막대bar 모양으로 제시되어 있는데 막대 위에는 정상 유아의 25%, 50%, 75%, 90%가 통과하는 연령을 구분하여 각 문항별 통과율을 알려준다. 막대의 왼쪽 끝에 작은 숫자가 적혀 있는 문항은 검사지침의 내용을 참고하도록 하는 것이고, 'RReport'이 표시된 항목은 직접 검사하지 않고 부모의 보고에 의해 결정할 수 있는 문항이다.

그림 9-2 | DDST Ⅱ의 검사표

DDST Ⅱ의 실시와 채점 및 해석방법

■ **검사 실시방법**

- 아동의 만 연령을 계산(검사일－생년월일＝만 연령)하여 검사자의 연령 표시 부분 위와 아래 연령의 눈금에 따라 직선으로 연령선age line을 긋는다. 단, 2주 이상의 조산아인 경우 아동 연령에서 조산된 수만큼 빼며, 이는 2세까지만 적용한다.
- 검사순서는 되도록이면 검사지의 제일 위에 있는 영역(사회발달영역)부터 미세운동 및 적응발달영역 등 제시된 영역 순서대로 시행한다.
- 검사해야 할 항목은 먼저 연령선에 걸쳐진 항목부터 검사하고 왼쪽부터 오른쪽 항목으로 실시한다.
- 최소한 한 영역에 세 개의 통과항목(P)과 실패항목(F)이 있을 때까지 진행한다.

■ **채점**

- PPass : 아동이 실제로 할 수 있었던 경우
- FFail : 아동이 실제로 할 수 없었던 경우
- RRefusal : 아동이 실제로 할 수 있다고 보이나 여러 가지 사정으로 아동이 거절한 경우
- NO No Opportunity : 실제로 해볼 수 있는 기회가 한 번도 없었으면 기회 없음으로 표시한다.
- Advanced item : 연령선 오른쪽 항목을 성공했을 때
- Normal item : 연령선 오른쪽 항목을 실패하거나 거절했을 때

- OK item : 25~75% 사이에 연령선이 통과하는 항목을 통과, 실패, 거절했을 때
- Caution item : 75~90% 사이에 연령선이 통과하는 항목을 실패하거나 거절했을 때
- Delay item : 연령선 미만에 있는 항목 가운데 실패 항목(F)이 있는 경우 지연발달을 의미하며 지연된 항목의 막대 오른쪽을 짙게 칠하여 표시한다.

■ **해석**

① 비정상 발달
- 2개 이상의 Delay item(지연항목)이 있는 경우
- 진단적 평가를 위해 의뢰한다.

② 의심스러운 발달
- 한 개 이상의 Delay item(지연항목)
- 두 개 이상의 Caution item(주의항목)
- 3개월 이내에 재검사가 필요하다.

③ 정상 발달
- 지연이 없다.
- 주의항목 한 개

Denver Ⅱ는 부모가 신뢰할 만한 보고를 하지 않을 경우 정확한 평가가 어렵고, 규준화되어 있지 않기 때문에 개인 간 차이를 비교하기 어렵지만 초기 발달의 영역에서 아동의 수행능력에 관한 정보를 신속하면서도 타당하게 제공할 수 있는 초기 선별도구로서의 유용성이 높다. 또한 실시와 해석이 간편하고 분명하기 때문에 심리검사에 대한 전문적 배경이 없고, 심리검사에 익숙하지 못한 사람도 무리 없이 실시할 수 있다는 장점이 있다.

DDST Ⅱ 시행 시 유의사항

- 본 검사는 아동의 발달 정도를 선별하는 것이지 지능 수준을 측정하려는 것이 아니라는 점을 부모에게 충분히 설명한 후 검사를 시행한다.
- 검사자가 직접 아동의 행동을 관찰하거나 부모 혹은 아동을 매일 돌보는 사람으로부터 아동에 관한 자료를 수집해서 측정한다.
- 검사자는 검사 전 과정에서 아동이 편안한 상태로 검사 받을 수 있도록 해야 한다.
- 검사를 실시하기 전에 아동이 검사에 익숙하도록 검사도구를 보여주어야 한다.
- 일단 검사가 시작되면 주의집중력을 높이기 위해 꼭 필요한 도구 외에는 어떤 것도 탁자 위에 두지 않도록 하며 각 검사항목은 세 번까지 아동에게 해보도록 한 다음 채점한다.

3) K-ASQ Korean version of Ages Stages Questionnaires

K-ASQ는 다른 발달검사와는 달리 일정 주기별로 영아의 발달을 부모가 직접 체크하는 모니터링 체계를 갖추고 있기 때문에 장애의 위험이 있는 영유아를 진단하고 중재할 때 부모(양육자)가 개입할 수 있으며, 시간 간격을 두고 영유아의 발달을 모니터링할 수 있다는 장점을 가지고 있다. 또한 질문지가 매우 간단하고 이해하기 쉬운 문항으로 되어 있으며 작성한 질문지를 부모 스스로 간단히 점수화할 수 있어 임상에서 적용이 간편하다. 대상연령은 4개월부터 60개월까지로, 각 11개의 질문지 시리즈로 구성되어 있다. 평가하는 발달영역은 의사소통, 대근육 운동, 소근육 운동, 문제해결, 개인-사회성의 다섯 가지 영역이며, 총 30개 문항으로 되어 있다(허계영 · 문정숙 · 정영란, 2001).

표 9-3 K-ASQ 문항의 예

발달영역	문항의 예
의사소통	• 아이에게 몸짓으로 보여주지 않고 말로만 '빠이빠이', '짝짜꿍', '까꿍놀이'를 시켰을 때, 적어도 한 가지는 하는가? 〈10개월〉 • 아이에게 친숙한 장난감이나 물건을 가져오라고 하면, 아이는 물건을 찾으려고 다른 곳으로 가는가?(아이에게는 '공이 어디 있지요?', '옷(양말 등)을 가져오세요'라고 말한다) 〈18개월〉
대근육 운동	• 아이가 가구를 잡고 몸을 굽혀 바닥에 놓인 장난감을 집은 후 다시 일어서는가? 〈12개월〉 • 아이가 잘 뛰고 스스로 멈추는가?(무엇인가에 부딪치거나 넘어져 멈추지 않고) 〈22개월〉
소근육 운동	• 아이가 엄지손가락과 다른 손가락들 끝으로 작은 장난감을 집는가?(아이의 손바닥과 장난감 사이에 공간이 있는지 꼭 확인한다) 〈10개월〉 • 아이가 팔을 앞으로 내밀어(공을 던지는 모양으로) 작은 공을 던지는가?(아이가 공을 아래로 떨어뜨리기만 하면 '아니오'에 표시) 〈18개월〉
문제해결	• 아이가 상자나 그릇 같은 용기에 작은 장난감을 하나씩 넣는가?(시범을 보여줄 수 있다) 〈12개월〉 • 병, 숟가락 또는 연필을 거꾸로 주면, 아이가 그것을 돌려서 바르게 사용하는가? 〈22개월〉
개인-사회성	• 아이에게 옷을 입힐 때 팔에 소매 구멍을 대주면 소매 속으로 팔을 넣는가? 〈10개월〉 • 아이가 당신의 손이나 옷을 잡아당겨서 관심을 끌거나 무엇인가를 보여주려고 하는가? 〈18개월〉

K-ASQ 결과에 의한 판정은 양호, 발달지연 의심, 추후 검사의 세 가지로 구분한다. 양호는 전형적인 발달을 하고 있는 정상유아의 경우로, 각 항목의 합산점수가 절선점수보다 높을 때, 발달지연 의심은 신도 있는 정밀평가가 필요한 경우로 한 가지 혹은 그 이상의 발달영역에서 받은 점수가 절선점수보다 낮을 경우에 판정된다. 추후 검사는 특정 영역에서 절선점수에 근접한 점수를 취득하거나 각 영역의

점수는 정상이지만 부모가 종합란에 염려하는 바를 기록한 경우이다. 이때는 다음에 한 번 더 K-ASQ를 실시한 후 필요하다고 판단되는 경우에 발달정밀평가가 가능한 의료기관에 의뢰해야 한다.

K-ASQ 안내문

이 질문지는 유아가 하는 활동에 대한 항목으로 구성되어 있습니다.
유아가 각 항목의 활동을 이미 수행하고 있거나 아직 수행하고 있지 않을 수 있습니다.
각 항목에 대해서 유아가 규칙적으로 하는지, 가끔 하는지, 아직 못하는지를 표시해 주시기 바랍니다.

■ 유의사항

- 각 항목에 표시하기 전에 모든 활동을 유아와 함께 꼭 수행해 보십시오.
- 각 항목을 유아와 함께 놀이하듯이 수행해 보십시오.
- 유아가 충분한 휴식과 음식을 취하여 놀이할 준비가 되게 해주십시오.
- 이 질문지는 _______월 _______일까지 작성해 주십시오.
- 질문지를 작성하는 도중 유아나 질문지와 관련된 의문이 있으시면 _______번으로 연락 주십시오.
- 다음 질문지는 _______개월 때 작성하게 될 예정입니다. 무리한 동작은 피해야 합니다.

4) 베일리 영유아 발달검사 Bayley Scales for Infant Development-II, BSID-II

DDST Ⅱ와 같은 선별검사를 통해 정상에서 이탈될 위험성이 높고 발달지연이 의심되는 아동을 판별한 후에는 추가적인 검사가 필요한데, 이 경우 실시되는 대표적인 진단검사diagnostic test로 베일리 영유아 발달검사BSID가 있다. BSID는 1930년대에 제작된 캘리포니아 영아발달검사를 기초로 영유아의 발달적 위치를 평가하고, 정상 발달로부터의 이탈 여부 및 이탈 정도를 파악하기 위해 1969년 Bayley에 의해 고안되었다. BSID는 '생애 초기에는 성장이 빠르게 진행되고 발달적인 측면에서 다른 시기와 다르므로 이 단계에 적합한 특수한 절차와 방법이 고안되어야 한다', '출생 초기 영아의 능력은 분명히 구분되는 몇 개의 요인으로 발달하지 않는다. 초기에는 단순한 기능이 나타나고 성장함에 따라 차츰 몇 가지 능력으로 분화된다' 는 전제를 토대로 제작되었다.

1993년 개정된 BSID-Ⅱ는 생후 1~42개월의 영유아나 연령범위가 넘은 발달지체 아동을 대상으로 발달적 위치를 평가하고 정상 발달로부터 이탈 여부 및 이탈 정도의 파악을 목적으로 실시되고 있다. 이러한 발달장애의 문제들은 가급적 조기에 발견하여 적절한 치료를 하는 것이 가장 바람직한데 BSID-Ⅱ는 신체, 정서 · 사회, 언어, 인지 등 각 영역별로 영아가 적절하게 발달하고 있는지를 객관적으로 평가하도록 하며, 이 검사를 통해 발달이 지연되었거나 발육지연이 의심되는 아동을 조기에 발견하여 교육시킬 수 있다. 또한 임상집단을 대상으로 한 자료가 수집되면서 임상이나 치료 장면에서 개입 프로그램을 실시한 후 아동의 진보과정을 도표화하거나 부모에게 아동의 약점이나 장점 등을 제시하고 중재방안에 대해 논의하거나 아동에 대한 이해를 증진시키는 등에 적극 활용되고 있다.

BSID-Ⅱ는 정신 척도(178문항), 운동 척도(111문항), 행동평정 척도(30문항)의 총 319문항으로, 각 척도별 구성과 내용은 아래와 같다.

표 9-4 베일리 영유아 발달검사의 구성

정신 척도	
문항수	178문항
특징	인지, 언어, 개인-사회성 발달에 중점을 둔 척도
하위영역	• 인지발달 : 영아의 재인기억과 습관화, 시각적 선호 및 시각적 정확성, 문제해결, 대상영속성, 일반화, 분류, 변별, 타인조망, 수개념과 수세기 • 언어발달 : 발성, 아동의 문법규칙 이해의 발달과 증가하는 어휘의 측정, 표현 · 수용 언어의 측정 • 개인-사회성 발달 : 검사기간 동안 검사자에 대한 아동의 반응
예	• 1~2개월 : 사람 주시하기(2초 이상), 눈으로 고리 따라가기(수직왕복), 딸랑이 가지고 놀기 • 32~42개월 : 네 가지 색깔 맞추기, 블록으로 기차 만들기, 전치사 두 개 이해하기, 무게 비교하기
운동 척도	
문항수	111문항
특징	기본적인 움직임의 패턴과 반응, 미세운동조절, 역동적 움직임, 순응적 움직임, 시각-운동 협응발달을 강화한 척도
하위영역	• 운동의 질 : 한 자세에서 다른 자세로 움직이는 능력 측정, 6개월 이상 영아의 소근육 운동과 대근육 운동의 질 포함 • 감각통합 : 23개월에서 37개월 연령에 적절한 문항으로 촉감각과 시감각이 포함 • 지각-운동 통합 : 운동 계획하기, 12개월에서 42개월 문항에는 소근육 운동조절 포함
예	• 29개월~ : 발끝으로 걷기, 완주점에서 멈추기, 더하기 표시 따라 그리기 • 32개월~ : 구슬 세 개 끼우기, 발끝으로 네 걸음 걷기, 연필 아랫부분 잡기, 손동작 모방하기, 촉각으로 모양 변별하기

행동평정 척도	
문항수	30문항
특징	• 아동의 미묘한 질적 차이와 미래의 기능을 가장 잘 예측해주는 척도로, 아동의 주의 · 각성 상태(1~6개월), 과제지향성, 과제 참여, 정서조절요인과 운동의 질로 구성 • 아동의 연령을 고려하여 시행 : 1~5개월, 6~12개월, 13~42개월로 구분

BSID-Ⅱ는 연령에 따라 총 22개[13]의 문항 세트가 있는데 이 중 아동의 나이에 맞는 세트를 실시한 후 원점수를 계산하고, 정신발달지표점수MDI와 운동발달지표점수PDI를 구한다.

채점과 해석

■ 채점

- C Credit : 아동이 정확하게 반응하였거나 수행하였으므로 그 문항에 점수를 주는 경우
- NC No Credit : 아동이 부적절하게 반응하였으므로 그 문항에 점수를 주지 않는 경우
- RF Refuse : 아동이 과제수행을 거부하였으므로 그 문항에 점수를 주지 않는 경우
- O Omit : 문항이 우연히 혹은 의도적으로 생략된 경우로, 아동이 그 문항에 대한 점수를 받지 않는 경우
- RPT Caregiver Report : 이 문항에서 검사하는 행동이나 기술을 아동이 다른 시기에는 보였다고 보호자가 보고한 경우로 그 문항에 대한 점수는 주지 않는다.

■ 해석

- 115 이상 : 우수한 수행Accelerated Performance
- 85~114 : 정상범주Within Normal Limits
- 70~84 : 약간 지연Mildly Delayed Performance
- 69 이하 : 심각한 지연Significantly Delayed Performance

BSID-Ⅱ는 도구가 비싸고 각 문항의 채점에서 객관적인 판단이 쉽지 않으며 오랜 시간의 훈련과 숙련도를 요구한다는 단점이 있지만, 광범위한 표준화절차를 거쳤기 때문에 선별검사들과는 달리 아동의 현재 발달적 위치를 진단하고 정상 발달로부터 얼마만큼 이탈되었는지에 대한 정보를 제공한다는 장점이 있다.

13) 1~12개월까지는 매 1개월마다 1세트, 13, 14~16, 17~19, 20~22, 23~25, 26~28, 29~31, 32~34, 35~37, 38~42개월용

5) 사회성숙도 검사 Social Maturity Scale

한국판 사회성숙도 검사(이하 사회성숙도 검사)는 1953년 Doll이 제작한 Vineland Social Maturity Scale을 1985년 김승국과 김옥기가 표준화하여 만들어졌다. 사회성숙도 검사는 0~30세의 영아에서 성인을 대상으로 자조, 이동, 작업, 의사소통, 자기관리, 사회화 등으로 구성되는 사회적 능력, 즉 적응행동을 평가한다. 적응행동이란 개인이 연령과 문화적 집단에서 기대되는 자립 및 사회적 책임의 기준을 만족시키는 효율성과 적응을 의미하며 Nihira 등(1969)은 적응행동을 개인의 대처 coping 방법이라고 정의하면서 이를 세 가지 측면에서 살펴보았다.

적응행동의 세 가지 측면

- 독립기능 : 한 개인의 연령이나 문화권에 비추어 요구되는 과제나 행동을 성공적으로 수행할 수 있는 능력
- 개인적 책임 : 자신이 할 수 있는 일을 주도적으로 하려는 의지, 자신의 행동에 책임을 지는 능력(이러한 능력은 어떤 일에 대해 내리는 결정이나 행동의 선택에 반영됨)
- 사회적 책임 : 지역사회 일원으로 책임을 수용하는 개인의 능력으로 일치, 사회적 적응, 정서적 성숙, 시민으로서의 책임 등을 반영

사회성숙도 검사는 사회적응능력의 발달수준을 살펴봄으로써 아동의 인지적 성숙도를 간접적으로 측정하고, 적응수준을 예측하는 데 도움이 될 수 있기 때문에 지적장애의 진단에서 지능 외에 적응행동영역의 측정을 위해 사용될 뿐만 아니라 생활 지도와 아동 훈련의 기초 자료 수집도구로도 사용할 수 있다.

검사는 자조능력(일반적 자조능력, 식사자조능력, 용의자조능력)과 이동능력, 작업능력, 언어능력, 자기관리, 사회화의 6개 영역 120문항으로 되어 있다.

표 9-5 사회성숙도 검사의 구성

검사유목		내용	문항의 예
자조능력 Self-Help, SH	일반적 자조 SHG	아동의 조작능력, 대소변, 이동능력, 자기관리능력, 의사소통능력 등을 측정	• 머리를 가눈다; 머리를 받쳐주지 않아도 얼마 동안(약 1분간) 머리를 쳐든다. 〈0.20〉 • 간단한 위험을 피한다; 비를 피하거나 낯선 사람을 경계하거나 높은 곳에서 떨어지지 않게 조심한다. 〈2.02〉
	식사자조 SHE	식사도구 사용, 통제력과 판단력 유무, 전반적인 종합력 평가	• 먹을 수 있는 것과 먹을 수 없는 것을 구별한다. 〈1.47〉 • 물이 먹고 싶을 때는 직접 물을 따라 먹거나 떠먹는다. 〈2.34〉
	용의자조 SHD	옷 입고 벗기, 씻고 닦기, 몸단장 능력 등을 측정	• 양말을 혼자서 벗는다. 〈1.09〉 • 외투를 혼자서 입는다; 단추는 끼우지 못해도 좋다. 〈2.59〉
이동 Locomotion, L		기어 다니는 능력부터 어디고 혼자 다닐 수 있는 능력까지 알아보는 문항	• 방에서 배나 무릎으로 기어 다닌다. 〈0.53〉 • 혼자서 층계를 걸어 올라간다. 〈1.64〉
작업 Occupation, O		단순한 놀이에서부터 전문성을 요하는 작업에 이르는 다양한 능력을 알아보는 문항	• 딸랑이와 같은 간단한 장난감을 가지고 15분 이상 혼자서 논다. 〈0.54〉 • 집 안에서 물건을 가져오라고 하면 가져오고, 갖다놓으라고 시키면 갖다놓는다. 〈1.29〉
의사소통 Communication, C		동작, 음성, 문자 등을 매체로 한 수용과 표현에 관한 능력을 알아보는 문항	• 깔깔대며 웃는다; 혼자 좋아서 웃거나 자극을 주었을 때 웃는다. 〈0.19〉 • 자신의 경험을 간단히 설명하거나 이야기를 할 때 어느 정도 조리 있게 한다. 〈2.81〉
자기관리 Self Direction, SD		금전의 사용, 구매, 경제적 자립준비와 지원, 기타 책임 있고 분별 있는 행동 등에 관한 것으로서 독립성과 책임감을 알아보는 문항	• 소액의 돈을 가지고 사오라는 물건을 사온다. 〈4.01〉 • 학용품 같은 간단한 물건을 산다; 필요한 물건을 골라서 산다. 산 물건을 안전하게 다룬다. 정확히 돈을 지불하고 거스름돈을 받는다. 〈7.20〉
사회화 Socialization, S		사회적 활동, 사회적 책임, 현실적 사고 등에 관한 능력을 알아보는 문항	• 어머니나 아버지, 기타 친숙한 사람에게 쳐들어주거나 안아달라고 팔을 벌린다. 〈0.43〉 • 다른 사람의 주의를 끌려고 한다; 다른 사람이 무슨 말을 해주기를 바라거나 자기에게 관심을 가져주기를 바란다. 〈0.63〉

검사유목

C …… 35. 짧은 문장으로 말을 한다 ; 약 25개 이상의 낱말을 사용하여 짧은 문장이나 구를 만들어 쓴다. …… 1.75

O …… 36. 간단한 놀이를 즐겨 한다 ; 나무토막 쌓기 놀이를 하거나 그림책을 본다. …… 1.77

연령급간 Ⅱ – Ⅲ

SHG …… 37. 간단한 위험을 피한다 ; 비를 피하거나, 낯선 사람을 경계하거나, 높은 곳에서 떨어지지 않기 위해 조심한다. …… 2.02

문항번호

문항별 평균 생활연령

사회성숙도 검사는 대상 아동에 대한 정확한 정보를 얻기 위해 아동과 가장 많은 시간을 보내는 사람과의 면담을 통해서 시간제한 없이 진행된다. 면담 후 채점을 하여 총점을 구한 후 '사회연령 환산표'에 총점에 해당하는 SA(사회연령)를 찾아 CA(만 생활연령)로 나눈 후 100을 곱해 사회지수SQ[14]를 산출한다. 해석 시 종합점수에 의한 사회연령SA, 사회지수SQ뿐 아니라 영역별로 수준을 검토해보는 것도 의미가 있다.

표 9-6 사회성숙도 문항판단 기준

기호	판단 기준
+	부당한 강요나 인위적인 유인 없이도 각 항목이 지시하는 본질적인 행동을 습관적으로 수행할 경우, 현재는 습관적으로 하고 있지 않으나, 하려고 하면 쉽게 수행할 수 있을 경우
+F	검사 시에는 특별한 제약(예 : 일시적인 질환, 환경적인 제약)으로 각 항목이 지시하는 행동을 성공적으로 수행하지 못했지만, 평상시에는 성공적으로 수행했을 경우
+NO	지금까지는 기회의 부족으로 각 항목이 지시하는 행동을 수행하지 못했지만, 기회가 부여된다면 곧 성공적으로 수행 또는 습득할 수 있는 경우
±	각 항목이 지시하는 행동을 가끔 하기는 하나 그 행동이 불안정할 경우, 즉 과도기적 형태이거나 발현 중인 상태에 있을 경우
−	각 항목이 지시하는 행동을 전혀 수행하지 못할 경우, 부당한 강요나 유인이 있을 때에만 수행할 경우, 과거에는 성공적으로 수행했으나 현재는 노쇠나 비교적 항구적인 정신적 또는 신체적 장애로 수행하지 못할 경우

사회성숙도 검사는 면담으로 진행되기 때문에 보호자의 반응에 따라 과잉 또는 과소평가될 우려가 있고, 각 영역별 적응행동 수준에 대한 별도의 규준이 없다는 단점이 있지만 정상 발달에서 벗어난 사람들의 발달 변량이나 중재, 치료 및 훈련 후의 향상을 측정할 수 있기 때문에 사회적으로 무력한 지적장애인과 사회적 적응이 가능한 지적장애인을 구별하는 도구로 활용되고 있다. 또한 이들을 중재할 때 어떤 영역을 중심으로 적응능력을 발달시켜야 하는지 예측하고 계획을 수립하는 지표로도 적용 가능하다.

14) 사회지수(SQ)=SA(사회연령)÷CA(생활연령)×100

Chapter 10

보육현장에서의 영아발달

1. 영아의 하루 일과
2. 영아의 건강관리
3. 영아의 안전관리
4. 영아의 청결관리
5. 영아의 영양관리

10

본 장에서는 영아의 보육현장에서 이루어지고 있는 건강 · 안전 · 청결 · 영양과 관련된 내용을 다루고자 한다. 먼저 영아의 하루 일과를 알아보고, 보육교사가 알고 있어야 하는 영아의 건강 · 안전 · 청결 · 영양에 대하여 실제로 어린이집에서 이루어지고 있는 교육계획과 교육내용을 중심으로 알아보겠다.

1. 영아의 하루 일과

영아의 하루 일과는 영아의 생리적 리듬을 존중하여 구성되어야 한다. 또한 예측 가능하도록 규칙성이 있어야 영아에게 심리적인 안정감을 줄 수 있다. 등원부터 시작하여 자유놀이, 기저귀 갈기 및 화장실 다녀오기, 식사(수유) 및 간식, 낮잠 등과 같은 하루 일과가 어떻게 구성되는지 알아보고, 영아반에서 이루어지는 하루 일과의 실제를 살펴보고자 한다.

1) 영아의 하루 일과 구성

(1) 등원

영아가 등원하면 교사는 영아와 부모를 반갑게 맞이하고 영아의 건강 상태 및 기분을 확인한다. 등원 시간은 부모와 교사가 영아에 관한 정보를 교환할 수 있는 중요한 시간으로 충분히 잠을 잤는지, 아픈 곳은 없는지 확인한다. 영아의 안색을 살피고, 아픈 곳이 있다면 부모가 투약의뢰서를 작성하도록 하여 보관한다.

처음 어린이집에 등원하는 영아는 부모와 떨어지는 것을 힘들어하기 때문에 교사의 각별한 관심이 필요하다. 교사는 영아를 안아주고 부모가 데리러 올 것이라는 사실을 알려주며 안심시킨다. 적응기간을 통해 영아가 안정적으로 적응할 수 있도록 부모와 교사의 노력이 필요하다.

(2) 자유놀이

자유놀이 시간에는 영아들이 안전한 환경에서 적극적으로 탐색하고 놀이할 수 있도록 교사가 놀잇감을 제공하고 적절히 개입하여 즐겁게 활동할 수 있도록 배려한다. 영아가 관심 있는 영역에서 원하는 놀잇감을 가지고 놀이할 수 있도록 한다. 학기 초에는 영아가 보육실을 낯설어 하기 때문에 함께 영역들을 살펴보고 놀잇감을 소개한다. 영아의 하루 일과는 정적인 활동과 동적인 활동, 실외놀이와 실내놀이가 균형을 이룰 수 있도록 계획하여 영아가 피로감을 느끼지 않도록 구성한다.

(3) 기저귀 갈기 및 화장실 다녀오기

아직 배변 훈련을 하지 않은 영아의 기저귀는 2~3시간마다 점검하고 갈아주며, 영아가 불편해 보이면 기저귀가 젖어 있는지 확인한다. 기저귀를 교환하거나 화장실에서 용변을 처리해준 후에는 반드시 손을 씻으며, 기저귀를 가는 동안 눈을 맞추고 노래를 불러주는 등 기분 좋은 시간이 되도록 한다. 배변 훈련이 이루어진 영아들도 놀이에 집중하면 화장실에 갈 기회를 놓칠 수 있으므로 적절한 시간 차이를 두고 화장실에 가고 싶은지 확인한다.

(4) 식사 및 간식

영아는 규칙적으로 수유를 해야 하는데 각자 수유 시간이 다르기 때문에 적절한 시간에 수유하여 영아가 배고프지 않도록 하고, 수유한 시간과 양을 기록하여 부모에게 알린다. 수유 시간은 영아와 애정적인 관계가 형성될 수 있는 의미 있는 시간이기 때문에 교사가 수유하는 동안 눈을 맞추고 이야기하는 등 상호작용이 이루어질 수 있도록 노력한다.

고형식으로 식사를 하는 영아들은 점심 메뉴를 소개하며 탐색하도록 기회를 주고, 영아의 식습관을 고려하여 적당량을 배식한 후 함께 먹도록 한다. 스스로 먹는 습관을 가질 수 있도록 기회를 주고, 먹고 난 후 양치하는 것을 도와준다. 종일제 프로그램에서는 오전과 오후에 간식을 먹는데, 적당량을 섭취할 수 있도록 관리한다.

(5) 낮잠 및 휴식

낮잠은 영아기에 중요한 일과이며, 영아의 건강을 위하여 반드시 적절한 휴식을 취해야 한다. 수면습관은 영아마다 다르기 때문에 부모로부터 수면습관에 관한 정보를 구해야 하며, 조용한 분위기에서 편안한 낮잠 시간을 갖도록 배려한다. 낮잠 시간 운영 시 교사의 역할은 다음과 같다(정미라 외, 2007).

① 부모와의 긴밀한 연락을 통해 영아의 생활리듬이나 수면습관, 또는 수면과 관계된 영아의 생활 경험을 알고 있어야 한다.

② 쉽게 잠들 수 있도록 실내 조명, 온도, 환기, 소음 등을 조절한다.

③ 조금 피곤하거나 배가 부를 때 낮잠이 잘 올 수 있으므로, 낮잠을 쉽게 잘 수 있도록 일과를 계획한다.

④ 낮잠을 자지 않으려는 영아는 강요하지 말고 자고 있는 유아들에게 방해가 되지 않도록 누워서 휴식을 취하게 한다.

⑤ 낮잠을 자는 동안 반드시 한 명의 교사는 낮잠 자는 방에 있어야 한다.

⑥ 낮잠 시간 후에 자고 난 자리를 정리하고 다음 활동을 할 수 있도록 돕는다. 먼저 일어난 영아는 조용한 활동을 하도록 하고, 늦게까지 자는 영아는 조명을 차츰 밝게 해서 서서히 깨도록 도와준다.

⑦ 만 1세 미만의 영아들은 등을 바닥에 대고 자도록 하며, 푹신한 침구를 사용해서는 안 되고 가까운 곳에 푹신한 인형 등이 놓여 있지 않도록 주의한다.

(6) 귀가

부모가 영아를 데리러 오면 순차적으로 귀가지도를 한다. 귀가 시에는 통신문이나 투약기록, 수유기록 등 하루 일과 중에 이루어졌던 일들의 기록을 부모에게 전달한다.

표 10-1 만 1세 영아반 하루 일과

<table>
<tr><td rowspan="2" colspan="2">꽃향기반(만 1세)
일일 보육일지</td><td colspan="6">2012년 3월 8일 목요일 날씨 :</td><td>담임</td></tr>
<tr><td>재적</td><td>5</td><td>출석</td><td>5</td><td>결석</td><td></td><td></td></tr>
<tr><td>주제</td><td colspan="8">즐거운 우리반</td></tr>
<tr><td>소주제</td><td colspan="8">엄마와 함께 왔어요.</td></tr>
<tr><td>목표</td><td colspan="8">엄마와 함께 꽃향기반을 둘러보며 새로운 환경에 적응한다.</td></tr>
<tr><td>기본 생활습관</td><td colspan="8">선생님과 친구에게 반갑게 인사해요.</td></tr>
<tr><td>시간 및 활동명</td><td colspan="6">활동계획 및 방법</td><td colspan="2">준비물 및 유의점</td></tr>
<tr><td>7:30~8:30
등원 및
통합보육</td><td colspan="6">• 영아와 반갑게 인사한다. 먼저 등원한 영아와도 인사를 나눈다.
• 영아의 건강 상태 및 기분을 확인한다.
• 소지품을 스스로 정리할 수 있도록 도와준다.
• 통합보육실에서 자유롭게 놀이할 수 있도록 도와준다.
• 영아의 옷 정리 및 원아수첩, 투약의뢰서 유무를 확인한다.</td><td colspan="2">두란두란 이야기수첩
영역별 교구</td></tr>
<tr><td>8:30~9:10
자유놀이 활동</td><td colspan="6">• 활동에 교사가 적절히 개입하여 영아들이 자유롭게 진행할 수 있도록 한다.
• 영아가 관심 있는 영역에서 놀이할 수 있도록 돕고, 긍정적 상호작용을 나눈다.
■ 활동 : 무엇이 있을까?
• 부모와 함께 등원한 영아는 보육실에 있는 다양한 놀잇감을 찾아보고, 놀잇감을 이용해서 부모와 함께 놀이해 본다.</td><td colspan="2">영역별 교구(자동차, 미니카, 촉감책, 양말기차, 자동차, 과일모형, 접시, 숟가락, 포크, 아기인형, 포대기, 여러 가지 블록, 탬버린, 마라카스, 북)</td></tr>
</table>

시간	내용	준비물
9:10~9:25 정리정돈 및 화장실 다녀오기	• 정리 시간임을 알린 후 정리노래를 들려주며 영아가 정리할 수 있도록 돕는다. • 영아의 기저귀를 교환하거나 화장실에서 용변을 본 후 손을 씻겨준다. 위생장갑 착용 후 기저귀를 갈아주고, 기저귀 갈이대와 손을 소독제를 뿌려 소독한다. • 화장실에서 대소변을 보는 영아가 있는 경우에는 칭찬해주고, 물을 내려볼 수 있도록 한다.	정리노래 CD, 기저귀매트, 소독제, 위생장갑, 위생팩, 핸드타올, 물비누
9:25~9:30 대그룹 활동 9:30~9:50 오전 간식	■ 대그룹 활동 : 인사 나누기 • 영아가 즐겨 부르는 동요나 손유희를 하면서 주의를 집중한다. • 영아가 자신의 사진이 붙어 있는 책상 앞에 앉으면 인사 나누기 노래를 부르고 손유희를 하면서 영아들과 악수를 하거나 스킨십을 한다. • 소독제로 책상을 닦는다. • 오전 간식을 소개하고 식기에 적당량을 배식한 후 탐색한다. • 간식 노래를 부른 후 포크로 간식을 찍어 먹는다. • 간식을 먹은 후 앞치마에 묻은 음식물을 닦아주고 앞치마를 벗을 수 있도록 한다.	물티슈, 휴지, 소독제, 제철 과일, 우유
9:50~11:30 자유놀이 활동	• 영아가 관심 있는 영역에서 놀이할 수 있도록 돕고, 긍정적 상호작용을 나눈다. ■ 활동 : 엄마와 밀가루 반죽 놀이 • 보육실의 영역을 둘러보다가 미술영역을 탐색한다. • 부모와 함께 미술영역에 준비되어 있는 밀가루 반죽을 탐색한다. • 교사가 영아에게 다양한 탐색방법을 제시한다. ■ 활동 : 놀잇감을 바구니에 넣어 보아요. • 놀잇감이 담긴 바구니를 보여준다. • 놀잇감을 바구니에 넣어본다. • 영아와 함께 바구니에 놀잇감을 넣어본다. • 뺐다 넣었다를 여러 번 반복한다.	영역별 교구 밀가루 반죽 찍기 틀
11:30~11:40 화장실 다녀오기 및 손씻기	• 놀잇감 및 실외놀이용품을 정리한 후 영아들의 기저귀를 확인하고 기저귀 갈이대와 손을 소독제로 소독한다. • 영아들과 화장실로 이동한다. • 화장실 사용이 가능한 영아는 대소변 의사를 먼저 물어보고 변기에 용변을 보게 한 후 물을 내려보도록 한 다음 영아들의 손을 씻겨준다.	핸드타올, 물비누, 물티슈, 기저귀매트, 위생장갑, 손소독제
11:40~12:20 점심식사 및 양치질하기	• 항균 물티슈와 소독액으로 책상을 닦고, 식기를 책상에 놓는다. • 점심 메뉴를 탐색하고 영아의 식습관을 고려하여 적당량을 배식한 후 급식 노래를 부른다. • 식기를 사용해 식사를 한 후 다 먹은 그릇을 교사에게 가져다준 뒤 입을 닦아준다. • 점심을 먹은 후 앞치마에 묻은 음식물을 닦아주고 앞치마를 벗을 수 있도록 도와준다. • 식사가 끝난 영아는 자유롭게 놀이하고 정리 후 일대일 양치질을 돕는다. • 양치 후 입 주변을 물로 닦아준다.	흑미밥, 쇠고기뭇국, 삼치데리야끼조림, 숙음배추나물, 김치

12:20~12:40 명상 및 낮잠 준비	■ 요가 : 명상시간에 지켜야 할 약속을 알려주고 명상음악 들어보기 • 바닥을 청소할 동안 영아들은 매트 위에서 책을 볼 수 있도록 돕는다. • 청소가 끝난 후, 동요를 들으면서 율동을 해보거나 신체활동을 해본다. • 영아와 명상음악을 들어본다.	개인 이불, 자장가 CD (명상 CD)
12:40~15:00 낮잠 및 휴식	• 영아의 침구를 깔아주며 영아가 자신의 침구를 찾아 눕도록 한다. 머리를 묶은 영아는 풀어주고 옷차림을 편안하게 도와준다. • 편안한 명상음악을 들려주며 영아가 쉴 수 있도록 한다.	개인 이불, 자장가 CD (명상 CD)
15:00~15:10 정리 및 화장실 다녀오기	• 영아가 깨어나면 이불을 이불장에 정리하고 화장실에서 대소변을 보거나 기저귀를 확인하고 손을 씻는다. • 양말과 옷을 입혀주고 머리를 빗겨준다.	머리빗, 기저귀갈이 및 배변용품
15:10~15:30 오후 간식	• 영아가 자신의 얼굴이 붙어 있는 자리에 앉는다. 소독제로 책상을 닦는다. • 앞치마를 입고 간식을 먹을 준비를 한다. • 오후 간식을 소개하고 식기에 적당량을 배식한 후 탐색한다. • 간식 노래를 부르고 감사 인사를 한 후 포크로 먹는다. • 간식을 먹은 후 식기를 교사에게 가져가 정리하고 입을 닦는다.	물티슈, 소독제, 앞치마, 백설기, 우유
15:30~16:00 실외놀이	• 실외로 안전하게 이동하여 산책을 하거나 자유롭게 놀이한다. • 바깥놀이를 할 수 없는 경우에는 교실에서 자유놀이를 한다.	위생팩, 물티슈
16:00~16:30 실내 자유놀이	• 영아가 관심 있는 영역에서 놀이할 수 있도록 돕고, 긍정적 상호작용을 나눈다. ■ 활동 : 무엇이 있을까?	영역별 교구 까꿍판
16:30~19:30 자유놀이 활동 및 통합보육	• 꽃향기반, 해오름반 영아들을 모아 해오름반 교실에서 오후 당직자가 통합보육을 한다. • 부모가 오는 순서대로 귀가 지도한다. ■ 활동 : 놀잇감을 바구니에 담아 보아요. • 활동하고 난 다음의 놀잇감을 바구니에 넣어본다.	영역별 교구
평가	이제는 제법 안정적으로 놀이가 이루어지는 친구들의 모습이다. 하지만 솔이는 아직 적응기간을 좀 더 가져 안정적으로 적응할 수 있도록 도와야겠다. 우는 친구 때문에 불안하지 않게 노래와 상호작용의 횟수를 늘려 안정감을 갖도록 도와야겠다.	
비고	안준혁(감기) 약 투약	

출처 : 화성시 시립 동화3단지 어린이집

2) 영아반 하루 일과의 예

표 10-1 은 만 1세 영아반의 하루 일과를 기록한 보육일지로, 만 1세의 하루 일과 구성을 알 수 있다. 3월 초는 어린이집에서 초기적응 프로그램을 진행하는 시기로 부모와 함께 참여하고 새로운 환경에 적응할 수 있도록 돕는다.

2. 영아의 건강관리

어린이집에 재원하고 있는 영아는 하루 중 많은 시간을 영아교사와 함께 보내기 때문에 영아교사가 영아기 건강관리에 대한 지식과 지침을 숙지하고 있는 것은 영아의 건강관리를 위하여 매우 중요하다. 어린이집에서 수행해야 하는 영아기 건강관리의 내용은 다음과 같다.

1) 영아기 건강관리의 중요성

영아기는 감염에 대한 저항력이 약하고 병에 걸렸을 때 탈수나 고열 등이 발생할 수 있어 건강에 취약한 시기이며 위생이나 영양 상태에 민감한 영향을 받기 때문에 양육자의 주의가 요구된다(양옥승 외, 2011). 특히 유아에 비해서 호흡기 감염 위험이 높고, 소화기능이 미숙하다(Hockenberry, 2003). 건강한 어린이집 생활을 위하여 기본 생활습관을 중점으로 영아의 건강을 관리하고 병을 예방하도록 노력해야 한다. 또한 지역사회와 연계하여 지속적인 보건 서비스를 제공하여 영아가 건강하게 성장할 수 있도록 돕는다.

2) 건강관리 계획

어린이집에서는 매일 영아가 등원할 때 건강 상태를 확인하고, 투약해야 하는 약이 있다면 부모에게 투약내역이 구체적으로 명시된 투약의뢰서를 작성하도록 한다. 계절별로 발병하기 쉬운 질병과 전염성 질병에 대해서는 가정 통신문을 통해 부모에게 알리고 평상시 교사와 영아가 손을 자주 씻는 등 개인위생을 철저히 하여 전염성이 있는 질병이 어린이집에 집단발병하지 않도록 조심해야 한다. 또한 정기적으로 영아와 교사가 건강검진을 받도록 하고, 그 기록을 반드시 보관한다.

하영혜(2012)에 의하면 영아전담 보육시설에서 영아의 건강검진은 연 1회 실시되는 경우(79.3%)가 가장 많았으며, 우리나라의 영아 정기 건강검진은 4개월과 9개월에 두 차례 실시하도록 정해져 있다. 그러나 영아의 빠른 발달속도를 고려할 때 건강검진 횟수가 부족하다고 볼 수 있으므로(보건복지부, 2011), 어린이집에서 자체적으로 건강검진에 대한 계획과 기준을 가지고 있는 것이 바람직하다. 표 10-2는 어린이집에서 이루어지는 건강관리 계획이며, 이를 기초로 체계적이고 지속적인 건강관리가 이루어지도록 한다.

표 10-2 어린이집 건강관리 계획

구분	보건사업의 유형	계획내용	비고
어린이집	일일 건강일지	일일 건강 관찰 증상 및 처치내용을 기록한다.	투약내역 포함
	건강검진 결과서 보관	1. 개인별 투약의뢰서 보관 및 점검 2. 비상연락망 및 응급처치 동의서 3. 안전사고일지	원아 및 교사 개인 파일
	건강에 대한 가정통신문	계절별로 발병되기 쉬운 질병에 대한 예방통신문 발송	가정통신문
	보건소 서비스사업	1. 취학 전 아동 조기 시력검사 2. 구강검사 3. 손씻기 교육 4. 영양교육	
	정기 건강검진(원아 · 교사)	• 영유아 연 1회 건강검진 실시 • 검사항목 : 기초 진료(신장, 체중, 청력, 시력, 사시, 혈액검사, 구강검사, 당뇨, 소변검사 등) 교사 건강검진 : 지정 병원에서 건강진단 실시(연 1회)	영유아보육법 제20조
가정	비상 연락망 및 응급처치 동의서	• 응급조치에만 해당되며 질병 및 전염성은 부모 진료 요망 • 응급처지 동의서 제출(신속한 응급처치 및 병원이송을 위해 사용)	변경 사항은 수시 기록
	투약 의뢰	투약의뢰서에 투약 용량, 시간, 부모 및 보호자 기재 ※ 투약의뢰서(가정) → 투약보고서(어린이집) ※ 투약의뢰서 없이는 투약하지 않는다.	
	전염성 질환관리	발병 시 병원진료 소견서 → 완치 후 병원진료 소견서를 어린이집에 제출	휴원을 요하는 질환
	정기적인 건강관리	1. 예방접종 2. 치아관리를 위해 정기적으로 진료 3. 어린이집 생활 도중 발생한 사고에만 응급처치 및 치료가 가능하며 가정에서 발생한 질병 및 전염성 질환은 가정에서 치료를 맡는다.	

출처 : 화성시 시립 숲속 어린이집

3) 질병관리

(1) 휴원을 요하는 질병

영아는 감염에 대한 저항력이 낮은 시기이므로 휴원을 필요로 하는 질환에 걸린 영아는 주요 증상이 사라지고 다른 영아에게 감염시키지 않을 때까지 등원하지 않도록 조치한다. 등원 이후에 증상이 나타나면 다른 영아들과 격리하여 보호하고, 보호자에게 연락한다. 표 10-3은 휴원을 요하는 감염성이 높은 질환이므로 각별한 주의를 요한다. 그 외에도 의사의 진단에 의해 전염성이 있다고 판단된 질병은 휴원이 필요하다.

표 10-3 휴원을 요하는 질환

병명	초기 증상	잠복기간	격리기간
수족구	38도 정도의 고열, 1~2일간에 입속, 손바닥, 발바닥에 수포 발생	3~6일	주요 증상이 없어질 때까지
유행성 결막염	눈이 붓고 흰자위가 충혈되며 눈곱이 많이 생긴다.	7일	급성 기염 증상이 없어질 때까지
유행성 이하선염	발열, 귀밑 부어오름	7~21일	귀밑 부기가 다 빠질 때까지
장티푸스	두통, 헛소리, 혀의 백태, 혈변, 장출혈	7~21일	완치될 때까지
전염성 설사	설사의 횟수가 많고 변이 물 같으며 열과 감기 증상을 동반한다.	2~4일	주요 증상이 없어질 때까지
전염성 홍반	열은 별로 없으나 때로는 37도의 열이 나며, 얼굴과 뺨에 발진 발생	7~14일	급성 증상이 없어질 때까지
콜레라	열, 구토, 허연 물 설사, 탈수 증세	6시간~5일	완치될 때까지
풍진	감기와 비슷한 증상, 발열과 발진	10~21일	증상이 없어질 때까지
홍역	발열, 재채기, 결막염, 발진	9~13일	발진이 없어질 때까지
농가진	얼굴이나 수족에 쌀알 크기부터 대두 크기의 발진, 수포 발생	2~5일	염증기가 지나 환부 치료를 하고부터
뇌막염	고열, 두통, 구토, 전신에 보라색 반점, 의식의 혼동	14~21일	증상이 사라질 때까지
백일해	열이 없고 밤에 기침이 심하다.	7~14일	특유의 기침이 사라질 때까지
수두	발열, 발진, 물집	10~21일	딱지가 떨어질 때까지

(2) 예방접종

예방접종은 전염성 질환을 예방하는 효과적인 방법으로 영아기 예방접종은 영아를 질병으로부터 보호하고 건강한 성장발육의 기초가 된다(김수강, 2007). 영아기에는 예방접종이 집중적으로 이루어지며, 이는 부모에 의해 이루어지기 때문에 적기에 접종이 이루어질 수 있도록 교사가 가정통신문을 통해 필수 접종에 대해 가정에 알리는 것이 바람직하다. 또한 입소 시 예방접종 기록을 제출하도록 하고 기록을 보관한다. 표 10-4 는 영아기에 이루어져야 하는 접종의 종류이다.

표 10-4 영아기의 예방접종

시기	종류
0~1주	B형간염
0~4주	BCG
1개월	B형간염
2개월	B형간염, DTaP(디프테리아, 파상풍, 백일해 혼합백신), 폴리오(소아마비), Hib(뇌수막염)
4개월	DTaP, 폴리오, Hib
6개월	B형간염, DTaP, 폴리오, Hib, 인플루엔자(6개월 이상)
12~15개월	MMR(홍역, 볼거리, 풍진, 혼합백신), 수두, Hib
12~36개월	일본뇌염
18개월	DTaP

출처 : 대한소아과학회(2005)

(3) 아픈 영아 간호방법

다음은 아픈 영아에 대한 간호 지침으로, 교사들은 이를 숙지하여 영아를 간호해야 한다(성남시 보육정보센터).

① 아픈 영아의 특징

- 열이 나거나 오래 앉아 있지 못하고 기대거나 누우려 한다.
- 어지럽거나 졸리고 주의집중을 못한다.
- 숨을 가쁘게 쉬거나 숨쉬기가 고르지 않다.
- 입술이 마르고 얼굴이 창백하며 먹거나 마시려 하지 않는다.
- 짜증을 부리거나 놀지 않으려 하고 이유 없이 잘 운다.
- 잠을 잘 못 자며 아프다고 말한다.

아파서 쉬고 있는 영아

② 아픈 영아의 간호

- 영아가 아프면 양호실이나 조용한 곳에 격리시켜 보호하면서 안정을 취하게 한다.
- 교사가 임의로 판단하여 해열제나 지사제를 투약하지 않는다.
- 설사의 횟수가 잦고 열이 나거나 구토, 복통 등의 증상이 나타나면 부모에게 연락하거나 병원으로 데리고 간다.
- 영아가 감기에 걸리면 실내온도와 습도를 조절하고 자주 환기시키며 몸을 따뜻하고 편안하게 해준다. 기침을 많이 하면 머리 부분을 높여서 눕히고 호흡을 쉽게 할 수 있게 도와준다.

③ 약 먹이기

- 투약의뢰서 없이는 어떤 약물도 영아에게 투약하지 않는다.
- 약에 이름을 정확하게 기입하여 보관한다.
- 투약 전에 손을 씻는다.
- 정확한 투여량과 투여 시간을 지켜서 약을 먹인다.
- 안약을 넣을 때 눈을 감는 경우에는 감긴 눈 위로 떨어뜨리면 반사적으로 눈을 떠 안약이 들어간다.
- 약이 써서 먹기 힘들어하면 설탕이나 꿀을 조금 타서 먹인다. 주스나 우유와는 섞어 먹이지 않는 것이 좋다.
- 투약 후 부작용이 나타나면 즉시 부모에게 알린다.

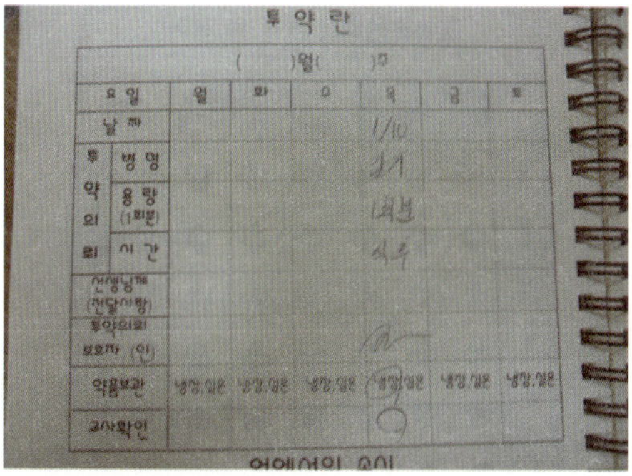

부모가 작성한 투약의뢰서

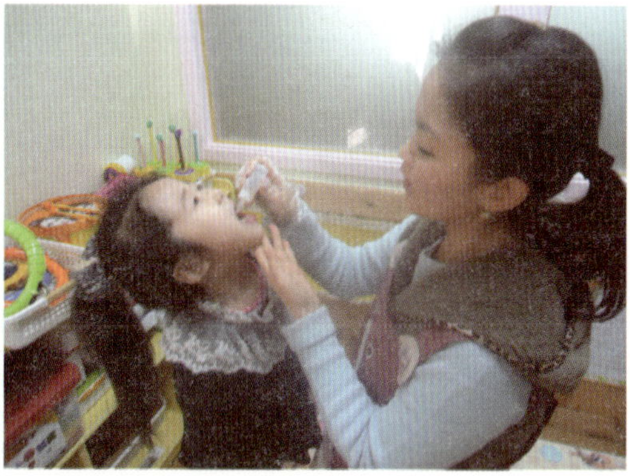

약을 먹이고 있는 교사와 영아

3. 영아의 안전관리

1) 보육실 안전관리

만 2세 영아반 교실

영아기는 탐색욕구가 강한 시기로 활발한 탐색활동이 이루어질 수 있도록 안전한 환경을 조성하는 것이 매우 중요하다. 또한 영아는 위험에 대한 대처능력이 떨어지는 시기이며, 놀잇감 등을 입으로 탐색하기 때문에 이러한 발달특성을 이해하고 환경을 조성해야 한다. 특히 부속이 작은 놀잇감, 풍선, 작은 구슬, 콩 등은 질식을 유발할 수 있으므로 바닥에 떨어져 있지 않도록 보육실 바닥을 안전하게 관리하는 것이 중요하다. 또한 사고 발생 시 응급처치방법을 알고 있어야 하며, 긴급연락처 등을 잘 보이는 곳에 비치하여 긴급한 상황에 잘 대처하도록 한다(송주승 · 정혜명, 2009).

보육실은 안전점검표를 부착해 정기적으로 안전점검을 해야 하고 실내 안전을 위한 지침을 지키도록 한다. 표 10-5 는 보육실 안전관리 및 화재관리 지침으로, 다음과 같은 기본적인 실내 안전관리방법을 지켜야 한다.

표 10-5 보육실 안전관리 및 화재관리

구분		내용
실내 안전	안전콘센트	모든 콘센트를 안전덮개로 막아 감전사고 예방
	안전문	교실과 화장실 등의 문에 손낌 방지, 발낌 방지 설비
	화장실 미끄럼 방지 타일	화장실 바닥에 미끄럼 방지 타일을 설치하여 미끄럼 사고 예방
	안전계단	계단 끝에 미끄럼 방지 턱을 설치하고 안전손잡이 설치
	모서리 처리	모서리 보호대를 설치하여 사고 예방
	전기 안전	한국전기안전공사에서 전기 안전점검 실시
화재 안전	방염 소재 사용	방염 벽지, 방염 블라인드, 방염 시트지, 방염 페인트 등을 사용
	화재 안전설비	화재경보기 설치, 각 교실에 소화기 설치, 주방에 확산소화기 설치

2) 안전교육

영아들은 찰과상, 자상, 타박상, 낙상, 끼임 사고, 물림, 화상, 감전, 질식, 이물질 흡입, 중독, 골절, 탈수 등의 사고에 빈번하게 노출된다(Kopjar & Wickizer, 1996; 하영혜 재인용, 2012). 교사는 영아의 발달에 적합한 안전한 보육실 환경을 제공함으로써 안전사고가 발생하지 않도록 최선을 다해야 하며, 안전교육을 통해 적절하게 상황에 대처할 수 있도록 교육한다. 안전교육 내용은 놀이 상황에서의 안전교육, 교통안전교육, 약물 오남용 예방을 위한 안전교육, 성범죄 예방을 위한 안전교육, 소방안전교육을 포함한다. 표 10-6 은 영아 전담 어린이집의 연간 안전교육계획안의 예이며, 표 10-7 은 연간 소방안전교육 내용의 예이다.

표 10-6 연간 안전교육계획안 일부

월	상황별 안전교육 내용	주제	교육목표
3	놀이안전	즐거운 놀이터	놀이기구의 위험성을 인지하고 안전하게 놀이기구를 탈 수 있다.
	약물 오남용 예방교육	우리 약은 달라요	영유아가 먹는 약과 어른이 먹는 약은 사용법이 다르다는 것을 알고 잘못 먹었을 시 위험도 알 수 있다.
	성폭력 예방교육	소중한 나의 몸	다른 사람에게 자신의 몸을 보여주거나 만지게 하면 안 됨을 안다.
4	교통안전교육	차를 안전하게 타고 내려요	차를 이용할 때 위험한 행동을 알아보고 안전하게 차를 이용하는 방법을 알 수 있다.
	실종 · 유괴 예방교육	실종 예방을 위한 안전수칙	실종 예방을 위한 안전수칙(멈추고, 생각하고, 도와주세요)을 기억할 수 있다.
	재난대비교육	황사	황사의 위험을 알고 황사가 발생했을 때 지켜야 하는 안전규칙을 알아본다.
5	교통안전교육	신호등을 알아요	신호등이 나타내는 의미를 알아보고 길을 건널 때 안전하게 건너는 방법에 대해서 알아본다.
	약물 오남용 예방교육	몸에 해로운 음료	우리 몸에 해로운 음료가 있음을 안다. 우리 몸에 이로운 약이라도 건강할 때는 독이 될 수 있음을 안다.
	성폭력 예방교육	나는 어떻게 태어났을까?	소중한 생명의 탄생과정에 대해 알아보고 자신의 몸이 소중함을 이해한다.
6	교통안전교육	횡단보도를 건너요	신호등이 있는 횡단보도와 없는 횡단보도를 안전하게 건너는 방법에 대해서 알아본다.
	실종 · 유괴 예방교육	도움을 청할 수 있어요	낯선 사람을 따라가지 않고 위급할 때는 큰 소리로 '도와주세요'라고 말할 수 있다.
	재난대비교육	실내에서 바르게 걸어요	실내에서 바르게 걷기의 중요함에 대해 알고 바르게 걷기를 할 수 있다.
7	약물 오남용 예방교육	색이 비슷해요	음료수, 과자 등과 색이나 모양이 비슷하지만 약품임을 알고 함부로 먹거나 만지지 않는다.
	실종 · 유괴 예방교육	낯선 사람들이 거짓말을 해요	낯선 사람들이 할 수 있는 여러 거짓말을 알아보고 대처 방안을 알아본다.
	성폭력 예방교육	송송이 몸에 구멍이 송송	몸에 있는 여러 구멍들이 매우 중요한 역할을 하는 곳임을 알고 청결하게 소중히 다뤄야 함을 안다.
8	교통안전교육	날씨와 안전한 교통생활	비 오는 날과 바람 부는 날 안전하게 걷는 방법을 알아본다. 우산을 안전하게 사용하는 방법을 알아본다.
	실종 · 유괴 예방교육	집에 아무도 없어요	집에 혼자 있을 때 택배원이나 모르는 사람이 방문했을 경우의 안전수칙을 알아본다.
	재난대비교육	지진 발생 시 대처방법	지진 발생 시 일어날 수 있는 일들과 대처방법을 알아본다.

출처 : 화성시 시립 능동7단지 어린이집

표 10-7 연간 소방안전교육

월	주제	활동목표	교육 및 활동	활동자료
3	화재 시 대피방법	화재가 났을 때 해야 하는 일과 신속한 대피 요령을 알고 대피한다.	• 소방서에서 하는 일 알아보기 • 화재 시 제일 먼저 해야 하는 일 알아보기 • 화재 시 대피요령 알아보기 • 소방대피 훈련(원장)	디지털카메라, 소방안전 자료물
4	불이 나는 원인과 대처방법	무엇으로 인해 화재가 생기는지 알고, 그에 맞는 대처방안을 알아본다.	• 불이 나는 원인 알아보기 • 불이 났을 때 실내에서의 대피요령 알아보기 • 불이 난 건물에 갇혔을 때의 대피요령 알아보기 • 소방대피 훈련(주방 교사)	실물 화상기, 디지털카메라, 그림자료, 텔레비전
5	불장난은 위험해요	불장난의 위험성을 알고 화재가 일어나지 않도록 주의점을 알아본다.	• 불장난으로 인한 화재 • 불장난으로 일어나는 화재 사건 동영상 관람 • 불장난의 화재 예방대책 • 소방대피 훈련(화재를 처음 발견한 사람)	ppt, 그림자료, 동영상
6	불이 났을 때 소화기 사용법	불이 났을 때 대처하는 방법과 소화기 사용법을 알아본다.	• 불이 난 상황의 그림자료를 보며 이야기 나누기 • 불이 났을 때 신고방법 알아보기 • 큰 불이 아닌 경우 불 끄는 법 배우기 • 소화기의 종류와 사용법 알아보기 • 소방대피 훈련(햇살반 교사)	디지털카메라, 그림자료, 소화기, 분무기, 실물 화상기
7	화재 예방과 대피 요령	무엇으로 인해 화재가 생기는지 알고, 화재 예방법과 올바른 대피 방법을 안다.	• 불이 발생할 수 있는 예를 보며 이야기 나누기 • 비상구란 무엇이며 종류와 생김새 알아보기 • 긴급 대피요령 알아보기 • 비상구 그림을 보며 비상구 노래 부르기 • 소방대피 훈련(샘물반 교사)	디지털카메라, ppt, 헝겊, 동영상
8	119 구급대	119 구급대가 하는 일과 실제로 출동한 사례를 알아본다.	• 119 구급대란 무엇인지 이야기 나누기 • 119 구급대가 하는 일 알아보기 • 실제로 일어난 사고들을 동영상으로 보기 • 소방대피 훈련(맑은반 교사)	동영상, ppt, 구급차 모형
9	폭죽으로 일어나는 화재	폭죽이란 무엇이며 폭죽 사용 시 지켜야 할 안전수칙을 알아본다.	• 폭죽이란 무엇인지 알아보기 • 폭죽이 사용되는 예를 알고 안전수칙 알기 • 생일 파티 할 때의 주의점 알아보기 • 소방대피 훈련(고운반 교사)	ppt, 그림자료, 생일 폭죽, 동영상
10	소방서에서 하는 일	무엇으로 인해 화재가 생기는지 알고, 대처방안을 알아본다.	• 소방서에서 하는 일 알아보기 • 소방대피 훈련 전 주의점 이야기 나누기 • 소방대피 훈련(화재를 처음 발견한 사람)	디지털카메라, 그림자료, 동화자료
11	가스화재 예방	가스의 사용법과 가스 화재 예방법을 알아본다.	• 가스 사용 안전수칙 • 가스 누출 시 응급조치 요령 • 계절별 가스안전 사용 점검 • 소방대피 훈련(원장)	ppt, 그림자료, 가스 밸브 모형, 동영상

12	전기안전	일상 속 화재 중 가정 내 전기안전 및 전기 화재 예방법을 알아본다.	• 가정에서의 올바른 전기 사용방법 • 올바른 플러그 뽑는 방법 • 올바르지 않은 플러그 뽑는 방법 • 합선이란 무엇인가? • 콘센트 먼지 제거법 • 소방대피 훈련(주방 교사)	전기 콘센트, 붓, 그림자료, ppt
1	산불의 원인 및 예방법	산불이 일어나는 원인과 예방법을 알아본다.	• 산불이 일어나는 원인 • 산불의 예방방법 • 산불의 진화방법 • 소방대피 훈련(햇살반 교사)	ppt, 그림자료, 동영상
2	고마운 불 위험한 불	불에 대해 관심을 갖고, 우리에게 고마운 불과 위험한 불을 자세히 알아본다.	• 불이란 무엇인가? • 불에 대해 이야기 나누기 • 불의 3요소 • 불의 고마운 점과 위험한 점 알아보기 • 비상대피 훈련(샘물반 교사)	ppt, 그림자료, 동영상

출처 : 화성시 시립 능동 7단지 어린이집

소방서를 견학하는 영아들

4. 영아의 청결관리

어린이집은 단체생활을 하는 곳이므로 영아의 건강을 위하여 항상 청결관리에 힘써야 한다. 특히 종일제 어린이집에서 생활하는 영아의 기본 생활습관 교육은 상당 부분을 어린이집에서 담당해야 하기 때문에 질병 예방과 건강한 생활을 위하여 시설을 깨끗하게 관리하고 청결한 습관을 형성할 수 있도록 교육한다. 그러나 연구(정영희 · 이정덕, 2007)에 의하면 유아 교육기관의 29%만이 위생과 관련한 교직원 회의, 위생 상태의 점검, 평가 후 처리 등을 시행하고 있는 것으로 나타났으며, 매일 또는 주 2회 이상 위생 상태를 점검하는 운영자는 39.3%에 불과하여 위생관리에 대한 인식이 부족하고 운영이 미흡한 것으로 나타났다. 따라서 위생관리에 대한 노력이 더욱 필요하며, 특히 발달상 취약한 영아들을 보육하는 시설에서는 이에 대한 관리가 더욱 필요하다.

영아들이 청결한 생활습관을 습득하기 위하여 교사는 좋은 본보기가 되어야 하므로, 교사 자신이 청결한 습관을 유지해야 한다. 또한 일과 및 활동을 통해 영아가 청결한 습관을 형성할 수 있도록 계획하고 실시한다.

표 10-8 청결관리의 내용

구분	내용
손 소독기	외부에서 어린이집에 들어올 때마다 손을 소독한다.
칫솔 소독기	양치질 이후 매일 칫솔을 소독한다.
살균 소독기	물컵, 칫솔, 장난감 등을 살균 소독하여 세균의 번식을 억제한다.
공기 살균기	공기 중에 있는 세균과 곰팡이균을 살균 및 정균하여 깨끗한 실내 공기를 만든다.
공기 청정기	실내의 탁한 공기를 깨끗한 공기로 정화한다.
침구 소독	개별 침구를 사용하며 사용한 침구류는 주 1회 세탁 및 일광 소독한다.
방역작업	관내 보건소 및 방역업체에서 한 달에 한 번 어린이집 내부 · 외부의 방역작업을 실시한다.

출처 : 화성시 시립 숲속 어린이집

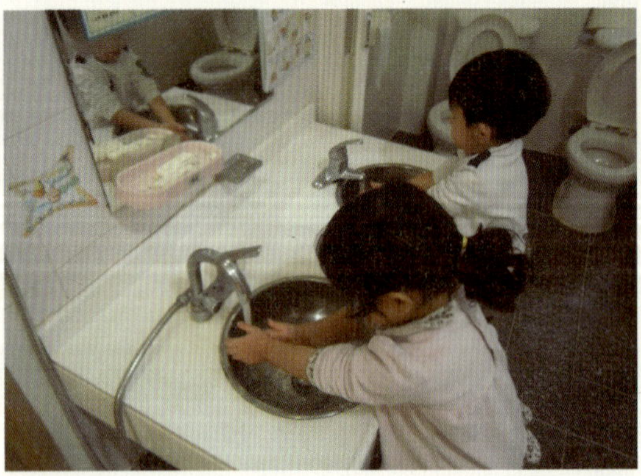

손을 씻는 영아들

5. 영아의 영양관리

1) 영아기의 식사 및 영양

보건복지부(2004)에서 제안하고 있는 영아기 식사 지침은 다음과 같다. 첫째, 생후 6개월까지는 모유를 먹이고 먹일 수 없는 경우에 조제유를 먹이며 잠잘 때는 젖병을 물리지 않는다. 둘째, 이유식은 신선한 재료를 위생적으로 조리하여 성장단계에 맞추어 먹인다. 셋째, 다양한 조리법을 사용하여 싱겁고 담백하게 조리한 다양한 식품을 먹인다.

영유아기 영양의 특성은 성인과 다르며, 다음과 같은 특성을 갖는다(신은수 외, 2009). 첫째, 영유아는 체중 및 신장의 변화가 급속하고 신진대사가 활발하여 성인보다 에너지 소비가 단위체중당 비교 시 훨씬 크기 때문에 영양이 부족하면 더 크게 영향을 받는다. 둘째, 소화기능 발달이 미숙하기 때문에 발달단계에 맞추어 유동식, 반고형식, 고형식으로 형태에 변화를 주면서 식사를 제공해야 한다. 셋째, 영유아는 면역력이 약하기 때문에 음식 조리 및 배식과정을 위생적으로 관리해야 한다. 넷째, 좋은 식습관이 형성되도록 쾌적한 식사환경을 조성한다.

유아기는 식품이나 음식에 대한 기호가 현저하게 나타나고, 편식이나 식욕부진 등을 경험하게 된다(김일옥 · 이자형, 2003; 김지숙, 2003). 따라서 이러한 식습관의 기호 차이가 현저해지기 전인 영아기에 다양한 식품과 음식을 경험하도록 하는 것은 유아기 편식을 예방할 수 있는 좋은 방법이다. 영아기에는 모유 및 조제유 등의 유즙을 먹기 시작하여 점차 반고형식을 먹게 되고 궁극적으로 성인과 같은 음식을 섭취할 수 있게 된다. 이는 치아의 발달과도 밀접한 관련이 있으므로 영아의 발달수순에 맞는 조리방법을 선택하는 것이 매우 중요하다. 표 10-9 는 어린이집 식단관리 및 급식 · 간식 조리에 관련한 기본적인 내용이며, 표 10-10 은 12월 영아반 식단의 예이다. 종일제 어린이집에서는 1일 한 번의 식사와 두 번의 간식을 기본으로 제공하고 있다.

표 10-9 어린이집의 영양관리

구분	내용	담당
식단관리	• 신선하고 안전한 유기농 재료를 이용한 월간 식단 작성 • 다양한 영양소와 식품군을 함유하도록 계획 • 제철에 나오는 야채와 과일 등 제철 음식 이용 • 매월 식단은 가정으로 배부	영양사
급식 · 간식 조리	1일 1회 점심, 2회 오전 · 오후 간식 제공	조리사

표 10-10 12월 영아반 식단

구분	월	화	수	목	금	토
	12월 31일					12월 1일
오전 간식	과일 우유					씨리얼 우유
점심	보리밥 청국장찌개 조기구이 도토리묵무침 김치					해물자장밥 단무지 과일(귤)
오후 간식	고구마조림					
	12월 3일	12월 4일	12월 5일	12월 6일	12월 7일	12월 8일
오전 간식	과일 우유	흑임자죽 (생채소+요구르트)	견과류 플레인요구르트	채소김죽 (생채소+치즈)	과일 우유	미숫가루 우유
점심	보리밥 콩나물국 햄버그스테이크 멸치우엉조림 김치	현미밥 떡국 동태살전 감자채볶음 김치	콩밥 꽃게살된장찌개 파프리카달걀찜 유채나물무침 김치	흑미밥 쇠고기미역국 삼치엿장조림 브로콜리당근볶음 김치	버섯굴소스볶음밥 두부왜된장국 김치	쌀밥 삼계탕 오이지무침 김치
오후 간식	어묵탕	빵(핫도그) 우유	떡볶이	단호박꿀찜 우유	치즈샌드위치 주스	
	12월 10일	12월 11일	12월 12일	12월 13일	12월 14일	12월 15일
오전 간식	과일 우유	브로콜리죽 (생채소+요구르트)	과일 아동용 치즈	호박죽 (생채소+치즈)	과일 우유	씨리얼 우유
점심	보리밥 순두부찌개 임연수(생선)구이 미역줄기볶음 김치	현미밥 호박표고된장국 제육간장볶음 무나물 김치	콩밥 쇠고기뭇국 새우살전 새송이버터볶음 김치	흑미밥 아욱된장국 안동닭살찜 무파래무침 김치	마파두부덮밥 무다시맛국 김치	쌀밥 바지락칼국수 배추겉절이 요구르트
오후 간식	우동	통감자구이 우유	찐만두	빵(핫케이크) 우유	야채튀김 (구운 고구마)	

	12월 17일	12월 18일	12월 19일	12월 20일	12월 21일(동지)	12월 22일
오전 간식	과일 우유	쇠고기버섯죽 (생채소+요구르트)	과일 플레인요구르트	과일 우유	팥죽 (생채소+치즈)	미숫가루 우유
점심	보리밥 어묵뭇국 쇠고기떡찜 오이볶음 김치	현미밥 시래기된장국 새우살피망볶음 감자조림 김치	콩밥 미역국 생선(고등어)무조림 시금치나물 김치	흑미밥 씻은김치콩비지찌개 돈채표고버섯볶음 마른김+양념장 김치	쌀밥 오징어채소볶음밥 팽이왜된장국 김치	토마토스파게티 양상추샐러드 피클
오후 간식	찐 달걀 주스	빵(크루아상) 우유	파래전	견과류 주먹밥	떡(약식) 우유	
	12월 24일	**12월 25일**	**12월 26일**	**12월 27일**	**12월 28일**	**12월 29일**
오전 간식	과일 우유	Merry Christmas!	과일 두유	김치해물죽 (생채소+치즈)	과일 우유	씨리얼 우유
점심	보리밥 감자챗국 쇠고기경단조림 양배추나물무침 김치		콩밥 쇠고기뭇국 두부깻잎조림 잔멸치(견과)볶음 김치	흑미밥 근대된장국 돈사태무조림 숙주나물무침 김치	표고굴밥 동태뭇국 달래양념장 연근조림 김치	쌀밥 만둣국 김치 과일(귤)
오후 간식	짜장떡볶이		잔치국수	빵(케이크) 우유	늙은호박전	

출처 : 화성시 보육정보센터(www.hsicare.or.kr)

오후 간식을 먹는 영아들

2) 영아기의 영양 문제

영아기에 영양 결핍으로 인하여 나타날 수 있는 문제들은 다음과 같다(신은수 외, 2009).

(1) 성장부진

영아기는 성장의 결정적 시기로 영양이 부족하면 이후 성장에 장기적인 영향을 미칠 수 있다(정미라 외, 2007). 따라서 영아가 적절하게 성장하고 있는지 정기검진을 통해 확인해야 하며, 성장이 둔화되었다면 문제의 원인을 찾아야 한다.

(2) 빈혈

영아기에 이유식의 시기가 늦어지면 철이 부족하여 빈혈이 나타날 수 있다. 따라서 이유식을 통해 다양한 식품으로 조리된 반고형식을 섭취할 수 있도록 한다.

(3) 충치

영아가 젖병을 문 채 잠드는 습관을 가지고 있다면 앞니에 충치가 생기기 쉽다. 따라서 젖병을 물고 잠들지 않도록 하고, 만약 습관을 갑자기 바꾸기 어렵다면 우유나 주스가 아닌 보리차를 젖병에 넣어준다.

(4) 설사

설사는 영아기에 매우 흔한 현상으로 바이러스에 의하거나 당분을 과다 섭취했을 때, 알레르기가 있는 식품을 섭취했을 때 나타날 수 있다. 설사를 할 때는 따뜻한 보리차를 통해 수분을 섭취시키고 만성적인 설사가 나타난다면 유당불내증이 원인이 될 수 있으므로 정확한 원인을 찾아 대책을 세운다.

Chapter 11

영아발달 전문가로서의 보육교사

1. 보육교사의 역할
2. 영아교사의 역할과 영아와의 상호작용
3. 영아발달 전문가로서의 정체성
4. 전문성 증진을 위한 방법

11

영아의 건강한 성장과 발달을 위하여 영아기 보육교사의 역할은 매우 중요하다. 질적으로 우수한 보육 서비스를 제공하기 위해서는 영아기 보육교사가 영아발달 전문가로서의 역할을 충실하게 이행하며, 지속적으로 전문성 증진을 위하여 노력해야 한다. 본 장에서는 영아들을 보육하는 영아반 보육교사의 역할은 무엇인지 살펴보고, 영아발달 전문가로서의 직업윤리 및 정체성을 고찰하며, 전문성 증진을 위한 방법을 알아보고자 한다.

1. 보육교사의 역할

영유아교사는 영유아들과 오랜 시간 직접적인 상호작용을 하기 때문에 영유아의 건강한 성장 및 발달에 지대한 영향을 미치며, 그 역할의 중요성은 아무리 강조해도 부족함이 없다. 보육교사가 수행해야 하는 역할은 매우 다양하며, 학자들마다 다양하게 정의하여 분류하고 있다. 보건복지부(1996)에서는 보육교사의 역할을 대리 양육자, 환경 제공자, 상호작용자, 일상생활의 모델, 관찰자 및 평가자, 부모 및 지역사회와의 교류자 등 여섯 가지로 제시하였다. 이순형 외(2005)는 보육교사의 역할을 양육자, 교수자, 교류자로 분류하였으며 조혜경 외(2006)는 양육 대행자, 교수자, 상호작용자, 부모 및 지역사회와의 교류자로 분류하였다. 보육교사의 역할을 크게 세 가지로 분류하면 다음과 같다(이미정 외, 2009).

1) 양육 대행자

영유아보육법에 따르면 어린이집은 보호자의 위탁을 받아 영유아를 보육하는 시설이다. 따라서 영유아가 보육시설에 있는 동안 보호자에게 양육자의 역할을 위임받아 보호자를 대신하여 양육 대행자로서의 역할을 하게 된다. 영유아들은 어린이집에서 간식과 식사를 통해 하루 영양섭취량의 상당 부분을 섭취하며, 낮잠을 통해 휴식을 취하는 등 일상생활을 경험한다. 하루 일과 중에 보육교사는 영유아의 신체적 욕구를 충족시키는 양육자의 역할을 수행하며, 일과를 통해 영유아가 심리적으로 편안하게 지낼 수 있도록 안전하게 보호하고 양육해야 한다.

2) 교수자

교사는 교수자의 역할을 수행하기 위하여 보육과정을 계획하고, 교수내용을 수행하며, 관찰 · 기록 및 평가자의 역할을 한다. 보육과정 계획자, 교수 수행자, 관찰 · 기록 및 평가자의 역할을 각각 살펴보면 다음과 같다.

첫째, 보육교사는 보육과정을 계획하는 보육과정 계획자이다. 보육교사는 어린이집 원장 및 동료 교사들과 함께 어린이집 운영철학 및 표준보육과정의 보육목표에 맞는 보육과정을 계획하고 매일의 보육활동을 구성한다.

둘째, 보육교사는 계획된 보육과정을 수행하는 교수 수행자이다. 보육과정 계획자로서 보육과정을 설계했다면, 계획된 보육활동이 실현될 수 있도록 수행하고 하루 일과를 진행한다.

셋째, 보육교사는 영유아를 관찰하고 행동과 발달과정을 기록하며 보육활동이 원활하게 수행되었는지, 영유아의 개별 발달상황은 어떠한지 평가하는 역할을 한다. 보육교사는 보육활동을 수행하면서 일상적으로 영유아들을 관찰하며, 기록할 필요가 있다고 판단되는 행동 및 사건을 기록하도록 한다. 이러한 과정을 통해 얻은 평가 결과는 다음 교수계획에 반영한다.

표현활동을 하고 있는 교사와 영아들

3) 부모 및 지역사회와의 교류자

양육 대행자의 역할을 수행하는 교사와 가정에서 영유아를 양육하는 부모의 교류는 영유아의 건강한 발달을 위해서 매우 중요하다. 보육교사와 부모는 지속적인 교류를 통해 일관성 있는 생활습관 지도를 해야 한다. 가정과 어린이집에서 영유아의 경험에 대한 부모와 교사의 교류가 이루어질 수 있도록 보육교사는 부모와 의사소통할 수 있는 효율적인 방법을 찾고 신뢰감을 형성할 수 있도록 노력한다.

교사는 영유아의 부모 외에도 다양한 지역사회 인사들과 교류하며, 이를 통해 보

원장, 교사, 부모 및 지역사회 인사로 구성된 운영위원회

육 프로그램을 지원해야 한다. 병원, 경찰서, 소방서, 우체국 등 다양한 기관의 지역사회 인사들과 교류하여 기관을 방문하거나 관련 인사를 초청하여 보육 프로그램이 풍부해지도록 노력한다.

2. 영아교사의 역할과 영아와의 상호작용

보육교사의 역할은 영아교사에게도 동일하게 적용되지만 영아를 담당하고 있는 교사의 역할이 갖는 특성이 있으며, 영아와의 상호작용은 유아와는 달리 영아의 언어발달에 따른 제한점이 있으므로 영아와의 상호작용 원리를 아는 것이 중요하다. 따라서 영아교사의 역할을 좀 더 구체적으로 살펴보고, 영아와의 상호작용 원리를 알아보고자 한다.

1) 영아교사의 역할

담임하고 있는 영아의 연령에 따라 교사의 역할이 달라질 수 있으며, 영아교사는 다음과 같은 고유한 역할을 수행하게 된다.

(1) 양육 대행자

영아교사는 부모 대신에 영아를 양육하는 양육자의 역할을 수행한다. 종일제 보육시설에 재원하고 있는 영아는 오랜 시간 교사와 함께 생활하기 때문에 무엇보다 교사는 영아의 기본적 욕구를 충족시키고 양육자로서의 역할을 성실하게 수행해야 하며, 영아와 안정적인 애착관계를 형성하기 위하여 노력해야 한다.

(2) 놀이환경 제공자

영아기는 탐색에 대한 욕구가 강한 시기이므로 탐색할 수 있는 환경을 제공해야 한다. 안전한 탐색환경을 조성하는 것은 교사의 중요한 역할이다.

(3) 놀이 제공자

영아교사는 영아의 하루 일과가 즐겁게 진행될 수 있도록 놀이를 계획하고 제공하는 역할을 수행해야 한다. 영아의 발달에 적합한 놀이를 계획하고, 대근육과 소근육을 다양하게 활용할 수 있는 놀이를 제공하도록 한다.

(4) 언어발달 촉진자

언어발달의 결정적 시기인 영아기에는 교사가 영아의 언어발달을 위해 언어발달 촉진자의 역할을 수행해야 한다. 이 시기에 교사와 영아의 언어적 상호작용은 초기 어휘 습득뿐 아니라 이후 언어발달 및 학업성취를 예측할 수 있는 요인이 된다(NICHHD, 2010). 따라서 영아교사는 적극적으로 언어적 자극을 주고, 영아와 언어적 상호작용을 시도해야 한다.

2) 영아와 교사의 상호작용 원리

보육교사들은 다양한 역할을 수행하는데, 특히 영아를 담당하는 보육교사들은 영아의 정서적 안정을 위해 상호작용을 통한 영아와의 애정적인 관계를 형성하고자 노력해야 한다. 애착 이론에 의하면 양육자가 영아와 민감한 상호작용을 하면 영아가 신뢰감을 얻어 안정된 애착을 형성할 수 있고, 애착 형성은 이후 영아의 사회성 · 인지 · 정서 발달에 영향을 미친다. 이러한 애착 이론은 최근 교사와 영아의 관계에도 적용된다. 영아는 교사와 민감하고 긍정적인 상호작용을 통해 안정된 애착을 형성할 수 있다(김숙령 · 김선희 · 육길나 · 조숙진, 2006). 안정된 애착 형성을 위한 영아와의 상호작용 방법에 대해 영아교사들은 전문적 지식이 필요하다. 교사교육에 대한 연구들은(김현지, 2003; 이재민, 2008) 교사들이 현직 교육 내용으로 영아와의 상호작용에 관한 내용을 가장 필요로 하는 것으로 보고했다. 이와 같이 교사의 전문성 증진을 위해 영아와의 상호작용에 대한 교육이 필요함을 알 수 있다.

상호작용이란 일반적으로 언어를 매체로 감정, 의견, 생각을 전달하는 것으로 억양, 몸짓, 표정 등도 언어와 함께 상호작용의 수단이 된다(유효순, 1993). 영아기가 언어능력이 폭발적으로 발달하는 시기라고 할지라도 자신의 사고나 정서를 표현하는 데 어려움이 있기 때문에 이를 지지해주는 교사의 역할이 중요하다(윤경아 · 서현, 2011). 교사와의 긍정적인 상호작용은 질적으로 우수한 보육환경의 중요한 요인이며(NICHD, 2005), 잘 훈련된 교사는 영아의 바람직한 발달을 위해 필수적이다(NICHD, 2001). 안정적인 애착 형성을 위해 영아 담당교사가 알아야 하는 영아와의 상호작용 원리는 다음과 같다(Hoing, 1985).

(1) 민감한 반응

영아기에는 기본적인 욕구와 개별적인 욕구에 민감하게 반응하는 것이 중요하다. 영아기에는 수유, 기저귀 갈기 등 기본적인 신체적 · 정신적 욕구의 충족이 중요하기 때문에 세밀한 관찰을 통해 개별적인 욕구를 파악하여 영아와의 안정된 애착과 신뢰감을 형성하도록 반응적인 상호작용을 해야 한다(정효정, 2003). 교사의 민감성은 영아의 또래 간 사회적 기술이나 문제행동에도 영향을 미치는 요인으로 영아의 사회성 발달에 중요한 영향을 미친다(김숙령, 2010).

(2) 긍정적 상호작용

영아와의 상호작용은 애정적이고 긍정적이어야 한다. 긍정적인 상호작용은 관심 보이기, 인정하기, 애정 표현하기를 통해 이루어진다(양옥승 외, 2011). 미소, 신체적 접촉과 같은 비언어적 행동에 보다 초점을 두고 언어적 행동과 병행해서 접근하면 더 효과적인 상호작용을 할 수 있다(최은정 · 하지영 · 서소정, 2009). 교사와 영아의 질적인 상호작용은 영아의 애착 형성에 중요한 영향을 미친다(김숙령, 2010).

(3) 언어적 자극

영아기는 언어발달을 위해 다양하고 풍부한 언어적 자극이 필요한 시기이므로 교사는 지속적으로 언어적 상호작용을 함으로써 영아의 언어발달을 촉진해야 하며, 바람직한 언어사용을 통해 좋은 본보기가 되어야 한다. 교사와 영아가 다양한 상황에서 언어적으로 상호작용하는 것은 언어발달에 매우 중요한 역할을 한다(김정아, 2006; 남규, 2009).

(4) 기본 생활습관 지도

영아기는 기본적인 자조기술을 습득하는 시기이므로 발달에 맞는 기본 생활습관 지도가 일상적으로 이루어져야 한다. 예를 들면 배변 훈련, 옷 입고 벗기, 수저질하기 등의 기본 생활습관을 익힐 수 있도록 일과를 통한 교육활동을 제공하여 단계적으로 지도한다.

(5) 적절한 환경과 활동계획

긍정적인 상호작용은 적절한 환경과 활동을 통해 이루어질 수 있으므로, 영아의 발달에 적합한 활동을 계획하고 적용하며, 물리적 환경을 준비한다. 교수자의 역할을 통해 교사는 영아기 발달수준에 맞는 활동을 계획하여 영아가 즐겁게 참여할 수 있도록 한다.

영아기는 다양한 탐색활동을 통하여 스스로의 발달에 기여할 수 있으므로(Wittmer & Petersen, 2006), 영아 담당교사는 영아가 다양한 탐색활동을 할 수 있도록 격려하고, 안전한 놀잇감과 놀이환경을 제공하여 사고가 일어나지 않도록 대비한다. 환경이 안전하지 않으면 교사는 영아의 행동을 제한하게 되기 때문에 긍정적인 상호작용이 어렵다. 영아기에는 입과 눈을 통해 주변 환경 및 놀잇감을 탐색하기 때문에 입에 넣어도 해롭지 않은 놀잇감을 준비하고, 세탁 및 소독을 통해 위생적으로 관리하도록 한다. 특히 걸음마기 영아는 왕성한 탐색활동을 하기 때문에 안전사고의 위험이 높은 시기이므로 주의해야 한다.

3) 표준보육과정의 상호작용 지침

(1) 만 2세 미만 영아와의 상호작용

표준보육과정에서는 사회관계에 대한 교사지침에서 교사와 영아의 상호작용에 관한 내용을 포함하고 있다. 표 11-1 은 만 2세 미만의 영아반 교사를 위한 사회관계 영역 지침으로 만 2세 미만 영아와의 상호작용 방법에 대한 구체적인 지침을 담고 있다.

표 11-1 만 2세 미만 사회관계 영역 교사지침

내용범주	지침
자기 존중	• 자신을 인식할 수 있도록 개별적인 침대, 침구, 서랍장, 그 밖의 개인 소지품에 영아의 얼굴 사진을 붙이고 이름을 적어준다. • 자신을 볼 수 있도록 거울을 제공한다. • 신체적인 접촉과 언어적 표현으로 자주 애정을 표현한다. • 일대일로 얼굴을 마주보며 상호작용을 한다. • 간식 시간, 기저귀 갈기나 낮잠 시간 등의 일상생활 중에 대화하면서 영아들과 함께 하루 일과를 진행한다.
정서 인식과 조절	• 울음이나 몸 움직임은 영아의 주된 의사소통 방법임을 인식한다. • 이 시기의 영아는 부정적인 정서도 표현할 수 있음을 이해하고 이를 받아들인다. • 영아의 언어적, 비언어적 신호를 해석하여 민감하고 일관성 있게 대한다. • 영아의 기질적 특성을 이해하고 반응속도와 생물학적 리듬을 파악하여 조화로운 관계를 유지한다.
사회적 관계	• 영아는 낯가림을 할 수 있고, 낯선 어른보다 친숙한 어른과 활발하게 상호작용한다는 것을 이해한다. • 양육자와 안정적인 애착을 형성하고, 돌보는 교사와 상호 신뢰관계를 형성하는 것이 무엇보다 중요함을 안다. • 영아가 새로운 상황과 환경에 직면했을 때 안정감을 갖고 편안히 적응할 수 있도록 배려한다.

(2) 만 2세 영아와의 상호작용

표 11-2 는 만 2세 담임교사를 위한 사회관계 영역 지침으로 만 2세 걸음마기 영아를 위한 교사들의 상호작용 방법을 설명하고 있다.

표 11-2 만 2세 사회관계 영역 교사지침

내용범주	지침
자기 존중	• 영아는 자신에 대해 긍정적인 느낌과 자아개념을 가지고, 다른 사람에 대해 이해하기 시작한다는 것을 지각한다. • 자신을 인식할 수 있도록 개별적인 침대, 침구, 서랍장, 그 밖의 개인 소지품을 사용하게 하며 영아의 얼굴 사진을 붙이고 이름을 적어준다. • 개별적으로 신체적, 언어적 상호작용을 하고, 일대일로 얼굴을 마주보며 상호작용을 한다. • 영아가 혼자서 할 수 있는 일은 스스로 해볼 수 있는 기회를 제공하고 기다려주며, 자신을 조절할 수 있도록 돕는다. • 영아 스스로 한 일에 대해서 항상 격려하여 지신이 능력 있고 귀한 존재임을 느낄 수 있도록 한다. • 영아가 친근한 물체나 음식을 선호하고 친근한 사람들을 선택하는 것을 존중한다.
정서 인식과 조절	• 영아가 정서를 표현하는 방법이 훨씬 다양해짐을 이해한다. • 영아가 다양한 방법으로 정서를 표현할 수 있도록 정서표현을 격려하는 대화를 많이 한다. • 영아가 부정적인 정서를 나타낼 경우 영아의 신체적 · 심리적 원인을 파악하고 상황을 바꾸어주며, 단호한 목소리와 표정으로 말한다. 영아에게 대안을 제시하여 선택하도록 하고, 영아의 자기통제 행동을 격려한다.
사회적 관계	• 또래에 대해 관심을 가지나, 아직까지는 사물을 가지고 하는 놀이나 병행놀이 단계임을 이해한다. • 영아는 좌절 상황에 대처할 수 있는 기술이 없기 때문에 공격적이 되고 다른 영아에게 상해를 입힐 수 있다는 것을 이해하여 사전에 대처한다. • 놀잇감을 넉넉하게 준비하고 똑같은 놀잇감을 여러 개 마련하여 분쟁을 사전에 예방한다. • 다른 친구들과 함께 놀이하고 생활하기 위해서는 지켜야 할 기본적인 규칙과 약속이 있다는 것을 알게 하여 이를 지킬 수 있도록 일관성 있게 지도한다. • 같은 놀잇감을 서로 가지려고 다툴 때 영아가 자신의 충동과 행동을 통제할 수 있도록 돕는다.

3. 영아발달 전문가로서의 정체성

1) 영아발달 전문가의 개념

영아반 보육교사는 영아발달 전문가로서의 정체성을 확립해야 한다. 전문성이란 그 분야에 대한 장기간의 교육 훈련을 받고, 그러한 훈련을 통해 습득한 전문적 지식과 기술을 가지고 있어야 하며, 실무에서 전문성을 발휘하는 데 자율성을 인정받고 있는 것을 의미하는 것으로 양질의 보육을 제공하는 데 보육교사의 전문성은 핵심 요소라고 할 수 있다(안선희 · 김지은, 2010).

Katz(1987)는 전문직의 특성을 열 가지 기준으로 규정하였다. Katz에 따르면 전문분야에 대한 지식, 합의된 규정과 윤리, 실제에 기반한 지식, 일반인이 모르는 이론적인 지식, 전문적 협회나 학회의 회원가입, 지속적인 훈련, 실행 기준, 유아에 대한 윤리규범, 어느 정도 자율적인 업무 수행, 이타적인 사명이나 비전이 전문직의 특성이 될 수 있으며, 영아발달 전문가는 이러한 전문직의 특성을 모두 포함하고 있다(Wittmer & Petersen, 2006). 보육교사는 영아발달 전문가로서의 정체성을 스스로 가지고 있어야 하며, 보육교사의 전문성은 보육교사가 갖추어야 할 지식과 기술로서 경험, 역할수행, 신념, 책임감 등이 작용한다(김지영 · 윤진주, 2011).

2) 영아발달 전문가의 수행 기준

NAEYC(전미유아교육협회)에서 만든 영아발달 전문가를 위한 수행 기준에는 '전문가 되기'가 포함되어 있으며, 이는 영유아 교육 및 보육 실제에 관련된 윤리강령과 전문직 기준을 알고 사용할 것을 요구한다(NAEYC, 2003). NAEYC에서 요구하는 영아 전문가의 수행 기준은 다음과 같다.

표 11-3 NAEYC 수행 기준 요약

1. 영아발달과 학습 증진하기

지원자는 모든 영유아를 위한 건강하고 존중되며 지원적이고 도전적인 환경을 만들기 위해 영유아의 특성과 요구, 영유아의 발달과 학습에 미치는 다양한 영향에 대한 이해를 사용한다.

2. 가족 및 지역사회와 관계 정립하기

지원자는 영유아의 가족 및 지역사회의 중요성과 복합적인 특성에 대해 알고 이해하며 이를 존중한다. 지원자는 가족을 지원하고 권한을 부여하는 존중에 기초한 상호적인 관계를 만들고, 영유아의 발달과 학습에 가족을 포함시키기 위해 이러한 이해를 사용한다.

3. 영유아와 가족을 지원하기 위해 관찰, 기록, 평가하기

지원자는 평가의 목표, 혜택, 사용에 대해 알고 이해한다. 지원자는 영유아의 발달과 학습에 긍정적인 영향을 미치기 위해 체계적인 관찰, 기록, 다른 효과적인 평가 전략에 대해 알고 가족 및 다른 전문가와 협력하여 책임 있는 방식으로 이를 사용한다.

4. 교수와 학습하기

지원자는 영유아의 긍정적인 발달과 학습을 촉진하는 경험을 계획, 실행, 평가하기 위해 영유아의 가족에 대한 이해와 그들과의 관계, 교수와 학습에 발달적으로 효과적인 접근법에 대한 이해, 학문적인 지식을 통합한다.

4a. 영유아 및 가족과 연결 짓기

지원자는 영유아와 함께 일하기 위한 기초로서 긍정적인 관계와 지원적인 상호작용에 대해 알고 이해하며 적용한다.

4b. 발달적으로 효과적인 접근법 사용하기

지원자는 영유아의 발달과 학습에 긍정적인 영향을 미치기 위해 다양한 효과적인 접근법과 전략, 도구를 알고 이해하며 적용한다.

4c. 조기교육에 관한 내용 지식 이해하기
지원자는 영유아의 학습에서 각 내용 영역의 중요성을 이해한다. 지원자는 핵심적 개념, 연구방법, 교과목을 포함하는 내용 영역의 구조를 알고 이해를 심화시키기 위한 지원을 찾아낼 수 있다.

4d. 의미 있는 교육과정 수립하기
지원자는 영유아에게 포괄적인 발달과 학습 결과를 촉진할 수 있는 도전적이고 의미 있는 교육과정을 계획, 실행, 평가하기 위해 자신의 지식과 자원을 사용한다.

5. 전문가 되기
지원자는 자신을 영유아 관련 전문직의 구성원으로 생각하고 행동한다. 영유아 교육, 보육 실제에 관련된 윤리강령과 전문직 기준을 알고 사용한다. 전문가는 다양한 자원으로부터 지식을 통합하는 결정을 내릴 수 있고, 자신의 일에 대해 지적이고 반영적이며 비판적인 관점을 보여줄 수 있는 지속적이고 협력적인 학습자이다. 전문가는 건전한 교육 실제와 정책에 정통한 옹호자이다.

3) 교사의 전문성 발달

교사의 전문성 발달은 지식과 기술의 발달, 자기이해의 발달, 그리고 생태적 발달의 세 측면으로 볼 수 있다(조부경 · 백은주 · 서소영, 2001; 백은주 · 조부경, 2004). 지식과 기술의 발달 측면에서는 교사교육을 통해 교사가 바람직한 교수기술과 지식을 학습하도록 함으로써 전문성을 개발할 수 있고, 자기이해의 발달 측면은 교사가 자신에 대한 이해와 개인적 자질을 개발하는 것을 의미하며, 생태적 발달 측면에서는 교사의 전문적인 학습을 지원하는 직무환경 조성의 중요성을 강조한다(백은주 · 조부경, 2004). 세 측면의 하위범주별 세부내용은 표 11-4 와 같다.

교사의 전문성 발달은 이러한 세 가지 측면이 통합적으로 이루어질 때 가능하다. 영아 담당 보육교사는 스스로 전문성을 가진 영아발달 전문가라는 정체성을 가지고 전문성을 발달시키기 위하여 다양한 노력을 기울여야 한다. 다음에서는 전문성을 증진하기 위한 구체적인 방법을 알아보고자 한다.

4. 전문성 증진을 위한 방법

교사의 전문성을 증진시키기 위해서는 앞에서 언급한 세 가지 측면에 대한 통합적 발달이 지속적으로 이루어져야 한다. 새로운 영유아와의 만남, 보육과정의 변화, 가정과 부모와 사회의 급격한 변화 등으로 보육교사는 지속적인 연구를 통해 유능한 교사가 되기 위하여 노력해야 한다(조혜경, 2006). 전문성을 증진시키기 위하여 영아교사가 할 수 있는 방법으로 장학과 멘토링에 관해 알아보겠다.

표 11-4 교사의 전문성 발달에 대한 관점들의 하위범주별 내용

교사의 전문성 발달	하위범주	내용
지식과 기술의 발달	물리적 환경 구성	• 유아의 흥미, 욕구, 수준에 적합한 실내외 환경 구성 • 실내외 환경 내의 다양한 생활영역 구성 • 각 영역 내 생활 주제에 적합한 교재 및 교구 배치 • 안전하고 쾌적한 환경 구성
	유아에 대한 이해	• 연령별 유아발달과 제 영역에 대한 이해 • 유아의 흥미, 욕구 및 개인차에 대한 이해 • 특수아 발달의 특성에 대한 이해
	교사-유아-유아의 상호작용	• 유아들이 의미 있는 경험을 할 수 있도록 유도하는 허용적 분위기 조성과 긍정적 반응 • 유아들의 적극적인 활동 참여를 유도하고 성취감을 느끼도록 하는 격려 • 유아들 간의 의견 및 생각 교환 장려
	교육과정 계획, 실시, 평가	• 교육목표와 내용 및 방법의 적절한 계획 • 유아의 개인차, 흥미 등을 고려한 유연한 일과 운영 • 교육과정에 대한 적절하고도 다양한 평가
자기이해의 발달	교사로서의 자신에 대한 태도	• 전문성 발달을 위한 구체적이고도 지속적인 노력과 시도 • 교사로서의 보람과 유아들로부터의 긍정적인 평가
	자신감	• 유아들의 학습에 대한 긍정적인 영향력 행사 • 유아와 타인들로부터의 긍정적 평가
	개인적 측면에서의 자신에 대한 태도	• 자신의 생활에 대한 만족과 삶에 대한 긍정적 태도 • 자신에 대한 긍정적 태도 • 심신의 건강에 대한 긍정적 태도
생태적 발달	동료 교사와의 관계 형성	• 동교 교사들과의 친밀한 관계 유지와 교수활동, 유아 등에 대한 긴밀한 상호 정보 교환 • 동료 교사나 인근 지역 교사의 격려와 충분한 지원 이끌어내기
	부모 및 지역사회와의 관계 형성	• 부모 및 지역사회와 우호적인 관계를 형성하고 유아 교육 활동에 대한 그들의 적극적인 참여 이끌어내기 • 부모 및 지역사회에 대한 충분한 이해를 바탕으로 그들에 대한 적절한 교육 지원
	물리적 지원환경 조성	• 교육 자료 구입 및 사용의 자유로움 • 근무 시간, 환경, 교육 경비 지출 등의 소설

출처 : 백은주, 조부경(2004)

1) 장학

장학이란 전문성 신장을 위하여 원장, 주임교사, 보육교사가 협동적으로 참여하여 교육, 건강, 영양, 안전, 부모에 대한 서비스, 지역사회와의 교류 등에 관해 다양하고 지속적으로 이루어지는 자율적인 활동으로 정의할 수 있다(이근주, 2004). 보육정보센터의 방문장학에 관한 원영미(2001)의 연구를 보면 교사들은 장학활동을 통해 교실영역의 재배치, 일과 시간의 재편성, 일일교육계획안 작성 등에서 교사주도적 방식이 아닌 영유아 중심의 활동으로 변화하기를 원했으며 장학의 필요성을 인식하게 되었다.

교사의 전문성 증진을 통해 보육의 질을 개선하기 위하여 장학의 필요성이 커지고 있다. 평가인증제를 통해 어린이집의 전반적인 체계에 관한 평가가 이루어지고 있지만, 교육적인 측면에서의 장학의 기능을 충족시키고 있다고 보기는 어렵다(류운석, 2008). 따라서 자율적인 장학을 통해 지속적으로 보육의 질을 관리할 필요가 있다. 외부로부터 주어지는 장학이 아닌 외부의 통제나 지시를 받지 않고 원내에서 상호협조와 이해 아래 자율적으로 교사의 전문성 신장과 교수-학습방법 및 환경개선을 위해 노력하는 것을 자율장학이라고 할 수 있다(조혜경, 2006).

이와 같은 자율장학의 효과를 극대화하기 위해서는 다음과 같은 조건을 갖추어야 한다(박은혜 · 김명순, 2002). 첫째, 자율장학은 단위 학교인 원이 주체가 되기 때문에 장학의 수요자인 교사의 상황을 충분히 조사하여 그 기관의 특성을 살릴 수 있도록 장학이 실시되어야 한다. 둘째, 외부의 통제 없이 구성원들이 스스로 교육활동을 개선하기 위하여 실시하는 것이므로 결과에 대해 스스로 책임질 수 있어야 한다. 외부에서 장학사가 파견되어 수동적으로 이루어지는 장학활동이 아니기 때문에 구성원들이 능동적으로 참여하고 결과에 대한 책임을 지는 것이 중요하다. 셋째, 구성원들의 협력과 적극적인 참여가 이루어질 수 있도록 여건과 분위기를 조성해야 한다. 넷째, 자율장학은 단기간 동안 이루어지는 일시적인 행사가 아니라 지속적이고 장기적인 과정이 되어야 한다.

자율장학은 자기장학, 동료장학, 수업장학, 약식장학, 자체연수 등으로 나눌 수 있으며(이윤식, 2001), 이 가운데 어린이집에서 이루어질 수 있는 자기장학, 동료장학, 수업장학, 자체연수에 관해 구체적으로 살펴보고자 한다.

(1) 자기장학

교사는 전문직 종사자로서 자기성장과 자기발전을 위하여 지속적으로 노력해야 하고, 자기장학은 자기평가와 자기분석을 포함하는 것으로 외부의 요구 없이 스스로 세운 계획을 실천하며 그 결과에 대해 자기반성을 하는 활동이다(강영삼, 1995; 조혜경, 2006). 즉 교사 자신의 전문성 발달을 위하여 스스로 계획을 세우고 실천해 나가는 것으로 교사 주도적으로 이루어지는 활동이다.

자기장학의 방법은 다음과 같다(박은혜 · 김명순, 2002; 조혜경, 2006). 첫째, 자기 임상장학으로 활동계획안을 작성한 뒤 스스로 분석하여 수정하고, 수업을 녹화하거나 녹음한 뒤에 계획안과 비교분석하는 과정을 거치는 것이다. 둘째, 저널 쓰기를 통해 반성적 사고를 촉진하는 방법이 있다. 개인적인 생각과 전문가 차원에서 교사의 생각을 적도록 한다. 셋째, 학회나 세미나 참석, 학위과정 등록, 현장 연구 등 연수를 하는 방법이 있다.

(2) 동료장학

동료장학은 동료들 간에 교육활동 개선을 목표로 공동으로 노력하는 과정으로서 모임을 이루거나 경력교사와 초임교사가 짝을 이루어 상호 간에 수업을 관찰하고 이에 대한 의견을 교환함으로써 수업방법의 개선을 위해 협의하는 것을 말한다(김휘경, 2006).

(3) 수업장학

수업장학이란 원내에서 원장을 중심으로 이루어지는 장학활동으로서 교사의 교수 · 학습 방법의 개선을 목표로 교사의 교수 행위에 직접적인 영향을 줄 수 있도록 공식적으로 제공하는 제반활동을 의미한다(조병효, 1991). 초임교사나 경력이 짧은 교사, 수업기술 향상의 필요성이 있는 교사를 대상으로 원장과 원감이 주도하는 장학활동이기 때문에 체계적이고 개별적인 성격이 강하다(우영혜, 2006).

(4) 자체연수

자체연수는 교육활동의 개선을 위하여 교사들의 필요와 요구에 의해 원내 · 원외의 인적 · 물적 자원을 활용하여 어린이집 자체에서 실시하는 연수활동으로, 교직원 또는 외부 전문가에 의해 진행된다(이윤식, 2001).

2) 멘토링

멘토링은 한 사람을 전문가로, 다른 사람은 멘토의 지식을 받아들이는 사람으로 본다는 점에서 상호 의존적인 관계를 형성하게 되는 동료장학과는 차이가 있다(김휘경, 2006). 멘토링이란 초임교사가 성장하고 전문성을 발달시킬 수 있도록 경력 있는 교사들이 멘토가 되어 멘티인 초임교사들을 지원하는 것을 의미한다. 멘토링을 통해 초임교사들은 전문성을 발달시킬 수 있고 경력교사들은 멘토로서 성취감을 느낄 수 있다. 멘토링의 교육내용은 두 가지로 나누어 볼 수 있다(Scott, 1999). 첫째는 전문적인 지원으로 효과적인 학급 운영 및 교수-학습 방법에 대한 내용을 포함하여 전문성을 증진시킬 수 있도록 돕는 것이다. 둘째는 정서적인 지원으로 멘토링을 통해 직업적 갈등과 스트레스를 해소하도록 돕는 것을 의미한다.

Chapter 12

영아보육과 부모 및 지역사회와의 협력

1. 영아보육과 부모
2. 영아보육과 부모의 협력 프로그램
3. 영아보육과 지역사회의 협력

12

보육 서비스는 영아의 건강한 성장과 발달을 위한 것일 뿐 아니라, 그 가족을 지원함으로써 부모의 양육부담을 경감시키는 것을 목적으로 하고 있다. 따라서 부모교육을 통해 영아의 부모를 지원하는 것이 중요하기 때문에 본 장에서는 영아보육과 부모협력의 중요성에 관해 논의하고자 한다. 또한 영아를 둘러싼 지역사회와의 협력을 통해 영아의 경험을 확장시키고, 지역사회에 어린이집이 기여할 수 있는 방안을 알아보겠다.

1. 영아보육과 부모

1) 영아기 부모의 역할특성

자녀의 발달단계에 따라 부모의 역할은 변화하며, 영아기 자녀를 둔 부모의 역할은 유아기나 학령기 자녀를 둔 부모와는 구별되는 특성이 있다. 영아기는 신체적 발달이 급격하며, 독립적인 생존이 불가능한 시기이다. 또한 양육자와 안정적인 애착을 형성하는 것은 이 시기에 가장 중요한 발달과업이라고 할 수 있다. 영아기 부모의 역할은 크게 다섯 가지로 분류할 수 있다(박성연 외, 2003).

(1) 양육자

영아기는 다른 어떤 시기보다 돌봄의 질이 중요하다. 영아기는 생존을 위해 양육자의 돌봄이 매우 중요한 시기이므로 양육자는 영아의 요구에 민감하게 반응해야 하고, 영아를 안전하게 보호해야 한다. 따라서 안전한 환경을 조성하고, 기본적인 영아의 욕구를 충족시키기 위하여 최선을 다해야 한다.

(2) 기본적 신뢰감 형성의 조력자

영아기는 애착 형성이 이루어지는 시기로, 양육자와 안정적인 애착을 형성한 영아는 이러한 신뢰감을 타인에게 적용하게 된다. 따라서 양육자와의 관계는 이후 사회성 발달에 많은 영향을 미친다. 또한 최근 연구들이 부모가 자신의 부모인 영아의 조부모와 형성한 애착관계가 영아와 부모의 애착관계와 관련성이 있다고 보고함으로써 애착관계가 세대 간에 전이된다고 주장한다(장미자 · 조복희, 1999; 전효정, 2003). 따라서 자신의 부모와 애착관계가 불안정한 부모는 자녀와도 불안정한 애착을 형성할 가능성이 높다.

그러나 자신의 부모와 불안정한 애착을 형성했던 어머니의 경우 결혼 만족도가 높으면 자녀와 안전애착을 형성하는 것으로 나타나 결혼 만족도가 부정적인 양육행동의 세대 간 전이를 차단하는 역할을 할 수 있다(Belsky, Youngblade, & Pensky, 1989). 따라서 좋은 부부관계를 형성하는 것이 영아에게 좋은 부모 역할을 하는 데 간접적인 영향을 미칠 수 있음을 알 수 있다.

(3) 자극 제공자

영아기는 탐색욕구가 큰 시기로, 주변 환경을 탐색하면서 새로운 정보를 획득한다. 따라서 양육자는 영아의 발달수준에 적합한 흥미 있는 자극들을 제공하여 영아의 탐색욕구를 충족시킬 수 있도록 노력해야 한다.

(4) 자율성 발달의 조력자

걸음마기 영아들은 점차 독립적인 욕구를 갖게 되기 때문에 영아가 스스로 할 수 있는 일들을 성취하면서 자신감을 가지고 긍정적인 자존감을 형성할 수 있도록 도와야 한다. 따라서 이 시기에 양육자는 자율성 발달의 조력자 역할을 해야 한다.

(5) 학습경험 제공자

영아는 스스로 먹고, 옷을 입고, 신발을 신고, 대소변을 가릴 수 있는 자조기술을 습득해야 한다. 자조기술을 습득하기 위해 스스로 해볼 수 있는 학습경험을 제공하고 결과에 대해 칭찬한다.

2) 영아기 부모교육의 필요성

부모교육은 자녀의 발달과정에 따라 지속적으로 이루어져야 하며, 본 장에서는 영아기 부모교육의 필요성을 논하고자 한다. 다음은 영아기 부모교육의 필요성을 기존 연구들을(이소희, 2005; 이연섭 · 강문희, 2002) 바탕으로 분류한 것이다.

(1) 영아의 건강한 성장과 발달

부모는 영아의 양육자로서 건강한 성장과 발달에 큰 영향을 미치기 때문에 양육에 필요한 지식과 기술을 갖추어야 한다. 따라서 영아의 성장과 발달에 필요한 발달 원리 및 양육방법에 대한 부모교육을 필요로 한다.

(2) 효율적인 정보 선택

현대 사회는 다양한 정보를 손쉽게 접할 수 있는 정보의 홍수시대라고 할 수 있다. 다양한 정보 가운데 자신의 자녀에게 가장 필요한 정보를 효율적으로 선택할 수 있도록 도와주기 위하여 부모교육이 필요하다.

(3) 역할 모델의 부재

핵가족화로 인하여 부모들은 주변에 영아 양육에 대한 역할 모델이 없는 경우가 많다. 이와 같이 적절한 역할 모델의 부재와 자녀 양육을 위한 가족 지원이 줄어들어 자녀 양육에 대한 부모의 책임은 과거보다 증가하였고 부모 역할에 대한 요구 수준은 높아졌다(문혁준, 2004). 따라서 이로 인한 양육 스트레스가 증가하기 때문에 양육에 대한 부모교육이 필요하다.

(4) 자녀 양육에 대한 신념과 안정감

부모교육을 통해 부모들은 실질적인 도움과 조언을 얻을 수 있기 때문에 자녀 양육에 대한 신념을 확립하고 정서적인 안정감을 얻을 수 있다. 부모효능감이란 부모가 자녀를 바람직하게 양육하고 부모 역할을 잘할 수 있다는 부모 자신의 신념이라고 할 수 있는데(신숙재, 1999), 부모효능감이 높을수록 양육 스트레스는 낮아지는 것으로 나타났다(문성주, 2011). 따라서 부모교육을 통해 스스로 자녀의 발달에 긍정적인 영향을 미칠 수 있다는 신념인 부모효능감을 증진하는 것은 양육에 대한 정서적 안정감을 얻을 수 있는 좋은 방법이다.

(5) 가정과 어린이집의 연계성

부모교육을 통해 교육목표를 공유하면 가정과 교육 · 보육기관의 연계성을 높일 수 있고, 일관성 있는 교육을 제공함으로써 교육효과를 증진할 수 있다. 따라서 어린이집에서는 다양한 부모교육 프로그램 및 부모참여를 통해 부모와의 협력을 강화하여 가정과 어린이집의 연계성을 높이기 위해 노력해야 한다.

(6) 사회에 필요한 인적 자원 양성

영아기는 교육적 효과가 크게 나타나는 시기로 영아를 양육하는 부모의 역량을 강화하는 것은 사회와 국가에 필요한 인적 자원을 양성하기 위하여 필요하다. 따라서 영아기 부모에게 적절한 교육을 제공하는 것은 이후 미래 사회에 필요한 인적 자원을 양성하는 첫걸음이라고 할 수 있다.

> **외국은 국가가 부모교육 담당**
>
> 유럽과 미국에서는 부모교육이 국가의 교육정책과 맞물려 있다. 부모교육을 국가적인 과제로 보고 국가는 물론 사회 · 문화적 측면 지원도 활발하다.
>
> 미국에서는 부모교육이 저소득층을 대상으로 하는 '헤드 스타트head start' 운동의 하나로 전개되고 있다. 이 운동에 따라 유아를 둔 부모는 지자체에서 운영하는 지역별 센터를 통해 자녀교육에 도움이 되는 교육을 받는다. 조지 부시 전 대통령 부인의 이름을 따서 바버라 부시 센터로 불리는 기관에서는 부모들의 자녀 문제를 상담하고 장난감을 명목상 최소 비용만으로 대여해준다. 공립학교에도 부모를 위한 서클이 결성돼 교사에게서 도움도 받고 학부모들의 정보교환의 장으로 활용된다.
>
> 민주주의적 국가 구성원을 길러내기 위해 PET(부모 효율성 훈련)도 개발되었다. 이 훈련은 부모와 아이가 서로 대등한 수평적 입장에서 자녀를 인격체로 인정하며 대화하는 것이다. 그러나 부모의 권위 유지가 교육에 불가피하다는 지적이 제기됨에 따라 부모의 주도권을 강조하는 APT(적극적 부모 훈련)가 힘을 얻고 있다.
>
> 프랑스에서는 시민사회단체가 중심이 되어 부모교육을 활발히 하고 있다. 부모학교에 소속된 각계 전문가들은 부모들이 자녀 양육에서 맞닥뜨리는 문제점을 해결해주고 있다. 부모들은 먼저 전화로 부모학교 직원들과 상담하고, 이후 의사, 법률가, 정신분석학자 등 전문가 그룹으로부터 해결책을 받는다. 시민사회단체는 복지예산의 일부를 지원받는다. 대중매체도 부모교육의 주요 수단으로 활용되고 있다. 자녀 문제를 상담하는 프로그램이 고정적으로 방영되고, 부모교육 관련 잡지가 열 권에 이른다.
>
> 독일은 부모교육을 가족 구성원 전체의 교육으로 확대하고 있다. 부모교육기관에는 할머니와 손녀가 함께 에어로빅을 하는 등 가족문화를 높일 수 있는 프로그램을 운영하고 있다.

출처 : 세계일보, 2005. 10. 16.

2. 영아보육과 부모의 협력 프로그램

영아기 부모의 부모교육 현황을 조사한 연구(정계환, 2011)에 의하면 영아기 부모의 83.6%가 영아기 자녀가 재원 중인 어린이집에 부모교육 프로그램이 있다고 응답함으로써 우리나라 영아기 부모교육이 어린이집을 통하여 활발하게 이루어지고 있음을 알 수 있다. 아버지가 가장 많이 참여하고 있는 부모교육의 형태는 개인 및 집단 상담(44.4%)으로 나타났고, 가정통신문(19.6%)과 전문강사(19.6%)에 의한 부모교육이 그다음으로 높게 나타났다. 어머니가 가장 많이 참여하고 있는 부모교육의 형태는 등교 · 하교 시 면담(75.2%)이었으며 가정통신문(45.7%)과 전문강사(22.0%)가 그다음으로 많았다. 어린이집에서 이루어지고 있는 부모와의 협력 프로그램은 구체적으로 다음과 같다. 부모 협력 프로그램을 통해 어린이집과 부모가 신뢰감을 형성하고, 공동의 교육목표를 이뤄나갈 수 있도록 노력해야 한다.

1) 자원봉사

부모는 급식봉사, 청소봉사, 김장하기 혹은 견학이나 행사가 있을 때 자원봉사자로서 어린이집에 참여할 수 있다. 때로는 교구 제작 등 영아를 위한 교육자료를 만드는 데 참여할 수도 있고, 특정 교육내용에 대한 전문가로서 일일교사로 수업에 직접 참여할 수도 있다. 어린이집에서는 자원봉사자가 필요할 때 사전에 부모에게 참여 여부를 확인하고 부모의 참여를 계획하도록 한다. 자원봉사자로 참여하는 부모에게는 사전에 자원봉사자의 역할에 대한 간단한 오리엔테이션을 실시한다.

2) 수업참관

수업을 참관하는 것은 1년에 1~2회 정도 계획되며, 교사는 미리 수업참관에 대한 지침을 안내문으로 가정에 발송한다. 수업참관 시 주의사항 등을 구체적으로 전달하여 정숙한 분위기를 유지하도록 협조를 구한다. 수업참관은 부모가 영아를 관찰함으로써 영아의 생활과 또래관계 등을 알 수 있는 기회가 된다(도미향 외, 2010).

3) 참여수업

참여수업은 교사가 부모와 영아가 함께하는 수업활동을 계획하여 수업을 진행하는 것이다. 교사는 부모와 영아가 쉽게 따라 할 수 있도록 수업내용을 계획한다.

부모 참여수업

4) 운영참여

영유아보육법(제25조, 시행령 제21조의2, 시행규칙 제26조)에서는 어린이집의 장, 보육교사 대표, 학부모 대표 및 지역사회 인사를 포함하여 5인 이상으로 구성된 보육시설운영위원회를 설치하고 운영하도록 규정하고 있으며(직장어린이집에서는 당해 직장의 업무 담당자 포함), 가급적 상반기 · 하반기 1회 이상 회의가 이루어지도록 정하고 있다. 따라서 어린이집에서는 부모를 포함한 보육시설운영위원회를 설치하고 1년에 2회 정도 회의를 개최해야 한다. 이 밖에 부모협동 어린이집에서는 어린이집 운영 및 교육내용에 관한 의사결정과정에서 부모의 운영참여가 매우 적극적으로 이루어지고 있다.

5) 면담

담임교사와 부모는 개별적인 면담과 집단 면담을 통해 영아에 관해 의사소통하는 시간을 갖도록 한다. 개별적인 면담은 연 2회가량 시행되며 영아의 부모와 개별적으로 30분가량 진행한다. 면담 계획이 없는 시기라도 부모와 교사의 면담이 필요하다고 판단되면 약속을 하고 개별적으로 상담을 진행한다. 집단 면담은 학부모 간담회 형식으로 진행될 수 있으며, 담임교사와 학급의 부모들이 만나는 시간을 갖도록 계획한다.

개별적인 면담과 집단 면담 외에 수시로 교사와 부모는 의사소통을 해야 하며, 특히 등원 · 하원 시 영아에 대한 정보를 간단하게 주고받는 것이 바람직하다. 등원할 때는 영아의 건강 상태 등을 확인하고, 하원 시에는 어린이집에서 있었던 일들에 관한 정보를 부모에게 제공한다. 이 밖에도 필요하다면 전화로 비형식적인 면담이 이루어질 수 있다.

6) 부모 오리엔테이션

어린이집에 새로 입소하였거나 재원 중인 영아의 부모를 대상으로 어린이집 운영 및 보육 프로그램에 관한 정보를 제공하기 위하여 2월 말 입학식 이전에 부모 오리엔테이션을 실시한다. 부모 오리엔테이션을 통하여 어린이집의 설립취지, 시설 및 보육 프로그램 안내, 건강 · 안전 · 영양 · 위생에 관한 정보, 어린이집 입소 준비물 안내, 부모협력 프로그램 안내, 교직원 소개 등 부모와 신뢰감을 형성할 수 있도록 구체적인 정보를 제공하도록 한다(이미정 외, 2009).

부모 오리엔테이션

7) 강연회

강연회는 특정 주제에 대한 전문가를 초빙하여 강연을 듣는 것으로 가장 흔한 부모교육의 형태이다. 연간 1~2회가량 시행하며, 영아기 부모에게 필요한 주제를 선택하여 해당 분야의 전문가를 초빙한다. 주제 선정에는 부모의 의견을 반영하여 부모가 관심을 가지고 참여할 수 있도록 계획한다. 강연회 시간은 가장 많은 부모가 참여할 수 있는 요일과 시간으로 정하여 가정에 미리 안내문을 보내고 참석 여부를 교사가 개별적으로 확인한다.

아동보호 전문기관 강사 초청 부모교육

8) 가정통신문

가정통신문은 어린이집에서 부모에게 전하는 다양한 정보를 포함하고 있다. 어린이집에 관한 공지부터 영아에 관한 발달지식, 필수 예방접종 리스트 등 영아기 부모에게 유용한 정보를 제공해야 한다. 어린이집의 행사 계획이나 식단, 프로그램에 관한 내용도 전달한다. 가정통신문 외에 인터넷 카페 등을 활용하여 교사와 부모가 활발하게 의사소통할 수 있는 방법을 모색하도록 한다.

5월 4째주

가정통신문

담 당	원 장

안녕하십니까?

12개월이 넘어서면서 아이들의 욕구는 다양해집니다. 먹는 것, 자는 것, 배설하는 것, 애정의 욕구 등 기본 욕구에 충실했다면 그 이후부터는 범위가 좀 더 넓어집니다. 장난감을 가지고 놀 때도 단순히 가지고 싶은 욕구에서 가지고 놀다가 끼우고 작동시켜 변화시키고 싶은 구체적인 욕구로 세밀화됩니다. 그러나 아이들의 언어표현이 이런 욕구를 올바르게 표현할 만큼의 능력이 안 되니 급한 대로 행동으로 자신의 감정을 표현합니다. 이때 아이들의 기질에 따라 던지거나 물거나 우는 아이가 있습니다. 먼저 이런 아이의 상황을 이해하고 타인을 무는 행동을 보일 때 아이의 마음을 먼저 읽어주시기 바랍니다.

마음을 이해해준 뒤에도 계속되는 행동을 바로잡기 위해서는 바르지 않은 행동임을 인식시키고 대신 언어표현을 가르칩니다. 언어표현을 습득하는 데는 당연히 오랜 시간이 걸릴 것입니다. 하지만 선생님(부모님)이 자신의 마음을 알아준다는 것을 점차 인식하게 되면서 바른 방법으로 마음을 표현하는 방법을 연습하게 됩니다. 그리고 시간이 지나면 건강하게 의견을 전달할 수 있을 것입니다.

★우리의 이야기★

텃밭에 오이, 고추, 방울토마토의 모종과 상추, 꽃씨앗을 심으며 식물과 꽃의 성장에 관심을 갖고 자연물이 주는 고마움을 느끼는 활동을 해보았습니다.

★생일잔치 안내★

❖ 일시 : 5월 25일 금요일 10시

❖ 꽃내음반 : 김나혜, 박동현

꽃초롱반 : 김민찬, 강수진

꽃향기반 : 최민경

• 생일 원아는 한복을 입혀 등원시키고 갈아입을 옷을 챙겨주세요.

• 생일 원아 인원에 따라 가정에서 준비하는 음식은 다를 수 있습니다. 음식 준비는 메모 드리겠습니다.

★기타 활동 안내★

★ 21일(월)에는 꽃내음반, 꽃초롱반이 우체국을 방문합니다. 반팔 단체 티셔츠와 체육복 바지를 입혀주세요.

★ 수혜성 경비 정산 및 납부 안내 : 23일(수)까지

―― 수익자 부담금(미술도깨비+봄소풍) ――

(1) 미술도깨비 :

차량비 198,000+체험비 170,000=368,000

368,000÷17명=21,000원

(2) 봄소풍 : 차량비 165,000÷18명=9,000원

※ 꽃내음반 : 특별활동(체육, 뮤직칸타빌 23,000+수익자 부담금 30,000) 총 53,000원 납부해주세요.

※ 꽃초롱반 : 특별활동(체육 13,000+수익자 부담금 30,000) 총 43,000원 납부해주세요.

※ 해오름반, 꽃향기반 수혜성 경비는 없습니다.

9) 워크숍

워크숍은 부모들이 활동에 실제로 참여하여 배워보는 교육활동으로, 부모들이 관심을 가지고 있는 주제나 취미에 관해 워크숍을 진행하도록 한다. 워크숍은 부모들 중에서 전문가가 있다면 진행을 부탁할 수 있으며, 영아를 위한 교육자료를 제작하여 가정에서도 어린이집과 비슷한 활동을 연계하여 해볼 수 있도록 할 수 있고, 부모의 요구에 따라 취미활동 및 특기개발을 위한 모임 등으로 구성할 수 있다(이미정 외, 2009). 표 12-1 은 부모협력 프로그램의 연간계획안의 예이다.

표 12-1 부모협력 프로그램 연간계획안

월	프로그램	월	프로그램
3월	• 부모 오리엔테이션 • 반별 부모 간담회 • 보육시설운영위원회 정기회의	9월	• 영아의 언어발달을 도와주려면?(교육자료)
4월	• 1학기 학부모 개별 면담 • 부모교육 강연회(강사 초청) • 새로운 환경에 잘 적응하려면?(교육자료)	10월	• 2학기 학부모 개별 면담 • 가을 가족운동회 • 영아기에 적합한 책은?(교육자료)
5월	• 환영 받는 아이로 키우려면?(교육자료)	11월	• 학부모 간담회 • 자녀와의 대화(교육자료) • 김장 담그기(부모 자원봉사 활동)
6월	• 사랑의 바자회(부모 자원봉사 활동) • 부모교육 강연회(강사 초청) • 예절 바른 아이로 키우려면(교육자료)	12월	• 불우 이웃 돕기 바자회 (부모 자원봉사 활동) • 영아들도 스트레스를 받아요(교육자료)
7월	• 부모 참여 수업 • 놀이는 영아에게 어떤 영향을 미칠까요?(교육자료)	1월	• 부모교육 강연회(강사 초청) • 우리 아이 성교육은 어떻게?(교육자료)
8월	• 바른 식습관을 길러주려면?(교육자료) • 우리 아이 창의성은 어떻게 길러줄까요?(교육자료)	2월	• 부모 오리엔테이션

출처 : 화성시 시립 숲속 어린이집

가족운동회

가족한마당 행사

3. 영아보육과 지역사회의 협력

이번에는 영아의 경험을 확장시키기 위하여 어린이집에서 이용할 수 있는 지역사회 자원을 알아보고자 한다. 어린이집에서는 지역사회의 자원을 이용할 뿐만 아니라 지역사회를 위하여 어린이집이 기여할 수 있는 프로그램을 개발하고 실행함으로써 지역사회와 협력하는 것이 바람직하다(서영숙 외, 2012).

1) 지역사회의 정의

지역사회란 개인이 거주하고 있는 지역사회에 있는 사람, 장소, 사물을 포함하는 것으로서 개인이 상호작용하는 이웃, 학교, 직장, 그리고 그 외에 다른 모든 환경들을 의미한다(이경면, 1996). 지역사회와 연계한 다양한 활동들은 영아들의 경험을 확장시킬 수 있는 의미 있는 교육의 내용이 될 수 있다. 보육시설과 지역사회 연계의 중요성은 Bronfenbrenner의 생태학적 이론에서 근거를 찾을 수 있다(강선미, 2009). 생태학적 이론에서는 아동의 성장과 발달은 자신이 속한 환경과의 직간접적인 상호작용을 통해 이루어지는 것으로 설명한다. 이러한 생태학적 이론에 근거하여 영아가 속한 지역사회의 다양한 환경들을 활용하여 영아가 지역사회의 구성원으로 성장할 수 있도록 계획한다.

표준보육과정에서는 영아의 성장과 경험에 영향을 미치는 요인으로 가족과 지역사회 구성원을 포함하며, 어린이집이나 사회에서 안전하고 건강하게 살아가는 데 필요한 기본 생활태도를 기르는 것을 목표로 한다. 또한 어린이집 평가인증에서는 지역사회와의 연계를 강조하고 있으며, 평가인증 지표에 가족과의 협력 및 지역사회와의 협조에 대한 지표를 포함하고 있다.

2) 지역사회 자원의 종류

어린이집이 속해 있는 지역사회는 그 지역만의 특성을 가지고 있다. 지역사회가 가지고 있는 인적, 물적, 자연적, 문화적 자원을 활용하여 교육활동을 풍부하게 할 수 있으며, 자신이 속한 지역사회에 대한 영아의 이해를 증진시킬 수 있다. 교사가 활용할 수 있는 지역사회의 자원을 분류하면 다음과 같다(Gestwicki, 2004).

(1) 인적 자원

노인정을 방문한 영아들

어린이집이 속한 지역사회에는 다양한 인적 자원들이 있으므로 보육 프로그램에 따라 필요한 인적 자원을 적극적으로 활용하여 영아들이 다양한 경험을 할 수 있도록 교육내용을 계획한다. 영아의 가족 역시 지역사회의 인적 자원이 될 수 있으므로 가족에 관한 간단한 정보를 가지고 있어야 한다. 이 밖에 지역사회 기관에 종사하고 있는 전문가들인 의사, 간호사, 경찰관, 소방관 등 다양한 인력의 활용방법에 대해 사전에 계획을 세우고, 지역사회 기관과 연계한다. 예를 들면 경찰관이 일일교사로 참여하여 경찰의 역할에 대해 알려주거나, 소방관을 통해 안전교육을 실시하는 등 다양한 활동을 통해 영아가 흥미 있는 경험을 하도록 한다.

영아 자신도 지역사회의 인적 자원으로서 지역사회에 기여할 수 있다. 재롱잔치 등을 통해 노인정을 방문하거나 동전을 모아서 이웃 돕기에 참여하는 등 영아가 지역사회에 중요한 인적 자원으로 참여함으로써 지역사회에 대한 소속감을 느낄 수 있도록 교육활동을 계획한다.

(2) 물적 자원

어린이집에서는 영아를 위한 프로그램을 위해 다양한 물품 및 비용을 지역사회에서 지원받을 수 있으며, 이러한 물적 자원을 지원받을 수 있도록 지역사회와 교류가 필요하다. 예를 들면 재활용센터를 방문하여 재활용품을 지원받아 수업활동에서 활용할 수 있다. 이 밖에도 미술용품, 종이상자, 나뭇조각, 장난감 등을 지원 및 기부 받을 수 있으며, 이러한 물품은 다양한 표상활동에 기여할 수 있다(이순희, 2010). 교사들은 이용 가능한 물적 자원에 관한 정보를 수집하고 기관에 협력을 요청하여 지역사회의 물적 자원을 적극적으로 활용하도록 한다.

(3) 자연적 자원

어린이집에서 쉽게 방문할 수 있는 가까운 곳에 위치한 다양한 지역사회 기관과 인근 공원, 동(식)물원 등이 자연적 자원에 해당하며(남미경, 2011), 이를 통해 현장학습의 기회를 영아에게 제공할 수 있다. 지역사회에 있는 은행, 시장, 경찰서, 소방서, 우체국, 보건소, 도서관, 병원 등을 견학할 수 있으므로 교사는 지역사회에 있는 자연적 자원에 대한 정보를 확보하고 교육과정과 연계하여 영아의 경험을 확장하도록 한다.

우체국을 방문한 영아들

철도박물관을 방문한 영아들

(4) 문화적 자원

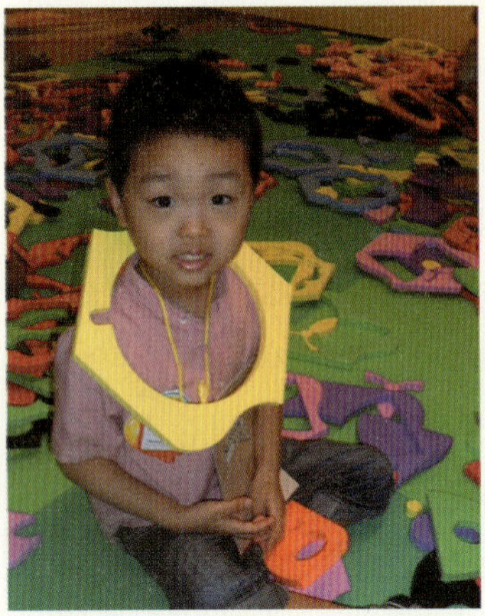

명화 속 과학체험전을 방문한 영아

지역사회에서 개최하는 다양한 축제, 행사, 공연, 영아를 대상으로 하는 대회 등을 문화적 자원이라고 할 수 있으며, 지역 문화를 느낄 수 있도록 지역사회의 문화적 자원을 체험하도록 계획한다.

표 12-2 는 어린이집에서 시행하고 있는 지역사회 연계에 대한 연간계획안의 예이다.

표 12-2 지역사회 연계의 연간계획안

활동명	일시	관계기관	내용	대상
산책	매일	숲속 마을 주변	자연탐색	만 1~2세
보육실습	2회/년	대학	예비 보육교사를 위한 실습교육	전체
노인정 방문하기	2회/년	인근 노인정	어른들과 상호작용	만 2세
방역소독	1회/월	방역기관	위생을 위한 방역 실시	전체
성교육	2회/년	보건소	내 몸을 지켜요	만 2세
영양교육	1회/년	보건소	올바른 식습관 지도	만 1~2세
구강교육	1회/년	보건소	올바른 양치법	만 1~2세
안전교육	2회/년	소방서	응급처치	전체 교사
도서관 견학	2회/월	어린이 도서관	책 읽는 습관 지도	만 2세
소방서 견학	1회/년	소방서	화재교육 및 대피교육	만 2세
건강검진	1회/년	인근 병원	검진 받기	전체
교통안전교육	1회/년	경찰서	교통안전수칙	만 2세
어린이날 행사	1회/년	화성시청	가족의 소중함 알기 우리 지역 친구와 함께해요	전체

출처 : 화성시 시립 숲속 어린이집

참고문헌

강선미(2009). 보육시설의 지역사회 연계 프로그램의 운영에 관한 연구. 건국대학교 석사 학위 논문.

곽금주, 정윤경, 김민화, 박성혜, 송현주 공역(2006). Santrock, J. W.(2004). 아동발달심리학. 시그마프레스.

곽노의, 김유미 공역(2001). 유아의 두뇌발달. Families and Work Institute, Rethinking the brain(2nd ed.). 양서원.

김권영(2004). 발달장애아의 의학적 진단 및 과제. 발달장애연구, 8(2), 81-95.

김동일, 김신호, 이근재, 정일호, 정종진(2004). 아동발달과 학습. 교육출판사.

김상희(1992). 가족 안에서 겪게 되는 경험의 차이와 형제관계. 공주대학교 논문집.

김수강(2007). 영유아 어머니의 예방접종 행위모형 구축. 중앙대학교 대학원 박사학위 논문.

김숙령(2010). 영아-교사 간 상호작용의 질적 수준과 교사의 민감성이 영아의 부모와 교사에 대한 애착과 사회적 행동에 미치는 영향. 한국영유아보육학, 61, 197-215.

김숙령, 김선희, 육길나, 조숙진(2006). 영아와 교사의 집단활동 상호작용에 있어서 영아교사의 민감성에 관한 연구. 유아교육학 논문집, 10(4), 125-150.

김승국, 김옥기(1985). 사회성숙도 검사. 중앙적성출판사.

김영혜, 권봉숙, 남혜경, 오상은, 이영은, 이지원, 임효숙, 정향미, 조인숙, 주현옥 공역(2003). Hockemberry, M. J. 아동간호학 총론. 현문사.

김재원, 박기홍, 최민정(2004). 지역사회에서 주의력 결핍-과잉행동장애 선별 기준에 대한 연구. 신경정신의학, 43(2), 200-208,

김재환, 오상우, 홍창의, 김지혜, 황순택, 문혜신, 정승아, 이장한, 정은경(2006). 임상심리검사의 이해. 하지사.

김정아(2006). 영아 언어발달을 위한 상호작용적 그림책 읽기 모형의 적용 및 효과. 전남대학교 대학원 박사학위 논문.

김지영, 유진주(2011). 보육교사의 전문성 발달과 효능감, 역할 수행 간의 관계. 아동교육, 20(4), 127-137,

김현지(2008). 영아교사의 상호작용 증진을 위한 보육교사 교육 프로그램 구성 및 효과. 경희대학교 대학원 박사학위 논문.

김휘경(2006). 동료장학 실행 수준에 따른 보육교사 전문성 발달. 숙명여자대학교 석사학위 논문.

남규(2009). 교사의 그림책 읽기 상호작용 유형에 따른 영아의 언어발달 비교. 건국대학교 대학원 박사학위 논문.

남미경(2011). 대구 지역 유아교육기관의 지역사회 자원 활용 실태 및 적용 타당성 조사. 생태유아교육연구, 10(4), 51-69.

대학소아재활의학회(2006). 소아재활의학. 군자출판사.

대한소아과학회(1998). www.pediatrics.or.kr

대한소아과학회(2005). 기본 접종 및 권장 접종.

도미향, 정미현, 이명숙(2010). 보육과정. 학현사.

도현심, 이희선, 김상희, 최미경, 이사라, 김상원(2011). 인간발달과 가족. 교문사.

랜덤하우스코리아(2006). 첫 아기 임신: 계획임신에서출산까지. 랜덤하우스코리아.

문성주(2011). 부모교육 프로그램이 부모 효능감과 양육 스트레스에 미치는 영향. 광운대학교 석사학위 논문.

문혁준(2004). 취업모와 비취업모의 양육 스트레스. 대한가정학회지, 42(110, 109-122).

박성연(2006). 아동발달. 교문사.

박성연, 김상희, 김지신, 박응임, 전춘애, 임희수(2003). 자녀와의 진정한 만남을 위한 부모교육. 교육과학사.

박성연, 도현심(1993). 성, 형제 수, 출생 순위 및 형제 성 구성에 따른 아동의 사회성. 아동학회지, 14(2), 35-47.

박성연, 백지숙, 안지영, 오미경, 이사라, 이주연, 임희수, 전춘애, 지연경, 한세영(2011). 인간발달. 파워북.

박성연, 송나리(1993). 외동이의 사회적 능력 및 인지능력 발달에 관한 연구. 아동학회지, 14(1), 91-107.

박인균 역(2012). Paul, A. M.(2010). 오리진(Origins). 추수밭.

박현빈(2006). ADHD의 하위 유형에 따른 사회적 조망수용능력과 갈등 상황에서의 문제인식 및 대처방식의 차이. 대구가톨릭대학교 대학원 석사학위 논문.

백은주, 조부경(2004). 유치원 교사의 전문성 발달수준 자기평가도구 개발. 유아교육연구, 24(4), 95-117.

보건복지부(1996). 영유아 보육 프로그램.

보건복지부(2007). 장애인복지법.

보건복지부(2009). 장애인복지법 시행규칙.

보건복지부(2011). 보육사업 안내.

보건복지부(2011). 선생님, 우리 아이들 잘 크고 있나요?: '발달이 늦은 영유아' 조기발견을 위한 어린이집 보육교사 안내서. 보건복지부.

서영숙, 서혜전, 정영희, 양영아, 안소영(2012). 보육과정. 공동체.

소준현, 신윤오, 조수철(1996). 주의력 결핍-과잉운동장애의 가정환경에 대한 연구. 소아·청소년정신의학, 7(1), 44-51.

송주승, 정혜명(2009). 유아교육기관의 위생관리 실태 및 안전 인식에 관한 비교연구. 13(4), 75-92.

신숙재(1997). 어머니의 양육 스트레스, 사회적 지원과 부모 효능감이 양육행동에 미치는 영향. 연세대학교 박사학위 청구논문.

신은수, 강금지, 유희정(2009). 영유아를 위한 영양과 건강교육. 창지사.

신희선, 한경자, 오가실, 오진주, 하미나(2002). Denver Ⅱ 발달검사를 이용한 한국과 미국의 아동발달 비교연구. 지역사회간호학회지, 13(1), 89-97.

안선희, 김지은(2010). 영아 보육교사의 자질 및 역할과 전문성에 관한 심층사례 연구. 대한가정학회지, 48(3), 87-97.

양옥승, 조유나, 나은숙, 김호인, 손복영(2011). 영아의 발달과 보육. 신정.

우영혜(2006). 자율장학을 통한 교수 실제 변화에 관한 질적 연구: A 유치원을 중심으로. 창원대학교 박사학위 논문.

유효순(1993). 아동발달. 창지사.

윤경아, 서현(2011). 만 2세 교육과정에서 영아들이 교사에게 시도하는 개별적인 상호작용에 관한 문화기술적 연구. 아동학회지, 32(1), 103-123.

윤현숙(1992). 반응성 애착장애아의 발달 및 병리특성에 관한 일 연구: Schopler의 심리적 평가를 중심으로. 이화여자대학교 대학원 석사학위 논문.

이경면(1996). 지역사회 중심의 특수교육 관련 서비스에 관한 연구. 단국대학교 석사학위 논문.

이경희(1989). 부모의 언어 통제 유형과 아동의 사회적 능력과의 관계. 고려대학교 대학원 박사학위 논문.

이근주(2005). 어린이집 자율장학의 실태와 개선방향에 관한 연구. 중앙대학교 사회개발대학원 석사학위 논문.

이미정, 김진선, 송승민, 이사라, 이희선, 임명희, 정정란, 조성연, 주영애, 한세영(2009). 보육학개론. 창지사.

이사라, 박지숙(2010). 학령기 자녀를 둔 부모를 위한 부모교육 프로그램의 효과에 관한 연구. 대한가정학회지, 48(1), 1-14.

이상로(1982). 성격과 행동의 지도. 중앙적성출판사.

이성진, 이기우(1986). 한자녀 가정에 대한 조사연구. 대한가족계획협회, 1-55.

이소희(2005). 보육학개론. 양서원.

이순형, 이혜승, 이성옥, 황혜신, 이완정, 이소은, 권혜진, 이영미, 정윤주, 한유진, 성미영(2005). 보육학개론. 학지사.

이순희(2010). 포괄적 보육 서비스 실천을 위한 지역사회 자원 활성화 방안에 관한 연구. 인제대학교 대학원 석사학위 논문.

이연섭, 강문희(2002). 부모교육. 창지사.

이윤식(2001). 장학론: 유치원 · 초등 · 중등 · 자율장학론. 교육과학사.

이은숙(2005). 형제자매 구성양식에 따른 아동의 정서지능의 차이: 초등학교 5 · 6학년 중심. 경희대학교 교육대학원 석사학위 논문.

이재민(2003). 어린이집 영아기 교사를 위한 보수교육의 실제와 기대. 이화여자대학교 대학원 석사학위 논문.

이종숙, 이옥, 신은수, 안선희, 이경옥 공역(2009). Berk, L. E.(2006). 아동발달. 시그마프레스.

이진용, 김재은, 이철, 한호원, 박문일, 유윤희(2005). 첫아기를 가졌어요: 신세대 임신, 출산, 육아. 서울문화사.

이화여대 교육공학과(2004). 교육공학. 교육과학사.

장미자, 조복희(1999). 애착의 세대 간 전이: 어머니의 내적 실행 모델과 영아의 애착 유형. 아동학회지, 20(1), 147-164.

장은주 역(2001). Odent, M. 세상에서 가장 편안하고 자연스러운 출산. 명진출판사.

장은진(2003). 주의력 결핍-과잉행동 아동을 위한 학교기반 다양식적 개입의 효과. 이화여자대학교 대학원 박사학위 논문.

전효정(2003). 어머니-유아 애착의 세대 간 전이의 메커니즘: 어머니의 내적 실행 모델과 자녀양육행동이 유아의 애착 유형에 미치는 영향. 열린유아교육연구, 8(3), 159-174.

정계환(2011). 영아기 부모교육의 현황 및 요구에 관한 아버지와 어머니의 비교연구. 중앙대학교 석사학위 논문.

정미라, 배소연, 이영미(2007). 영유아를 위한 건강 및 영양교육. 양서원.

정연수(2000). 형제의 성 구성, 연령터울에 따른 형제간 갈등과 어머니의 해결 전략에 관한 연구. 숙명여자대학교 석사학위 논문.

정영희, 이정덕(2007). 유아교육기관의 실내 환경 위생관리 실태 분석. 미래유아교육학회지, 14(4), 403-425.

정옥분(2006). 사회정서발달. 학지사.

정옥분(2012). 영아발달. 학지사

정은정(2003). 주의력 결핍-과잉행동장애 아동의 실행기능 결함. 이화여자대학교 대학원 박사학위 논문.

조병효(1991). 현대장학론. 교육과학사.

조복희(2007). 아동발달. 교육과학사

조혜경(2006). 어린이집 보육교사를 위한 장학에 대한 연구. 일립논총, 12, 107-129.

조혜경, 이순영, 황성원, 노은호, 구경선, 곽혜경, 박금희, 조미환, 나은숙, 문영보(2006).

보육학개론. 창지사.

최은정, 하지영, 서소정(2009). 보육시설에서의 영아-교사 상호작용과 영아의 발달수준, 교사의 민감성 및 초기 가정환경 간의 관련성에 관한 연구. 아동학회지, 30(2), 71-95.

하영혜(2012). 영아전담 보육시설의 건강관리 현황 및 보육교사의 교육 요구.

하재근(2012). TV 쇼크: TV, 내 아이의 두뇌가 위험하다. 경향에듀.

하정훈(2012). 삐뽀삐뽀 119 소아과. 그린비라이프.

하정훈, 정유미(2009). 삐뽀삐뽀 119 우리 아가 모유 먹이기. 그린비라이프.

허계형, 문정숙, 정영란(2001). 부모 작성 영유아 발달 선별도구 ASQ의 표준화를 위한 예비연구. 특수교육학연구, 36(1), 275-296.

홍강의(1993). 자폐장애. 소아 · 청소년정신의학, 4(1), 3-26.

홍강의, 오경자, 신민섭(1995). 주의력 결핍-과잉활동장애 아동에서 약물 단독치료와 부모 훈련 병합치료의 효과 비교. 소아 · 청소년정신의학, 6(1), 65-73.

홍강의, 최진숙, 신민섭, 황용승, 안윤옥(1991). 자폐증 아동에 있어서 carbamazepine의 치료효과. 소아 · 청소년정신의학회지, 2(1), 87-96.

Abidin, R.(1992). The Determinants of Parenting Behavior. Journal of Clinical Child Psychology, 21(4), 407-412.

Ainsworth, M.(1979). Infant-mother attachment. American Psychologist, 34, 932-937.

Ainsworth, M., Blehar, M., Waters, E. & Wall, S.(1978). Patterns of attachment. Hillsdale, NJ: Erlbaum.

Akshoomoff, N. A., Feroleto, C. C., Doyle, R. E. & Stiles, J.(2002). The impact of early unilateral brain injury on perceptual organization and visual memory. Neuropsychologia, 40, 539-561.

American Association on Mental Retardation(1992). Mental retardation: Definition classification and systems of support(9th ed.). Washington, DC: Author.

American Psychiatric Association(1980). Diagnostic and statistical manual of mental disorders. 3rd ed.-Text Revision. Washington, DC: Author.

American Psychiatric Association(1994). Diagnostic and statistical manual of mental disorders. 4th ed.-Text Revision. Washington, DC: Author.

American Psychiatric Association(2000). Diagnostic and statistical manual of mental disorders.(4th ed). Washington, DC: Author.

Anderson, B.(1992). Effect of day care on cognitive and socioemotional competence of thirteen-year-old Swedish schoolchildren. Child Development, 63, 20-36.

Apgar, V.(1953). A proposal for a new method of evaluation in the newborn infant.

Current Research in Anesthesia and Analgesia, 32, 260-267.

Azimitia, M. & Hesser, J.(1993). Why sibling are important agents of cognitive development: A comparison of sibling and peers. Child Development, 64, 430-440.

Baer, J. S., Barr, H. M., Bookstein, F. L., Sampson, P. D. & Streissguth, A. P.(1998). Prenatal alcohol exposure and family history of alcoholism in the etiology of adolescent alcohol problems. Journal of studies on alcohol, 59, 533-543.

Baltes, P. B.(2000). Life-span psychology theory. In A. Kazdin(Ed.), Encyclopedia of psychology. Washington, DC & NY city: American psychological association and oxford U. P.

Barkley, R. A.(1990). Attention deficit hyperactivity disorder; A handbook for diagnosis and treatment. New York: Guilford Press.

Barkley, R. A.(1996). Attention-deficit hyperactivity disorder. In E. J. Mash & R. A. Barkley(Eds.), Child psychopathology(pp. 63-112). New York: Guilford.

Barkley, R. A.(1998). Attention-deficit hyperactivity disorder: A handbook for diagnosis and treatment(2nd ed.), New York: Guilford Press.

Barkley, R. A., DuPaul, G. J. & McMurray, M. B.(1990). A comprehensive evaluation of attention deficit with and without hyperactivity. Journal of Consulting and Clinical Psychology, 58, 775-789.

Bates, E.(1993). Commentary: Comprehension and production in early language development. Monographs of the Society for Research in Child Development, 58(3-4, Serial No. 233), 222-242.

Bayley, N.(1969). Bayley Scales of Infant Development: Birth to two years. San Antonio: The Psychological Corporation.

Bee, H.(1997). The developing child(8th ed.). New York: Longman.

Belsky, J.(1986). The effects of infant day care reconsidered. Early Childhood Research Quarterly, 3, 235-272.

Belsky, J., Youngblade, L. & Pensky, E.(1989). Child rearing history, marital quality, and maternal affect: Intergenerational transmission in a low-risk sample. Development and Psychology, 1, 292-304.

Berk, L. E.(2006). Child development(7th ed.). Boston: Allyn & Bacon.

Berk, L. E.(2007). Infants and Children. Boston: Allyn & Bacon.

Bettelhiem, B.(1967). The empty fortress: Infantile autism and the birth of the self. Oxford, England: Free Press.

Biederman, J., Wozniak, F., Kiely, K. et al.(1995). CBCL clinical scales discriminate prepubertal children with structured interview-derived diagnosis of mania from those with ADHD. Journal of American Academy of Child and Adolescent Psychiatry, 34, 464-471.

Bigner, J. J.(2006). Human development.(7th ed.). Upper Saddle River, NJ: Pearso Prentice Hall.

Bornstein, M. H.(2002). Parenting infants. In M. H. Bornstein(Ed.), Handbook of parenting(2nd ed., Vol. 1). Mahwah, NJ: Erlbaum.

Boukydis, Z.(2006). Ultrasound consultation to reduce risk and increase resilience in pregnancy. Annals of the New York Academy of Science, 1094.

Bourgeois, F. J.(2004). Obstetrics and gynecology. Philadelphia: Lippincott, Williams, & Wilkins.

Bowlby, J.(1969). Attachment and loss(Vol. 1): Attachment. NY: Basic Books.

Bowlby, J.(1973). Attachment and loss(Vol. 2): Separation. NY: Basic Books.

Bowlby, J.(1980). Attachment and loss: Vol. 3. Loss. New York: Basic Books.

Bowlby, J.(1989). Secure and insecure attachment. NY: Basic Books.

Brooks-Gunn, J. & Duncan, G.(1997). The effects of poverty on children. Future Child. 7, 55-71.

Cicirrelli, V. G.(1980). A Comparison of College woman' Feeling Toward Their Sibling Parents. Journal of marriage and family, 42, 111-128.

Corkum, P. V. & Siegel, L. S.(1993). Isn't the continuous performance task a valuable research tool for use with children with attention-deficit-hyperactivity disorder? Journal of Child Psychology and Psychiatry, 34, 1217-1239.

Cox, S. M., Werner, C. L., Gilstrap, L. C. & Cunningham, G. F.(2001). Williams obstetrics(21st ed.). NY: McGraw-Hill.

Crair, M. C., Gillespie, D. C. & Stryker, M. P.(1998). The role of visual experience in the development of columns in the cat visual cortex. Science, 279, 566-570.

DiPietro, J. A.(2004). The role of prenatal maternal stress in child development. Current Directions in Psychological Science, 13, 2.

DiPietro, J. A., Bornstein, M. H., Costigan, K. A., Pressman, E. K., Hahn, C.-S. & Painter, K.(2002). What does fetal movement predict about behavior during the first two years of life? Developmental Psychobiology, 40, 358-371.

Doll, E. A.(1953). Vineland Social Maturity Scale, in: Contributions Toward Medical Psychology: Theory and Psychodiagnostic Methods, Volume 2(A. Weider, ed.), Ronald Press, New York.

Dunkel-Schetter, C., Gurung, R. A. R., Lobel, M. & Wadhwa, P. D.(2001). Stress processes on pregnancy and birth. In a. Bum, T. A. Revenson & J. E. Singer(Eds.). Handbook of health psychology. Mahwah, NJ: Erlbaum.

Falbo. T. & Polit, D. F.(1986). A quantitative review of the only-child literature: Research evidence and theory development. Psychological Bulletin, 100, 176-189.

Famy, C., Streissgurth, A. P. & Unis, A. S.(1998). Mental illness in adults with fetal alcohol syndrome or fetal alcohol effects. American journal of psychiatry, 155, 552-554.

Field, T.(1991). Quality infant day care and grade school behavior and performance. Child Development, 62, 863-870.

Fischer, K. W. & Bidell, T. R.(1998). Dynamic development of psychological structures in action and thought. In W. Damon(Ed.), Handbook of child psychology(Vol. 1). NY: Wiley.

Fraga, C. G., Motchnik, P. A., Shigenaga, M. K., Helbock, H. J., Jacob, R. A. & Ames, B. N.(1991). Ascorbic acid protects against endogenous oxidative DNA damage in human sperm. Proceedings of the national academy of science of the United States, 88, 11003-11006.

Franco, P., Danias, A. P., Akamine, E. H., Kawamoto, E. M., Fortes, Z. B., Scavone, C., Tostes, R. C., Carvalho, M. H. & Nigro, D.(2002). Enhanced oxidative stress as a potential mechanism underlying the programming of hypertension in utero. Journal of Cardiovascular Pharmacology, 40, 501-509.

Frankenburg, W. K. & Dodds, J. B.(1967). The Denver Developmental Screening Test. Journal of Pediatrics, 71, 181-191.

Franz, C. E., Mclelland, D. & Weinberger, J. (1991). Childhood antecedents of conventional social accomplishment in middle adults: A 26-year prospective study. Journal of Personality and Social Psychology, 58, 609-615.

Frick, P. J. & Lahey, B. B.(1991). The nature and characteristics of Attention-Deficit Hyperactivity Disorder. School Psychology Review, 20, 163-173.

Gesell, A. & Amatuda, C.(1941). Developmental Diagnosis. New York: Paul B. Hoeber.

Gestwicki, C.(2004). Home school, and community relations. NY: Thomson Delmar Learning.

Gillberg, C.(1991). Outcome in autism and autistic-like conditions. Journal of the American Academy of Child and Adolescent Psychiatry, 30, 375-382.

Godfrey, K. M. & Barker, D. J.(2001). Fetal programming and adult health. Public

Health Nutrition, 4, 611-624.

Goldsmith. H.(1993). Temperament: Variability in developing emotion systems. In M. Lewis & J. M. Haviland(Eds.), Handbook of emotions(pp. 485-496). NY: The Guilford Press.

Gottesman, I. I.(1963). Genetic aspects of intelligent behavior. In N. R. Ellis(Ed.), Handbook of mental deficiency(pp. 253-296). New York: McGraw-Hill.

Greenough, W. T. & Black, J. E.(1992). Induction of brain structure by experience: Substrates for cognitive development. In M. R. Gunnar & C. A. Nelson(Eds.), Minnesota Symposia on Child Psychology(pp. 155-200). Hillsdale, NJ: Erlbaum.

Greenspan, S. I. & Shanker, S. G.(2004). The first idea: How symbols, language, and intelligence evolved from our primate ancestors to modern humans. Cambridge, MA: Da Capo Press.

Gunnar, M. R., Morison, S. J., Chisholm, K. & Schuder, M.(2001). Salivary cortisol levels in children adopted from Romanian orphanages. Development and psychopathology, 13, 611-628.

Harlow, H. F. & Zimmerman, R. R.(1959). Affectional responses in the infant monkey. Science, 130, 421-432.

Harris, J. R.(1998). The nurture assumption: why children turn out the way they do: parents matter less than you think and peers matter more. NY: Free Press.

Hetherington, E. M. & Parke, R. D.(1993). Child Psychology, New York: Mcgraw-Hill.

Honein, M. A., Paulozzi, L. J., Marthews, T. J., Erickson, J. D. & Wong, L. Y.(2001). Impact of folic acid fortification of the U. S. food supply on the occurrence of tube defects. Journal of the American Medical Association, 285, 2981-2986.

Howes, C.(1990). Can the age of entry and the quality of infant child care predict adjustment in kindergarten? Developmental Psychology, 26, 292-303.

Howes, C., Unger, O. & Seidner, L.(1989). Social pretend play in toddlers: Parallels with social play and with solitary pretend play. Child Development, 60, 77-84.

Huttenlocher, P. R.(2002). Neural plasticity: The effects of environment on the development of the cerebral cortex. Cambridge, MA: Harvard University press.

Jaakkola, J. J. & Gissler, M. Maternal smoking in pregnancy, fetal development, and childhood asthma. American Journal of Public Health, 94, 136-140, 2004

Johnson, D. E.(2000). Medical and developmental sequelae of early childhood institutionalization in Eastern European adoptees. In C. A. Nelson(Ed.), Minnesota Symposia on Child Psychology(Vol. 31, pp. 113-162). Mahwah, NJ: Erlbaum.

Johnson, M. H.(1998). The neural basis of cognitive development. In D. Kuhn & R. S.

Siegler(Ed.), Handbook of Child Psychology: Vol. 2. Cognition, perception, and language. New York: Wiley.

Kagan, J. & Snidman, N.(1991). Infant predictors of inhibited and uninhibited behavioral profiles. Psychological Science, 2, 40-44.

Kagan, J.(1984). The nature of the child. NY: Basic Books.

Kagan, J.(1998). Biology and the child. In N. Eisenberg(Ed.), Handbook of child psychology: Vol 3. Social, emotional, and personality development(5th ed. pp. 177-236). NY: Wiley.

Kanner, L.(1943). Autistic disturbances of affective contact. Nervous Child, 2, 217-250.

Kisilevsky, B. S., Hains, S. M. J., Lee, K., Xie, X., Huang, H., Ye, H. H., Zhang, K. & Wang, Z.(2003). Effects of experience on fetal voice recognition. Psychological science, 14, 220-224.

Koestner, R., Franz, C. & Weinberger, J.(1990). The family origins of empathic concern: A 26-year longitudinal study. Journal of Personality and Social Psychology, 58, 709-717.

Kuller, J. A.(1996). Chorionic Villus Sampling. In J. A. Kuller, N. C. Cheschier & R. C. Cefalo(Eds.), Prenatal diagnosis and reproductive genetics. St. louis: Mosby.

Lamaze, F.(1970). Painless childbirth: The Lamaze method. Chicago, Regnery.

Lamb, M. E.(1986). The father's role: Applied perspectives. New York: Wiley.

Lambert, N. M. & Sandoval, J.(1980). The prevalence of learning disabilities in a sample of children considered hyperactive. Journal of Abnormal Child Psychology, 8, 33-50.

Law, K. L., Stroud, L. R., Niaura, R., LaGasse, L. L., Liu, J. & Lester, B. M.(2003). Smoking during pregnancy and newborn neurobehavior. Pediatrics, 111, 1318-1323.

Leboyer, F.(1975). Birth without violence. NY: Knopf.

Levy, F., Hay, D., Mc-Stephen, M., Wood, C. & Waldman, I.(1997). Attention deficit hyperactivity disorder: A category or a continuum? Genetic analysis of a large-scale twin study. Journal of the American Academy of Child and Adolescent Psychiatry, 36, 737-744.

Lewis, M.(1995). Self-conscious emotions. American Scientist, 83, 68-78.

Li, De Kun, Liu, L. & Odouli, R.(2009). Presence of depressive symptoms during early pregnancy and the risk of preterm delivery: A prospective cohort study. Human Reproduction, 24, 1.

Loebel, M. & Yali, A. M.(1999). Effects of positive expectancies on adjustment to pregnancy. Paper presented at the meeting of the American Psychological Association, Boston.

Lovaas, O. I. & Smith, T.(2003). Early and intensive behavioral intervention in autism. In A. E. Kazdin & J. R. Weisz(Eds.), Evidence-based psychotherapies for children and adolescents(pp. 325-340). New York: Guilford.

Maccoby, E. E. & Martin, J. A.(1983). Socialization in the context of the family: Parent-child interaction. In E. M. Hetherington & P. H. Mussen(Eds.), Handbook of child psychology. 4. Socialization, Personality, and Social Development(4th ed.). New York: Willy.

Main, M. & Solomon, J.(1986). Discovery of an insecure, disorganized/disoriented attachment pattern: Procedures, findings, and implications for the classification of behavior. In M. Yogman & T. B. Brazelton(Eds.), Affective development in infancy. Norwood, NJ: Ablex.

Markowitz, M.(2000). Lead poisoning. Pediatrics in review, 21, 327-335.

McGee, R., William, S., Moffitt, T. & Anderson, J.(1989). A comparison of 13 year-old boys with attention deficit and/or reading disorder on neuropsychological measures. Journal of Abnormal Child Psychology, 17, 37-53.

McGue, M. Bouchard, T. J., Iacono, W. G. & Lykken, D. T.(1993). Behavioral genetics of cognitive ability: A life-span perspective. In R. Plomin & G. E. McClearn(Eds.), Nature, nurture, and psychology. Washington, DC: American psychological association.

McGue, M., Bouchard, T. J. Jr., Iacono, W. G. & Lykken, D. T.(1993). Behavior genetics of cognitive ability: a life-span perspective. In Nature nurture and psychology(Ed. Plomin, R. & McClearn, G. E.), American Psychological Association; also McClearn, G.E. et al. 1997. Substantial genetic influence on cognitive abilities in twins 80+ years old. Science, 276: 1560-1563.

Merewood, A.(1998). Sperm under siege: More than we ever guessed, having a healthy baby may depend on dad. In K. L. Freiberg(Ed.), Human Development(26th ed.).

Minnett, A. M., Vandell, D. L. & Santrock, J. W.(1983). "The Effect on Sibling Status on Sibling Interaction: Influence of Birth Oder, Age Spacing, Sex of Child, and Sex of Sibling". Child Development, 54, 1064-1072.

Moore, K. L. & Persaud, T. V. N.(2003). Before we are born(6th ed.). Philadelphia: Saunders.

Morgan, B. & Gibson, K. R.(1991). Nutrition and environmental interactions in brain development. In. K. R. Gibson, and A. C. Peterson(Eds.). Brain Maturation and Cognitive Development: Comparative and cross-cultural perspectives. New York: Aldine De Gruyter.

Mulder, E. J. H., Robles de Medina, P. G., Huizink, A. C., Van den Bergh, B. R. H., Buitelaar, J. K. & Visser, G. H. A.(2002). Prenatal maternal stress: Effects on pregnancy and the (unborn) child. Early Human Development, 70, 3-14.

Muzi, M. J.(2000). Child development. Prentice-Hall.

National Institute of Child Health and Human Development(2000). The relation of child care to cognition and language development. Child Development, 71, 960-980.

Neisser, U., Boodoo, G., Bouchard, T. J., Boykin, A. W., Brody, N., Cesi, S. J., Jalpern, D. R., Loehlin, J. C., Perloff, R. J., Sternberg, R., & Urbina, S.(1996). Intelligence: Knowns and unknowns. American psychologist, 51, 77-101.

Nelson, C. A.(2002). Neural development and lifelong plasticity. In R. M. Lerner, F. Jacobs & D. Wertlieb(Eds.), Handbook of applied developmental science(Vol. 1, 31-60). Thousand Oaks, CA: Sage.

Newman, J.(1995). How breast milk protects newborns. Scientific American, 283(6), 76-80.

NICHD Early Child Care Research Network(2001). Nonmaternal care and family factors in early development: An overview of the NICHD study of early child care. Journal of Applied Developmental Psychology, 22, 457-492.

NICHD Early Child Care Research Network(2005). Child care and child development: Results from the NICHD study of early child care and youth development. NY: Guilford Press.

Nihira, K., Foster, R., Shellhaas, M. & Leland, H.(1969). Adaptive Behavior Scales: Manual. Washington, D. C.: American Association on Mental Deficiency.

Omer, H. & Everly, G. S.(1988). Psychological factors in preterm labor: Critical review and theoretical synthesis. American Journal of Psychiatry, 145, 1507-1513.

Ormond, G.(2009). Endocrine disruptors in the workplace, hair spray, folate supplementations, and risk of hypospadias: Case-control study. Environmental Health Perspective, 117, 2.

Owens, K.(1993). The world of the child. New York: MacMillan Publishing Co.

Papalia, D. E., Gross, D. & Fedman, R. D.(2003). Child development. NY: McGraw-Hill.

Papalia, D. E., Olds, S. W. & Feldman, R. D.(2006). A child's world: Infancy through adolescence.(10th ed.). NY: McGraw-Hill.

Parke, R. D.(2001). Parenting in the new millenium. In J. P. McHale & W. S. Grolnick(Eds.), Retrospect and prospect in the psychological study of families. Mahwah, NJ: Erlbaum.

Perera, F. P.(2003). Effects of transplacental exposure to environmental pollutants on birth outcomes in a multiethnic population. Environmental Health Perspective, 111, 2.

Piaget, J. & Inhelder, B.(1969). The psychology of the child. NY: Basic Books.

Piaget, J.(1951). Play, dreams and imitation in childhood. New York: Norton.

Piaget, J.(1952). The origins of intelligence in children. NY: International Universities Press.

Piaget, J.(1969). The children's concept of time. London: Routledge & Kegan Paul.

Plomin, R. & DeFries, J. C.(1998). The genetics of abilities and disabilities. Scientific American, 278, 40-48.

Reiss, D., Neiderhiser, J. M., Hetherington, E. M. & Plomin, R.(2000). The relationship code: Deciphering genetic and social influences on adolescent development. Cambridge, MA: Harvard U. P.

Richters, J., Arnold, L., Jensen, P., Abikoff, H., Conners, C., Greenhill, L., Hechtman, L., Hinshaw, S., Pelham, W. & Swanson, J.(1955). NIMH collaborative multisite multimodal treatment study of children with ADHD: I. Background and rationale. Journal of the American Academy of Child and Adolescent Psychiatry, 34, 987-1000.

Ritz, B.(2002). Ambient air pollution and risk kof birth defects in Southern California, American Journal of Epidemiology, 155, 1.

Roelfsema, N. M., Hop, W. C., Boito, S. M. & Wladimiroff, J. W.(2004). Three dimensional sonographic measurement of normal fetal brain volume during the second half of pregnancy. American Journal of Obstetrics and Gynecology, 190, 275-280.

Rovee-Collier, C.(1999). The development of infant memory. Current Directions in Psychological Science, 8, 80-85.

Rowe, D. C.(1994). The limits of family influence: Genes, experience, and behavior. New York: Guilford.

Rushton, J. P. & Bons, T. A.(2005). Mate choice and friendship in twins. Psychological science, 16, 555-559.

Rutter, M.(1981). Psychological sequelae of brain-damaged children, American Journal of Psychiatry, 138, 1533-1544.

Rutter, M.(1990). Psychological resilience and protective mechanisms. In J. Rolf, A. S. Mastern, D. Cicchetti, K. H. Nuechterlein & S. Weintraub(Eds.), Risk and protective factor in the development of psycho-pathology(pp. 181-214). Cambridge, England: Cambridge University Press.

Rutter, M.(2002). Nature, nurture and development: From evangelism through science toward policy and practice. Child development, 73, 1-21.

Santrock, J. W.(2009). Child development. NY: McGraw-Hill.

Santrock. J. W.(2008). Essentials of life-span development. Boston: McGraw-Hill.

Scanlon-Johnes, S. & Rang, T.(1989). Smile production in order infants: The importance of a social recipient for the facial signal. Child Development, 60, 811-818.

Scarr, S. & Weinberg, R. A.(1983). The Minnesota adoption studies: Genetic differences and malleability. Child development, 54, 253-259.

Scarr, S.(1993). Biological and cultural diversity: the legacy of Darwin for development. Child development, 64, 1333-1353.

Scarr, S.(1998). American child care today. American psychologist, 53, 95-108.

Scott, N, H.(1996). Report on 1995-1996 beginning teacher induction program in New Brunswick(ERIC Reproduction Service No. ED 390-804).

Semba, R. D. & Neville, M. C.(1999). Breastfeeding, mastitis, and HIV transmission: nutritional implication. Nutrition review, 57, 146-153.

Shaffer, D. R. & Kipp, K.(2010). Developmental psychology: child & adolescence. 8th ed. Belmont, CA: Wadsworth.

Shaffer, D. R. & Kipp, K.(2010). Developmental psychology.(8th ed.). Belmont, CA: Wadsworth.

Shaffer, D. R.(1999). Social and personality development(3rd ed.). California: Brooks/Cole.

Sondergaard, C., Henriksen, T. B., Obel, C. & Wisborg, K.(2002). Smoking during pregnancy and infantile colic. Journal of the American Academy of Child and Adolescent Psychiatry, 41, 147.

Sorokin, P.(2002). New agents and future directions in biotherapy. Clinical Journal of Oncological Nursing, 6, 9-14.

Sroufe, L. A.(1997). Psychopathology as an outcome of development. Development and Psychopathology, 9, 251-268.

Stewart, M. A., Pitts, F. N., Craig, A. G. & Dieruf, W.(1966). The hyperactive child syndrome. American Journal of Orthopsychiatry, 36, 861–867.

Studd, J. W.(2004). Progress in obstetrics and gynecology. Philadelphia: Elsevier.

Thatcher, R. W.(1991). Maturation of human frontal lobes: Physiological evidence for staging. Developmental Neuropsychology, 7, 397–419.

Thomas, A. & Chess, S.(1977). Temperament and development. NY: Brunner/Mazel.

Thomas, A. & Chess, S.(1984). Genesis and evolution of behavioral disorders: From infancy to early adult life. American Journal of Orthopsychiarty, 141(1), 1–9.

Udipi, S. A., Ghugre, P. & Antony, U.(2000). Nutrition in pregnancy and lactation. Journal of the indian medical association, 98, 548–557.

Van den Bergh, B. R. H.(2004). High antenatal maternal anxiety is related to ADHD symptoms, externalizing problems and anxiety in 8–and 9 year–olds. Child development, 75, 1085–1097.

Vandell, D. & Corasaniti, M.(1990). Child care and family: Complex contributors to child development. New Directions in Child Development, 49, 23–38.

Waddington, C. H.(1957). The strategy of the genes. London: Allen and Unwin.

Waddington, C. H.(1966). Principle of development and differentiation. New York: Macmillan.

Wadhwa, P. D., Sandman, C. A. & Garite, T. J.(2001). The neurobiology of stress in human pregnancy: Implications for prematurity and development of the fetal central nervous system. Progress in Brain Research, 133, 131–142.

Wenar, C. & Kerig P.(2005). Developmental Psychopathology: From Infancy Through Adolescence. McGraw Hill.

Wilcox, A. J., Weinberg, C. R. & Baird, D. D.(1995). Timing of sexual intercourse in relation to ovulation: Effects on the probability of conception, survival of the pregnancy, and sex of the baby. New England Journal of Medicine, 333, 1517–1519.

Wilcox, A. J., Weinberg, C. R., O'Conner, J. F., Baird, D. D., Schlatterer, J. P., Canfield, R. E., Armstrong, E. G. & Nisula, B. C.(1988). Incidence of early loss of pregnancy. New England Journal of Medicine, 319, 189–194.

Yehuda, R.(2005). Transgenerational effects of post–traumatic stress disorder in babies of mothers exposed to the world trade center attacks during pregnancy. Journal of Clinical Endocrinology and Metabolism, 90, 7.

Zeanah, C. H.(1996). Beyond insecurity: A reconceptualization of attachment disorders in infancy. Journal of Consulting and Clinical Psychology, 64(1), 42–52.

찾아보기

ㄱ

가상놀이 160
가정통신문 292
가지치기 95
각인 이론 56
갈락토오스혈증 206
감각뉴런 148
감각운동기 51
감수분열 81
강연회 292
개구기 124
거시체계 59
걸음마기 21
걸음마반사 135
게젤 발달검사 233
고전적 조건화 52
공간개념 160
과숙아 129
관찰법 65
교수자 269
구순기 48
구체적 조작기 51
국소마취제 127
근면성 대 열등감 46
근원발달 14
근접발달영역 60
글리아세포 96
급등기 93
기질 167
기형발생물질 114

ㄴ

남근기 44
낯선 상황 실험 172
내배엽 88
뇌가소성 100
뇌파기록법 67
뉴런 94, 148

ㄷ

다운증후군 82
다윈반사 134
단기종단적 연구설계 72
대뇌피질 97
대상영속성 158
덴버 발달선별검사 234
도식협응기 157
독립변인 70
동료장학 281
동물행동학적 이론 55
동시집단효과 71
두미발달 14
두정엽 97
뒤집기 149

ㄹ

라누고 89
라마즈 분만법 128
라포 230
르봐이예 분만법 127
리비도 41

ㅁ

머리 가누기 149
먹이찾기반사 134
멘토링 282
면담 228
면접법 66
모로반사 134
모유수유 140
목강직반사 135
무뇌증 103
무선표집 71
무조건반응 53
무조건자극 53
무통분만 127
문화적 자원 298
물적 자원 297
미시체계 58
미시환경 17
미엘린 95
민감기 이론 35

ㅂ

바브킨반사 135
바빈스키반사 135
반사행동 133
반응범위 모델 27
반응성 애착장애 213
반작용 형성 45
발달선별검사 230
발달이정표 196
발달지연 195
발판화 61
방어기제 44
배란 77
배반포 86
배아기 87
배종기 86
베일리 영유아 발달검사 238
보육일지 249
부모효능감 287
불안정애착 173
비공유환경 24
빈혈 266
빨기반사 68

ㅅ

사지기형 119
사회문화적 이론 60
사회성숙도 검사 241
사회학습 이론 54
산모혈액검사 119
상관연구설계 69
상부-하부 원리 148
상염색체 79
생산성 대 침체감 47
생태학적 체계 이론 57
섞기기 44
성숙론자 23
성염색체 79
성장부진 265
성장장애 15
성정체성 25
세포분열 81
세포예정사 95
소리모방 161
소방안전교육 260

소프롤로지 128
수란관 85
수로화 모델 27
수업장학 281
수업참관 289
수영반사 135
수유 140
수정 77
수중분만 128
순환반응기 156
승화 45
시냅스 95
신경세포 148
신경전달물질 95
신뢰감 대 불신감 45
신생아기 20
실험연구설계 70
심리사회적 이론 45
심리성적 이론 41

ㅇ

아교세포 148
아동기 21
안전교육 258
안정애착 173
알파페토프로테인 119
애착 이론 56
양수검사 117
양안시 137
양육 대행자 269
양육자 285
억압 44
억제형 214
언어습득 이론 162
언어습득장치 163
에스트로겐 104
에큐텐 112
엽산 103
영아교사 271
영아기 21
영양관리 263
예방접종 255
외동아이 188
외배엽 88
외체계 59
운동뉴런 148
워크숍 294
월경 77
월슨증후군 206
유기체적 관점 49
유도분만 126
유아기 21
유전론자 23
유전인자 82
유전적 기제 11
유전형 80
융모막검사 118
이란성 쌍생아 78
인공분만 126
인공수유 140
인적 자원 296
인지구조 49
일란성 쌍생아 78
임상면접법 66

ㅈ

자궁 외 임신 86
자궁경부 124
자기방어기제 41
자기장학 281
자기중심성 21
자기통제력 177
자아 42
자아성장 45

자아통합 대 절망감 47
자연관찰법 65
자연분만 125
자연적 자원 297
자원봉사 289
자유놀이 247
자체연수 281
자폐성 장애 208
잠복기 44
장애인복지법 204
장학 280
저체중아 130
저항애착 173
적소선택 30
적응 50
전 생애적 발달 16
선두엽 97
전언어 160
전조작기 51
정서 165
정신박약 202
정신분석 이론 41
정신지체 202
제왕절개분만 126
조건반응 53
조건자극 53
조작적 조건화 53
조직 50
소화적합성 169
종단적 연구설계 71
종속변인 70
주도성 대 죄책감 46
주의력결핍 과잉행동장애 216
중간세계 58
중배엽 88
중성자극 53
중심-주변 원리 149
지역사회 295
지연모방 154
지적장애 202
진화론 55
질문지법 66
질병관리 254

ㅊ

참여수업 290
청결관리 261
청소년기 22
초음파검사 117
초자아 42
출산 123
측두엽 97
치아발달 146
친밀감 대 고립감 47

ㅋ

카세인 141
카테터 118
코르티솔 108
클라인펠터증후군 83

ㅌ

타이작스병 206
탈리도마이드 103
탈억세영 214
태내기 20
태내환경 102
태반 89
태반반출기 124
태아기 88
태아분만기 124
태아알코올증후군 105
터너증후군 84

테라토젠 114
퇴행 44
투사 44
트리플X증후군 84

ㅍ

파악반사 134
편재화 100
평형 50
포배낭 86
표현형 80
풍진 107
프레더-윌리증후군 205
프로작 104
프탈레이트 112

ㅎ

학령기 21
합리화 45
항문기 44
행동분석 52
행동주의 이론 52
형제자매관계 188
황달 133
회피애착 173
횡단적 연구설계 72
후두엽 97
흡입분만 126

Adler 188
Apgar 검사 137
Bandura 54
Barker 116
Bayley 238
Bettelheim 208
Bowlby 56
Brazelton 138
Bronfenbrenner 57
Chomsky 163
Darwin 55
Erikson 45
Freud 41
Gibson 154
Gottesman 27
Horowitz의 모델 28
K-ASQ 237
Kagan 27
Kanner 208
Lamaze 128
Leboyer 127
Lorenz 56
McCartney 29
Montessori 35
Odent 128
Pavlov 52
Piaget 49
REM 수면 140
Scarr 28, 29
Skinner 53, 162
Vygotsky 60
Waddington 27

| 저자 소개 |

이사라
이화여자대학교 대학원 아동학 박사
현재 세종사이버대학교 아동복지학과 교수

이주연
미국 University of Wisconsin–Madison 아동학 박사
현재 전남대학교 생활환경복지학과 교수

박민선
이화여자대학교 대학원 아동학 박사
현재 한국아동가족상담센터 소장

송승민
미국 Pennsylvania State University 유아교육학 박사
현재 수원대학교 아동가족복지학과 교수

박선영
이화여자대학교 대학원 아동학 박사
현재 충청대학교 아동보육과 교수

영아발달

2013년 1월 25일 초판 발행
2015년 3월 5일 2쇄 발행

지은이 | 이사라 · 이주연 · 박민선 · 송승민 · 박선영
발행인 | 유제구
발행처 | 파워북
수 소 | 경기도 고양시 일산동구 호수로 358-25
동문굿모닝타워2차 529호
전 화 | (02) 730-1412
FAX | (031) 908-1410
등 록 | 1997. 1. 1 제 300-1997-13
편 집 | 민하디지탈아트(02-3274-1333)

정 가 23,000원
ISBN 978-89-8160-210-9 (93590)